사회통합형 대북정책

나남
nanam

이재호(李載昊)

1954년생. 광주고, 고려대학교 정치외교학과를 졸업하고 같은 대학에서 정치학 석사, 박사학위를 받았다. 1981년 동아일보에 입사해 사회부, 체육부, 외신부, 정치부 기자를 거쳐 워싱턴특파원, 정치부장, 국제부장, 편집국부국장, 수석논설위원, 논설실장, 출판편집인(이사대우) 등을 지냈다. 2012년 7월 한국출판문화산업진흥원장(現)으로 자리를 옮겼다. 언론인 생활 30년 동안 미국 조지타운대학 초빙연구원, 국무총리실 인문사회연구회 이사, 제54대 관훈클럽 총무, 국회 선거구획정위원, 국회 헌법연구회 자문위원, 대통령 국가정보화전략위원회 위원으로도 활동했다. 한국기자상(공동, 1989년) 제3회 한국참언론인대상(2007년), 제13회 장한 고대언론인상(2007년) 등을 받았다. 쓴 책으로는 《주한미군》(공저), 번역한 책으로는 《협상의 기술》, 《미국의 부동산왕 트럼프》 등이 있다.

나남신서 1671

사회통합형 대북정책

2013년 1월 15일 발행
2013년 1월 15일 1쇄

지은이 · 이재호
발행자 · 趙相浩
발행처 · (주) 나남
주소 · 413-120 경기도 파주시 회동길 193
전화 · (031) 955-4601 (代)
FAX · (031) 955-4555
등록 · 제 1-71호(1979.5.12)
홈페이지 · http://www.nanam.net
전자우편 · post@nanam.net

ISBN 978-89-300-8671-4
ISBN 978-89-300-8001-9(세트)
책값은 뒤표지에 있습니다.

나남신서 1671

사회통합형 대북정책

이재호 지음

나남
nanam

Integrated Policy on North Korea

nanam

머리말

개인적인 얘기가 어떤 사안을 더 쉽게 설명하는 경우가 종종 있다. 이 책을 쓰게 된 동기와 과정을 밝히는 일 또한 그러할 듯싶다. 나는 박사학위 과정을 두 번 다녔다. 기자생활을 하면서도 교직에 대한 미련을 못 버려서 1985년 입학해 학점까지 다 땄으나 논문을 못 썼다. 한꺼번에 두 가지 일을 한다는 게 쉽지 않았다. 정치판으로 워싱턴으로 그렇게 헤집고 다니는 사이 17년이란 세월이 훽 지나갔다. 그런데도 갈증은 여전했다. 현장에서 보고 듣는 것만으로는 양이 차지 않았다. 재도전한 게 2004년 여름. 학점 새로 따고 논문 쓰는 데 다시 4년이 걸렸다. 머리 나쁜 녀석이 과욕 탓에 긴 시간 스스로도 힘들었고 주위 사람들에게도 폐를 끼쳤다.

학위논문의 주제는 햇볕정책의 실효성. 어떤 조건에서 햇볕정책은 효과가 있었고, 어떤 조건에서는 그렇지 못했는가를 분석해보기로 한 것이다. 이를 위해 대북정책이 성공하려면 3가지 변수, 국내적으로는 국민적 합의(*Consensus*), 남북 간에는 신뢰(*Confidence*), 주변국과는 정책의 양립성(*Compatibility*)이 동시에 충족되어야 한다는 가설을 세웠다. 여기에다 '3C 모델'이라는 이름도 붙였다. 이론화에 대한 어쭙잖은 욕심과 호기 탓이었다.

김대중 정권 5년 동안 햇볕정책이 가장 잘 통했을 때는 이 3가지 변수가 만족할 만한 수준에서 모두 충족될 때였다. 예컨대 2001년 조지 부시 미 공화당

정부의 등장과 함께 3C의 한 축인 양립성이 무너지고, 나머지 한 축인 국민적 합의도 흔들렸을 때 햇볕정책의 실효성은 크게 하락했다. 3C와 햇볕정책과의 관계를 보다 뚜렷이 드러내기 위해 무리인 줄 알면서도 계량적인 방법에 의존했다. 어렵사리 논문을 끝내기는 했지만 부끄러웠다. 논문을 마칠 생각에 너무 서두른 탓이 컸다. 3C라는 틀도 다른 많은 변수들을 제외함으로써 너무 단순화시킨 감이 있었고, 그 안에 채워 넣은 자료도 빈약하고 그 방법도 거칠게만 보였다.

그동안 투자한 시간이 아깝다고 해서 그냥 넘어갈 일이 아니었다. 이제라도 논문을 완전히 다시 쓴다는 기분으로 수정 보완해야 조금이라도 마음의 짐을 덜 것 같았다. 3C 모델을 유지하되 새로운 관점에서 햇볕정책을 둘러싼 논란의 실체를 밝혀보자고 생각했다. 다시 자료에 매달렸고, 그 과정에서 조금 다른 그림이 보였다. 햇볕정책이건, 반(反)햇볕정책이건 본질적인 차이는 없으며, 설령 있다고 해도 그 차이는 과장, 오염됐다는 생각이 들었던 것이다.

설명하면 이렇다. 3C를 통해서 햇볕정책이 완전무결한 정책이 아니라는 것을 입증해 보였다. 김대중 전 대통령과 지지자들은 동의하지 않겠지만 햇볕정책도 통할 때가 있고 안 통할 때가 있는 정책일 뿐이다. 그럼에도 마치 그게 아니면 안 되는 것처럼 생각해온 게 문제였다. 집착이 완고한 반대를 낳고, 반대가 더 강한 집착을 낳는 악순환의 구조 속에서 갈등과 분열이 심화되고, 종국에는 대한민국이 하루도 편할 날이 없었던 것이다.

그렇다면 햇볕정책에 반대하는 사람들은 다 옳은가. 물론 아니다. 반햇볕정책도 완전한 정책은 아니다. 먹힐 때가 있고 안 먹힐 때가 있는 정책일 뿐이다. 결국 햇볕도 반햇볕도 지고지선한 정책은 아니라는 얘기다. 반햇볕정책, 예를 들면 봉쇄정책을 3C 모델 속에 넣어보자. 실효성은 오히려 햇볕정책보다 더 떨어질 수 있다. 대북 포용정책을 지지하는 클린턴 정부 때라면 아마 미국과 더 심한 마찰을 빚었을 것이다.

이건 무슨 얘기인가. 햇볕도 반햇볕도 완전하지 않다면 양자의 결합을 통해 장단점을 보완하는 새로운 대북정책을 모색해야 한다는 뜻이다. 햇볕이 안 될 때면 반햇볕으로, 반햇볕이 안 되면 햇볕으로 갈 수 있어야 한다. 이게 순리요 정답이다. 그러려면 양자를 아우르는, 양자가 수렴될 수 있는 통합형 대북정책을 만들어야 한다. 되짚어보면 실로 이상한 일이다. 우리는 그동안 햇볕과 반햇볕 간의 차이만을 부각시켰지, 왜 수렴 가능성에 대해서는 눈을 감았던 것일까. 두 정책이 그렇게도 서로 건널 수 없는 강 같은 것이었는가.

《사회통합형 대북정책》이란 이름의 이 책은 그렇게 쓰여졌다. 햇볕정책과 반햇볕정책으로 갈려 싸우려만 들지 말고 — 그 차이만을 강조하려 들지 말고 — 양자가 수렴될 수 있는 길을 모색해보자는 것이다. 작업이 진행될수록 이런 생각은 더 굳어졌다. 햇볕정책이라고 무조건 지원만 하겠다는 것이 아닌데도 '퍼주기'로 몰고, 반햇볕정책이라고 대결만 하겠다는 것이 아닌데도 '전쟁론자'로 몰아가는 오염된 현장을 수없이 목격했던 것이다.

공교롭게도 이 책의 결론 부분을 다듬고 있을 때 제 18대 대통령선거가 막바지로 치닫고 있었다. 박근혜, 문재인 두 후보의 대북정책 공약을 보면서 나는 수렴의 가능성을 확신하게 됐다. 햇볕정책이 당론인 민주당의 문재인 후보는 서해북방한계선(NLL)의 존재를 부정하지 않았고, 반햇볕론인 새누리당의 박근혜 후보는 김대중의 6·15 공동선언과 노무현의 10·4 선언을 부정하지 않았다.[1] 그러면 된 것이다. 수렴이 된 것이다. 두 후보에게서 수렴은 이미 일어나고 있는 중이었다.

---

1) 박근혜는 7·4 공동성명, 남북 기본합의서까지 포함해 이들 4건의 합의와 성명을 꿰뚫는 기본성신은 "상대방을 인정하고 함께 평화를 만들어가자는 것"이라고 했다. 문재인은 "NLL은 그대로도 두면서 남북 등거리 수역을 평화수역으로 선포하고 공동어로를 하면 남북 간에 우발적인 충돌을 막을 수 있을 것"이라고 했다. 박근혜의 이 발언은 우파에게 충격을 주었지만 이 책의 제 2장에서 밝혔듯이 남북관계를 단절이 아닌 계승의 관점에서 본다면 다분히 수렴지향적이고 통합지향적인 견해다. 그가 외교전문지 〈포린 어페어스〉(*Foreign Affairs*)에서 밝힌 "햇볕정책도 압박정책도 아닌 제 3의 길이 필요하다"는 말이 바로 사회통합형 대북정책의 요체다. 문재인의 'NLL 주변 공동어로구역 설정'은 과연 그게 가능할 정도로 남북 간에 군사적 신뢰조치가 마련돼 있느냐, 하는 의문을 던지게 하지만 그럼에도 그가 NLL의 존재를 인정한 것은 그 역시 수렴되고 있다는 증거다.

3C를 통해서 찾고자 했던 게 대북정책의 유형화(類型化)이고, 햇볕정책도 반햇볕정책도 많은 유형 중의 하나라면 두 정책을 놓고 벌어지는 격렬한 논쟁과 갈등은 다분히 왜곡됐다. 한국정치의 지역성과 정파성도 큰 영향을 미쳤을 것이다. "달리 무슨 이유가 있겠는가. DJ가 하니까 반대하는 거지"와 같은 주장들이 다듬어지지 않았을 뿐 그런 정서와 연구경향을 반영한다. 그러나 그 이전에 정책 자체에서 원인을 찾는 것이 옳다고 본다.

대선이 끝났을 때, 국립외교원의 외교안보연구소는 〈2013~2017년 중기 국제정세 전망〉이란 보고서를 내놓았다. "(박근혜) 차기 정부는 21세기 들어 가장 어려운 대외환경에 직면할 것"이란 게 요지였다. 남북관계만 해도 "북한의 도전이 과거보다 더 심각하고 복잡하며 다양한 성격을 띠는 가운데 관련국은 한반도의 평화에는 원칙적으로 동의하지만 북한 문제를 둘러싸고 상당한 이견(異見)을 보일 것"으로 예견했다. 개연성이 충분하다.

그럴수록 우리는 대북정책만이라도 '통합형'으로 가야 한다. 차이가 있어서 싸우는 게 아니라, 싸우기 위해서 차이를 강조하는 '햇볕 대 반햇볕'의 양분론적 시대를 끝내야 한다. 그런 분열적 구태(舊態)로는 북한을 효과적으로 다룰 수 없다. 햇볕과 반햇볕이 수렴되지 않으면 그 틈새에서 극소수 종북주의자들만이 활개를 칠 뿐이다. 2012년 4월 총선과 12월 대선에서 드러난 일부 급진세력의 비윤리적 행태가 이미 경고음을 울린 바 있다.

동북아에 몰아칠 민족주의의 열풍과 영토분쟁의 조짐이 심상치 않다. 우경화로 치닫는 일본이나, 중화 패권주의로 회귀하려는 중국 사이에서 누구도 우리의 생존과 미래를 보장해주지 않는다. 김대중 전 대통령은 4강 사이에 끼인 대한민국의 처지를 '한 처녀와 네 총각'으로 단순 명쾌하게 설명한 바 있다. 처녀는 동네의 네 총각 중 누구에게도 확실하게 마음을 줘서는 안 된다는 것이다. 네 총각 모두가 자신을 좋아하고 있다고 믿게끔 마음을 줄 듯 말 듯 해야 한다는 것인데 역시 대단한 통찰력이 아닐 수 없다.

마침 박근혜 대통령당선인이 꼭 그런 처지에 놓였다. 한 명의 여성 대통령을 네 명의 남성 지도자들이 에워싼 형국이다. 박 당선인이 이 네 명의 '동네 총각'들을 어떻게 다뤄나갈지 정말 흥미롭다. 흥미 이전에 국가와 민족의 사활이 걸려 있는 문제이다. 옛 어른들이 말씀하시기를 "여자와 싸워서 이긴 남자 없다"고 했다. 그 말대로 됐으면 한다. 그러려면 대북정책을 놓고 햇볕이냐, 아니냐, 하고 싸우는 일부터 그만둬야 한다. 사회통합형 대북정책으로 그가 격랑의 동북아시대를 헤쳐 갈 수 있도록 뒷받침해 줘야 하지 않겠는가.

이 책을 쓰기까지 참 많은 분들의 도움을 받았다. 36년 전 대학원 진학을 처음 권했고 당신의 조교로 두고 정말 많은 것을 가르쳐주신 고 이호재 교수님, 둔하고 게으른 이 만학도(晩學徒)에게 끝까지 논문 쓸 기회를 주시고 지도해 주신 현인택 교수님, 이 두 분 은사의 애정과 배려가 없었다면 시작할 엄두도 못 냈을 것이다. 현 교수님은 통일부장관으로 재직하시면서도 관심의 끈을 놓지 않으셨다. 동아일보 기자생활 30년 동안 이 분야의 공부를 계속할 수 있도록 배려하시고, 분에 넘치는 애정을 베풀어주신 고 김병관 회장님과 김재호 사장님께도 머리 숙여 감사드린다. 고교시절 은사이시고, 통일부 고위관리를 지내신 박웅희 선생님은 남북문제에 대한 개안(開眼)의 은혜를 베풀어주셨다. 검토의견을 준 엄상윤 세종연구소 연구위원, 통일연구원의 이윤식 박사, 죽마고우 박영우 대유그룹 회장과 이명진, 정지용, 이철용, 그리고 존경하는 오동섭 선배와 또 한 사람의 친구에게도 깊이 감사드린다. 이 책의 저술을 지원해 준 일주학술문화재단 관계자들과 기꺼이 출판을 맡아준 조상호 나남출판 사장님께도 큰 은혜를 입었다.

삶에 부대끼면서도 긴 세월 사랑으로 인내하고 격려해준 아내 김성진에게 이 책을 바친다.

2013년 1월15일
금낭화로 사무실에서
이 재 호

나남신서 1671

사회통합형 대북정책

차 례

07 햇볕과 반햇볕의 수렴 (2): 정책과 이행의 관점

08 맺는 말: 수렴의 제도화를 위한 제언

01 서장
사회통합형 대북정책을 위하여

1. 햇볕정책의 진정한 교훈

1) 과욕이 진정성을 밀어낸 대북정책

분단 반세기가 넘도록 남북한은 이념 대결, 체제 대결, 군사 대결 등 각종 유·무형의 대결기조 하에서 항상 갈등하고 반목했다. 이로 인해 고도의 안보불안과 엄청난 기회비용이 소요되는 이중고를 겪어야 했고, 이런 불안정성은 남북한을 넘어 동북아의 긴장을 고조시키는 중요한 요인으로도 작용했다. 동서 냉전(冷戰) 구조에 금이 가기 시작한 1980년대 후반 이후에도 이런 관계에 근본적인 변화는 없었다. 한반도는 여전히 냉전의 고도(孤島)였다. 김대중 정권의 햇볕정책은 이와 같은 악순환의 고리를 끊어서 남북한이 평화공존하고 공영해서 언젠가는 기회가 오게 될 통일에 대비하자는 정책이다.

김대중 정권은 1998년 2월 25일 출범과 함께 북한체제는 실패한 체제이기는 하나 당장은 붕괴하지 않을 것이라는 대전제 하에 평화와 화해·협력을 통한 남북관계 개선을 대북정책의 당면 목표로 천명했다.[1] 이는 당장의 법적·제도적 통일(*de jure unification*)을 서두르기보다는 평화의 토대를 확고히 닦고 그 위에서 교류·협력을 활성화시킴으로써 상호 화해와 이해의 폭을 넓히고 궁극적으로 민족의 동질성을 회복해 남북이 비록 갈라져 있어도 사람과 물자, 사상의 자유로운 왕래와 소통이 가능한 사실상의 통일(*de facto unification*) 상황을 만들어보자는 것이었다.

김대중 정권은 이를 달성하기 위해 ① 무력도발 불용, ② 흡수통일 배제, ③ 화해·협력 추구라는 '대북 3원칙'을 내세웠다. 그리고 이를 기초로 다시 ① 안보와 화해·협력의 병행 추진, ② 평화공존과 평화교류의 우선 실현, ③ 화해와 협력관계로 북한이 변할 수 있는 여건 조성, ④ 남북 간 상호이익 도모, ⑤ 남북 당사자 해결원칙 아래 국제적 지지 확보, ⑥ 국민적 합의 등 6가지 '대북정책 추진기조'를 설정했다.[2] 이 중 김대중 정권에 가장 중요한 것은 화해와 협력이었기에 다시 이를 구체적으로 이행할 3대 이행수칙으로 ① 인도적 지원, ② 정경분리, ③ 상호주의를 명시했다.

김대중은 한발 더 나아가 재임 중이던 1999년 5월 5일 CNN과의 인터뷰에서 한반도의 냉전 해소책으로 ① 남북 간 화해·협력관계로의 전환, ② 북한과 미국 일본과의 관계개선, ③ 북한의 개혁·개방, ④ 한반도의 군비통제, ⑤ 정전체제의 평화협정체제로의 전환을 제시하기도 했다.[3] 앞의 6대 기조가 대북관계라는 보다 좁은 영역에 초점이 맞춰

---

1) 대통령 비서실, 《국난 극복의 길: 대통령 취임 6개월 연설문》(대통령 비서실, 1998), p. 20.

2) 통일부, 《2003 통일백서》(통일부, 2003), pp. 31~37 참조.

져 있다면 뒤의 이 5대 방책은 한반도와 그 주변이라는 보다 넓은 영역에서의 분단과 냉전구조의 해체를 목표로 한다.

무릇 햇볕정책이라 함은 '남북관계에서 이와 같은 원칙들을 구현해 나갈 신념과 실천의 체계'로 규정할 수 있다. 바꿔 말하면 '이런 원칙 하에서 추진되고 실행된 모든 대북정책과 이행과정, 그리고 결과물의 총체'라고 할 수 있다. 김대중의 말을 직접 들어보자. 그는 자서전에서 햇볕정책에 대해 다음과 같이 설명했다.

> 나는 취임사에서 북에 대해 3대 원칙을 밝혔다. 북한의 어떠한 무력도발도 용납하지 않는다. 북한을 해치거나 흡수할 생각이 없다. 화해·협력을 적극 추진한다는 것이었다. 이러한 3대 원칙은 미국, 중국, 러시아, 일본을 포함하여 모든 나라의 지지를 받았다. … 북한이 택할 수 있는 길은 3가지다. 첫 번째 길은 무력도발로 … 이는 남북이 공멸하는 최악의 길이고, 두 번째 길은 개혁도 개방도 거부하여 스스로 고립을 택하는 것인데 경제가 더 악화돼 파멸에 이르게 될 것이고… 세 번째 길은 개방으로 나오는 것인데… 나는 북한이 생존을 위해 세 번째 길로 나올 것이라고 생각했다. … 국민의 정부의 대북정책은 북한이 세 번째 길을 선택하도록 유도하고 지원하는 방향에서 추진됐다.[4]

---

3) 동아일보, 1999년 5월 26일자, 1면, 3면.

4) 김대중, 《김대중 자서전 2》(삼인, 2010), pp. 72~73. 김대중이 햇볕정책이란 용어를 처음 내외에 소개한 것은 1998년 4월 4일 영국 런던대 동아프리카연구소 초청강연에서였다. 당시 런던의 아셈(ASEM·아시아-유럽정상회의)에 참석 중이던 김대중은 이 초청강연에서 "나는 남북 간 화해와 교류협력의 확대를 통해 북한을 평화와 개혁, 개방으로 이끄는 햇볕정책을 줄곧 주창해왔다"고 밝혔다. 김대중은 이보다 앞서 1994년 9월 정계은퇴 후 아태평화재단이사장 자격으로 미국을 방문했을 때 헤리티지 재단 초청연설 자리에서 "강한 의지에 입각한 태양정책"이라는 제목으로 연설했다. 이 '태양정책'이 나중에 햇볕정책으로 바뀌게 됐다. 김홍균·한기홍, 《김대중, 희망을 향한 여정》(고즈윈, 2006년), pp. 46~47.

김대중 정권에서 통일부 장관, 국정원장 등을 지내면서 햇볕정책의 실질적 설계자이자 전도사로 활동했던 임동원의 설명이다.

> 김 대통령은 취임 이전부터 햇볕정책이라는 말을 즐겨 사용했습니다. 이 용어는 길 가는 나그네의 외투를 벗긴 것은 강풍이 아니라 햇볕이라는 이솝의 이야기에서 유래한 것으로서, 남북이 서로 냉전의 찬바람이 아니라 화해의 따뜻한 햇볕을 비추자는 뜻으로 사용한 것입니다. 대북정책의 공식명칭은 화해·협력정책(학술용어로는 포용정책)이었지만 햇볕정책이라는 용어가 영어로는 'the Sunshine Policy', 중국어로는 양광정책(陽光政策), 일본어로는 다이요세이사크〔太陽政策〕로 널리 알려져 공식명칭보다 더 널리 애용되었습니다.[5]

햇볕정책을 보다 쉽게 이해하기 위해 이를 일종의 개념도로 정리한 학자들도 많다.[6] 기본이념으로 김대중의 통일론을 풀어서 배치한 것이 눈길을 끄는데 햇볕정책이 어떤 목적과 맥락 속에서 펼쳐지는지에 대한 이해를 돕는 데 큰 도움이 된다. 내 생각으로는 기본이념 부분에 김대중이 3단계 통일론의 3대원칙으로 제시했던 자주 평화 민주를 놓고, 햇볕정책의 목적 부분에 남북연합-연방-평화통일을 적시하면서 햇볕정책의 핵심인 교류 협력 화해가 통일론 제 1단계인 연합단계와 어떤 상관성을 갖고 있는지를 보여줬더라면 훨씬 더 명료했을 것 같다.

물론 이런 원칙과 정책들은 전혀 새로운 것도 획기적인 것도 아니다.

---

5) 임동원, 〈김대중의 통일철학과 햇볕정책〉, 광주 김대중사상 대강좌 강의, 2009년 11월 17일. 임동원은 이보다 앞서 김대중 정권 시절이던 1999년 2월 "우리가 대북정책의 Engagement Policy에 대해서 말할 때 공식명칭은 '포용정책'이고, 내용적으로 말할 때는 화해, 협력정책이라고 하며, 비유적으로 말할 때는 햇볕정책이라고도 하는데 이 3가지가 같은 의미"라고 관련 용어를 정리한 바 있다.

6) 황병덕, 《대북정책추진전략-발전을 통한 변화》(통일연구원, 2000), p. 16.

뒤에 자세히 설명하겠지만 역대 정권의 대북정책에도 대체로 이와 같거나 유사한 원칙과 기조 하에서 추진됐다.[7] 또한 햇볕정책의 사상과, 제반 원칙, 정책들이 애초부터 일관된 체계를 가졌던 것도 아니어서 상호 중첩되는 부분이 있고, 거시적 원칙이 미시적인 전술정책 등과 같은 레벨에서 나열돼 있기도 하다. 그 이유는 김대중의 마지막 대선 출마(1997년 12월)를 앞두고 싱크탱크 격인 아태평화재단을 비롯해 많은 지지 연구단체들이 그의 대북정책 또는 통일정책을 체계화, 정교화하는 과정에서 여러 가지 요소들을 덧붙이고 덧대었기 때문으로 보인다.

한 예로 아태평화재단은 김대중의 통일정책인 3단계 통일론이 추구하는 자주・평화・민주의 3대원칙은 김대중의 통일사상에 깊게 뿌리를 둔 것이라면서 '열린 민족주의'(*Open Nationalism*), '적극적 평화주의'(*Positive Peace*), '전 지구적 민주주의'(*Global Democracy*)가 바로 그것이라고 설명했다.[8]

그러나 그가 제시한 자주・평화・민주는 박정희 정권 때인 1972년 7월 4일 남북 간에 채택된 7・4 공동선언의 자주・평화・민족에서 '민족'만 '민주'로 바뀐 것인데, 그나마도 노태우 정권의 평화통일 3대 원칙인 자주・평화・민주와 똑같다.[9] 그런 3원칙을 '열린 민족주의', '적극적

---

7) 김대중의 햇볕정책은 그만의 독창적인 정책은 아니다. '햇볕'이란 용어를 새롭게 갖다 붙였을 뿐 그 내용은 박정희 정권 이래 역대 모든 정권이 추구했던 대북정책의 틀에서 크게 벗어나지 않는다. 이행 방법과 강도에 차이가 있을 뿐이다. 이에 대해서는 이 책 "제2장 대북정책의 진화: 수렴의 뿌리" 참조.

8) 아태평화재단, 《김대중의 3단계 통일론》(한울, 1995), p. 36.

9) 7・4 공동성명의 자주・평화・민족 중에서 '민족'이 '민주'로 바뀐 것은 노태우 정권 때였다. 당초 7・4 공동성명을 채택했을 때 북한의 김일성은 깜짝 놀랐다고 한다. 자주・평화・민족에는 북한의 대남 적화전략이 모두 담겨 있어서 남한이 수용하지 않을 것으로 생각했다는 것. 그런데 평양을 방문(1972년 5월 2일~5월 5일)해 공동성명에 서명을 했던 남측 회담대표 이후

평화주의', '전 지구적 민주주의'로 발전시켜 자신의 3단계 통일방안의 사상적 기초로 내세운 김대중 또는 아태평화재단의 창의력은 놀랄 만하다. 그러나 솔직히 견강부회(牽强附會)라는 느낌을 지울 수 없는 것도 사실이다. 그의 통일정책과 대북정책을 체계가 잘 갖추어진 정교한 이론의 틀로서 만들기 위해 뭐든 아름답고 좋은 말들을 모조리 갖다 붙였다는 인상을 지울 수 없기 때문이다.

아태평화재단의 이런 영향을 받아서인지 일각에서는 '열린 민족주의', '적극적 평화주의', '전 지구적 민주주의'를 아예 햇볕정책의 사상적 기초로 보기도 한다. 정경분리에 입각한 화해·협력정책을 통해 남북관계를 개선해보자는 그의 햇볕정책이 '열린 민족주의', '적극적 평화주의', '전 지구적 민주주의'와 밀접히 연결돼 있다는 것이다.[10] 그러나 어떤 대북정책도 그것이 북한과의 화해와 협력을 추구하는 한 크게 보아 자주 평화 민주의 이상과 가치의 구현을 목표로 하지 않는 것이 없고 보면 한갓 구호의 유희(遊戲) 같다는 인식을 갖게 된다. 어떻게 햇볕정책만이 이런 대의(大義)를 구현하는 유일한 수단이라고 할 수 있겠는가.

차차 설명하겠지만 김대중의 이런 과욕(과잉 의미부여)이 지지자들 사이에서는 햇볕정책을 일종의 도그마로 만들었고, 반대론자들 사이에서는 부정과 냉소의 대상이 되도록 했다. 실제로 아태평화재단은 김대중의 세 번째 통일사상인 '전 지구적 민주주의'를 설명하면서 "이제는 아시아적 민주주의의 포용성이 서구식 민주주의의 한계를 극복하는 데 긍정적으로 영향을 줄 수 있는 시기가 왔다고 본다"면서 다음과 같이 부

락 중앙정보부장이 이를 흔쾌히 수락하자 크게 놀랐다는 것이다. '민족'이란 원칙에는 북한의 '민족대단결', 곧 외세 배격, 주한미군 철수라는 노림수가 들어있었기 때문에 노태우 정권에선 통일 3원칙을 제시하면서 이를 '민주'로 바꿨다.

10) 박형식, "우리나라 통일정책의 변천에 관한 연구-햇볕정책에 대한 경찰관의 의식조사를 중심으로"(경희대 행정대학원 석사학위 논문, 2001), p. 19.

연한다.

> 특히 한국 역사 속에 뿌리내리고 있는 민주주의의 요소로서 동학(東學)의 인내천(人乃天) 사상, 문민 주도의 정치, 정치·문화적 전통, 과거제도의 개방성, 언론 자유를 존중해온 전통, 타민족을 침략하지 않았던 평화주의 전통, 교육에 대한 열의, 그리고 반독재 민주화 투쟁으로부터 우리 국민이 얻은 귀중한 교훈 등에 주목한다.[11]

일찍이 싱가포르의 리콴유 수상과 아시아적 가치(*Asian value*)를 놓고 논전[12]을 벌였던 김대중이고 보면 아시아적 민주주의 가치에 대한 그의 신념과 집착은 짐작할 만하다. 그러나 어떻게 동학의 인내천 사상과 과거제도의 개방성까지 그의 3단계 통일론사상의 기저가 되는지 전문가나 지식인이라면 모를까 보통사람들로서는 그 연결고리를 찾기가 쉽지 않아 보인다. 이런 식의 의미부여라면 대저 포함되지 않을 이념이 없고 정책이 없으며, 미덕이 없고 전통이 없을 듯하다. 통일에 대한 신앙과도 같은 그의 신념에 대해 많은 사람들이 높이 평가하고 있지만 이런 식의 과잉 의미부여는 독선으로 흐를 수 있다.

---

11) 아태평화재단, 앞의 책(1995), p. 37.

12) '아시아적 가치논쟁'은 1994년 사무엘 헌팅턴 미국 하버드대 교수가 "충돌은 운명인가" 라는 글을 미국의 외교정책 전문잡지 〈포린 어페어스〉에 기고한 데 대해 리콴유 전 싱가포르 수상이 "문화는 운명이다"라는 글을 동지(同紙) 봄호(3·4월)에 기고함으로써 촉발된 논쟁을 말한다. 리콴유는 이 글에서 "서양식 민주주의와 인권은 문화가 다른 동아시아에서는 적용될 수 없다"고 주장하면서 동아시아의 정치·경제체제를 긍정적으로 평가하고, 서구적 가치관의 위선과 체제의 한계를 강조했다. 리콴유의 이러한 아시아적 가치 옹호론에 대해 김대중은 같은 해 〈포린 어페어스〉, 겨울호(11·12월)에 기고한 "문화는 운명인가?"라는 글을 통해 반박하면서 아시아에서도 경제와 민주화가 균형적으로 발전할 수 있다는 주장을 폈다. 통일뉴스, 2009년 8월26일 참조.

김대중의 사상은 동서양을 아우를 정도로 폭넓고 깊이가 있으며, 특히 동양적 가치로 서구적 가치를 끌어안음과 동시에 그 한계까지 극복하려 했다는 식으로 의미를 부여해버리면 그의 사상은 거의 지고지선(至高至善)한 것이 되고 만다. 평생을 민주화에 헌신해온 김대중의 삶과 그가 추구하고 실천했던 정신과 신념에 대해 우리는 존경의 마음을 갖지 않을 수 없는 게 사실이다. 누구도 이를 부인할 수는 없다. 사람에 따라서는 그의 삶과 사상에 대해 좀더 깊이 있는 시대사적, 철학적 의미를 부여하고 싶은 욕심을 가질 것이다. 그것은 또한 매우 가치 있는 일이기도 하다.[13]

그럼에도 김대중의 대북정책, 햇볕정책에 관한 한 우리는 보다 선별적, 객관적으로 보고 평가하려는 자세를 견지해야 한다고 믿는다. 그의 3단계 통일론만 해도 뒤에 다시 설명하겠지만 완벽한 것으로 보기는 어렵다. 김대중의 3단계 통일론의 기초사상에 '열린 민족주의', '적극적 평화주의', '전 지구적 민주주의'라는 수식어를 붙인다면, 김대중의 3단계 통일론보다 앞서 나왔으며, 분단 이후 가장 체계적이라는 평가를 받은 이홍구의 한민족공동체 통일방안에는 대체 어떤 수식어를 붙여야 하는가.

어떤 정책도 사상도 완벽할 수는 없다. 더욱이 그것이 대북정책이라면 두말할 나위가 없다. 왜냐하면 대북정책은 상대방이 있기 때문이다.

---

13) 김대중의 사상과 철학에 대한 분석은 홍율표, 《김대중의 생각-공자인가, 존로크인가》(들녘, 1999) 참조. 홍율표는 이 책에서 김대중의 말과 글에 나타난 사상을 동서양을 아우르는 관점에서 분석했다. 그는 머리말에서 김대중의 저술에 나타난 사상의 구조는 "진화론적 기독교 사상과 낙관주의 철학, 경험주의에 바탕한 관용과 대화 및 현실주의적 접근법, 그리고 토인비의 문명사관과 서구의 민주주의 정치사상으로 이루어진 나름대로의 일관된 지식체계를 이루고 있다"고 주장했다. 그는 김대중의 사상을 다루었지만 그것이 햇볕정책에 어떻게 투영되었는지에 대해서는 구체적으로 언급하지는 않았다. 김대중의 사상에 대한 이런 깊은 분석도 그가 거의 유일하다.

그것도 이성이나 합리성과는 거리가 먼 기형적 세습 공산왕조가 그 상대다. 이런 상대와 일면 대결하고, 일면 대화하려면 고도로 신축적이고 유연한 정책을 구사할 수밖에 없다. 어떻게 하나의 정책으로만 상대할 수 있겠는가. 그것도 지지자들 사이에서는 이미 지고지선한 정책이 되어버린, 그래서 비판하거나 반대하는 사람은 모두 보수 꼴통, 대결주의자, 반민족주의자가 되어버리는 정책(햇볕정책)으로 말이다.

햇볕정책을 놓고 벌어진 우리 사회의 치열한 찬반논쟁의 기저에는 김대중 자신과 그의 지지자들에 의한 특유의 과잉 의미부여가 결정적 원인이 됐다고 본다. 그런 의미부여가 그 동기와는 관계없이 햇볕정책을 또 하나의 '경전'(經典)으로 만들면서, 결과적으로 햇볕정책에 찬성하지 않는 사람들을 모두 이교도(異教徒)나 적(敵)으로 내몬 것이다. 남남(南南) 갈등의 원인에는 이런 점도 크게 작용했다. 뒤에 다시 설명하겠지만 나는 그가 햇볕정책이란 용어만 쓰지 않았어도 그의 대북정책에 대한 반대론자들의 때로는 증오에 가까운 공격을 상당부분 피해갈 수 있었을 것이라고 생각한다. 대북정책은 그냥 '대북정책'으로 족했어야 했다.

2) 일상(日常)으로 들어온 대북정책

김대중은 그럼에도 불구하고 재임 5년(1998년 2월 25일~2003년 2월 24일) 동안 햇볕정책이란 깃발을 내걸고 남북관계 개선과 이를 통한 북한의 변화를 꾀하기 위해 나름대로 열심히 노력했다. 재임 중 햇볕정책은 적어도 외관상으로는 남북 교류·협력을 크게 활성화시켰고,[14] 분단

14) 김대중 정권 5년간 경제·사회·정치·군사 등의 분야에서 모두 60회의 남북대화가 개최됐고, 이를 통해 남북 간에 채택된 문건은 공동보도문 18건,

사상 최초로 남북 정상회담 개최라는 기록을 역사에 남겼다. 햇볕정책이 단순히 한 개인과 정권의 대북정책을 떠나 그 이상의 의미를 갖는 이유다.

그러나 햇볕정책에 대한 평가는 상반된다. 지지자들은 햇볕정책에 대해 거의 신념에 가까울 정도로 찬성 입장을 보인다. 햇볕정책이 불신과 대결의 남북관계를 화해와 협력의 관계로 전환시켜 북한이 개방과 변화의 길로 나올 수 있는 환경과 여건을 조성함으로써 전쟁을 방지하고 평화통일의 기틀을 마련하는 데 크게 기여했다는 것이다. 특히 햇볕정책의 최대 성과로 평가받는 2000년 6월 15일의 역사적인 남북 정상회담과 6·15 공동선언, 그리고 이에 기반한 각종 후속조치들은 남북 대결구조를 타파하고 민족 화해·협력의 촉진에 결정적 전기를 마련했다는 것이다.[15)]

김대중 재임 5년간 대표적인 햇볕정책론자임을 자임했던 한 학자의 평가를 보자. 그는 햇볕정책의 최대 업적으로 김대중, 김정일 간의 남북 정상회담을 꼽고, 이 회담을 통해 비로소 남북 간에 냉전구조가 해체되기 시작했다고 주장한다. 따라서 햇볕정책을 지속적으로 밀고나가야 하며, 햇볕정책 외에 다른 대안은 없다는 것이다.

> 이제 한반도 냉전구조는 남북한 당사자들에 의해 자주적으로 남북관계 수준에서부터 해체되고 있으며 평화와 협력체제는 태동하기 시작

합의서 22건에 달했다. 정부 차원의 성과집계는 통일부 《평화와 협력의 실천》(통일부, 2003)에 상세히 나와 있다.

15) 이러한 평가는 통일부, 《통일백서》(1999~2003); 외교통상부, 《외교백서》(외교통상부, 1999~2003); 통일부, 《국민의 정부 5년: 평화협력의 실천》(통일부, 2003); 민주평화통일자문위원회 편, 《국민의 정부 '햇볕정책': 추진방향, 성과 및 과제》(민주평화통일자문위원회, 2002); 이원섭, 《햇볕정책을 위한 변론》(필맥, 2003) 등 많은 저술과 논문 등에 잘 나타나 있다.

> 했다. 남북한 정상은 한반도 긴장완화와 평화정착의 첫 단계로 평가되는 정치적 신뢰를 구축하기 시작했으며 신뢰는 출발부터 매우 진솔하고 끈끈한 것이었다. …정상 간에 형성된 신뢰가 현실로 변화하기 위해 첫째로 중요한 것은 이러한 성과를 만들어낸 햇볕정책을 지속하고, 남북 간에 실제 성과를 축적하며, 이에 따라 햇볕정책에 대한 정치적 지지를 착실히 획득해 나가는 것이다.[16]

햇볕정책에 대한 긍정적 평가는 외국학자나 언론에서도 찾아볼 수 있다. 이들은 2000년 12월 김대중 대통령이 노벨평화상을 받은 것도 "김대중 정권이 일관되게 추진한 햇볕정책의 공적이 국제사회에서도 공식적으로 인정받았다는 것을 의미한다"고 평가했다.[17] 햇볕정책에 대해서 비교적 균형잡힌 시각을 갖고 있는 한 외국학자의 평가를 보자. 그는 "북한은 근본적으로 변화될 수 없는 정권이므로 (햇볕정책) 기본구상 자체가 잘못된 것이고 …김대중 대통령이 결국 평양에 끌려 다니고 있다는 식의 주장은 나름대로 심사숙고할 비판"이라고 지적하면서도 "그러나 햇볕정책에 비판적인 인사들도 햇볕정책이 얼마나 큰 성과를 가져왔는지… 햇볕정책 외에 어떤 대안이 있는지 자문해봐야 할 것"이라고 주장했다.[18] 어느 쪽이든 그들에게 햇볕정책은 바른 정책이고 성

---

16) 권만학, "정상회담과 남북협력 추진", 《대통령자문 정책기획위원회 2000년도 정책과제: 국정과제 실현을 위한 정책제언》, 제6장, p. 39.

17) Howard W. French, "South Korean President Wins Nobel Peace Prize for Effects to Heal Rift", *The New York Times*, October 13, 2000; Doug Struck, "S. Korea's Kim Wins Peace Prize", *The Washington Post*, October 14, 2000.

18) 베를린 자유대학의 베르너 페니히(Werner Pfennig) 교수는 김대중 대통령의 퇴임(2003년 2월)을 앞두고 "모든 역경을 이겨낸 김대중 대통령-그의 인품과 정치관"이란 글을 통해 햇볕정책을 이렇게 평가했다. 페니히 교수는 또 당시 국제통화기금(IMF) 서울사무소장이었던 데이비드 코어(David Coe)의 평가를 다음과 같이 인용했다. "김대중 대통령은 나라를 위기에서 건져낸

공한 정책이다.

반면 비판론자들은 햇볕정책을 총체적 실패로 규정한다. 햇볕정책은 막대한 남북 협력기금의 집행에도 불구하고 남북한 간의 진정한 화해와 교류협력을 진전시키지도 못했고, 북한의 개혁·개방 및 대남, 대외(對外) 태도의 변화를 유도하지도 못했다는 것이다. 또한 햇볕정책은 북한의 인권상황을 개선하는 데도 기여하지 못했고, 외교·안보·교육·문화·학문 등 한국의 국민생활 전반에 걸쳐 심각한 좌경화를 초래했다는 것이다. 더욱이 햇볕정책은 북핵문제 해결에 부정적 영향을 미쳤을 뿐만 아니라 한국의 외교안보정책을 대북정책의 종속변수로 전락시켰다는 것이다.[19] 이들은 북한의 핵무기와 미사일 개발도 햇볕정책 탓으로 본다. 대표적인 한 비판론자의 주장을 들어보자. 그는 햇볕정책으로 교류 협력의 증가라는 외형적 변화는 있었지만 북한의 변화라는 질적 변화는 없었다면서 햇볕정책은 마땅히 폐기돼야 한다고 말한다.

> 햇볕정책이라는 명목으로 과거 10년간 총 3조 5천억 원이 북한에 지원되었다. 민간 차원의 지원과 불법송금까지 합칠 경우 10조 원을 상회할 것이라는 추정도 있다. 그 결과는 핵무기와 미사일 개발이며, 순수한 민간 관광객에 대한 총격이라는 것을 생각하면 북한을 도와줄 것이

분인데 (한국)사람들은 전혀 기회를 주지 않았다. 이것은 정말 모순이다. 이 분은 해외에서 넬슨 만델라와 같은 도덕적 권위를 가졌는데, 선지자와 같이 자기 고향에서는 대접을 제대로 받지 못하고 있다." 하르트무트 코쉭(Hartmut Koschyk) 편저, 《김대중 대통령과의 만남-한반도의 평화, 화해 그리고 통일을 향한 길》, 김소연(역)(한림출판사, 2003), p. 55, p. 64. 코쉭은 당시 독일연방의회 독한의원친선협회 회장이었다.

19) 이러한 평가는 이교관, 《김대중 정부의 위험한 거래》(한송, 2002); 한반도선진화재단 외교안보통일패널 편, 《21세기 새로운 대북정책 패러다임》(한반도선진화재단, 2007); 정용석, 《햇볕정책: 기대와 좌절》(자유사, 1999); 김윤곤, 《햇볕정책 햇빛 보려면》(중앙 M&B, 2000) 등에 잘 나타나 있다.

아니라 응징해야 하는 것이 국제사회의 질서를 유지하는 방법일 것이다. 핵 개발과 인권탄압에 혈안이 된 김정일 정권을 무조건 지원하는 것은 북한 주민의 고통을 연장시킬 뿐이며, 장기적 차원에서 남북관계의 발전에도 바람직하지 못하다.[20]

우리 현대 정치사에서 햇볕정책 만큼 이렇게 찬반이 뚜렷하게 갈린 정책도 많지 않을 것이다. 김대중, 노무현 정권 10년 동안 이른바 보수와 진보, 우파와 좌파의 격렬한 대결의 기저에는 반드시 햇볕정책에 대한 입장 차이가 있었다. 햇볕정책이 대결의 직접적인 원인이기도 했고, 양측의 이념적 대립과 반목이 햇볕정책을 매개(媒介)로 폭발하기도 했다. 해마다 8·15 광복절이면 서울의 심장 광화문에선 우파와 좌파가 따로 기념집회를 열었고 때로는 이들 간에 심한 몸싸움이 벌어지기도 했던 것은 이를 상징적으로 보여주는 한 예에 지나지 않는다.[21] 햇볕정책 뒤에는 보다 넓은 차원에서 북한과 남북분단에 관한 우리사회의 상반된 인식이 자리 잡고 있었고, 그것이 햇볕정책이라는 구체적이고 실증적인 정책을 도화선으로 삼아 발화됐던 것이다.

그러나 나는 바로 이 점에 주목하고 싶다. 역설적으로 햇볕정책을 둘러싼 격렬한 좌우 대립, 그 자체가 우리사회가 햇볕정책으로부터 얻을 수 있는 가장 큰 소득이라고 보는 것이다. 분단 반세기가 넘도록 때로는 분출하고 때로는 수면 하에서 스멀거렸던 좌우 간 대립과 갈등이 햇볕정책을 둘러싼 그 치열한 논쟁을 통해 실체를 명료(*articulation*)하게

---

20) 구본학, 〈햇볕정책 10년의 성과와 상생공영의 대북정책〉(2008년 12월 12일부터 13일까지 한국외국어대 법학관에서 개최된 한국국제정치학회 연례학술회의의 발표 논문 중에서). 여기서 10년간이라 함 김대중, 노무현 정권의 10년을 말한다.

21) 8·15에 좌우가 별도로 기념행사를 갖고 서로 상대방을 비난하고 일부 충돌하기도 했던 일은 김대중 정권 출범 이래 연례행사가 되다시피 했다. 동아일보, 2001년 8월 16일자.

드러낸 것이다. 김대중 정권 이래 이제 우리는 누구에게나 "햇볕정책을 지지하십니까?" 또는 "햇볕정책을 반대합니까?"라고 묻고 그 대답에 따라 그 사람의 대북관과 철학을 쉽게 유추할 수 있게 됐다. 어디 그뿐인가. 그 사람의 이념, 출신지역, 지지하는 정당은 물론이고 심지어는 계층과 세대, 연령까지도 짐작할 수 있게 됐다.

한때는 금단의 영역으로 치부되었고, 민주화, 자유화와 함께 공론의 장(場)으로 나오기는 했지만 여전히 소수 전문가와 지식인들의 독점적 담론의 공간에 갇혀 있었던 대북정책과 통일방안이 비로소 대중(大衆)의 영역, 일상(日常)의 공간으로 들어온 것이다. 어떤 사안이 이처럼 명료해지고, 보편화됐다면 이를 치유할 수 있는 단서나 방법도 또한 찾아낼 수 있다는 것을 의미한다. 문제가 환히 보이는데 왜 답을 못 찾겠는가. 바로 이 점이 햇볕정책이 우리에게 주는 진정한 교훈이자 성취라고 믿는다.

나는 햇볕정책이 남북문제를 둘러싼 우리 사회의 갈등과 대립을 치유할 수 있는 유일한 답이라고는 믿지 않는다. 햇볕정책은 답을 준 게 아니라 무엇이 진정한 답인지를 놓고 우리사회가 적어도 그 이전보다는 더 치열하고 더 진지하게 고민하게 만들었다. 간과해서는 안 될 점이 바로 여기에 있다. 분단으로 인해 우리가 겪어야 했던 고통과 좌절, 비효율이 어디 어제 오늘의 일인가. 이를 둘러싼 비극적이고 소모적인 논쟁은 — 대개는 해결책을 찾는다는 미명 하에 — 증오를 낳고 증오는 폭력을 부르는 일이 반복됐던 게 한국사회의 익숙한 풍경 중의 하나였다. 더욱이 탈냉전의 세계사적 조류 앞에서 때로는 피아(彼我)의 구별도 안 됐고, 어디가 전선(戰線)인지도 모르는 총체적 혼란 속에 빠지기도 했다. 냉전과 탈냉전의 기류가 뒤섞여 있어서 정권에 따라서는 "온탕과 냉탕을 오간다"[22]는 비판을 받기도 했다. 햇볕정책은 의도했든 안 했든 이런 혼란과 갈등을 대중화되고 일상화된 치열한 논의구조 속으로 끌어들였다. 대북정책을 햇볕 아래로 끌어낸 게 햇볕정책의 망외(望外)의, 그러나 가장 값진 소득이고 공(功)이다.

햇볕정책에 대한 가장 대표적인 비판 중의 하나가 "햇볕정책이 남남 갈등을 조장했다"[23]는 것인데, 그 진위를 떠나 그런 갈등이 있었기에 대북정책에 관한 보다 객관적인 인식과 처방이 가능했다. 실제로 '비핵 개방 3000'과 '엄격한 상호주의'를 골자로 하는 이명박 정권의 대북정책[24]을 지지하는 사람이라면, 그들이 '유화정책'과 '퍼주기'로 규정했던 바로 그 '햇볕정책' 때문에 보다 보수적인 이명박 정권의 대북정책이 나올 수 있었음을 알아야 한다. 반대로 이명박 정권의 보수적인 대북정책 탓으로 집권 5년 내내 남북대화다운 대화가 거의 이뤄지지 않는 것을 보면서 햇볕정책의 가치를 다시 생각하는 사람들도 늘었을 것이다. 보수건 진보건, 좌(左)건 우(右)건, 햇볕정책을 지지하건, 반대하건 누구도 이 점을 부인하기는 어려울 것이다.

거듭 강조하지만 나는 햇볕정책 지지자가 아니다. 햇볕이 우리 대북정책의 전부라고 생각한 적은 더더욱 없다. 그것은 여러 정책이나 수단 중의 하나라고 믿을 뿐이다. 그럼에도 햇볕정책으로 인해 우리 사회의 속살이 드러났다는 점은 인정한다. 좌우를 막론하고 대북정책에 관한

---

22) 김영삼 정권이 이런 비판을 가장 많이 받았다. 그러나 천편일률적인 이런 평가는 김영삼 정권이 놓여있던 국내외적 환경을 고려하지 않은 평가로 현실정합성이 없다는 것이 필자의 판단이다. 이 책의 제2장 "대북정책의 진화: 수렴의 뿌리" 제2절 탈냉전기의 대북정책, 3) 김영삼: 북미 제네바합의와 4자회담 참조.

23) "햇볕정책이 남남 갈등을 조장했다"는 주장은 가장 흔한 비판 중의 하나다.

24) 통일연구원, 《이명박 정부 대북정책 비전 및 추진방향》(통일연구원, 2008) p. 46. '비핵 개방 3000'은 북한이 핵을 폐기하고 개방하면 북한 주민의 1인당 국민소득(GNI)을 10년 내 3천 달러까지 올려주겠다는 것으로 이명박 정권의 대북정책의 핵심을 이룬다. 엄격한 상호주의는 김대중 노무현 정권의 비등가성 상호주의와는 달리 등가성의 원칙을 지키려는 상호주의를 말한다.

집착과 맹신, 오해와 편견, 무지와 왜곡의 외피를 벗고 서로가 보다 치열하게 그 실체를 직시할 수 있는 기회를 갖게 됐기 때문이다. 지식인 사회의 위선은 더 말할 것도 없다. 햇볕정책을 둘러싼 비이성적 논쟁과 편 가르기를 보라.

2. 햇볕과 반(反)햇볕의 차이는 과장됐다

햇볕정책이 찬반논쟁을 통해 우리 사회의 갈등과 대립을 적나라하게 드러냈다면, 이제 우리가 할 일은 그 기초 위에서 햇볕정책에 대한 찬성과 반대, 좌와 우, 진보와 보수의 입장을 보다 면밀히, 그리고 객관적으로 살펴봄으로써 궁극적으로 그러한 갈등과 대립을 극복하는 길을 찾아내는 일일 것이다. 햇볕정책으로 인해 우파나 보수는 그들이 유화정책과 '퍼주기'로 규정했던 좌파나 진보의 대북관과 정책을 더 잘 알게 됐고, 반대로 좌파나 진보는 그들이 대결정책과 '전쟁불사 정책'으로 몰아붙였던 우파나 보수의 대북관과 정책을 더 잘 알게 된 것은 분명하다. 앞에서 나는 그것이 의도하지는 않았겠지만 햇볕정책의 공(功)이고 소득이라고 보았다.

그렇다면 거기에 그쳐서는 안 된다. 둘 사이에 대립을 극복할 수 있는 길을 찾아내야 한다. 어느 한 쪽이 완전히 틀렸다면, 그 쪽을 아예 논의구조와 정책결정 과정에서 퇴출시켜 버림으로써 대북정책에 대한 분열적이고도 소모적인 논쟁을 끝내야 한다. 아니면 양자 사이에 접점(接點)이 있는지를 살펴서, 그 접점을 중심으로 양측의 입장이 수렴되도록 해야 한다. 그것이 마땅히 정책을 다루는 담당자들이나 지식인들의 책무일 터이다. 그런 후속작업이 뒤따르지 않는다면 햇볕정책을 통해 그나마 우리가 얻었던 소득(좌우 대북정책의 명료화) 마저도 차버리는 꼴이 된다.

김대중, 노무현 정권 10년에 이어 이명박 정권 5년도 끝나가는 시점이지만 유감스럽게도 우리 사회는 햇볕정책을 놓고 어느 쪽으로도 결론을 내지 못하고 있다. 김대중, 노무현 정권에 대한 일종의 작용-반작용의 결과로서 탄생한 이명박 정권마저도 자신들의 대북정책에 대해 "이명박 정권은 강경해진 것이 아니다. 햇볕정책을 현 수준에 맞게 업데이트 한 것"이라고 했을 정도다.[25]

햇볕정책 지지자들의 집착도 여전하다. 2006년 10월 9일 북한의 핵실험 강행으로 노무현 대통령마저 "(북에) 대화만 계속하자고 강조할 수 있는 입지가 없어진 것은 아닌지 생각된다"고 말했을 때 당사자인 김대중 대통령은 노 대통령과의 전화통화에서 이렇게 반박한다.

> 포용정책이 무슨 죄가 있습니까. 포용정책은 남북의 긴장을 완화시켰지 악화시킨 적이 없는데 어째서 그렇게 말씀하십니까. 죄 없는 햇볕정책에 북한 핵실험을 갖다 붙이는 데 동의할 수 없습니다. 햇볕정책은 그리 만만한 것이 아닙니다.[26]

이런 대립적 상황은 앞으로도 좀처럼 바뀌지 않을 것 같다. 그렇다면 어떻게 해야 하는가. 햇볕정책의 완전한 퇴출인가 아니면 햇볕과 반(反)햇볕의 수렴인가. 나는 후자에 길이 있다고 생각한다. 햇볕과 반햇

---

25) 이명박 정권 출범 초기 통일부 장관에 내정됐을 뿐 아니라, 대선 캠프에서 이명박 정권 대북정책의 산파역을 맡았던 남주홍 씨는 2008년 12월 〈주간동아〉와의 인터뷰에서 "안 싸우고 북한을 변화시키겠다는 것이 햇볕정책인데 그것을 왜 반대하겠는가. 그 정신은 옳다고 생각한다. 이명박 대통령의 생각도 같다. 단, 방법론에 문제가 있다는 것이다"라고 말했다. 〈주간동아〉, 665호(2008년 12월 16일, 동아일보사), p. 21. 또한 이명박 정권 초기 일부 참모들은 자신들이 햇볕보다 더한 혜택을 북한에 줄 용의가 있다고 호언했다.

26) 김대중, 《김대중 자서전》, pp. 552~553. 당시 노무현 대통령은 핵실험 다음날 청와대에서 전직 대통령을 초청해 오찬을 가졌다. 이 자리에서 김영삼 대통령이 "(김대중 대통령의) 포용정책 때문에 이런 상황이 초래됐다"고 공격했고 이에 김대중 대통령은 "그의 독설이 무례하기 이를 데 없었다"고 회고했다. 노무현 대통령이 김대중 대통령에게 전화를 건 것은 그 다음날이었다.

별으로 나뉘어 싸우는 한 효과적이고 효율적인 대북정책은 나오기 어렵다. 철길처럼 평행선을 달려서는 갈등과 대립만 재생산될 뿐이다. 갈등과 분열을 낳는 대북정책 대신 상호이해와 공감을 자아낼 수 있는 대북정책이 나와야 한다. 그러려면 햇볕과 반햇볕 사이에 접점을 찾고, 이 접점을 통해 양자가 수렴되도록 해야 한다. 그래야 대립과 분열이 아닌 우리사회의 통합에 기여하는 대북정책을 가질 수 있다. 나는 이런 대북정책을 '사회통합형 대북정책'이라고 부르고 싶다.

1) '퍼주기' 대 '전쟁불사'가 아니다

사회통합형 대북정책을 모색하려면 우리는 먼저 겸허해질 필요가 있다. 남의 오류를 지적하기 전에 자신의 오류부터 되돌아볼 수 있어야 한다. 감정적인 주장이나 비판은 가능한 한 억제하고 이성적이고 합리적인 목소리로 논박해야 한다. 그래야 찬반 어느 쪽이든 상대방이 주장하는 내용의 실체를 객관적으로 볼 수 있고, 이에 맞는 적절한 해법도 찾을 수 있다. 유감스럽게도 우리는 그러지 못했다. 찬반 어느 쪽을 막론하고 이성적으로 용납하기 어려운 주의주장을 쏟아내기 일쑤였다.

우리 사회에서 존경받는 원로학자 한 분은 "햇볕정책을 쓰면 우리는 절대 살아남을 수 없다"면서, "햇볕징책은 좌파 사회주의의 전유물(專有物)일 뿐만 아니라 좌파 사회주의자들이 늘 쓰는 포퓰리즘(인기영합주의)이 햇볕정책"이라고 통박한다. 그는 한 걸음 더 나가 비단 남북관계에서 만이 아니라 김대중, 노무현 정권은 복지, 노사(勞使), 균형정책 — 수도권과 지방 간, 균형과 도농(都農) 간 균형 — 에 이르기까지 모두 햇볕정책을 썼기 때문에 나라가 어려워졌다고 주장한다. 예를 들면 이런 식이다.

> 이제 남-남 관계에서 이 햇볕정책은 어떻게 되었는가? … 남쪽의 햇볕정책은 사회복지정책으로 나타났습니다. … 햇볕정책이 맹목적인 복지정책을 실시하니까 무능력자 수를 증가시키고 더 무능력적인 실업자 수를 증대시켰습니다. 이것이 햇볕정책의 결과입니다. … 두 번째로 남쪽에서의 햇볕정책은 균형정책입니다. 수도권에 있는 공공기관들을 지방으로 보냈습니다. … 지방사람들은 그 보상비로 모두 서울로 왔습니다. … 서울의 집값, 땅값을 엄청나게 올리고… 오히려 지방은 피폐해질 대로 피폐해지고…. 햇볕정책 이후 만들어진 노조는 전부다 강성노조입니다. … 그런 노조를 누가 만들었느냐. 햇볕정책이 만들어냈습니다. … 27)

물론 이 학자가 여기서 '복지도 노조도 균형도 다 망했다'며 그 주범으로 적시한 햇볕정책이 대북정책에서의 그 햇볕정책은 아닐 것이다. 그는 어쩌면 김대중, 노무현 정권의 주요 정책들이 다분히 포퓰리즘의 산물, 다시 말하면 대중의 인심을 얻기 위한 또 다른 '퍼주기'라고 보고 비유적으로 햇볕정책이란 이름을 붙였을 것이다. 그렇다고 해도 복지정책이 잘못됐으면 그냥 '대중영합적 복지정책', '무리한 복지정책' 정도로 규정하면 될 일이다. 그걸 굳이 햇볕정책이란 이름을 붙여가면서까지 비판한 것은 원래의 햇볕정책에 대한 반감과 거부감의 노골적인 표출이라고 하지 않을 수 없다.

햇볕정책을 지지하는 쪽도 마찬가지다. 김대중, 노무현 정권에서 대표적인 햇볕정책 주창자로 자타가 공인했던 한 중견학자의 주장을 들어보자. 그에게 햇볕정책은 남북관계를 화해와 협력의 관계로 이끄는

---

27) 송복, "햇볕정책으로 북한은 나날이 살지고 남한의 농촌·기업은 나날이 피폐해지고 있다"(〈한국논단〉, 2007년 6월), pp. 20~26. 이글은 연세대 명예교수 겸 특별초빙교수 송복 박사(정치사회학)가 2007년 봄 전경련 초청강연에서 "FTA시대 우리가 살길"이란 제목으로 특강한 내용을 잡지 〈한국논단〉이 전문 게재한 것이다.

역사적 대의(大義)이자 시대의 당위처럼 보인다.

> 김대중 대통령은 집권 이전에… 구체적인 통일방안까지 제시하였던 지도자였으나… 1997년 말 IMF 경제관리 하에 놓이게 된 상황에서… 이른바 '흡수통일론' 등으로 거품이 가득 차 있었던 예전의 대북정책 분야에서도 '구조조정'을 하였는데, 그것이 바로 '햇볕정책'으로 불리는 '대북포용정책'이었던 것이다. …그러나 김대중 정부가 재벌개혁에 차츰 성공하고 그 여파가 언론기업에까지 미치게 될 조짐을 보이면서… 보수 기업언론은 김대중 정부의 대북정책을 희생양으로 삼았다. … 햇볕정책을 우리 '경제 살리기 정책'이 아닌 '대북 퍼주기 정책'으로 규정하고 대대적인 공격을 시작하였던 것이다.[28)]

위의 글에서도 앞에서 지적했던 것과 같은 차원의 일방적인 주장과 평가를 확인할 수 있다. 거의 맹신에 가까울 정도의 지지와 찬사 일변도다. 김대중이 집권 전부터 천명했던 자신의 3단계 통일론(남북연합-연방-평화통일)을 정작 집권하자 내놓지 않은 것은 복합적인 이유 때문이다.[29)] 흡수통일론을 '구조조정'한 것이 햇볕정책이라는 주장도 역시 비유적 표현이라고 할지라도 아전인수(我田引水)다. 보수언론이 햇볕정책을 '희생양'으로 삼았다는 주장도 언론의 속성을 도외시한 자기중심적 판단이고 해석이다.[30)]

---

28) 백학순, "햇볕정책 4년 평가와 과제"(민주평통자문회의 사무처, 경제정의실천연합 통일협회 공동주최, 2002년 2월 19일 민주평통 통일연구회 제12차 정책포럼에서 발표된 논문) p. 2, p. 6.

29) 김대중이 자신의 3단계 통일론을 내놓지 않은 것은 김영삼 정권 때 이미 대한민국의 공식적 통일방안으로 인정된 민족공동체통일방안이 있는데다가, '흡수통일 배제'를 햇볕정책의 3대 원칙의 하나로 제시한 마당에 굳이 통일론을 들고 나와 그 취지를 희석시키고 싶지 않았을 것이란 분석이 지배적이다.

30) 보수언론이 '햇볕정책을 희생양 삼았다'는 주장도 근거가 희박하다. 김대중 정권이 보수언론과 불편한 관계였던 것은 사실이나 그것이 반드시 햇볕정책

이래서는 찬성과 지지를 막론하고 햇볕과 반햇볕 사이에 수렴은커녕 접점도 찾기 어렵다. 비이성적 평가와 주장의 거품을 걷어내야 한다. 그래야 길이 보인다. 나는 앞에서 햇볕과 반햇볕 사이에 수렴이 가능하다고 했다. 어떻게 가능한가? 거품을 걷어낸 후 양자 사이에 정말로 존재하는 인식의 차이, 견해의 차이, 정책의 차이를 객관적이고 균형잡힌 눈으로 찾아낼 수 있다면 얼마든지 가능하다. 햇볕과 반햇볕으로 갈려 서로 치열하게 싸우지만 양자 간의 입장 차이는 다분히 과장됐다는 게 나의 생각이다.

실제로 햇볕정책 지지자들은 반대자들을 곧잘 '대결주의자', '전쟁 불사론자'로 몰아붙였는데,[31] 이런 공격은 상대방의 격렬한 반발을 불러일으켜 곧잘 부메랑이 돼서 돌아오곤 했다. 반대자들도 햇볕정책을 '퍼주기', '유화정책'으로 규정했음은 물론이고 한발 더 나아가 이를 지지하는 세력을 아예 종북주의자(從北主義者)로 낙인찍곤 했던 것이다. 햇볕정책은 분명히 지고지선(至高至善)의 정책은 아니다. 근거 없는 낙관, 비현실적인 가정, 북한에 대한 환상, 김대중 개인의 야심 등 곳곳에서 허점이 드러나는 정책이다. 그렇다고 햇볕정책이 100% 틀린 정책이고 잘못된 정책인가? 어디 한 군데 취할 곳이라곤 없는 그런 정책인가? 그렇지는 않을 것이다. 어떤 정책도 절대선(絶對善) 또는 절대악(絶對惡)일 수는 없는 것처럼 말이다.

때문만은 아니었다. 이에 대해서는 여영무, "좌파 대통령의 언론과의 전쟁"(뉴스앤피플, 2007년) 참조.

31) '전쟁이냐, 평화냐'는 햇볕정책 지지자들이 반대자들을 공격할 때 가장 즐겨 쓰는 구호였다. 햇볕을 지지하면 평화주의자, 반대하면 전쟁주의자로 몰아붙인 것인데 김대중 집권 이후 선거 때면 이런 식의 비이성적 구호가 난무했다.

2) 수렴을 통해 제3의 대북정책을

이제 햇볕과 반햇볕 간의 깊은 골을 건너 수렴의 길로 가기 위한 긴 여정을 시작하자. 그러기 전에 재미있는 현상을 하나 지적하고 싶다. 햇볕이든 반햇볕이든 서로가 자신들이 지지하는 대북정책을 '패러다임의 변화'로 규정하고 있다는 점이다.

햇볕 지지자들은 "김대중 정권의 대북 포용정책(햇볕정책)은 한국사회의 패러다임 변화(*paradigm shift*)가 정책영역에서 나타난 상징으로도 볼 수 있다"면서, "또한 패러다임 변화를 정책적 차원에서 선도하는 측면도 있다"고 했다. "즉 대북정책의 공간에서 기존의 국가 중심적 패러다임의 토대 위에서 민족 중심적 패러다임이 차지하는 부분을 확대시키는 역할을 한다"는 것이다. 그들은 "더욱 중요하게 지적되어야 하는 것은 김대중 정권의 대북 포용정책은 자유주의적 담론(*discourse*)의 세계적 확대라는 시대적 추세를 반영하면서 남북관계를 선도한다"는 것이다.32)

이런 식의 의미부여가 과연 얼마나 적실성(*relevance*)을 갖는지 모르겠으나, 반햇볕론자들이 과연 조금이라도 동의할지는 의문이다. 햇볕정책이 남북관계를 선도하기는커녕 왜곡했다고 확신하는 그들은 "그래 맞아, 햇볕정책이 김대중의 노벨평화상 수상을 선도했지!"라며 냉소를 날릴 게 분명하다. 필자 역시 과문한 탓이겠지만 비료 50만 톤을 그냥 주느냐, 이산가족 상봉 약속이라도 받고 주느냐 하는 문제가 '자유주의적 담론의 세계적 확대라는 시대적 추세'를 어떻게 반영하는지 참 난해하다는 느낌이 든다. 앞에서도 지적했지만 김대중 자신은 물론 그의 햇볕정책을 지지하는 사람들에겐 이와 같은 과잉해석이 언제나

---

32) 김홍균·한기홍, 《김대중, 희망을 위한 여정》(고즈윈, 2006), pp. 48~49.

문제였다.

반햇볕론자들도 마찬가지다. 그들 역시 "이명박 정권의 대북정책은 패러다임의 전환을 요구한다"[33] 면서 "남북문제는 이념의 잣대가 아니라 실용의 잣대로 풀어가겠다는 인식의 전환이 나타났다"고 주장한다. 남북경협만 하더라도 "과거 경협방식의 연장론에서 접근하는 것은 바람직하지 않다. 민족 특수성의 논리보다 경제원리에 입각한 남북 간 상호 실익을 추구하는 방향으로 추진되어야 한다. 이처럼 대북정책의 새로운 패러다임 구축은 실천적 차원에서 남북협력의 목표와 논리를 바꾸는 데서 비롯된다"는 것이다.[34]

하지만 그들이 내세우는 '실용의 잣대'를 놓고 이번에는 햇볕론자들이 코웃음을 칠 것이다. 비핵 개방 3000이라는 원칙에 묶여 이명박 정권 집권 5년 내내 남북대화 한 번 제대로 못 한 게 실용인지, 아니면 비록 '퍼주기'라는 욕을 먹으면서도 어떻게든 북한과의 대화의 끈을 놓지 않으려고 한 게 실용인지, 자문해보라고 할 게 분명하다. "민족의 특수성 논리보다 경제원리에 입각하라"고 했는데 이 또한 실용과는 거리가 멀다고 통박할 것이다. 경제원리보다는 '민족의 특수성'에 의존하는 것이 남북관계의 현실에 비춰 훨씬 실용적인 것처럼 보이기 때문이다. 굳이 동서독의 예를 꺼낼 필요도 없다.

그런데도 양측은 다 자신들의 대북정책이 '패러다임의 변화'라고 감히 주장한다. 패러다임이 바뀐 것이라면 대북정책의 기본, 근간, 본질이 말 그대로 완전히 바뀌어야 하는데 과연 그러한가. 실제로 교류협력

---

33) 조민, 〈새정부의 대북정책 추진방향〉, 통일연구원, 한국국제정치학회, 국방대 안보문제연구소, 외교안보연구원 공동주최 특별기획 국내학술회의, "이명박 정부의 통일 안보 외교정책 추진방향"(2008년 3월 12일), pp. 4~5. 통일연구원, 《이명박 정부 대북정책 비전 및 추진방향》(통일연구원, 2008), p. 47에서 재인용.

34) 통일연구원, 위의 책, p. 47.

만 해도 그 필요성에 대해서는 햇볕론자들이나 반햇볕론자들이나 전혀 이견이 없다. 다만 반햇볕론자들, 특히 이명박 정권 관계자들은 북핵(北核) 문제의 선결(先決)을 전제조건으로 내세우고 있고, 햇볕론자들은 북핵문제의 해결의 중요성에는 공감하면서도 핵문제 해결과 교류협력이 병행 추진될 수도 있다고 믿는다. 그중에서도 다소 전향적인 사람들은 북핵문제가 해결이 안 되더라도 교류협력은 계속되어야 한다는 입장이다.

이 정도의 차이가 과연 패러다임의 변화라고 할 만큼 그렇게 근본적이고 절대적인가. 나는 아니라고 본다. 앞에서 햇볕과 반햇볕 간의 차이는 다분히 과장됐다고 했는데 서로가 패러다임의 변화라고 주장하는 이런 호들갑이나 맹신(盲信)이 곧 전형적인 과장의 예다. 한나라당 사람들이 북핵문제의 선결을 주장한다고 해서 그들을 봉쇄정책(*containment policy*) 지지자라고 한다면 아마 그들은 펄쩍 뛸 것이다. 반대의 경우도 성립됨은 물론이다. 교류협력에 더 적극적이었다고 해서 민주당 사람들을 모조리 유화정책(*appeasement policy*)에 빠져있다고 공격한다면 그들 역시 참지 못 할 것이다.

햇볕과 반햇볕의 수렴의 길은 바로 여기서부터 시작되어야 한다. 내 정책만이 옳고, 상대의 정책은 틀렸다는 생각을 버리고 서로 열린 마음으로 접점을 찾고 공감대를 넓혀가야 한다. 그래야 햇볕과 반햇볕의 갈등과 대립을 지양하는 제3의 대북정책이 나올 수 있다. 적어도 최소한의 가치중립적(*value free*)인 태도[35]만 견지해도 그동안 우리가 보지 못했던 많은 것들이 보일 것이라고 확신한다.

---

35) 대북정책이 어디까지 가치중립적일 수 있느냐에 대해서는 논란의 여지가 있는 게 사실이다. 이 문제는 곧 '통일은 어떤 통일이어야 하는가'라는 명제와도 직결된다. 그럼에도 불구하고 그동안 우리 사회에서 대북정책 논의가 과도하게 가치지향적(*value oriented*)이었고, 이념화돼 있었음도 부인하기 어렵다. 필자가 앞에서 누누이 지적한 '거품'이 그런 논의구조의 산물이다.

02 대북정책의 진화
수렴의 뿌리

햇볕과 반햇볕 간의 수렴의 가능성을 모색하기 위해서는 역대 정권의 대북정책을 먼저 살펴볼 필요가 있다. 김대중과 그의 지지자들은 햇볕정책을 김대중의 독창적 산물로 여기지만 그렇지는 않다. 역대 정권에서도 김대중이 햇볕정책을 통해 이루고자 했던 것과 다를 바 없는 화해·협력의 가치와 이를 실현하려는 노력이 있었다. 나는 그것을 대북정책의 한국적 보편성으로 규정하고 싶다. 이홍구가 지적한 것처럼 분단국가에 살고 있는 우리는 북한과 일면 대결하면서, 일면 대화해야 하는 '상황의 이중성'[1]에 놓여 있다. 북한의 군사위협에 대비하기 위해서 안보를 튼튼히 해야 하지만 긴장완화와 평화공존을 위해서는 대화도 해야 하는 이중적 상황이 대북정책의 구조적 배경이자 한계라는 얘기다.

햇볕정책은 물론 어떤 대북정책도 그런 상황으로부터 자유로울 수는

---

1) 이재호, "오늘과 내일-캐나다 소녀와 정체성", 동아일보, 2009년 8월 12일자 칼럼 참조. 상황의 이중성은 "북은 화해의 대상이면서 동시에 대결의 대상이므로 한편으론 대화하고 다른 한편으로는 안보를 통해 대비해야 한다"는 뜻으로 대표적인 남북문제 연구자이자 통일부 장관을 지낸 이홍구의 지론이기도 하다.

없다. 누군들 안보만 고집하고 대화는 외면할 수 있겠으며, 거꾸로 안보는 팽개치고 대화에만 매달릴 수 있겠는가. 김대중 자신부터가 햇볕정책의 3대 원칙 중 첫 번째로 '무력도발 불용'을 내세웠다. 이를 통해 북한의 변화와 개방을 촉진시킴으로써 급변 사태 없이 북한을 연착륙시키고자 하는 적극적인 참여정책(*Engagement Policy*)이라는 것이다.[2]

역대 정권들도 폭과 완급의 차이는 있었지만 이와 다르지 않았다. 앞에서 임동원 전 통일부 장관은 포용, 또는 참여정책이나 햇볕정책(*Sunshine Policy*)이나 같은 뜻이라고 했다. 포용의 사전적 정의는 '타자(他者)를 아량 있고 너그럽게 감싸 받아들이는 것'이다. 따라서 햇볕정책은 '북한을 너그럽게 감싸 안는 정책'이 된다. 감싸 안으려면 남북 간에 화해와 협력이 전제되어야 한다. 싸우지 말고 서로를 인정하며, 어떤 사안이든 평화적인 방법(대화)으로 풀어가기 위해 노력해야 한다. 개인적으로 나는 포용정책이라는 말조차도 진정한 남북관계의 발전에 도움이 안 되는 표현이라고 생각하지만 어쨌든 햇볕정책은 대북 화해·협력정책의 다른 이름일 뿐이다. 따라서 이를 김대중의 독창적 정책이라고 하기는 어렵다.

햇볕정책의 전도사로 불렸던 임동원도 햇볕정책은 김대중 전 대통령이 창조한 것이 아니라고 했다. 그는 1999년 2월 10일 경제정의실천시민연합(경실련) 초청 만찬연설에서 "햇볕정책은 김 대통령이 창조한 것이 아니라 미국에서 배운 것이다. 미국은 1975년부터 동구에 대해 데탕트 정책을 썼다. 15년 동안 꾸준히 해온 결과 총 한 방 안 쏘고 무너졌다. 우리도 이 정책을 한반도에 실현해 보자는 것"이라고 밝혔다.

북한과 화해하고 협력해야 한다는 주장은 김대중 정권 이전부터 존재했다. 아주 멀리는 해방공간(1945~1948년)에서도 이와 유사한 노력

2) 통일부, 〈대북정책 해설 자료-햇볕정책 의미와 추진 방향〉(통일부, 1998), pp. 5~11.

이 있었다. 다음에 자세히 살펴보겠지만 여운형(呂運亨)·김규식에 의한 좌우합작운동과 김구(金九)·김규식(金奎植)에 의한 남북협상 추진이 그 시발이라고 할 수 있다. 이후 이승만 정권만 제외하면 장면, 박정희, 전두환, 노태우, 김영삼 정권에서도 대북 화해·협력은 하나의 보편적 원칙으로 이어졌다.

정권에 따라 내용과 실천의 강도가 달랐다고 해서 보편성 자체가 부정된 것은 아니다. 남북관계가 수시로 변하고, 정권에 따라 대북정책이 강온(强穩) 사이를 오가기는 했지만 '안보를 튼튼히 하면서 화해와 협력을 통해 남북관계를 개선하자'는 원칙은 우리 사회의 공유된 신념이자 이상(理想)이었다. 그 토대 위에서 대북정책은 정권에 따라, 다시 말해 정권이 놓인 구조적 환경과 그 정권의 철학, 역량에 따라 진화해온 것이다.

김대중의 대북정책도 그러한 진화의 산물일 뿐이다. 단순화시켜보면 이렇다. 냉전기에서 탈냉전기로 넘어오면서 북한과의 화해·협력의 필요성은 더 커질 수밖에 없었다. 그런 필요성이 노태우 정권에선 북방정책으로, 김대중 정권에선 보다 적극적인 대북 포용정책으로 나타난 것인데 김대중은 후자에 햇볕정책이라는 이름표를 붙여준 것이다. 누구나 알기 쉽게 '나그네의 외투를 벗긴 것은 압제의 바람이 아니라 따뜻한 햇볕'이었다는 내용의 이솝우화를 차용해 명명(*naming*)한 것이다.

햇볕정책이란 기발한 브랜드로 우리들 앞에 내놓긴 했지만 일면 안보, 일면 대화라는 '상황의 이중성' 속에서 화해하고 협력해야 한다는 대북정책의 보편성은 달라지지 않았다. 그렇다면 햇볕과 반햇볕 간에 수렴의 길은 있다고 본다. 역대 정권의 대북정책을 일별함으로써 그 작업의 첫 단추를 끼워보자.

1. 냉전기의 대북정책

'진화'라는 표현에 거부감을 느끼는 사람들이 많을 것이다. 이들은 김대중의 햇볕정책이 진화의 산물이라면 남북 간 교류 협력이 상대적으로 적은 이명박 정권의 햇볕정책은 '퇴보'냐고 되물을 것이다. 그렇지 않다. 이명박 정권의 대북정책도 진화의 산물이다. 짐작하겠지만 김대중, 노무현 정권 10년 동안 '퍼주기', '저자세'라는 말이 나올 정도로 북한을 지원했지만 돌아온 것은 결국 핵무기와 미사일밖에 없더라는 관점에서 본다면 이명박 정권의 대북정책 또한 진화의 산물이다. 대북정책의 수립과 이행에서 원칙의 중요성(원칙을 지키는 상호주의)을 새삼 톺아보게 해줬기 때문이다. 실제로 이명박 정권 사람들은 핵 포기를 대북 화해·협력의 조건으로 삼은 데 대해 대북정책의 제자리 찾기라고 했다. 이 원칙이 무너지면 대북정책은 김대중, 노무현 정권 시절로 다시 후퇴한다고 보았다.[3)]

---

3) 이명박 정권에서 두 번째 통일부 장관을 지낸 현인택 장관이 2011년 9월 퇴임하고 유우익 씨가 새 장관이 됐을 때 보수우파 진영에선 대북정책의 원칙(선 북핵 포기, 후 교류협력)이 무너져선 안 된다는 우려 섞인 반응을 보였다. 실제로 유 장관은 9월 14일 국회 인사청문회에서 "장관 한 사람 바뀌었다고 대북정책을 하루아침에 획기적으로 바꾸기는 어려울 것"이라면서도 "실질적인 남북관계의 진전을 이루기 위해 방법론적 유연성을 찾아보려고 한다"고 말해 원칙에 묶인 대북정책에 변화가 오는 것은 아니냐는 추측을 불러일으켰다. 연합뉴스, 2011년 9월 14일.

1) 해방 공간: 좌우합작과 남북 교류협상론

대북 협력과 평화공존 정책의 뿌리는 해방공간에서부터 찾을 수 있다. 1945년 8월 15일 광복에서부터 1948년 8월 15일 대한민국 건국에 이르기까지 3년은 우리 현대사의 원형질을 제공해준 그런 시기였다. 남북한 단독정권 수립으로 분단과 동족상잔의 비극을 잉태한 것도 이 공간에서였고, 오늘날 세계가 부러워하는 대한민국의 경제적·민주적 성취가 배태된 것도 이 공간에서였다. 햇볕과 반햇볕 간의 격렬한 갈등과 대립도 이때 씨가 뿌려졌다.

해방공간에선 여러 정치세력들은 국가건설의 주도권을 장악하기 위해 이합집산을 거듭하며 상호 치열하게 경쟁했다. 조선공산당과 남로당으로 이어지는 박헌영 중심의 좌익진영, 김구 중심의 한독당세력과 이승만세력 및 한민당 등의 우익진영, 그리고 여운형을 중심으로 한 중도좌파세력과 김규식을 중심으로 결성되었던 민족자주연맹의 중도우파세력이 중심이 된 중도진영 등이 그중 가장 대표적인 세력이었다.

이들은 자신의 계급적 기반과 이해관계, 이데올로기에 따라 독자적인 정치활동을 전개했다. 박헌영을 중심으로 한 좌익진영은 '부르주아 민주주의혁명'을 통하여 사회주의국가를 건설하려는 목적으로 활동했고, 우익진영은 제1차 미소공동위원회가 결렬된 이후 남한 단독정부 수립을 주장하며 미군정(美軍政)의 냉전정책을 충실히 추종했다. 반면 중도진영은 미국과 소련 어느 쪽에도 치우치지 않는 중도적 입장에서 좌우합작을 통한 민족문제 해결을 모색하려는 입장이었다.

이 중 통일독립정부 수립에 가장 적극적이었던 세력은 중도진영으로 그 구체적인 노력은 1946년 5월 여운형, 김규식을 중심으로 한 좌우합작운동과 1948년 김구, 김규식을 중심으로 한 남북 협상운동으로 나타났다.[4] 1946년 5월 25일 시작된 좌우합작운동은[5] 1차 미소 공위 결렬 이후 신탁통치문제를 놓고 좌우세력 간 갈등이 첨예해지고, 1946년 5월 15일 조선정판사 위폐사건으로[6] 좌익과 군정의 대립이 심해지면서 미군정이 극단적 세력을 배제하고 중간파 인물로 통일임시정부 수립을 담당토록 하려는 정책을 추진한 결과였다.[7] 당시 미군정이 중간파를 지원한 핵심 이유는 미소 공위에서 미국의 입지를 강화하고 나아가 한

---

4) 해방기 좌우합작운동 및 남북 협상운동에 관한 자세한 분석은 이호재 외, 《한국적 국제정치이론의 모색》(화평사, 2005); 강만길 외, 《통일지향 우리민족해방운동사》(역사비평사, 2000); 서중석, 《남북협상: 김규식의 길, 김구의 길》(한울, 2000); 정병준, "1946~1947년 좌우합작운동의 전개과정과 성격변화", 〈한국사론〉, Vol. 29(서울대 국사학과, 1993); 황의서, "해방정국에서 좌우합작세력의 정치노선: 좌우파와의 비교를 중심으로", 〈윤리연구〉, 제 46권(한국윤리학회, 2001); 윤민재, "한국의 현대 국가형성과정에서 중도파의 위상에 관한 연구: 1945~1950"(서울대 대학원 사회학과 박사학위논문, 1999) 등 참조.

5) 좌우합작운동은 '여운형 주도설'과 '미국 추진설'로 나뉜다. 전자는 1차 미소 공위 결렬 이후 여운형이 통일정부 수립을 위하여 좌우합작을 구상하고 김규식 등과 협의한 뒤, 미군정을 설득하여 합작운동을 지지하도록 했다는 것이고, 후자는 미군정청 고문이던 버취(Bertsch) 중위가 하지(Hodge) 중장의 명령에 따라 좌우합작을 구상한 뒤 김규식을 설득하여 합작운동에 나서도록 했고, 이후 여운형을 끌어들였다는 것이다. 노경채, "미소공동위원회와 좌우합작운동의 전개", 강만길 외, 《통일지향 우리민족해방운동사》(역사비평사, 2000), pp. 328~330.

6) '조선 정판사 위폐사건'은 1945년 10월 해방 직후 혼란기를 틈타 조선공산당이 남한의 경제를 교란시키고 당비를 조달할 목적으로 지폐를 위조한 사건으로, 이를 계기로 미군정은 남한 내 공산당 활동을 불법화시켰다. 동아일보, 1945년 12월 28일.

7) Washington National Record Center Record Group 332. Box Number. 27, 28, 77, 78, 84, 85; 방선주, "미국 제 24군 G-2 군사실 자료해제", 〈아시아문화〉, 제 3호(한림대 아시아 문화연구소, 1983); Hong N. Kim, "U.S. Archival Materials in Washington, D.C. for The Study of Korea", *KOREA OBSERVER*, Vol. VIII, No. 2, Summer 1987; 방선주, "미군정기의 정보자료: 유형 및 의미", 《한국현대사와 미군정》(한림대 아시아 문화연구소, 1991) 참조.

반도의 공산화를 막기 위해서였다.

이런 배경에서 추진된 좌우합작운동은 1946년 7월 19일 좌우합작 대표가 선임되고, 좌파의 5원칙과 우파의 8원칙을 절충한 좌우합작 7원칙을 발표(10월 4일)하는 성과를 보이기도 했으나,[8] 이 중 탁치(託治) 문제와 토지문제를 둘러싸고 좌우세력 간 입장 차이를 보이며 소강국면에 접어든다. 1947년 들어 2차 미소 공위 역시 미국의 단정 수립계획 시사 후인 7월 10일 결렬되고, 합작운동의 주역인 여운형마저 암살(7월 19일) 당하면서 동년 12월 15일 좌우합작위원회가 해체성명과 함께 민족자주연맹에 합류할 것을 선언함으로써 이후 좌우합작운동은 더 이상 진전되지 않았다.[9]

좌우합작운동이 비록 실패하기는 했지만, 해방 이후 여러 정치노선에 입각한 다양한 정치세력의 난립으로 통일민족국가 수립의 내재적 추동력이 약화된 상황에서 이를 극복하고 통일임시정부 수립을 위해 중간파 주도로 좌우 간 화해·협력을 시도했다는 점에서 중요한 의미가 있다. 미소 공위 재개(再開)의 필요성을 인식하고 당시 현실을 객관적으로 파악해 분할된 남북한을 하나로 통일하고자 했던 것이다. 좌우합작운동은 1948년 남북 연석회의로 이어지는 분단극복운동의 중요한 자산이라는 점에서도 주목할 만하다.

이어 남북 협상운동은 미소 공위의 완전한 결렬 이후 한반도문제의

---

8) 주요내용은 ① 좌우합작으로 민주주의 임시정부 수립, ② 미소공위 속개를 요청하는 공동성명을 발표, ③ 토지를 농민에게 무상 분여하는 토지개혁 실시, ④ 친일파를 처리할 조례를 입법기구로 하여금 심리 결정케 함, ⑤ 정치운동자 석방에 노력 및 좌우의 테러적 행동의 일체 제지 노력, ⑥ 입법기구의 권능과 구성방법, 운영 등에 관한 대안을 합작위원회에서 작성하여 실행, ⑦ 전국적으로 언론·집회·결사·투표·출판·교통의 자유 보장 노력 등이다. 이 7원칙에 대한 원안은 Report, *History of the Coalition Committee* (Hps, USAMGIK, G-2, 23 Nov. 1946, G-2 files)에 수록되어 있다.

9) 황의서(2001), pp. 93~94; 윤민재(1999), pp. 153~166 참조.

유엔 이관, 단독정부 수립 움직임의 현실화 등에 맞서 '단정 반대력의 결집'을 통해 통일정부를 수립하자는 취지로 시작됐다. 1, 2차 미소공위 결렬 이후 미 국무장관 마샬(George C. Marshall)은 1947년 9월 17일 한반도문제를 유엔총회에 이관할 것을 제의,[10] 소련의 반대에도 불구하고 11월 14일 미국이 제안한 남북의 총선거를 통한 조선정부 수립방안이 유엔총회에서 압도적 지지로 가결된다.[11]

남한 만의 단정수립 움직임은 이승만의 정읍발언과 미 국무부와 유엔을 상대로 한 단정수립을 위한 외교활동 이후, 트루먼 독트린(1947년 3월 12일)의 발표,[12] 2차 미소 공위 결렬(7월 10일), 한반도문제의 유엔이관(9월 17일) 등으로 현실화되기 시작한다. 이로써 유엔을 통한 한반도문제는 미·소 합의에 의한 통일임시정부 수립방안에서 미·소의 지원을 받는 남북한 단독정부 수립방향으로 나아갈 가능성이 짙어졌다.

이러한 움직임에 대항해 단정반대 세력들은 1947년 '12정당협의회'를 결성하여 단독선거 반대, 미소 양군 철수, 남북 대표회담을 통한 통일정부 수립, 조선대표의 유엔 파견 등의 방침을 결의했고, 이후 중간파 세력의 연합전선체였던 민족자주연맹은 한국독립당과 함께 남북 협상

---

10) "지난 2년 동안 모스크바 3상회의의 결정을 실천하기 위해 소련과 합의하여 한국을 독립시키려 노력했지만, 한국의 독립과업은 2년 전에 비해 별 진전이 없다… 이에 한국문제를 유엔에 상정시켜 신탁통치를 거치지 않고 독립시킬 수단이 강구되기를 바란다." Document 31, Department of State, U.S., *United State Policy Regarding Korea 1834~1950*(Institute of Asian Culture Studies Hallym University), p.150; 최상용, 《미군정과 한국 민족주의》(나남, 1988), p.198에서 재인용.

11) UN, *Official Record of the Second Session of the General Assembly*, 16 September - 29 November 1947, Plenary Meeting, p.264.

12) 1947년 3월 12일 트루먼은 미국의 세계전략, 특히 대소정책을 봉쇄(*containment*)라는 새로운 방향으로 선회한다. William G. Carleton, *The ReVolution in American Foreign Policy*(New York: Random House, 1957), p.53.

운동을 밀고 나간다.[13] 1948년 들어 김구와 김규식이 김일성과 김두봉에게 서한을 발송하는 과정에서 본격화된 남북 협상운동은[14] 같은 해 2월 유엔소총회에서 남쪽만의 총선거안이 가결되면서 급진전된다.

김구와 김규식은 그해 3월 12일 임정계의 조소앙, 조완구, 조성환, 민주독립당의 홍명희, 유교 대표 김창숙 등과 더불어 이른바 '7거두 성명'을 발표하고, "단독정부 수립은 동족상잔의 참화를 격성할 뿐"이라는 경고와 함께 단독선거 불참을 선언한다. 또한 이들은 미소 공위와 유엔이 통일국가 수립을 해결하지 못하는 상황에서는 우리 민족 스스로 해결하는 방법밖에 없다고 밝힘으로써 남북 협상운동의 당위성을 역설한다.

이후 김구와 김규식은 1948년 4월 22일 38선을 넘었고, 여드레 후인 30일, 평양 연석회의 폐회식 이후 개최된 남북 요인회담에 참가한다. 이 자리에서 '전조선 정당 사회단체 지도자협의회 공동성명서'라는 합의문이 발표된다.[15] 4개항으로 된 공동성명서의 골자는 ① 외국군대의 즉시 철수, ② 남북 정당·사회단체 지도자의 통일 노력 및 내전 발생 방지 약속, ③ 전조선 정치회의를 소집 민주주의임시정부 수립 → 총선

---

13) 윤민재(1999), pp. 248~254 참조.

14) 1948년 2월 16일 김구와 김규식이 김일성과 김두봉에게 남북협상의 개최를 제의하는 서한을 발송하였다. 이 서한은 김일성에게 보내는 것과 김두봉에게 보내는 것으로 나뉘어져 있으며, 김일성에게는 남북의 정치지도자들이 정치협상을 통해 통일정부 수립과 새로운 민족국가 건설에 관한 방안을 토의할 것을 제안하는 내용이었고, 김두봉에게는 중경 임시정부와 연안 독립동맹 사이에 통일전선을 결성하고자 했던 사실을 상기시킴으로써 남북 협상운동이 일제시기 이래 민족통일전선운동의 연장선에서 추진되는 것임을 강조하였다. 송남헌, 《한국현대정치사: 제 1권 건국전야》(성문각, 1980), pp. 444~445.

15) UN Document, A/AC 19/W 43/Add. 4; 조선중앙통신사, 《조선중앙년감》(평양: 조선중앙통신사, 1949), pp. 38~39; 김창순, 《북한 15년사》(지문각, 1961), pp. 209~214.

거에 의한 입법기관의 설치 → 이에 의한 헌법 제정 → 통일적 민주정부 수립이라는 절차 확인, ④ 남한의 단독선거 반대 등이다. 하지만 이는 4김의 입장 차이, 미·소의 냉소적 태도, 그리고 이에 편승한 단정 추진세력들의 반발 등으로 힘을 잃게 된다.[16]

1948년을 전후한 시기에 한반도는 미·소 냉전체제가 현실화되면서 남북에 각각 미국과 소련의 지원을 받은 단독정부가 수립돼 분단될 위기에 놓여 있었다. 이러한 상황에서 통일민족국가의 수립은 오직 남북한 당사자 간의 직접 대화와 협상 외에는 다른 대안이 없었다. 남북 정치지도자 사이의 협상은 이러한 민족적 공감대를 토대로 했던 것이다. 이처럼 남북 협상운동은 미·소 냉전체제에 편승하여 분단국가를 수립하려는 움직임에 반대하고 민족문제를 스스로 해결하고자 했던 '자주적인 통일운동 노선'이었다. 김구와 김규식에게 평화통일에 기반을 둔 남북 협상운동은 할 수 있느냐 없느냐의 문제가 아니라 민족의 미래를 위해 할 수밖에 없는 절박한 당면과제였던 것이다.

좌우합작운동이 미국과 소련의 합의가 가능한 정세에서 이념적으로 상이한 정치세력 간의 타협과 협상을 통한 통일민족국가 수립운동이었다면, 남북 협상운동은 한반도문제의 유엔 이관으로 미국과 소련의 합의가 어려워진 상황에서 남북한 간 협상을 통한 자주적 민족통일을 추구했다는 점에서 차이가 있다. 즉, 좌우합작운동이 국제적 공조와 남북 간 협력을 동시에 추구했다면, 남북협상론은 국제적 협력이 어려운 상황에서 남북 간 화해·협력을 통한 민족공조에 더 무게를 두고 있었던 것이다.

---

16) 이승만과 단정추진세력은 남북 협상운동을 남측의 반선거파와 북측의 반독립파가 소련과 공산주의자들에게 나라를 팔아먹는 것이라며 비난했고, 하지 중장 역시 남북 연석회의를 비난하며 국민들에게 지지하지 말도록 성명서를 발표했다. 김계동, 《남북한 체제통합론》(명인문화사, 2006), p. 70.

중요한 것은 두 운동 모두 해방 이후 좌우 정치세력 간 이념 대립을 극복하고 민족의 분단을 막아 통일민족국가를 수립해보자는 대의로부터 비롯됐다는 점이다. 후술하겠지만 1950년대 중반 진보당의 핵심세력이 해방공간의 민족자주연맹을 중심으로 한 중도우파였다는 점에서 두 운동은 진보당의 평화통일론으로 그 명맥이 이어지게 된다.

좌우합작운동과 남북 협상운동은 비록 해방공간에서 내세와 내세, 내세와 외세, 외세와 외세 간의 대립과 갈등의 틈바구니 속에서 인식과 역량의 부족으로 뜻하는 바를 이루지는 못했지만, 남북이 통일된 국가를 이루려면 남북 간 화해와 협력(*confidence*), 국내적 지지와 합의(*consensus*), 국제적 여건과의 양립성(*compatibility*)라는 3대 조건이 충족되어야 함을 보여줬다는 점에서 우리 현대사에 남긴 의미가 결코 작지 않다.[17] 물론 이 두 운동을 놓고 '현실감각이 결여됐다', '북측의 손아귀에 놀아났다'는 등의 비판이 무성했던 것도 사실이다. 그동안 발굴된 사료(史料)를 통해서도 이들의 인식과 의도가 매우 나이브했다는 사실들도 드러나고 있다.

그럼에도 통일에 대한 이런 집착과 이상(理想)이 분단 반세기가 넘는 오늘까지 남북 화해·협력과 평화통일 운동의 한 뿌리가 됐음을 부인하기는 어렵다. 김대중, 노무현 정권 10년과 우파인 이명박 정권 5년여를 겪으면서 대북정책(햇볕정책)을 둘러싼 좌우 대립이 너무 첨예해 "우리 사회가 마치 해방정국과 같다"는 탄식을 자주 들어야 했다. 그러기에 비록 이루지는 못했지만 이들 선각자들의 분단극복의 이상(理想)과 노력이 새삼 더 의미 있게 우리에게 다가오는 것이다. 오늘날 햇볕과 반햇볕의 수렴을 통해 대북정책을 둘러싼 갈등과 대립을 조금이라도

17) 이와 같은 대북정책 성공의 3대 조건은 제4장, 5장에서 3C(*confidence, consensus, compatibility*)라는 필자 나름의 모델을 통해 햇볕정책의 효율성을 분석함으로써 상술하게 된다.

줄여보려는 필자의 시도도 크게 보면 그 연장선상에 있는 것이다.

2) 이승만: 단절 속의 대결

이승만 시대의 대표적 대북·통일논의는 정권의 북진통일론과 1950년대 중반에 제기된 진보당의 평화통일론이다.[18] 이승만 정권의 대북·통일정책은 '북진통일'이란 명칭이 말해주듯 화해·협력의 요소는 거의 찾아볼 수 없을 만큼 대결적이었다. 이승만은 1948년 정부 수립 후부터 줄기차게 북진통일론을 폈다. 미국이 무기만 주면 통일할 수 있고 또 해야 한다고 외쳤다. '점심은 평양에서, 저녁은 신의주에서'와 같은 구호가 휘몰아쳤다.

이호재는 이승만의 북진통일론을 전형적인 공갈정책(*bluffing policy*)으로 본다. 국내적으로 취약한 지지기반과 심각한 경제위기를 타개하기 위해 들고 나온 일종의 허세였다는 것이다. 이호재는 북진통일론을 실패한 외교정책의 전형으로 꼽고 이와 같은 정책적 실패가 6·25 전쟁을 재촉한 중요한 원인의 하나가 됐을 뿐 아니라 전쟁 후 한반도 문제를 처리하는 과정에서 두고두고 나쁜 영향을 미쳤다고 지적한다.[19]

---

18) 이승만 시대 진보당의 평화통일론에 관한 자세한 분석은 홍석률, 《통일문제와 정치·사회적 갈등: 1953~1961》(서울대 출판부, 2001); 서중석, 《조봉암과 1950년대: 조봉암의 사회민주주의와 평화통일론 上》(역사비평사, 1999); 정태영, 《조봉암과 진보당: 한 민주사회주의자의 삶과 투쟁》(후마니타스, 2006); 박태균, "1950년대 무력통일론과 평화통일론", 〈민족 21〉, 통권49호, 2005년 4월; 이현주, "조봉암 평화통일노선에 관한 검토: 1948~1956", 《한국근현대사연구》, 제18집(한울, 2001) 등을 참조.

19) 이호재, 《한국외교정책의 이상과 현실-이승만 외교와 미국정책의 반성》(법문사, 2000 제6판), pp. 423~433, 443~444. 이호재는 이승만이 미소 양극체제와 남북 분단체제에 순응해서 미국으로부터 가능한 한 많은 원조를

그러나 당시는 미·소 냉전이 격화되던 시기로 한국이 취할 수 있는 정책은 대북 적대시 정책이 사실상 유일했다.[20] 더욱이 이승만 정권으로서는 유엔으로부터 한반도 유일의 합법정부임을 인정받은 상황에서 북한은 '흡수의 대상'이지 '화해·협력의 대상'은 아니었다.[21] 한국전쟁 후에는 대북 적개심과 증오가 아직도 불처럼 타오를 때여서 북진통일론은 설령 그것이 정치적 구호였다고 해도 그 시대의 소명처럼 받아들여졌다.

이런 상황 속에서도 남북은 통일방안을 협의하기 위해 1954년 4월 제네바에서 참전 16개국과 마주앉았다. 제네바 회담은 미소(美蘇) 대리전의 양상을 띠었고 처음부터 성공을 기대할 수 없는 회담이었지만 당시와 같은 극심한 냉전구조 속에서도 협상(화해)의 가능성은 모색됐던 것이다. 실제로 회담에서 남한은 의미 있는 변화를 보였다. 북한을 불법집단으로 간주하던 입장에서 한 걸음 물러나 유엔 감시 하에 남북한에서 인구비례에 따른 총선거를 실시해 국회를 구성하고 통일하자고 제안한 것이다. 남한은 이미 선거(1948년 5·10 선거)를 했으므로 북한 지역에서만 선거하면 된다던 종전 입장에서 물러나 유엔 감시하의 남

얻어내 내치의 충실과 국력 배양을 기하는 것이 현실적으로 가능한 가장 건전한 정책이었을 것이라고 지적한다.

20) 한국사사전편찬회, 《한국근현대사 사전 1860~1990》(가람기획, 1990) p. 325. 1954년 제네바 회담을 설명하면서 '자유당은 북진통일을 주장했던 만큼 엄밀한 의미에서 통일정책은 없었다'고 적고 있다.

21) 이승만의 북진통일론은 오늘날의 흡수통일의 가장 원색적인 형태라고 할 수 있다. 일각에선 이승만의 북진통일론에서 장면, 박정희 정권의 '선 건설 후 통일'을 거쳐 노태우, 전두환, 김영삼에 이르기까지 역대 정권의 통일정책은 궁극적으로 '힘의 우위를 바탕으로 북한을 남한의 자본주의체제에 통합' 시키려는 흡수통일정책이었다고 본다. Rashidov Bahtiyor, "김대중 대통령의 햇볕정책 연구"(한국학중앙연구원 한국학대학원 석사학위논문, 2008), pp. 6~7

북한 총선거로 바뀐 것이다. 이 제안은 물론 받아들여지지 않았지만 이후 남한의 통일방안과 구상의 바탕이 됐다.[22)]

북진통일론에 맞서 1950년대 중반 혁신세력을 표방하고 나선 진보당은 평화통일론을 들고 나왔다.[23)] 진보당의 조봉암 당수는 국회부의장으로 있던 1951년 무렵부터 본격적으로 세력을 결집하기 시작했다. 뒷날 진보당의 핵심을 이루게 될 정치세력들은 해방공간의 민족자주연맹을 중심으로 한 중도우파가 근간이었다.[24)] 이 점은 진보당세력의 시원(始原)이 해방공간의 중도우파세력에 뿌리를 두었으며, 그런 만큼 진보당의 평화통일론은 해방공간에서의 중간파의 통일론과 연결돼 있음을 뜻한다. 해방공간에서부터 이어오던 중간파 활동가들의 열의가 표출돼 평화통일론으로 나타난 것이다.[25)]

진보당의 평화통일론이 본격적으로 모습을 드러낸 것은 1956년 정·부통령 선거 때였다. 진보당은 그해 4월 9일 야당연합원칙을 피력하면서 평화적 통일의 성취를 당론으로 확정, 발표하였고, 선거기간 내내 이승만 정권의 '북진통일'에 도전하는 '평화통일'을 주장했다.[26)] 선거

---

22) 민병천, 《평화통일론》(대왕사, 2001), pp. 114~115.

23) 진보당은 1956년 11월 10일 조봉암 등에 의해 창당되었고, 1958년 2월 이승만 정권에 의해 불법화되었다. 정영태, "진보정당운동의 성과와 한계: 1956년의 진보당에서 1990년의 민중당까지", 《진단과 모색》(노동사회연구소, 1999), p. 204.

24) 1955년 작성된 한국 경찰의 사찰자료에는 조봉암이 한국전쟁기간부터 이른바 '제3세력'을 결집하여 하나의 정치세력을 형성했다고 보고, 여기에 소속된 127명의 명단을 수록했다. 이들 중 핵심적인 역할을 했던 사람은 구민족자주연맹계인 이병희, 박기출, 이명하, 김기철 등으로 파악된다. 서울특별시 경찰국 사찰과, 《사찰요람》(1955), pp. 103~109 참조.

25) 홍석률, 《통일문제와 정치·사회적 갈등: 1953~1961》(서울대 출판부, 2001), pp. 51~52 참조.

26) 정태영, 《한국 사회민주주의 정당사》(세명서관, 1995), p. 429; 서중석, "한국전쟁 후 통일 사상과 민족 공동체의 모색", 《분단 50년과 통일시대의

결과 진보당의 조봉암 후보는 2,163,808표를 획득할 만큼 선전했다.[27] 이런 결과는 선거기간 중에 가장 관심을 모았던 조봉암의 평화통일론에 대한 대중적 지지를 반영하는 것이었다. 다시 말해 조봉암의 평화통일론은 북진통일론에 환멸을 느낀 대중에게 상당한 호소력이 있었음을 역설적으로 보여줬다.[28] 평화통일론은 단순한 당위론적 차원에서 북진통일론에 반발한 것이 아니었다. 객관적인 상황 인식, 즉 북진통일론으로는 통일을 이루기는커녕 오히려 통일에 장애가 된다는 인식을 바탕으로 반대한 것인데 바로 이 점이 국민에게 어필한 것이라고 할 수 있다.

이를 좀더 구체적으로 살펴보면 진보당의 평화통일론은 반북 반공주의에 기초한 현실주의적 평화통일론이라고 말할 수 있다.[29] 다시 말해 같은 동족끼리 전쟁을 할 수 없다는 민족적 감정에 기초하지만, 그렇다고 해서 북한과의 무조건적인 타협을 지지하지는 않았다고 할 수 있다. 오히려 전쟁을 일으킴으로써 조국의 평화적 통일을 파괴한 책임이 북한 공산집단에게 있기 때문에 북한이 반성하고 또한 응분의 책임을 진 다음에야 평화통일이 가능하다고 주장했던 것이다.

그렇다면 평화통일은 어떤 방법으로 달성할 수 있는가. 진보당 관계자들은 일관성 있게 유엔 감시하의 남북한 총선거론을 주장했다.[30] 유엔의 틀을 인정하면서 국제적 해결을 추구하되 냉전적 시각이 아닌, 탈

과제》(역사비평사, 1995), pp.314~315.

27) 이승만 5,046,437표, 조봉암 2,163,808표 획득. 중앙선거관리위원회, 《대한민국선거사》, 제1집, 1973년, p.1012.

28) 1957년 10월 선거가 끝난 후 조봉암은 평화통일론의 구체적인 내용을 정리한 글을 발표하면서 부제를 '진보당의 주장을 만천하에 천명한다'로 정했다. 조봉암, "평화통일에의 길", 〈중앙정치〉, 1957년 1월, pp.4~14.

29) 손호철, 《해방 50년의 한국정치》(새길, 1995), pp.76~77, 81~82.

30) 조봉암, "진보당 창당 대회 개회사", 정태영(1995), p.448.

냉전적 중립적 시각에서 양자 간 타협점을 모색하자는 것이었다. 아울러 민족주의적 입장에서 북한과의 조건적 화해와 타협의 필요성을 강조했다. 결국 진보당의 평화통일론은 냉전진영과 남북한 사이에, 또한 남한 내부의 상이한 사회집단 사이에 존재하던 양극화를 극복하고 민족적 결집을 도모하자는 것이었다.[31] 하지만 이러한 지향성과 기본 생각을 실현할 구체적 방법론과 관련해서는 명확한 입장을 표명하지 않았다. 바로 이 점이 진보당의 통일론이 갖는 한계였다.

하지만 당시 통일을 얘기하는 것조차 불온시 되던 시대적 상황에서 진보당의 평화통일론은 비록 직접적인 화해·협력을 주장하지는 못했지만, 논리적으로는 민족 내부의 화해·협력을 내재했고, 국제적 협력과 국내적 합의를 동시에 고려했다는 점에서 중요한 의미가 있다. 진보당의 이런 주장은 뒤이은 장면 정권에서 혁신세력들의 통일운동에 영향을 주면서 대북 화해·협력론의 명맥을 유지, 전수토록 했다는 점에서도 큰 의미를 갖는다. 북진통일론으로 대변되던 거친 흡수통일론 시대 속에서도 한줄기 대북 화해·협력의 정신은 살아남아 바통을 다음 세대로 넘겼던 것이다.

3) 장면: '선 건설 후 통일'과 중립화통일론

제 2 공화국(장면 정권)에 들어서면서 대북·통일논의는 한 단계 발전된 양상을 보인다. 정부 차원의 대북·통일정책은 무력통일 배제, 평화통일 추구를 내세웠으나 이승만 정권의 대북·통일론과 그다지 큰 차이가 없다. 차이가 있다면 북진통일론을 공식적으로 폐기한 것 정도다.

31) 홍석률(2001), pp. 80~81 참조.

1960년 4·19 혁명으로 탄생한 장면의 민주당 정부는 그해 8월 24일 정일형 외무장관의 외교정책 7개항의 발표를 통해 "북진통일이라는 무모하고 무계획적인 슬로건을 버리고 유엔 결의를 존중해 유엔 감시 하에 남북한 자유총선거에 의한 통일정책을 수행할 것"이라고 천명했다.[32] 북진통일론을 폐기했다고 해도 반공과 유엔 감시 하의 남북한 총선거라는 이승만 정권의 통일방안(대북정책)을 사실상 고수한 것이다.

그러나 민간 차원에서는 각종 통일운동이 백화제방(百花齊放)의 양상을 띠면서 분출해 이승만 시대와는 확연히 다른 모습을 보여준다.[33] 그렇다면 왜 이 시기에 정부의 대북·통일정책은 통일기피라 할 정도로 소극적이었던 반면, 민간의 통일운동은 구체적이고 적극적으로 일어난 것일까. 당시 국내외의 정치적 상황에 기인하는 바가 크다. 1960년대 미·소 냉전의 심화로 통일정책의 수립과 이행 면에서 자율성을 발휘할 공간이 줄어든 남과 북의 두 정권은 소극적일 수밖에 없었다. 게다가 4·19 혁명 이후 심각한 정치·경제·사회적 혼란이 계속되던 상황에서 북한은 1960년대의 우월한 경제력을 앞세워 연일 평화통일 공세를 퍼붓고 있었다. 이에 맞설 힘도 의지도 없었던 장면 정권으로선 '선(先)건설 후(後)통일'론[34]을 외치는 것 이외에 별다른 대안이 없었던 것이다.

---

32) 외무부, 《대한민국 외교연표 1948~1961》(외무부 편, 1962), pp. 535 ~536

33) 2공화국 시대 각계각층의 통일운동 분출 및 통일논의와 관련된 자세한 분석은 김학준, "2공화국 시대의 통일논의", 〈국제정치논총〉, 제15집(국제정치학회, 1975); 엄상윤, "제2공화국 시대의 통일논쟁"(고려대 대학원 정치외교학과 박사학위논문, 2001); 정병준, "김용중의 생애와 통일·독립운동: 김용중과 한국 중립화통일론", 〈역사문제연구〉, 통권12호(역사문제연구소, 2004); 홍석률, 앞의 책(2001), pp. 105~308 등을 참조.

34) 경제건설에 총력을 기울이고 통일은 그 후에 추진한다는 '선 건설 후 통일' 원칙은 1960년 8월 27일 민의원에서 한 장면 총리의 시정방침 연설에 잘 나타나 있다. 〈민의원 회의록〉, 제36회 제12호, 1960년 8월 27일, pp. 3~4.

그에 반해 민간의 통일운동이 활성화된 것은 4·19 혁명으로 현실 참여에 눈을 뜬 학생들과 재야 민간단체들이 통일을 4·19 혁명의 완성단계로 인식하면서, 남북협상과 교류에 관한 다양한 제안을 쏟아냈기 때문이다. 이런 폭발적인 통일운동의 열기는 장면 정권의 수용능력을 뛰어넘는 것이었고, 결국 5·16 군사쿠데타로 이어지는 도화선이 됐다.[35]

당시 제기되었던 통일론은 크게 3가지 범주로 나눠볼 수 있다. 첫 번째는 보수세력의 흡수통일을 상정한 유엔 감시하의 총선거론이고, 두 번째는 혁신온건세력의 타협적이고 점진적인 중립화통일론,[36] 세 번째는 급진세력의 반(反)외세 민족혁명론에 입각한 남북 교류협상론[37]이다. 이들 중 혁신온건세력의 중립화통일론과 급진세력의 남북 교류협상론이 대북 화해·협력 움직임과 맥을 같이했다.

먼저 혁신온건세력의 중립화통일론 중에선 김용중의 '자주적·점진적 선중립·후통일론'이 가장 두드러진다. 그는 냉전의 산물인 분단문제의 해결 없이는 한민족의 자주적·자립적 발전이 불가능하고 분단상태가 지속되면 될수록 통일문제 해결이 더욱 어려워질 것이므로 평화적·민주적 원칙에 입각한 통일독립국가 수립이 시급한 과제이며, 이를 위해선 관련국가들 간 이해관계의 절충을 통한 중립화 통일이 가능한 최선의 대안이라고 역설했다. 그러면서 김용중은 ① 남북한 간 상

---

35) 엄상윤(2001), "제2공화국 시대의 통일논쟁", pp. 45~54 참조.

36) 여기에 속하는 정치세력으로는 사회대중당, 혁신동지총연맹, 사회혁신당, 통일사회당, 혁신당, 그리고 중립화통일운동을 전개했던 중립화조국통일운동총연맹 등이다.

37) 여기에 속하는 정치세력으로는 사회당, 경북민족통일연맹, 민족건양회, 통일민주청년동맹, 민족민주청년동맹, 그리고 민족자주통일운동과 남북 학생회담을 주도했던(학생) 민족통일연맹, 민족자주통일협의회 등이 있었으며, 통일운동은 주로 이들에 의해 주도되었다.

호인정, ② 군사적 긴장완화, ③ 인적 · 경제적 · 문화적 교류 등을 통한 신뢰구축과 화해 · 협력을 중요한 전제조건으로 내세웠다.[38)]

이는 중립화통일의 실현을 위해 남북한이 상호 인정하는 틀 속에서 적극적으로 남북협상에 나서야 하며, 여기에 더해 주변 강대국들과 유엔을 비롯한 국제사회의 역할이 필요[39)] 함을 강조한 것이다. 통일 절차에 대해서는 남북 간 화해 · 협력 및 신뢰구축을 통한 관계개선 → 중립화를 전제한 통일협상 → 남북총선 실시 → 국회 구성 → 국회의 헌법제정 → 통일정부 수립을 수순으로 제시했다.

이처럼 김용중의 중립화통일론은 외세의 영향력을 경시, 배제하지 않으면서도 한민족의 자주적 노력을 강조하고, 점진적, 단계적 남북 교류협상을 통해 이념적, 외교적으로 중립적 성격을 띠는 남북한 두 정권이 상당 기간 공존하는 형태를 상정했다. 남북한 두 정권의 존재와 역할에 대한 적극적 인정, 일방적 승리나 상대 정권의 완전소멸 부인, 극단적인 이념 승리의 지양, 이념 대립과 외세의 영향력을 인정하면서도 자주적 통일 노력의 강조, 통일한국의 극단적인 진영편중 배격 등 양극체제 하에서도 실현 가능한 통일론의 제반 요건들을 상당히 충족시킨 것이다. 무엇보다 그는 현상유지에 안주하는 통일 지연론을 거부하면서도 급격한 현상타파를 주장하지 않았다는 점에서 평가할 만하다. 이런 요소들은 김대중의 햇볕정책과 대단히 유사해서 김용중의

38) 당시 재일교포 김삼규도 중립화통일론을 적극 제안하였지만, 김삼규의 중립화통일론에는 이런 대북 화해 · 협력 인식이 결여되어 있다. 김삼규의 중립화통일론과 관련해서는 엄상윤(2001), pp. 103~111 참조.

39) 김용중이란 인물은 통일운동가로 뒷날 미국으로 이민을 간 후로는 행적이 묘연한 것으로 알려졌다. 그가 활동하던 1950년대 말에서 60년대 초, 김대중은 30대 중후반으로 막 정치활동을 시작하던 때였다. 그러나 그의 자서전이나 전집 어디에도 김용중에 대한 언급은 없다. 이로 미루어 김대중이 김용중의 영향을 받았을 가능성은 없다고 본다.

중립화통일론이 햇볕정책의 가장 체계적인 원형이라고 할 수 있을 정도다.

이처럼 그는 해방정국의 좌우합작파나 한국전쟁 이후의 진보당 등으로 대표되는 중간파의 뿌리를 그대로 간직하면서도 이들의 한계를 뛰어넘었으며, 남북 교류협상론과 중립화통일론을 무리 없이 접맥시켜 더욱 심화·발전시켰다.[40] 이러한 김용중의 중립화통일론은 당시의 영세중립화 통일운동에도 커다란 영향을 미쳤다.

다음으로 급진파의 남북 교류협상론은 학생들 중심의 민족통일연맹(민통련)과 기성정치권 중심의 민족자주통일협의회(민자통) 등이 주도했다. 통일의 방법론보다는 자주·민주·평화 등 통일의 기본원칙을 강조하는 차원에서 통일운동을 이끌어 나갔다. 남북 교류협상론의 핵심은 통일을 이루는 데 외세의 간섭 없이 전적으로 남북한 당사자 간 협상으로 결정하자는 것이다. 때문에 중립화라는 것도 외세의존이라고 비판할 정도로 철저히 외세의 간섭 없는 통일을 표방했다. 이런 이유로 남북협상론자들은 "평화통일은 곧 남북협상이다"라고 단정하기도 했다.[41] 또한 남북 교류협상론은 통일을 위한 당면과업으로 남북 교류를 주장했다. 특히 빈곤 극복의 문제와 통일문제를 연결시켜 대중의 지지를 얻기 위한 차원에서 "이남 쌀, 이북 전기"라는 구호를 내걸고 경제교류를 강조했다.[42] 그러나 이들은 남북이 점진적 타협을 이룰 방법론을 제시하기보다는 민족 자주라는 변혁의 관점을 지향하고 있다는 점에서 당시로서는 분명한 한계를 갖고 있었다.

이렇게 볼 때 혁신온건파의 중립화통일론은 국제적 협력과 남북한

---

40) 김용중의 중립화통일론과 관련해서는 엄상윤, "제2공화국 시대의 중립화통일론과 21세기 한반도 통일", 〈국제정치논총〉, 제43집 2호(국제정치학회, 2003), pp. 112~116 참조.

41) 홍석률, 앞의 책(2001), pp. 282~285 참조.

42) 위의 책, pp. 290~291 참조.

화해 · 협력에 기반을 둔 통일론이고, 남북 교류협상론은 국제적 협력을 배제한 남북 간 상호교류와 협상에 기초한 통일론이란 점에서 차이가 있다. 중립화통일론은 해방정국의 좌우합작노선과 단정수립 반대론, 그리고 진보당의 평화통일론을 계승하면서, 5 · 16 이후에는 주로 재야 정치세력에 의해 그 명맥을 유지해 오다가 오늘에 와서는 김대중의 햇볕정책에 투영돼 완전히 빛을 보게 된다.[43] 통일에 비협조적인 외세와 정부의 역할을 적극 배제하면서 급진적 중립주의 통일을 주장한 남북 교류협상론의 경우는 5 · 16 이후 일부 재야 정치세력과 학생 · 청년단체들의 반미 · 자주통일론에 의해 계승되고 있다.[44] 하지만 분명한 것은 이들 통일론 모두 김대중 정권의 햇볕정책과 맥을 같이하는 남북한의 화해 · 협력과 교류를 통한 통일을 주장하는 점에서 공통된 특징을 가지고 있다.

엄상윤은 정부와 민간을 통틀어 장면시대가 남북관계론과 통일논쟁에 미친 영향에 대해 다음과 같이 설명한다.

> 통일문제를 점진적, 단계적으로 접근해보려는 탈이념적, 기능주의적 남북 교류협상론이 등장함으로써 통일론이 보다 현실화될 수 있는 발판을 만들어주었다. …이러한 기능주의적, 내세(內勢) 중심적 통일론은 1970년대 들어 남한사회의 주류 통일론으로 등장하게 됐고 오늘날에는 김대중 정권에 의해 본격적으로 수용, 추진되고 있다. …[45]

43) 박정희 정권에서의 '7 · 4 남북 공동성명'이나 노태우 정권에서의 북방외교 및 남북 기본합의 등도 이 그룹의 통일론이 투영된 것이라 할 수 있다.

44) 엄상윤(2001), "제2공화국 시대의 통일논쟁", pp. 18~19.

45) 위의 논문, p. 66

4) 박정희: 봉쇄에서 포용으로

박정희 시대 대북 화해·협력 움직임은 정부 주도라는 점과 1970년대 초반에 집중적으로 이루어졌다는 점이 주요한 특징이다.[46] 물론 이 시기 민간 차원에서 대북관계 개선과 한반도 통일을 주장하는 세력들이 없지는 않았으나 이들의 목소리는 독재정권의 억압과 탄압에 묻혀버리고, 대체로 정부 주도로 대북 관계에 변화가 모색됐다. 대표적인 게 바로 해방 이후 최초의 남북한 정권 차원에서 관계개선 노력을 선언적으로 표명한 1972년의 7·4 남북 공동성명이다.

1961년 군사쿠데타로 들어선 박정희 정권은 통일을 위한 실력배양에 주력한다는 이른바 '선 건설 후 통일' 기조를 이어갔고,[47] 반공을 제1의 국시로 삼으면서 혁신계 인사들과 민간의 통일논의를 원천 봉쇄했다. 민간 차원의 통일논의 자체를 환상적, 용공적으로 간주하고 통일 관련 모든 사안들을 정부가 독점한 것이다. 이로 인해 통일운동은 침체기에 빠졌고[48] 1970년대 들어서야 변화의 움직임이 감지되기

46) 박정희 시대 정부의 통일정책과 '7·4 남북 공동성명'과 관련해서는 박건영·박선원·우승지, "제3공화국시기 국제정치와 남북관계: 7·4공동성명과 미국의 역할을 중심으로", 〈국가전략〉, 제9권 4호(세종연구소, 2003); 심연수, "'7·4 남북 공동성명'과 '남북 기본합의서'의 배경에 관한 체계론적 분석", 〈윤리연구〉, 제52호(한국윤리학회, 2003); 심연수, "7·4 남북 공동성명의 배경과 협상론적 의미", 〈한국정치외교사논총〉, Vol. 19(한국정치외교사학회, 1998) 등을 참조하고, 김대중의 3단계 통일론과 4대국 보장론과 관련해서는 아태평화재단 편, 《김대중의 3단계 통일론》(한울, 2000) 참조.

47) 박정희 대통령은 1966년 1월 18일 국회에 보낸 연두교서에서도 "우리가 지향하는 조국근대화야말로 남북통일을 위한 대전제요, 중간목표이다. 통일의 길이 근대화에 있고 근대화의 길이 경제자립에 있는 것이라면 자립은 통일의 첫 단계가 된다"고 밝혔다. 《박정희 대통령 연설문집》, 제2집(대통령비서실, 1966), pp. 925~926.

48) 4·19혁명 이후 장면 시대 통일운동이 대중적이고 공개적으로 진행되던

시작했다.

이는 당시 국내외 정세의 변화가 반영됐기 때문이다. 1969년 닉슨 독트린에 따른 미국의 대(對) 한반도 정책의 변화,[49] 1970년대 초 미·중 관계 개선,[50] 북한과의 체제 경쟁에서 이길 수 있다는 자신감 등이 유엔에 의존하던 대북정책에서 벗어나 비록 일시적이기는 했으나, 북한의 실체를 인정하고 남북 당사자 간 직접 대화에 나설 수 있게 만들었던 것이다.[51]

1970년 8월 15일 광복절 경축사에서 박정희 대통령은 "긴장상태의 완화 없이는 평화적 통일이 불가능하다"고 선언하고, "북한이 적화통일의 야욕을 버린다면 인도적 견지와 통일기반 조성에 기여할 수 있는 인위적 장벽을 단계적으로 제거해 나갈 수 있는 방안을 제시할 용의가 있다"고 선언했다. 8·15 선언으로 불리는 이 축사에서[52] 박정희는 분단 이

것과는 대조적으로, 군사정권에서는 통일운동 자체가 대부분 지하화되었고, 몇몇 인사들이 단발적으로 통일문제를 제기하는 정도에 머물 수밖에 없었다.

49) U.S., *Foreign Policy for the 1970's: Building for Peace*, A Report to the Congress, by Richard Nixon, President of the United States, Feb 25, 1991, p.6.

50) 서진영, 《21세기 중국외교정책: 부강한 중국과 한반도》(폴리테이아, 2006), p.155.

51) 남북한 체제 경쟁에서 남한이 북한을 앞서기 시작한 시기는 1970년대로 보는 것이 정설이다. 실제로 한국은 제1차 경제개발 5개년 계획 기간(1962~1966)에 연평균 7.7%의 성장률을 보이더니 제2차 5개년 기간(1967~1971)에는 연평균 10.5%의 놀라운 성장률을 기록했다. 김영명, 《고쳐 쓴 한국현대정치사》(을유문화사, 1999), p.189.

52) 8·15 선언은 ① 긴장 상태의 해결 없이 평화적 통일 불가능하다, ② 북한은 무력 적화야욕을 버려야 한다, ③ 이러한 요구를 수용한다면 인도적 견지와 통일기반 조성에 기여할 수 있는 인위적 장벽을 단계적으로 제거할 방안을 제시할 용의가 있다, ④ 유엔에서의 한국문제 토의에 북한이 참석하는 것을 반대하지 않는다, ⑤ 북한은 남한과 선의의 경쟁에 나서라 등 5개항으로 이

후 최초로 정부 차원에서 북한의 실체를 인정하고 화해·협력할 용의가 있음을 밝혔다.

8·15 선언 이후 1971년 남북 적십자회담 시작, 1972년 7·4 남북 공동성명, 그리고 1973년 6·23 특별선언에 이르면서 남북관계는 비로소 냉전의 그늘에서 조금씩 벗어나기 시작했다.[53] 특히 7·4 남북 공동성명은 분단 이후 최초의 남북 당국자 간 회담과 합의서(성명) 채택이란 점에서 그 의의가 컸다. 양측은 공동성명에서 '자주·평화·민족대단결'이란 조국통일의 3대 원칙에 합의함으로써 민족주의적 공감을 쌍방간에 표시했다.[54] 또한 남북한이 상호 "긴장완화, 신뢰회복, 상호 중상·비방 금지, 다방면적인 제반 교류 실시 등을 위해 노력한다"고 선언함으로써[55] 정부 차원의 화해·협력의 기초를 놓았다는 점, 남북 조절위원회를 구성·운영함으로써 이후 전두환, 노태우, 김영삼, 김대중 정권을 막론하고 당국자 간 대화의 모델을 제공했다는 점 등에서 박정희 정권이 추진한 대북 화해·협력 노력은 이전 정권에서는 찾아볼 수 없는 획기적 진전이었음은 부인하기 어렵다.

박정희 시대에 민간 차원의 통일운동은 반공(反共)을 제 1국시로 삼은 군사정권의 등장으로 결정적 타격을 입을 수밖에 없었다. 박정희 정

뤄져 있다. 동아일보, 1970년 8월 15일자.

53) 《남북한 통일제의 자료총람》, 제 3권(국토통일원, 1985), pp. 298~300; 《박정희 대통령 연설문집》, 제 10집(대통령 비서실, 1974), pp. 163~166 참조.

54) '7·4 남북 공동성명' 이전에도 대화는 있었다. 1948년 남북협상, 1951~53년 휴전회담, 1954년 제네바 정치협상, 1953~54년 실향민 문제해결을 위한 접촉 및 체육회담 등을 들 수 있다. 하지만 '7·4 공동성명'은 북한을 대화 또는 협상의 실체로 인정했고, 당사자간 직접적인 대화를 통해 통일문제에 접근했다는 점에서 차이가 있다. 김계동, 앞의 책(2006), pp. 162~163.

55) 통일원, 《남북한 통일·대화 제의 비교(1)》(통일원 남북 대화사무국, 1990), p. 124.

권은 출범과 함께 중립화통일론과 남북 교류협상론 등의 진보적 통일론을 주장했던 수천 명의 인사들을 용공혐의자로 체포하면서 당시 분출하던 민간의 통일 열기에 찬물을 끼얹어버렸다. 그 결과 박정희 시대 통일운동은 군사정권이 내세운 '선 건설 후 통일'로 단색화되었고, 이로 인해 1960년대 야당의 통일에 관한 입장마저 본질적으로 박정희 정권의 그것과 큰 차이를 보이지 않았다.[56]

그러던 것이 1970년대 들어서면서 국제적 상황 변화에 따른 남북관계의 변화 조짐으로 민간의 통일논의도 조금씩 고개를 들기 시작했다. 그중에서도 김대중의 4대국 보장론(1971년 1월), 남북 교류론(1971년 3월), 3단계 평화통일론(1972년 3월)이 특히 주목을 받았다. 김대중의 이런 담론이나 정책은 거의 한 세대가 지난 1990년대 말에서 2000년 초에 햇볕정책으로 집약돼 나타난다.

김대중의 3단계 평화통일론은 평화공존 → 평화교류 → 평화통일을 골격으로 한다.[57] 남북이 서로 평화적으로 살면서 자유를 확보하고, 교류를 확대하여 동포간의 동질성 · 동포애 · 신뢰를 회복할 수 있다면 평화적 통일을 이룰 수 있다는 것이다. 김대중은 이를 실현하기 위한 조건으로 한반도에서의 전쟁억지, 미 · 일 · 중 · 러 4대국에 의한 부전(不戰) 보장 및 평화협정 체결, 남북한 교류를 통한 동포애 회복, 남북한 유엔 동시가입 등을 제의했다.[58] 김대중의 통일론은 통일운동이 억압받던 시기에 나왔다는 점을 감안하면 획기적인 내용이라고 할 수 있다. 그러나 이는 해방정국의 좌우합작과 진보당의 평화통일론, 그리고 제 2 공화국의 중립화통일론 및 남북 교류협상론과 동일한 논리적 연속

---

56) 이종석, 《분단시대의 통일학》(한울, 1998), pp. 63~64.

57) 이후 김대중의 3단계 통일론은 80~90년대를 거치면서 '남북 연합단계 → 연방단계 → 완전통일단계'로 발전된다. 아태평화재단 편(2000), pp. 299~302.

58) 위의 책, pp. 30~58 참조.

선상에 있으며, 남북한이 화해하고 협력해야 한다는 부분은 비록 경중(輕重)의 차이는 있을지 모르나 박정희의 입장과도 맥을 같이 하는 것이었다.

박정희 시대에 정부 차원의 7·4 남북 공동성명은 1970년대 초반 국제적 상황변화에 대응하기 위한 미봉책적 성격을 갖는 대북·통일론이기는 하다. 그럼에도 남북한 간 긴장완화, 신뢰회복, 교류협력의 필요성을 강조한 분단 이후 최초의 당국자 간 회담에서 합의됐고, 이후 전두환, 노태우, 김영삼, 김대중 정권으로 이어지면서 정부 차원의 대북 화해·협력정책의 원형으로 기능했다는 점에서 의미가 자못 크다.

김대중의 3단계 통일론도 마찬가지다. 3단계 통일론이 해방 이후 대북 화해·협력의 담론을 장차 햇볕정책으로 이어갈 수 있는 일종의 '다리' 역할을 했다는 점은 부인하기 어렵다. 그러나 그가 3단계 통일론을 공식적으로 표방하기 6개월여 전인 1971년 8월 박정희 정권도 김용식 당시 외무장관의 입을 빌려 남북문제의 3단계 접근방식(① 인도적 문제 해결, ② 비정치적 문제 해결, ③ 정치적 문제 해결)을 제시한 바 있음을 기억해야 한다.[59] 이 접근방식도 통일론이라는 이름만 붙이지 않았을 뿐 기능주의에 기초한 전형적인 남북관계 개선책이다. 비정치적 분야에서 정치적 분야로 화해와 협력의 폭을 넓혀가자는 점에서 본질적으로 김대중의 3단계 통일론과 다르지 않다. 이름까지도 김대중의 3단계 통일론의 '3단계'와 같은 '3단계'다.

이런 점들에 비춰보면 김대중만이 유일한 대북 화해·협력의 선구자요, 개척자라고 하기는 어렵다. 남북관계 개선과 통일에 대한 그의 신념을 인정한다고 해도 그 역시 줄기차게 흘러온 대북 화해·협력론자의 한 주역일 뿐이다. 바꿔 말하면 햇볕정책의 싹은 박정희 정권 때도

59) 통일교육원, 《통일문제이해》(2000), p. 87.

계속 자라고 있었던 것이다.

한 가지 흥미로운 점은 박정희, 김대중 두 사람이 남북관계 개선책을 내놓은 시기다. 박정희가 1970년 8·15 공동선언을 내놓자 7개월 후인 1971년 3월 24일 김대중(당시 신민당 대통령후보)이 '4대국 보장론'을 제시했고, 박정희가 1972년 7·4 공동성명을 내놓자 이번에는 9일 만에 김대중이 다시 '3단계 통일론'을 들고 나온 것이다. 적대적 경쟁관계였던 두 사람이 거의 같은 시기에 남북관계 개선책을 내놓은 것을 어떻게 볼 것인가. 우연의 일치는 아닐 것이다. 경쟁관계였기 때문에 앞서거니 뒤서거니 하는 식으로 하나씩 주고받았을 수도 있다. 중요한 것은 동시대인으로서 두 사람이 주변환경의 변화에 따라 남북관계도 어떤 형태로든 변해야 한다는 생각을 가지고 있었다는 점이다. 그럴 의도도 없었고, 자신들도 몰랐겠지만 두 사람은 '대북 화해·협력의 문을 열어야 한다'는 시대정신을 공유했던 것이다.

박정희 전 대통령의 큰딸이자 제 18대 대통령 당선인인 박근혜(당시 한나라당 국회의원)는 2004년 4월 25일 인터넷 신문인 '독립신문'과의 인터뷰에서 '김대중의 햇볕정책을 어떻게 보느냐'는 기자의 질문에 이렇게 답했다.

> 원칙은 맞지요. DJ정부뿐만 아니라 역대정권이 그것을 추구했거든요. 지금은 냉전시대가 끝나서 폭이 넓어졌지만 그 전에도 항상 대화로서 해야지 전쟁으로 끝을 맺지 않겠다고 역대정부가 추진했어요. 햇볕정책, 포용정책 원칙은 맞는데 남북 정상회담까지 하고도 어째서 결국은 정책이 실패했느냐. 이것은 원칙은 맞지만 하는 방법에 있어서 국민적 합의를 바탕으로 투명하게 한다는 데 실패했기 때문입니다. 방법이 문제가 됐죠.[60]

---

60) 경남신문 인터넷뉴스, www.knnews.cd.kr, 2003년 4월 26일.

박근혜의 이와 같은 견해에는 햇볕정책에 대한 중요한 시사점이 담겨있다. 김대중 대통령이 국민적 합의를 바탕으로 투명하게 추진하지 못해서 실패하긴 했지만 햇볕정책의 원칙은 맞고, 역대정권들이 다 추구했던 것이라고 언명한 것이다. 그는 아버지 박정희 시대의 대북정책에 대해서도 "7·4 공동성명 때도 (판문점) 도끼만행사건, 공비나 땅굴 발견 등 험악한 상황에서도 남북이 평화대원칙, 평화적으로 우리 민족이 통일을 추구한다는 것이 나온 건 대단한 일"[61] 이라고 높게 평가했다. 뒤에 다시 다루겠지만 햇볕과 반햇볕의 수렴 가능성을 이보다 더 간명하게 보여줄 수는 없다.

61) 박근혜 의원 홈페이지, www.parkgeunhye.or.kr, 2003년 9월 17일.

2. 탈냉전기의 대북정책

박정희 시대에 뿌려진 포용(*engagement*)의 씨앗은 전두환, 노태우, 김영삼, 김대중 정권을 거치면서 잎이 나고 줄기가 벋어 제법 실한 나무로 자라게 된다. 탈냉전의 국제기류와 북한과의 체제경쟁에서 승리했다는 자신감이 그 밑바탕에 깔렸음은 물론이다.[62]

양영식은 역대 정부의 통일정책을 설명하면서 박정희 정권의 중기(中期)로 남북 적십자회담이 처음 열리고, 7·4 남북 공동성명이 채택돼 남북 조절위원회가 열렸던 1971년, 72년, 73년을 제 1기 남북 대화시대로 본다. 그리고 전두환 정권에서 북한이 제공한 수해물자를 우리가 과감히 받았던 1984년과 남북 이산가족 고향 방문과 예술공연단 교환 방문이 실현됐고, 남북 경제회담, 체육회담 등이 잇달아 열렸던 1985년을 제 2기 남북 대화시대로 규정한다.[63] 이처럼 대북 화해·협력의 물줄기는 나라밖으로는 탈냉전의 국제질서, 안으로는 산업화에 이은 민주화라는 거대한 두 흐름에 충실히 조응(調應)하면서 나름대로 진화를 거듭해왔던 것이다.

김대중이 햇볕정책의 효자로 생각하는 금강산 관광만 해도 그렇다.

---

62) 1971년 1인당 GNP는 북한 265달러, 남한 277달러였으나 1980년에 이르러서는 북한 828달러, 남한 1,860달러로 그 격차가 배 이상 벌어진다. 한국은행, "한국의 국민소득, 1981" 경제기획원, 경제운용계획(1981). 2012년 12월 현재 남한의 국내총생산(GDP) 1조 114억 달러로 북한 GDP 123억 달러의 82.5배에 달한다. 유엔 아시아태평양 경제사회위원회(ESCAP), 《2012년 아시아태평양 통계연감》, 문화일보, 2012년 11월 30일.

63) 양영식, 《통일정책론-이승만 정부부터 김영삼 정부까지》(박영사, 1997년), pp. 163~187, 188~214.

전두환 정권 때 북한에 제의한 20개 시범사업 속에 금강산·설악산 공동 개발이 이미 들어있다. 어디 그 뿐인가. 전두환 역시 남북한 최고당국자회담(정상회담)을 북한에 제의했고, 남북이 함께 각자의 사회를 전면 개방하자는 실로 파격적인 대북 제안까지 했다. 광주민주화운동을 무력 진압한 권위주의 정권이 이처럼 전향적인 대북 제안을 쏟아낸 데 대해서는 국내정치적 이유와 무관하지는 않았을 것이나, 적어도 외관상으로는 그 전의 어떤 정권보다도 대북 화해·협력에 적극적이었던 것은 분명하다.

물론 "제의만 했지 실질적으로 이뤄진 것은 없지 않느냐"는 반박이 나올 수 있다. "김대중은 제의만 한 게 아니라 실제로 실천까지 했으니 차원이 다르지 않느냐"는 것인데 그렇더라도 전두환, 노태우, 김영삼 정권의 대북 화해·협력의 의지와 노력은 높이 평가해야 한다. 뒤에 다시 상술하겠지만 이런 요소들이 곧 햇볕정책의 모태가 되었던 것이다. 햇볕정책을 '단절'이 아닌 '계승', 그리고 '진화'의 산물로 볼 수 있고, 또 봐야 하는 이유가 여기에 있는 것이다.

1) 전두환: 대결 속의 교류

박정희 정권의 대북 화해·협력론은 전두환 정권에서 한층 구체적이고 정교한 정책으로 나타난다. 남북이 서로를 사실상 국가로 인정하면서 일어난 변화다.

전두환 대통령은 1981년 1월 12일 연두기자회견을 통해 '남북한 당국 최고책임자 상호방문'을 제의한다. '최고책임자'라고 하는 것은 곧 남한의 전두환 대통령과 북한의 김일성 주석을 말하는 것으로 남북 정상회담을 뜻한다. 북한이 이를 일축하자 전두환은 그해 6월 5일 평화통일정책 자문회의에서 "서울이나 평양이 어렵다면 판문점이나 제3국에서 만나자"고 다시 제안하기에 이른다. 만약 이때 남북 정상회담이 열렸다면 남북관계는 크게 달라졌을 것이다.[64]

1979년 12·12 군사 쿠데타와 1980년 5·18 광주 민주화운동 과잉진압을 통해 탄생한 군사 권위주의 정권에서 가장 적극적인 대북 화해·협력정책이 추진된 것인데, 설령 그것이 정권의 취약한 정통성을 강화하기 위한 것이었다고 해도 대북 화해·협력이 정권을 막론하고 시대적 당위임을 보여주는 좋은 예가 아닐 수 없다.

이어 전두환은 1982년 1월 22일 국정연설을 통해 민족화합민주통일방안을 발표한다.[65] 이 통일방안은 해방 이후 정부 차원에서 마련된 최초의 체계적 통일방안이다.[66] 해방공간에서 좌우합작과 남북협상으로 자주적 민족통일국가를 이룩하려던 노력이 민간 차원에서나마 명맥을 이어오다가 정부 차원의 대북 화해·협력정책으로 이어진 것이다.[67]

---

64) 동아일보, 1981년 1월 13일, 6월 6일자.

65) 민족화합을 실천하기 위한 구체적 조치로서 ① 호혜평등의 원칙, ② 무력 및 폭력 사용 지양, ③ 상이한 정치, 사회제도 인정 및 내정불간섭, ④ 군비경쟁 지양과 군사적 대치상태 해소 조치 협의, ⑤ 상호 교류와 협력을 통한 사회 개방 추진, ⑥ 국제 조약과 협정 존중 및 민족의 이익에 관한 문제 협의, ⑦ 서울과 평양에 상주연락대표부 설치 등 7개항의 '남북한 기본관계 관한 잠정협정'을 체결하자고 제의했다. 《전두환 대통령 연설문집》, 제2집(대통령 비서실, 1982), pp. 365~368.

66) 이러한 전두환 정권의 대북·통일 제안을 두고 일각에서는 '정통성이 취약한 정권을 유지하기 위한 고도의 복합적 정략이며, 정권에 대한 국민적 감정을 통일 이데올로기로 용해하려는 수단'으로 보는 시각도 있다. 백학순, 《남북한 통일외교의 구조와 전략》(성남: 세종연구소, 1997), p. 110.

67) 전두환 시대의 대북 화해·협력 및 민간의 통일운동과 관련해서는 양영식, 《통일정책론-이승만 정부부터 김영삼 정부까지》(박영사, 1997년) pp. 189~310; 정문헌, 《탈냉전기 남북한과 미국》(매봉, 2004); 이종석, 앞의 책(1998); 김용현, "노태우 정권 시기의 통일론", 〈통일시론〉, 통권5호(청명

이 통일방안은 남북 대표로 가칭 '민족통일협의회'를 구성해서 통일헌법을 기초한 후 남북한 자유선거에 의해 이를 확정·공포하고, 이 헌법에 따라 총선거를 실시해 통일국회 및 통일정부를 구성하자는 것을 골자로 한다. 이는 구체적인 화해·협력의 내용까지 포괄하는 전향적인 방안이었다.

전두환 정권은 통일방안의 후속조치로 1982년 2월 1일 사회개방 8개 사업, 상호교류·협력 8개 사업, 긴장완화 4개 사업 등 총 20개 시범 실천사업을 북한에 제의하는 등 적극적인 대북 교류·협력정책을 전개한다.[68] 이 중 사회개방 8개 사업은 ① 금강산과 설악산 남북 공동개발, ② 서울-평양 간 도로연결 통과, ③ 이산가족 간 우편교류, ④ 교포의 조국방문 공동 주관, ⑤ 판문점 통과 자유 방문, ⑥ 인천-진남포 상호 시범 개방, ⑦ 모략 방송 중지 및 상대방 정규방송 자유 청취 허용, ⑧ 1986년 서울 아시안게임, 1988년 서울올림픽에 북한 선수단 판문점 통과 참가, ⑨ 외국인 판문점 통과 자유 보장 등으로 뒷날 김대중 정권의 햇볕보다 더한 햇볕을 북한에 쏘일 수 있는 사업들이었다.

김대중 정권이 햇볕정책의 효자로 꼽는 금강산 관광(개발)도 이때 이미 북한에 제의됐다. 실현 가능성을 염두에 두지 않은 정치적 제의라고 할지 모르나 어떤 형태로든 북한과 화해하고 협력하겠다는 의지는 분명했다. 역설적으로 정권의 정통성이 취약했기에 남북관계 개선에 대한 의지와 의욕은 더 강했다고 할 수 있다. 이에 따라 파격적인 각종 대화와 교류를 북한에 제안했고, 그중 일부가 실현된 것은 남북관계의 상당한 진전으로 평가받을 만하다. 정통성을 강화하기 위한 것이었다고

문화재단, 2000); 전현준, "전두환·노태우 정부의 대북정책", 〈북한〉, 통권 제335호(북한연구소, 1999); 홍석률, "민간 통일운동의 전개와 쟁점", 〈내일을 여는 역사〉, 제21호, 2005년 9월 등을 참조.

68) 통일원(1990), 앞의 책, pp. 244~246.

해도 대북 화해·협력정책이 박정희 정권 이래 시대적 당위임을 보여주는 또 하나의 예가 아닐 수 없다.

이는 다음해인 1983년 10월 9일 북한의 아웅산 테러[69]로 남북관계가 극도로 악화된 가운데서도 전두환 정권이 대북 교류·협력정책의 끈을 완전히 놓지 않은 데서도 드러난다. 전두환은 그 연장선상에서 1984년 9월 8일 북한의 대남(對南) 수재물자(쌀 5만 석, 천 50만 미터, 시멘트 10만 톤) 제공 제의를 전격 수용함으로써 교착상태에 빠져 있던 남북관계에 돌파구를 연다. 이어 그해 11월 15일 남북 경제회담을 시작으로 적십자회담, 국회회담, 체육회담 등 모두 13차례의 회담이 열리고, 그 결실은 1985년 9월에 분단 이후 최초의 남북 이산가족 고향 방문과 예술공연단 교환방문으로 이어진다.

아웅산 테러 같은 참혹한 만행을 북한이 저질렀는데도 남북은 대화를 했고, 대화는 분단 사상 최초로 남북 이산가족 상봉으로 이어졌다. 이는 뒤에 언급하겠지만 탈냉전이라는 유리한 환경 속에서 추진된 노태우, 김대중 정권의 대북 화해·협력정책의 성취보다 결코 작지 않다. 흔히 김대중의 햇볕정책이 갖는 가장 뚜렷한 특징이자 장점으로 '일관성'[70]을 꼽는다. 재임 중에 북한으로부터 잠수정 침투, 서해교전 등 크고 작은 도발이 있었지만 흔들림 없이 햇볕정책을 밀고 나갔다는 것이다. 그렇게 따진다면 아웅산 테러 같은 상상을 초월하는 도발[71]에도

---

69) 1983년 10월 9일 북한은 미얀마를 방문 중이던 전두환 대통령을 살해할 목적으로 미얀마의 수도 양곤의 아웅산 묘역에 폭탄을 설치해 터뜨림으로써 전두환 대통령을 수행 중이던 서석준 부총리를 포함해 우리 대표단과 기자 등 17명이 사망하고 이기백 합참의장 등 13명이 중경상을 입었다.

70) Jim Hoare, "Does the sun still shine? The Republic of Korea's policy of engagement with the Democratic People's of Korea", *Asian Affairs*, Vol. XXXIX, No. 1 March 2008, p. 81. Jim Hoare는 햇볕정책은 1997년에 갑자기 나타난 정책이 아니라 최소한 1971년 이래 존재했던 정책이라면서 새로운 것이 있다면 '일관성'(*consistency*)이라고 지적했다.

불구하고 이산가족 상봉을 성사시킨 전두환 정권의 일관성이 훨씬 치열했다고 말할 수도 있을 것이다.

전두환 정권의 이러한 적극적인 자세에도 불구하고 북한은 팀스피리트 훈련 중지, 국가보안법 폐지 등을 내세우며 대화를 회피함으로써 대북 화해·협력정책은 더 이상의 진전을 보지는 못했다.[72]

송대성은 "종전까지 북한이 남한에 대하여 사회개방, 상호교류, 긴장완화 등을 주장하였으나 전두환 정권 때는 이러한 주장을 일절 하지 않았다"고 지적하고 오히려 남한이 더 활발하게 평화정착 방안들을 제의했다면서 "전두환 집권 때에는 이미 남한이 북한에 비해 종합적인 국력 면에서 우위(優位)를 점하고 있어서, 결국 국력이나 능력 면에서 우위인 측이 그렇지 못한 측에 개방이나 교류를 주장한다는 사실을 알 수 있다"고 주장한다.[73]

송대성은 여기서 국력과 햇볕정책과의 관계라는 또 하나의 중요한 주제를 우리에게 던진다. 1960년대까지만 해도 북한의 각종 평화공세에 수세적으로 대응했던 남한이 공세적으로 돌아선 것은 1970년대 박정희 정권 때부터였고 보면 국력(國力)이라는 관점에서 대북정책을 재조명해볼 필요가 있다. 전두환이 북한의 수재물자 지원을 전격 수락한 것도 대북 자신감의 발로였다. 뒤에 다시 언급하겠지만 1988년 서울올림픽의 성공적 개최로 상징되는 노태우 정권 때의 국력 신장과 그가 추진했던 북방정책, 한반도 비핵화 공동선언, 기본합의서 등도 궁극적으로는 모두 대북 우위의 자신감에 기초한 것이었다.[74]

---

71) 당시 아웅산 테러를 규탄하는 시민집회가 서울을 비롯한 전국 각지에서 열렸고, 집회에서는 김일성 화형식까지 치러졌다.

72) 통일부, 《통일백서 2001》(통일부, 2001), p. 17.

73) 송대성, 《한반도 평화체제-역사적 고찰, 가능성, 방안》(세종연구소, 1998), p. 64

74) 전두환, 노태우 정권 10년간 한국은 매년 8.5%에 가까운 경제성장을 거듭

그렇게 본다면 김대중의 햇볕정책도 결국 대북 국력우위의 산물로도 볼 수 있다. 물론 김대중 자신도 집권과 함께 국제통화기금(IMF) 관리체제에 놓여있던 한국을 외환위기로부터 빼냄으로써 지속적인 국력 신장에 일조하게 된다. 그러나 그가 햇볕정책이란 이름을 걸고 역대 어떤 정권보다도 활발하게 대북 화해·협력정책을 펼 수 있었던 데에는 박정희, 전두환, 노태우로 이어져 내려온 한국경제의 고도성장이 결정적 기반이 됐음을 알아야 한다. 그러한 물적 토대가 없었더라면 남북 화해와 협력, 통일에 대한 그의 이상(理想)과 신념이 아무리 크고 깊었다고 해도 결코 날개를 펼칠 수 없었을 것이다.

거듭 강조하지만 햇볕정책 또는 포용정책으로 통칭되는 대북 화해·협력정책은 김대중의 전유물은 아니다. 김대중이 그토록 거세게 저항했고 자신에게 내란음모죄로 사형선고까지 내린 전두환 정권에서 이산가족 상봉이 이뤄진 것은 아이러니지만, 그런 교류 협력의 싹이 노태우 정권에선 잎으로 자랐고, 다시 김대중 정권에선 조금 더 큰 잎으로 자란 것뿐이다. 햇볕정책은 이러한 일련의 진화선상에서 나왔을 뿐이다. 이를 통일전문가인 김대중만이 할 수 있는 대북정책으로 몰아간 것이 햇볕정책을 둘러싼 우리 사회의 비이성적, 소모적 논쟁의 한 단초가 된 것이다.

했다. 이 시절 남북한 간 GDP는 약 2.5배~10의 격차를 보였다. "보건지표를 이용한 북한 GDP 추정: 북한경제, 남한의 1970년대 수준", 〈통일경제〉, 2011년 2호.

2) 노태우: 남북관계의 기본 틀 마련 (남북 기본합의서)

노태우 정권의 대북 화해·협력정책은 탈냉전의 국제적 환경변화에 힘입어 더욱 적극성을 띠게 된다. 북한에 비해 월등한 경제력과 1988년 서울올림픽의 성공적 개최로 얻어진 자신감을 바탕으로 북방정책을 추진하여 동구 공산권 및 소련과의 관계개선을 능동적으로 이어갔고, 이러한 성과를 바탕으로 북한을 일면 포위하고 또 일면 설득했다. 물론 국내정치적으로 민주헌법(1987년 10월 29일 제정공포)에 따라 출범한 정부임에도 불구하고, 끝내 군사정권의 아류, 쿠데타 정권의 연장, 무능한 비정통정권이란 오명에서 자유롭지는 못했지만[75] 대북정책에서 만큼은 역대 어느 정권 못지않은 성과를 냈다.

1988년 7월 7일 민족자존과 통일번영을 위한 특별선언(7·7 선언)에서 노태우 대통령은 북한과의 관계개선, 북한을 민족 공동체의 일원으로 인정, 남북한 상호교류를 통한 사회·경제·문화 공동체, 이를 통한 정치적 공동체로의 발전 및 궁극적 통일의 실현이라는 통일 방향 아래 6개항의 정책을 제시하고,[76] 이를 실천하기 위한 후속조치로 10월 대북 경제개방 조치를 발표했다.[77] 7·7선언은 민족공동체 의식을 바

---

75) 한겨레신문, 1988년 7월 10일자; 제주신문, 1994년 10월 13일자.

76) 노태우, "민족자존과 통일번영을 위한 특별선언"(1988년 7월 7일 전문), 《노태우 대통령 통일대화분야 연설집》, pp. 27~31 참조.

77) 그 주요내용은 다음과 같다. 첫째, 통일의 원칙으로 자주·평화·민주를 설정하고 통일국가의 미래상으로는 자유와 인권과 행복이 보장되는 민주국가를 제시하였다. 둘째, 통일국가의 수립절차는 남북대화의 추진으로 신뢰를 회복해가는 가운데 남북 정상회담을 통해 '민족공동체헌장'을 채택하고, 남북의 공존공영과 민족동질성 회복, 민족공동체 발전을 추구하는 과도적 통일체제인 남북연합(*The Korean Commonwealth*)을 건설한다. 이어서 통일헌법이 정하는 바에 따라 총선거를 실시, 통일국회와 통일정부를 구성함으로써 완전한 통일국가인 통일민주공화국을 수립하는 것으로 되어 있다. 그리

탕으로 남북 간 소모적인 경쟁과 대결외교를 종식시키면서 국제사회에서 민족공동의 이익을 극대화시킬 수 있는 바탕을 다져놓았다는 점에서 남북관계사에 하나의 이정표로 기록될 만하다.

이어서 1989년 9월 11일 국회에서 노태우 대통령은 한민족공동체 통일방안을 천명했다.[78] 이 방안의 가장 큰 특징은 분단 현실을 인정하는 기초 위에서 민족공동체 회복이라는 중간과정을 거쳐 최종 통일을 실현한다는 것으로 과도적 통일체제인 남북연합을 제시했다는 점이다. 한반도에 두 개의 서로 다른 체제가 있다는 현실을 인정하고, 이를 바탕으로 상호 공존공영하면서 민족사회의 동질화와 통합을 촉진해 나가는 정치적 결합체로서 남북연합을 설정한 것이다.[79]

이 통일방안은 국민으로부터 광범위한 의견 수렴과정을 거쳤다는 점과 분단 종식의 실천적 방향을 제시했다는 점, 통일 민족사 전개에 대한 국민적 자신감을 반영했다는 점에서도 의미가 크다. 우리 민족 스스로의 힘으로 통일문제를 풀어나갈 수 있을 만큼 성숙한 국민역량과 총체적 국력의 대북 우위와 자신감, 통일 환경의 긍정적 변화라는 3대 요소를 바탕으로 북한을 포용하고 공존공영의 평화적 통일의 대열에 동참하도록 설득한다는 것이다.

1992년 9월 남북 사이에 발효된 남북 사이의 화해와 불가침 및 교류협력에 관한 합의서(남북 기본합의서)는 노태우 정권의 대북 화해·협력정책의 결정체라고 할 수 있다. 합의서는 전문과 4장 25조로 이루어졌다.[80] 전문에서는 7·4 남북 공동성명에서 천명한 조국통일 3대원칙

고 남북 연합단계에서는 민족공동체 헌장에서 합의하는 데 따라 남북 정상회의, 남북 각료회의, 남북 평의회, 남북 공동사무처 등을 두기로 규정되어 있다. 《제6공화국실록-노태우 대통령 정부 5년, 외교·통일·국방》 제2권(공보처, 1992), p. 282.

78) 《노태우 대통령 연설문집》, 제2권(대통령 비서실, 1990), pp. 255~263.

79) 김근식 외, 《통일·남북관계 사전》(통일교육원, 2004), p. 144.

의 재확인, 민족 화해, 무력 침략과 충돌 방지, 긴장완화와 평화 보장, 교류 협력을 통한 민족의 공동번영 도모, 평화통일을 성취하기 위한 공동의 노력 등을 명시했다. 제 1장에서는 남북 화해,[81] 제 2장은 남북 불가침,[82] 제 3장은 남북 교류협력에 관한 내용을 적시했다.[83] 이에 따라 부속합의서도 남북 화해의 이행과 준수를 위한 부속합의서, 불가침의 이행과 준수를 위한 부속합의서, 교류협력의 이행과 준수를 위한 부속합의서, 남북 연락사무소 설치 운영에 대한 합의서로 구성됐다. 이를 기초로 남북 교류협력공동위원회를 비롯한 분야별 공동위원회가 조직되고 몇 차례의 회담도 가졌다.

기본합의서의 특징은 남북관계 전반을 규율하는 종합적이고 체계적인 합의문서(*framework*)로 남북한이 상대방의 실체를 인정하고, 군사적 침략이나 파괴·전복 행위를 하지 않으며, 상호 교류 협력을 통해 민족 공동발전과 점진적, 단계적 통일을 실현할 수 있도록 했다는 점이다. 비록 북한의 소극적인 태도와 북핵(北核) 위기에 따른 남북관계의 경색으로 사실상 무용지물이 되고 말았지만, 남북이 분단 40여 년 만에 이처럼 포괄적이고 체계적인 평화공존과 관계개선에 관한 규약을 갖게 됐다는 것 자체가 획기적인 변화요 발전이었다.

이에 앞서 1990년 8월 제정된 남북 교류협력에 관한 법률[84]과 남북

---

80) 통일원, 《남북 합의서》(통일원 남북 대화사무국, 1992년 9월), pp. 3~9 참조.

81) 주요 내용은 상호 체제의 인정 및 존중, 내정 불간섭, 비방·중상 중지, 파괴·전복행위 금지, 정전상태의 평화 상태로의 전환, 국제무대에서 대결과 경쟁 중지, 민족 성원 상호간의 화해와 신뢰 등이다.

82) 무력 불사용과 무력침략 포기, 대립되는 의견이나 분쟁의 평화적 해결, 불가침 경계선과 구역 명시, 남북 군사공동위원회 구성 및 운영, 남북 군사당국자 간 직통전화 설치 등을 명시하였다.

83) 남북 간 교류협력을 통해 민족 전체의 복리 향상과 민족 공동체의 회복·발전을 촉진하기 위한 실천적 조치 등을 담고 있다.

84) 이 법률은 남북 간 교류·협력을 헌정 사상 최초로 보장함으로써 국민의 기

협력기금법[85] 등은 이런 목표들이 실천될 수 있는 법적, 제도적 환경 조성을 위한 적극적 조치였다. 당시만 해도 남북관계를 규율하는 법체계는 국가보안법이 유일한 것이었고, 국가보안법 체계 내에선 남북한 주민 간에 이뤄지는 일체의 행위는 반국가행위로 규제했다.[86] 그러나 국가보안법만으로는 탈냉전 이후 급변하는 외교·통일 환경 변화와 북한과의 교류·협력을 열망하는 국민적 요구를 충족시키기 어려웠다. 물론 노태우 정권에서도 이 모든 것들이 실현된 것은 아니지만, 화해하고 교류하고 또 협력하지 않으면 안 된다는 것을 인식하고 실천 목표와 방향을 구체적으로 제시한 것은 분명하다.

전두환, 노태우 시대 민간의 통일운동은 1980년대 중반을 넘어서면서 이전에 볼 수 없었던 본격적인 대중운동으로 변모하기 시작한다.[87] 박정희 정권 이후 수면 아래로 잠복했다가 1987년 6월 민주화를 계기로 대중적 통일운동으로 분출하기 시작한 것이다. 이 시기의 통일운동은 대체로 제 2 공화국 시대의 민족자주통일론을 계승했다. 그동안 통일논의를 독점해온 정부에 맞서 시민사회와 재야가 남북 학생회담을 추진하고 1989년 문익환 목사와 임수경의 방북을 실현시킴으로써 통일논의

본권을 확대·발전시킨다는 의미를 가졌고, 또한 남북 간의 다각적인 교류협력을 활성화시킴으로써 민족공동체를 회복 발전시키고 나아가 궁극적인 평화통일을 달성케 하는 정책수단을 갖게 됐음을 의미한다. 〈국회통상법률집〉, 제 29집 제 148회~제 150회(국회사무처, 1990), pp. 153~163.

85) 이 법률은 남북한 교류·협력 정책을 재정적으로 뒷받침하는 수단으로, 이 법에 따라 3천억 원 규모의 기금이 설치됐고, 남북 간 제반교류와 협력사업에 소요되는 경비를 이 기금으로부터 지원, 융자를 받을 수 있게 됨으로써 본격적인 교류·협력 시대의 튼튼한 레일을 깔았던 것이다. 위의 책, pp. 164~169.

86) 《제 6공화국실록-노태우 대통령 정부 5년, 외교·통일·국방》, 제 2권(공보처, 1992), p. 409.

87) 이종석(1998), 《분단시대의 통일학》(한울, 1998), p. 68.

구조에 큰 충격을 주게 된다. 노태우 정권이 '7·7선언'을 발표하고 남북 고위급회담 등 남북관계 개선을 위해 적극적으로 나서게 된 데에는 민간의 이런 통일운동도 압력으로 작용했다.[88]

하지만 이 시기 민간 통일운동의 가장 큰 문제점은 정부의 역할을 배제하고 외세를 배격한다는 식의 급진성으로 인해 다수 국민을 설복시키지 못하고 그들만의 리그로 전락했다는 데 있다. 1980년대 초반 민주화운동과 결부된 통일운동은 군사독재정권에 의해 억눌렸던 국민의 통일논의 열망에 일정부분 기댈 수 있었다. 그러나 민주화 이후 새로운 사회적 흐름 속에서 새 담론을 형성하는 데 실패했고, 운동마저도 연례행사식의 사회적 관성에 빠짐으로써 국민 사이에 폭넓은 공감대를 형성하지 못했던 것이다. 이는 진보세력의 급진적 통일운동이 갖는 한계라고도 할 수 있다.

반면 전두환, 노태우 정권의 통일론과 대북정책은 우리 사회에 암암리에 형성된 남북 화해·협력의 정신과 흐름을 정부 차원에서 구체적이고 체계적인 정책으로 발전시켰다는 데 큰 의의가 있다. 전두환 정권의 민족화합민주통일방안은 노태우, 김영삼, 김대중 정권으로 이어지면서 기능주의에 입각한 점진적, 단계적 대북 화해·협력정책의 근간이 됐다. 노태우 정권의 대북정책은 역대 정부의 대북정책 중 햇볕정책에 가장 근접한 정책으로[89] 밖으로는 북방정책과 남북한 유엔 동시가입을 통해 평화공존의 기초를 닦았고, 안으로는 각종 대북 화해 제의와 이를 받쳐줄 법과 제도를 정비함으로써 김대중 정권이 본격적인 화해·협력의 시대로 나아갈 수 있는 발판을 마련해주었다.

---

88) 홍석률(2005), "민간 통일운동의 전개와 쟁점", 〈내일을 여는 역사〉, 제21호, 2005년 9월, pp.103~104.

89) 김영삼 정권에선 적어도 표면적으로는 국내외적 요인으로 대북 화해·협력정책에 별다른 진전이 없었다는 것이 일반적 평가라면 노태우 정권의 대북정책은 햇볕정책을 가능케 한 일종의 인프라였다고 할 수 있다.

남북 교류협력에 관한 법률과 남북 협력기금법만 해도 그렇다. 노태우 정권에서 이 법이 제정되지 못 했더라면 소수파 정권으로서 계속되는 여소야대(與小野大) 정국 속에서 시달려야 했던 김대중 정권으로선 입법이 쉽지 않았을 것이다. 노태우 정권은 이 법에 따라 3천억 원 규모의 남북 협력기금까지 마련해주었다. 남북 간 교류와 협력 사업에 소요되는 경비를 이 기금으로부터 지원받을 수 있도록 함으로써 김대중 정권의 대북 화해·협력 교류를 위한 튼튼한 레일을 깔았던 것이다.

북핵문제도 마찬가지다. 1991년 12월 31일 북한 측과 합의한 한반도 비핵화 공동선언은 한반도에서 핵전쟁의 위험을 제거하고 핵에너지를 오직 평화적 목적에만 이용키로 한 획기적인 선언이다. 뒤이은 김영삼 정권에서의 제네바 기본합의(1994년 10월)와 함께 김대중 정권의 핵 부담을 크게 덜어줌으로써 김대중 정권이 대북 화해·협력·교류(햇볕정책)에만 집중할 수 있도록 결정적인 기반을 만들어 주었다.[90] 1992년에 체결된 남북 기본합의서가 김대중이 2000년 6월 평양을 방문해 김정일 국방위원장과 합의했던 6·15 공동선언과는 비교가 안 될 정도로 포괄적이고 체계적이라는 점도 간과돼서는 안 된다.

햇볕정책은 이러한 토대 위에서 살아 숨 쉴 수 있었다. 대북 우위를 확실하게 다진 국력(경제력), 북방정책과 남북 기본합의서, 한반도 비핵화선언 등과 같은 일련의 탈냉전화 정책, 그리고 뒤에 다시 나오겠지만 군(軍)의 탈정치화(하나회 해체)를 확고히 함으로써 보수우파세력의 이념적 저항의 예봉을 무디게 한 김영삼 정권의 문민화, 이 3자가 솥(鼎)의 세 다리처럼 김대중의 햇볕정책을 받쳐주었기에 가능했던 것이다.

---

90) 대북정책은 이처럼 단절이 아닌 계승의 관점에서 봐야 한다. 이 책의 제7, 8장에서 상술하겠지만 김대중이 햇볕정책을 전 정권과의 단절이 아닌 계승의 산물로 접근했더라면 비판자들로부터 훨씬 덜 공격을 받았을 것이다. 재임 중에 그는 김영삼은 물론 노태우의 남북관계 개선 노력에 대해서 어떤 긍정적인 평가도 하지 않았다.

3) 김영삼: 북미 제네바합의와 4자회담

김영삼 시대에는 표면적으로 남북관계에 별다른 진전이 없었다. 정부 차원에서의 교류 협력은 물론 민간의 통일운동도 정체상태를 면치 못했다.[91] 전두환, 노태우 정권과는 태생적으로 구분되는 문민정부였음에도 남북관계가 전 정권보다 더 심한 대립과 갈등의 국면을 이어갔던 것은 아이러니다. 역대 정권의 대북정책에 대한 학자나 지식인들의 평가에서도 김영삼 정권의 점수는 가장 낮다.[92] 중견학자들의 평가를 보자.

> 김영삼 정부의 대북정책은 호의적인 평가를 받지 못했다. (대북) 강경책으로 인해 긴장이 고조되었을 때나, 북한에 대한 조건 없는 식량지원 제공으로 긴장이 완화되었을 때도 정부는 항상 국내 비판의 표적이 되었다. … 게다가 김영삼 정부의 대북정책은 온건과 강경의 극단 사이에서 흔들리면서 집권기간 동안 일곱 차례나 바뀌었다. 그 결과 비일관성이 언론과 국회의 비난의 초점이 되었다.[93]

---

91) 김영삼 시대 정권의 대북·통일정책과 민간의 통일운동과 관련해서는 양영식, 앞의 책(1997), pp. 311~511; 정진위·김용호, 《북한 남북한 관계, 그리고 통일》(연세대 출판부, 2002); 김강녕, "김영삼 정부의 통일정책 분석", 《한국정치학회보-세계질서의 변화와 한반도 통일》, 제 4권(한국정치학회, 1994); 김창수 외, "김영삼 정부 통일정책과 민간 통일운동 평가", 〈동향과 전망〉, 통권 제 34호(한국사회과학연구소, 1997); 최완규, "이카루스의 비운: 김영삼 정부 대북정책 실패요인 분석", 《한국정치 특별학술회의2 논문집》(한국정치학회, 1998) 등 참조.

92) 이런 평가는 김영삼 정권의 대북정책을 다룬 다수의 저작물에서 공통적으로 나타난다. 최완규는 김영삼 정권의 대북정책을 실패한 정책으로 규정하고, 그 요인으로 김영삼 정권의 집권세력의 구조적 한계와 김영삼 대통령의 즉흥적이고 독선적인 통치스타일을 들고 있다. 최완규, "Icarus의 비운: 김영삼 정부의 대북정책 실패요인분석", 〈한국과 국제정치〉, 제 14권 2호(1998 가을 겨울), pp. 189~212.

김영삼 대통령은 1993년 2월 취임사[94]에서 "어느 동맹도 민족보다 나을 수 없으며 김일성 주석이 참으로 민족을 중요하게 생각하고 진정한 화해와 통일을 원한다면, 이를 논의하기 언제 어디서라도 만날 수 있을 것"이라고 선언해, 본격적인 남북 화해·협력시대가 열릴 것으로 안팎의 기대를 모았다. 김영삼 정권은 역대 어느 정권보다 유리한 환경과 조건[95] 속에서 출범했기 때문에 기대 또한 컸지만 이런 기대는 취임 20일도 채 되지 않아서 물거품이 되고 말았다.

이는 무엇보다 북핵 위기의 고조로 인한 대북 화해·협력 여건의 악화가 큰 장애요인이 됐기 때문이다. 1993년 3월 12일 북한의 NPT 탈퇴로 시작된 일련의 북핵 위기가 김영삼 정권의 대북정책 전반에 검은 구름을 드리우면서 여기에서 벗어나는 것조차 버거웠던 탓이다.[96] 비록 이듬해 10월 북·미 제네바 기본합의(Geneva Agreed Framework)로 북핵 위기가 일단락되면서[97] 일촉즉발 상황까지 갔던 한반도 상황이 다

93) 정진위·김용호, 《북한 남북한관계, 그리고 통일》(연세대 출판부, 2002년) p. 233

94) 《대한민국 의정총람》(국회의사총람발간위원회, 1994), pp. 17~20.

95) 최완규, 앞의 논문(1998), pp. 1~2. "냉전종식과 민주화의 성취로 우리 정부가 대북정책을 자율적으로 선택할 수 있는 폭이 상당히 넓어졌고, 북한의 외교적 고립과 경제난으로 인한 체제 생존 위협으로 우리가 대북정책을 전향적으로 풀어갈 호기를 맞은 것이다."

96) 북한의 통미봉남 정책은 핵 위기 발발 이후 그 양상이 더욱 두드러져 한국은 제쳐두고 매사 미국과 직접 대화로 문제를 해결하려 하였다. 장노순, "약소국의 갈등적 편승외교: 북한의 통미봉남 정책", 〈한국정치학회보〉, 제 33권 1호(한국정치학회, 1999), pp. 386~388.

97) 《한반도문제 주요현안 자료집》(외무부, 1998), pp. 18~19; 한승주, "제네바 합의: 의의와 문제점", 한국정치학회·이정복 외, 《북핵문제의 해법과 전망》(중앙 M&B, 2003), pp. 25~38. 제네바 기본합의에 따라 미국은 한반도에너지개발기구(KEDO)를 통해 1000메가와트 원자로(경수로) 2기를 건설해주고 매년 50만 톤의 중유를 북한에 공급하기로 했다. 대신 북한은 핵 개발을 동결하고, 경수로 핵심부품이 북한에 도착하기 전에 국제원자력

시 안정을 되찾기는 했지만 거의 19개월 동안 김영삼 정권의 대북정책은 사실상 뇌사상태에 빠졌다.

북핵 위기가 언제 한반도에 전쟁을 몰고 올지 모르는 긴박한 상태에서 실질적이고 효과적인 대북 화해·협력정책을 추진한다는 것은 불가능했다. 더욱이 북한은 통미봉남(通美封南) 전략에 따라 매사 미국과 직접 접촉하고 한국은 배제하려 들었기 때문에 김영삼 정권의 행동반경은 크게 위축됐다. 이런 상황에서 제대로 된 대북 화해·협력정책을 펼치기란 쉬운 일이 아니었다. 정부 스스로가 '북핵문제 해결 없이 교류 협력도 없다'는 원칙을 내걸 수밖에 없는 상황이 이어졌던 것이다.

김영삼 정권에 쏟아진 비판 중 가장 지배적인 게 '대북정책의 일관성 결여'였다. 수단이 목표를 훼손시키는 경우가 잦았고, 이는 남북 간 불신과 갈등의 심화로 이어지면서 교류 협력의 부진으로 나타나 결국 대북관계에서 그 어떤 실질적인 진전도 이루지 못했다는 것이다.

실제로 김영삼 대통령은 취임사와 이인모 노인 송환(1993년 3월)으로 전향적 입장을 보이다가, 북핵 위기 이후 가진 취임 100일 기자회견(1993년 6월)에서는 강경한 입장으로 선회했다. 그러다가 다시 1년 후엔 정상회담 개최 가능성(1994년 6월)을 언급하면서, 그해 8·15 기념사(1994년 8월)에선 온건론을 폈다. 그러나 2개월도 안 돼 북미 제네바합의(1994년 10월)를 앞두고는 느닷없이 강경한 발언을 하고, APEC 정상회담(1994년 11월), 연두기자 회견(1995년 1월), 유럽순방 중 회견(1995년 6월) 등에서 다시 온건한 입장으로 돌아서더니, 이듬해 국정연설(1996년 1월)과 국군의 날 연설(1997년 10월) 등에선 다시 강경한 입장을 보였다. 이러다 보니 김영삼 정권은 대북정책에 대해 철학이나 원칙이

기구(IAEA)의 특별사찰을 받기로 했다. 이런 약속들이 지켜지면 북한과 미국은 각각 워싱턴과 평양 연락사무소를 개설하고 이어 수교(대사급 외교관계)까지 가기로 합의했다.

라고 할 만한 그 무엇을 가지고 있기는 한지 의구심을 갖도록 만들었다.

더욱이 북핵 위기가 한창 진행 중인 과정에서 발표된 김영삼 정권의 민족공동체통일방안과[98] 대북 쌀 지원 문제를 놓고는 국내정치적 반발과 비판까지[99] 겹쳐지면서 이제껏 이어오던 대북 화해·협력 노력과는 거꾸로 가는 모습마저 보인다. 1994년 8월 15일 발표한 민족공동체통일방안에서 "통일은 계급이나 집단 중심의 이념보다 인간중심의 자유민주주의가 바탕이 되어야 한다"고 선언한 것인데, 이는 노태우 정권의 자주·평화·민주 통일방안보다 몇 배나 강경한 것이었다. 대북 쌀 지원과 관련해서도 "쌀을 (외국에서) 사서라도 지원하겠다"고 했다가 민간차원의 쌀 지원까지 불허하는 널뛰기를 했다. 대북지원과 경제교류, 협력사업도 사안마다 핵문제 해결과 남북대화 재개, 4자회담 참가와 같은 전제조건을 내세워 어느 것 하나 제대로 성사되지 못했다.

이로 인해 언론과 야당은 대통령의 독선적이고 즉흥적인 정책결정 행태, 재임 중 통일과 관련한 획기적인 성과를 보이려는 과욕, 또 대북문제의 국내정치적 연계에 대한 의구심[100] 등의 비판과 공격을 멈추지 않았다. 그 결과 남북관계는 긴장, 갈등, 교착의 연속이었고, 남북 간 접촉과 대화의 횟수 역시 전임 정부 때보다 현저히 줄어들었으며, 접촉 수준도 주로 실무회담에 머무르는 정도였다.[101]

---

98) 《김영삼 대통령 연설문집》, 제2권(대통령 비서실, 1994), pp. 326~331.

99) 홍용표, "국내정치, 국제환경, 그리고 대북협상: 1995년 대북 쌀 지원 협상을 중심으로", 〈통일문제연구〉, 통권39호(평화문제연구소, 2003), pp. 42~45.

100) 대북 쌀 지원이란 유화책은 김영삼 대통령이 평소 그가 강조했던 북핵 투명성 문제가 해결되지도 않은 상태에서 이뤄졌는데, 그 이유는 1995년 6월 지방선거를 의식했기 때문이라고 지적하고 있다. 정진위·김용호, 앞의 책(2003), pp. 239~242.

101) 접촉횟수는 전두환 정권: 19회, 노태우 정권: 82회, 김영삼 정권: 총15회에 불과. 접촉 수준 역시 노태우 정권: 고위급 회담 16회, 핵회담 18회, 김영삼 정권: 차관급 접촉 2회, 핵관련 특사교환 실무접촉 8회, 정상회담

정부와 민간차원에서 북한지역 콜레라 공동방역조치 제의, 민속예술경연대회 남북 공동개최 제의, 8·15 공동 경축행사 협의를 위한 차관급 회담 제의, 부산 동아시아대회 북한 참가 촉구 등의 대북제의가 있었으나 성사되지 못했다.[102] 이런 상황에서 당사자 해결원칙을 통한 신뢰구축, 남북 간 화해·협력을 통한 긴장완화, 평화공존을 통한 한반도 공존공영 등은 들어설 자리가 없었다. 군사정권을 마감하고 '문민정부'의 문을 열었다는 김영삼 정권에서 오히려 남북관계가 경색되고, 실질적인 화해·협력 조치도 이뤄지지 못했다는 것은 아이러니다.

그럼에도 불구하고 김영삼 정권의 대북정책을 평가할 때 반드시 고려해야 할 부분들이 있다. 하나는 핵(核) 문제다. 북한의 핵 개발이라는 과거에는 전혀 경험하지 못했던 요소가 남북관계에 새롭게 추가됨으로써 대북정책 추진의 자율성이 현저히 떨어졌다는 점이다. 북핵은 미국과 북한의 문제이면서, 또한 다자적인 국제문제여서 한국이 개입할 여지도 사실상 없었다. 핵을 놓고 미국과 북한이 첨예하게 대립하는 상황에선 그 어떤 정권도 자유롭게 대북정책을 수립하고 이행하기는 어려웠을 것이다.

이를 생생하게 보여주는 실례가 있다. 북핵 위기가 고조되면서 이를 해결하기 위해 북·미(北美)는 1993년 6월 2일부터 제네바 기본합의서가 채택된 1994년 10월 21일까지 수십 차례의 각급 회담과 협상을 가졌다. 이 과정에서 김영삼 정권은 어떻게든 한국의 입장, 곧 '선 남북대화와 특별사찰, 후 경수로 지원과 북미 연락사무소 개설'을 반영시키려고 필사의 노력을 했지만 뜻을 이루지 못했다. 김영삼 정권으로서는 마지

실무접촉 2회 등으로 회담다운 회담 한번 못해보고 대부분 준비단계에서 무산됐다. 최완규, 앞의 논문(1998), p. 11.

102) 동아일보특별취재팀, 《잃어버린 5년: 칼국수에서 IMF까지》(동아일보사, 1999), p. 137.

노선이나 다름없는 타협안이었지만 제네바 기본합의서에 전혀 반영되지 않았던 것이다. 김영삼 정권의 강력한 불만 제기로 합의서 제3조 3항에 "본 합의서가 대화를 촉진하는 분위기를 조성해나가는 데 도움을 줄 것이기 때문에 북한은 남북대화에 착수한다"는 수사(修辭) 차원의 내용이 들어간 게 전부였다. 김영삼 정권은 마지막으로 "선 북핵 투명성 확보 없이는 경수로 지원에 드는 돈(건설비 약 40억 달러 추산)을 댈 수 없다"고 버텼지만 이 또한 관철시킬 수 없었다.[103]

사정이 이러했을진대 만약 북핵문제가 제네바 기본합의 형태로라도 김영삼 정권 때 해결되지 않고 그대로 김대중 정권으로 넘어갔다면 김대중 정권이 그토록 '현란하게' 대북 화해·협력정책을 펼칠 수 있었을까? 나는 결단코 아니라고 본다. 김대중 정권 역시 단 한 걸음도 앞으로 나아가지 못했을 것이다. 미국의 CNN이 한반도에서 전쟁이 일어날지 모른다며 TV 중계팀을 서울로 급파하고,[104] 미국의 클린턴 행정부는 영변 핵시설에 대한 국지적 폭격(*surgical strike*)[105]을 진지하게 고려하

---

103) 남찬순, 《북미 핵협상과 동북아질서: 1990년대의 교훈》(나남, 2007), p. 285.

104) 동아일보 1993년 12월 20일자 2면, "한미 정부 鎭火고심", 당시 CNN은 핵 위기로 남북한 간에 긴장이 고조되자 휴전선에서의 무력충돌 가능성이 있다고 보고 실제로 TV 중계팀을 한국에 보내기까지 했다.

105) 당시 클린턴 행정부는 북한의 영변 핵시설만을 찍어서 폭격하는 비밀작전(암호명 Nimble Dancer)을 세워놓고 언제든 행동에 옮길 준비를 하고 있었다. 1994년 3월 북한 박영수의 '서울을 불바다로 만들어버리겠다'는 발언과 5월 12일 북한의 영변원자로 폐연료봉 인출작업 개시로 한반도의 긴장은 최고조에 달했다. 그해 5월 초 뉴멕시코 알라모 국립연구소에서 여러 명의 상원의원과 핵전문가 윌리엄 페리 국방장관의 보좌관, 군 장성들이 모인 가운데 북한의 핵시설에 대한 가상공격을 실시했다. 페리 장관은 미 공군이 방사능을 크게 확산시키지 않고, 신속하고도 효과적으로 영변 핵시설을 폭파할 수 있다는 보고를 받았다. Don Oberdofer, *The Two Koreas*(Washington D.C.: Basic Books, 1997), p. 323. 남찬순, 앞의 책(2007), pp. 224~225에서 재인용.

는 상황에서 과연 어떤 의미 있는 대북 화해・협력정책을 펼 수 있었을 것인가. 그것도 소수파 정권으로서 김대중-김종필 공동정권(DJP연합)의 형태로 정부를 꾸려가야 했던 김대중 정권이 아닌가.

두 번째는 남북 정상회담의 무산이다. 1994년 6월 방북(訪北)한 지미 카터 전 미국대통령이 김일성 주석으로부터 '김영삼 대통령의 남북 정상회담 제의를 수락한다'는 소식을 가지고 돌아왔을 때만 해도 정상회담 개최는 기정사실이 됐다. 판문점에선 남북이 정상회담 개최를 위해 부총리급 예비접촉까지 가졌다. 이 자리에서 정상회담 개최 합의서도 채택됐다. 그러던 것이 회담 개최를 눈앞에 둔 그해 7월 8일 김일성 주석의 갑작스런 사망으로 하루아침에 모든 게 날아가고 말았다.[106] 만약 그때 정상회담이 열렸더라면 남북관계는 크게 변했을 것이다. 어쩌면 김대중의 햇볕정책보다 더한 대북 화해・협력정책이 김영삼 정권에서 펼쳐졌을지도 모른다. 뒤이은 김대중 정권에서 김대중과 김정일 간의 정상회담은 열리지 않았을 수도 있었다.

일각에선 김대중 정권이 대북포용정책을 펴는 과정에서 '일관성'을 유지했다며 이를 높이 평가한다. 동해안 잠수정 침투사건(1998년 6월), 미국에 의한 북한 금창리 지하 핵시설 의혹 제기(1998년 8월), 북한의 대포동 1호 미사일 시험발사(1998년 8월), 제 1차 연평해전(1999년 6월), 제 2차 연평해전(2002년 6월), 제 2차 북핵 위기 발발(2002년 10월) 등에도 불구하고 대북 화해・협력정책을 일관되게 추진했다는 것이다.

절반은 맞고 절반은 틀리다. 김대중 정권이 겪어야 했던 이런 위기보다는 북핵과 처음으로 정면 조우하게 된 김영삼 정권이 겪어야 했던 위기와 충격이 훨씬 컸기 때문이다. 김대중 정권에서도 북한의 핵 위협이 없지는 않았다. 그래도 그때는 김영삼 정권에서 발족된 한반도에너지

---

106) 동아일보, 1994년 7월 10일자 1면.

개발기구(KEDO)라는 국제적 협의기구가 이미 가동 중이어서 북한 발(發) 핵의 충격을 상당부분 흡수할 수 있었다. 말하자면 '면역력'이 생긴 것이다.

이런 면역력이 없었다면 햇볕정책이 과연 제대로 추진되기나 했을까. 솔직히 회의적이다. 김대중 정권도 북핵문제와 씨름하느라 5년의 임기를 다 흘려보냈을 것이다. 뒤에 다시 설명하겠지만 김대중 정권도 임기말년인 2002년에는 이렇다 할 대북 화해·협력정책을 펴지 못했다. 2001년 대북 강경파인 미국의 조지 부시 정부의 등장과 2002년 10월 제2차 북핵 위기 발발로 햇볕정책은 눈에 띄게 퇴조했던 것이다.[107)]

끝으로 김영삼 정권의 4자회담 주도 노력도 재평가되어야 한다. 4자회담은 북한의 정전협정체제 무력화 기도와 대미(對美) 직접접촉 시도에 대한 대응차원에서 나온 것이지만 뒷날 노무현 정권에 이르러 북핵문제 해결을 위한 6자회담의 기반이 됐다. 6·25 전쟁 이후 북한은 남한이 1953년 정전협정의 당사국이 아니다는 논리를 앞세워 한반도 문제에 관한 제반 논의에서 한국을 배제하고 미국과 직접 평화협정을 맺겠다는 전략으로 일관했다. 북한의 이런 주장은 현실적으로 억지에 가까운 것이었으나 한국으로서는 이에 대응할 마땅한 논리도 수단도 없었던 것이 사실이다. 북한의 이런 전략은 어떤 정권을 막론하고 골칫거리였고, 김영삼 정권에 와서 특히 기승을 부렸다.

1994년 12월 15일 군사정진위에서 대표단을 철수시키고 대신 조선인민군 판문점 대표부를 설치하겠다고 발표한 것이나, 휴전선 비무장 지대에서 총격을 비롯한 계속적인 군사도발을 감행한 것도 정전협정체제를 흔들어보겠다는 의도에서였다. 북한은 1995년 6월과 8월 김영남 외교부장 명의의 서한을 유엔사무총장 앞으로 보내 유엔군사령부를 해체

107) 이 책의 제4장 "햇볕정책의 실효성: 수렴의 시작"과 제5장 "3C로 본 햇볕정책의 실효성 변화" 참조.

하고 한반도로부터 외국군대를 철수시키며 한반도의 새로운 평화체제 수립의 필요성을 주장했다. 북한은 이어 1996년 2월에는 미국에 새로운 평화보장체제의 내용을 구체화한 잠정협정 체결을 정식으로 제안했다. '잠정협정은 반드시 북미 간에 체결되어야 하며 완전한 평화협정이 체결될 때까지 정전협정을 대신하며, 정전협정을 이행 감독하기 위해 판문점에 현 군사정전위를 대신하는 북미 간 공동 군사기구를 조직 운영하자'는 게 그 골자였다.[108]

이 시기에 북한이 유달리 정전협정을 이슈화한 것은 북핵문제가 1994년 10월 사실상 북미 간 직접협상의 산물인 제네바 합의를 통해 해결된 데 고무됐기 때문이다. 반면 김영삼 정권이 느낀 당혹감은 대단한 것이었다. 북미 간 핵협상에서 사실상 배제됨으로써 "미국에 끌려만 다닌다"는 여론의 거센 비판에 시달려야 했다.[109] 무엇보다 정전협정체제를 북미 평화협정체제로 바꾸자는 북한의 공세에 어떤 형태로든 대응해야 했다.

그래서 나온 게 1995년 8월 15일 김영삼 대통령의 '한반도 평화구축 3원칙'(8·15 선언)이다. 한반도 평화구축문제는 남북한 당사자가 협의해서 해결해야 하고, 남북 기본합의서와 비핵화 공동선언의 합의는 존중되어야 하고, 한반도 평화체제 구축에 관련국들의 협조와 뒷받침이 필요하다는 것이다. 한반도 평화체제에 관한 논의에서 한국은 배제되어서는 안 된다는 점을 분명히 하면서, 관련국들의 협조와 뒷받침의 필

108) 남찬순, 앞의 책(2007), pp. 365~366.

109) 제임스 레이니(James T. Laney) 당시 주한 미대사(1993~1997)는 김영삼 대통령은 "한국이 미국에 너무 의존하는 듯 보이는 것에 아주 민감했기 때문에 청와대에 들어올 때 자동차에 성조기를 달지 않고 오라든가, 다른 곳에 주차하라는 부탁을 했다. 내가 방문한다는 사실을 언론에 노출시키지 않기 위해서였다"고 회고했다. 매일경제신문사, 《한미 외교 비사의 현장들, 대사관 순간의 기록》(매일경제신문사, 2009), pp. 144~145.

요성을 언명함으로써 향후 남북한과 미국, 중국이 자리를 함께 할 수 있는 가능성도 열어놓은 것이다.

이 3원칙에 따라 김영삼과 빌 클린턴 미국대통령은 1996년 4월 16일 제주도에서 정상회담을 갖고 한반도 평화 증진을 위한 4자회담을 제의하게 된다. 북한으로서는 달갑지 않은 제의였다. 한국과 4자회담에 나란히 참석한다는 것 자체가 정전협정체제를 평화협정체제로 바꾸는 논의구조에 한국도 당당한 일원임을 인정하는 꼴이 되기 때문이었다. 그런데도 북한은 4자회담 제의를 결국 수락하게 된다.

남찬순은 그 이유로 북한이 쌀이 급했기 때문이라고 지적한다. 1995년과 96년의 극심한 홍수로 최악의 식량난을 겪어야 했던 북한은 한미 양국으로부터 대규모의 쌀 지원을 확약받고 4자회담에 참여하게 됐다는 것이다.[110] 이에 따라 남북한과 미국, 중국은 1997년 8월부터 1999년 8월까지 2년 동안 3차례의 예비회담과 6차례의 본회담을 가졌으나 회담 의제를 둘러싼 이견 때문에 아무런 성과도 내지 못했다. 그럼에도 4자회담은 대단히 중요한 의미를 갖는다. 뒷날 노무현 정권에서 북핵문제 해결을 위한 6자회담[111]의 모태가 됐기 때문이다. 제임스 레이니 당시 주한 미대사도 4자회담의 계획은 불행하게도 실천되지 못했으나 "이를 계기로 나중에 6자회담이 성사됐으니 그 자체로 소중한 시도였을 것"이라고 평가했다.[112]

4자회담이란 일종의 다국적 포럼을 출범시키고 그 속에 북한을 끌어들임으로써 정전협정 당사자가 아니라는 이유로 북한의 공격에 늘 취약했던 한국은 이런 약점을 극복할 수 있게 됐다. 또한 북한을 4자회담

110) 남찬순, 앞의 책(2007), pp. 402~407.

111) 북핵문제 해결을 위한 제1차 6자회담은 노무현 정권 때인 2003년 8월 27일부터 29일까지 베이징에서 열렸다. 참가국은 남북한과 미국, 중국, 일본, 러시아였다.

112) 매일경제신문사, 앞의 책(2009), p. 147.

의 틀 속에 집어넣음으로써 향후 한반도문제 해결을 위한 다자적 접근의 첫 단추를 채울 수 있었다. 4자회담에서 6자회담으로의 진화의 다리를 놓아준 게 김영삼 정권이었다.

03 김대중의 대북 화해·협력 정책
햇볕정책

1. 왜 김대중인가

앞에서 살펴본 대로 우리의 대북 화해·협력을 향한 노력은 그 뿌리가 깊다. 정권의 주체와 시대를 막론하고 보편적인 한국사회의 대북 지향점이었기 때문이다. 여기에 햇볕정책이라는 이름을 붙여 상징화하고, 정부 차원에서 본격적으로 추진한 게 김대중 정권이다. 남북이 화해하고 협력해야 한다는 대의(大義)가 김대중 정권의 독창적인 산물이거나 전유물일 수는 없다는 얘기다. 실제로 장면 시대에 제안된 김용중의 중립화통일론은 그 논리 면에서 김대중 정권의 햇볕정책과 가장 유사하다. 1992년 발효된 남북 기본합의서는 남북 화해·협력정책을 포괄적이고 구체적으로 펼 수 있는 청사진이었고, 그중 일부가 실현됐다는 점에서 가히 햇볕정책의 원형이라 할 만하다.

그럼에도 불구하고 대북 화해·협력정책이 김대중 정권에서 햇볕정책이란 이름표를 달고 나름대로 의욕적으로 추진됐다는 점은 부인하기 어렵다. 적어도 겉으로 드러난 성과인 남북 간의 일련의 합의와 이행만을 놓고 보면 그렇다. 분단 이후 최초의 남북 정상회담만 해도 경위와 성격 등에 관해 논란이 분분하지만, 어떻든 대북 화해·협력정책의 결실이라 할 만하다. 김대중 정권의 입장에선 더욱 그럴 것이다.[1]

그렇다면 김대중 정권의 대북 화해·협력정책을 조금 더 총체적으로 살펴볼 필요가 있다. 특히 김대중 대통령 자신이 당사자로서 화해·협력정책을 신념처럼 밀고나갔기 때문에 남북관계에 대한 그의 인식과 통일론과의 관계 속에서 화해·협력정책(햇볕정책)을 톺아봐야 한다. 그래야 햇볕정책의 실체에 더 가깝게 다가갈 수 있고, 햇볕과 반(反) 햇볕 간의 수렴 가능성도 엄밀하게 짚어볼 수 있다.

덧붙여 더욱 중요한 이유가 있다. 뒤에 다시 설명하겠지만 나는 우리 사회의 통일담론, 대북담론의 영역에서 김대중이 차지하는 비중이 과연 적정한지에 대해서 늘 의문이었다. 그의 햇볕정책은 여느 정권의 대북 화해·협력정책과 적어도 본질에선 다를 바가 없는데도 지지자들 사이에서선 마치 전혀 다른 것처럼, 또는 한 단계 더 높은 정책처럼 인식된 이유는 무엇일까. 일각에선 거의 '종교'가 된 것도 사실이다.

통일론으로 치자면 노태우 정권 때 이홍구 당시 통일부총리가 만든 한민족공동체 통일방안이 어떤 통일론보다도 체계적이고 논리적이며 정교하다는 평가를 받았다. 이 통일방안이 김영삼 정권에서 일부 수정을 거쳐 1993년 5월 24일 서울에서 열린 태평양경제협의회 제26차 총회에서 민족공동체 통일방안[2]이란 이름으로 공식 발표됐으며, 지금까

1) 이재호, "대북정책의 다차원적 연계성과 햇볕정책의 효율성"(고려대 박사학위 논문, 2008년) 참고. 몰가치적(*value free*)으로 본다면 남북 정상회담은 김대중의 대북 화해·협력정책의 성공적 결실이라고 할 수 있다. 적어도 김대중으로서는 그렇다는 얘기다.

2) 노태우 정권이 만든 한민족공동체통일방안은 과도단계로서의 남북연합을 거

지도 대한민국의 공식 통일방안으로 자리하고 있다. 김대중은 재야(在野) 시절부터 20년이 넘도록 공들여온 자신의 3단계 통일론을 정작 대통령이 된 뒤에는 정부의 공식 통일방안으로 승인받으려고 노력하지 않았다.[3)]

어디 그 뿐인가. 남북관계 개선책으로 치자면 노태우 정권 때인 1992년 발효된 남북 기본합의서(남북 사이의 화해와 불가침 및 교류 · 협력에 관한 합의서) 만한 게 없다. 그 긴 이름에서 알 수 있듯이 남북관계의 거의 모든 영역에 걸쳐 지켜야 할 원칙과 행동률, 그리고 이를 논의하고 실천할 기구(위원회)의 구성까지도 명시하고 있다. 가히 통일장전(統一章典)이라 할 만하다. 앞으로 어떤 남북관계 개선책이나 대북 제의가 나온다고 해도 당분간 이 기본합의서의 테두리 벗어날 수 없게 돼 있다.

김대중이 햇볕정책을 추진하면서 가장 많은 비판을 받은 부분 중의 하나가 정치 · 군사 분야에서 거의 침묵하다시피 했다는 것인데,[4)] 기본합의서의 제 2장 남북 불가침에는 정치 · 군사적 긴장완화의 원칙과

쳐 통일국가로 간다는 것이 골자다. 이 통일안은 김영삼 정권 때 민족공동체통일방안이란 이름으로 바뀌는데 화해 · 협력단계, 남북 연합단계를 거쳐 통일국가단계로 간다는 3단계를 상정한다. 노태우 정권의 한민족공동체통일방안은 곧바로 남북 연합단계에서 시작했으나 김영삼은 그 앞에 화해 · 협력단계를 하나 더 둔 것이다. 그래서 3단계 통일방안으로 부르기도 한다. 구영록 · 임용순(공편), 《한국의 통일정책》(나남, 1993), pp. 229~230. 김영삼 정권에서 자신이 주도했던 한민족공동체통일방안이 바뀌게 되자 이홍구는 매우 섭섭해 했으며 새 통일론 이름에 '민족공동체'라는 표현만이라도 들어가 주기를 바랐다고 한다.

3) 김대중 대통령이 재임 중에서 자신의 3단계 통일론을 내놓지 않은 이유에 대해서는 이 책의 제 1장 "서장: 사회통합형 대북정책을 위하여" 제 2절 햇볕과 반햇볕의 차이는 과장됐다 참조.

4) 김대중은 정치군사 분야에선 개선을 위한 별다른 노력을 하지 않았다는 것, 특히 북한 인권에 대해서 철저히 함구했다는 것으로 인해 활발한 교류협력에도 불구하고 많은 비판을 받았다.

실천방안까지 상세히 적시돼 있다.[5] 그 원칙과 방안 그대로 남북이 당장이라도 군축(군비통제)을 논의해도 될 정도다. 실제로 남북은 군사공동위원회까지 구성했었다.

이런 기본합의서를 남북 모두 국회 비준에 준하는 절차까지 거쳐 발효시켰다. 물론 초기 몇 차례의 실천 노력을 제외하고는 거의 지켜지지 않았지만 그 자체로서도 남북관계사에 길이 남을 만한 이정표라고 할 수 있다. 그런데도 당사자인 노태우 대통령이나 그 밑에서 작업을 주도한 사람들이 김대중의 10분의 1이라도 평가받고 있는지는 의문이다. 이런 현상을 어떻게 설명할 수 있을까.

민주화 투사로서 김대중에 대해 우리가 갖고 있는 일종의 부채(負債) 의식이 그의 통일론(대북정책)에 전이됨으로써 통일론마저도 그의 민주화 투쟁처럼 올바르고, 용기 있고, 선견지명이 있으며, 따라서 거부해서는 안 되는 것으로 우리의 의식 속에 알게 모르게 심어진 탓일 수 있다. 엄혹했던 박정희, 전두환의 군사권위주의 정권시절에 김대중이라는 이름 석 자와 그의 민주화 투쟁은 그 자체로서 선(善)이었고, 용기였고, 비전이었던 게 사실이다. 그랬듯이 그가 민주화 투쟁과 같은 시기에 들고 나온 통일론(남북관계 개선책)도 역시 그럴 것이라는 인식과 믿음이 김대중의 통일론을 실제보다 더 큰 '대단한 그 무엇' '거부해서는 안 되는 그 무엇'으로 만들어버린 것일 수도 있다.

아니면 남북문제 해법 모색의 선발주자로서 김대중이 누리는 이점(利點) 때문일 수도 있다. 밖으로는 심화된 미소(美蘇) 냉전구조와 안으로는 입도 벙긋 할 수 없었던 박정희 정권의 철권통치 속에서 김대중은 금기를 깨고 남북문제에 대해 당당하게 자신의 소신을 밝혔다. 당시로서는 상상도 하기 힘든 4대국 보장론을 제시하고, 장차 중공(중국)과

5) 제 2장 '남북 불가침'에는 무력불사용, 분쟁의 평화적 해결 및 우발적 무력충돌 방지, 불가침 경계선 및 구역, 군사직통전화의 설치 운영 등이 명시됐다.

의 수교 가능성을 열어둬야 한다고 했다. 이처럼 앞서간 언행이 김대중을 남북문제에 관한 한 독보적 존재로 만들었을 수도 있다. 실제로 김대중은 의정단상에서 남북문제와 국제정세를 주제로 가장 많은 발언을 한 정치인으로 꼽힌다. 그의 신념과 의지의 결과일 수도 있다. 일관되게 대북 화해·협력정책을 고수해온 그에 대한 국민적 공감대와 평가가 통일문제 전문가 김대중을 낳았다고 할 수 있다.

어쩌면 이런 3가지 요인이 모두 결합됐다고 봐야 할 것이다. 본인의 통찰력과 노력, 그리고 이에 대한 다수 국민의 인식(*perception*)과 이미지가 합쳐져 남북문제 권위자 김대중을 만들어냈다는 편이 정확할 것이다. 물론 김대중에 대해 비판적인 사람들은 이를 쉽게 인정하려 들지 않을 것이다. 그들의 눈에 김대중의 통찰력과 노력은 다분히 시류(時流)를 탈 줄 아는 뛰어난 정치감각으로 비칠 것이고, 한 발 앞선 그의 언행은 한국사회의 영원한 비주류인 그가 주류와의 경쟁에서 살아남기 위해 선택해야 했던 '튀는 행동'쯤으로 치부될 것이다. 이들 양자 간의 인식도 햇볕과 반햇볕 사이만큼 간격이 벌어져있는 셈이다.

어느 쪽이 더 실체에 가까운지는 쉽게 판단할 일이 아니나 적어도 한 가지는 분명하다. 통일담론, 대북담론에서의 이와 같은 '김대중 신화' 또는 '김대중 현상'에 대한 보수우파의 대응이 효과적이지 못했다는 것이다. 박정희, 전두환 정권까지를 포함한 보수우파는 모두 김대중을 물리적 폭력으로 억누르거나, 이념적으로 낙인찍으려고만 들었지 이성적 경쟁의 장(場)에서 대화와 논리로 그를 설복시킬 생각을 하지 못했던 것이다. 물론 그럴 역량이 있었는지도 의문이지만.

따라서 결과는 언제나 과민반응, 과잉대응으로 나타났는데, 여기에는 선수(先手)를 빼앗긴 사람이 선수를 친 사람에게 갖는 질시나 열등감 같은 것들까지 담겨있기 마련이어서 그 양상이 다분히 감정적 형태를 띠곤 했던 것이다. 그러나 이와 같은 과민반응은 세상 일이 늘 그러하듯이 오히려 김대중의 위상만을 강화시켜주는 쪽으로 귀결되곤 했다. 이런 일들이 반복되다보니 대다수 보수우파는 지금도 김대중 얘기만 나오면 싫어하고 반대부터 한다.

한마디로 1960년대에 시작돼 70년대, 80년대, 그리고 90년대까지도 통일담론의 영역에서 보수우파는 김대중에게 '주눅'이 들었던 것이다. 그러한 주눅의 실체를 추적하기 위해서라도 김대중의 대북정책과 통일론의 궤적을 한 번쯤 추적해보는 것은 의미가 있다. 좌든 우든 김대중의 그림자—선구자적 예지이건, 주술(呪術)이건 간에—로부터 자유로워져야 햇볕의 실체에 보다 가깝게 다가갈 수 있고, 햇볕과 반햇볕의 수렴의 첫 단추를 제대로 끼울 수 있다. 이 장에서 김대중 정권의 대북정책을 별도로 다루는 것은 이 때문이다. 보다 알기 쉽게 이제부터는 그의 대북 화해·협력정책을 햇볕정책으로 통일해 쓰겠다.

2. 김대중의 대북 인식과 정책의 형성기

햇볕정책은 남북문제에 대한 40여 년에 걸친 김대중 나름대로의 고민과 사유의 산물이다. 흔히 햇볕정책을 김대중의 정치스타일과 결부시켜 인기영합적인 정책쯤으로 치부하는 사람들도 있는데 반드시 정확한 평가라고 하기는 어렵다. 그의 정치행태에 대해 부정적 평가[6]가 적지 않은 것은 사실이지만 햇볕정책에는 남북문제에 대한 그의 일관된 인식과 철학이 녹아있다. 그리고 그런 인식과 처방 역시 시대의 전개에 따라 변모를 거듭했다. 역대 정권의 대북정책처럼 진화한 것이다.

김대중의 통일론을 집중적으로 연구했던 그의 아태평화재단[7]은 통일론이 발전해 온 단계를 크게 3단계로 나눈다. 이 재단의 사무총장을 지냈고 뒷날 김대중의 집권과 함께 통일부 장관, 국정원장, 대통령 통

6) 이진곤, 《한국정치 리더십의 특성 — 박정희 김영삼 김대중: 사정치형 리더십의 공통점과 차이점》(한울, 2003), pp. 302~318. 이진곤은 이 책에서 1992년 정계은퇴 선언을 번복하고 정치에 다시 뛰어든 김대중을 가리켜 '그는 자신의 기만에 대해 솔직히 인정하는 대신 자신을 비판하는 사람들을 무논리의 논리로 비난하고 있다. …양김은 정치의 민주화만을 위해 투쟁한 적이 없었다. 그보다는 자신들의 입신양명이 더 절실하고 절박한 과제였다. 그들은 언제나 민주화의 기치를 들고 싸웠지만 자신들의 이익을 희생하면서까지 싸우려 하지는 않았다. 그리고 그 책임을 언제 남의 몫이었나'고 비판하고 있다. 그러나 이 정도의 비판은 차라리 온건한 편에 속한다. 김대중은 그의 정치역정 내내 보수층의 눈에는 사술(邪術)을 부리는 사람쯤으로 비쳐졌다.

7) 김대중은 세 번째로 대통령선거에 고배를 마신 직후인 1993년 1월 26일 영국 케임브리지 대학으로 유학을 갔다가 6개월 만에 돌아와 아태평화재단 설립을 추진해 1995년 1월 27일 현판식을 갖고 재단을 출범시켰다. 이후 아태평화재단은 그의 대북정책 연구의 총본산이자 1997년 대선 출마를 위한 싱크탱크 역할을 했다.

일특보를 지내면서 햇볕정책의 충실한 전도사 역할을 했던 임동원 씨가 중심이 돼 펴낸 《김대중의 3단계 통일론 — 남북연합을 중심으로》는 김대중의 통일론에 대한 공식자료이자 기록이다. 이 책은 1970년대를 통일론 구상기로, 1980년대를 통일론 발전기로, 1990년대 이후는 '통일론 완성기'로 나눈다.[8] 이를 토대로 해서 햇볕정책의 진화과정을 따라가 보자.

1) 성장기의 대북인식과 철학

김대중은 1924년 1월 6일 (호적상 1925년 12월 3일) 고향인 전남 신안군 하의도에서 태어나 그곳에서 하의초등학교를 다니다가 4학년 때 목포 제일보통학교(지금의 목포 북교초등학교)로 전학 가 목포상업학교(목포상고)를 졸업한다. 졸업 후 일본인이 경영하던 해운회사에서 일하다가 해방을 맞는다. 그의 나이 만 20세 때였다.

그는 목포상업학교 시절 역사에 흥미를 갖게 되고 반일(反日)감정에 눈을 떴다고 한다. 그러나 이때만 해도 대학을 가는 게 좋은지, 취업을 하는 게 좋은지를 놓고 고민하던 그 또래의 평범한 학생이었다. 그는 졸업 후 해운회사에 취직하면서 고향에선 거의 우상이 됐다. 모두를 김대중이를 닮으라고 할 정도였다.[9] 김대중 자신도 해방이 됐다고 하나 김구나 이승만과 같은 고명한 민족운동자의 이름조차 들어본 적이 없었다고 털어놓고 있다. 해외에서 독립을 위해 싸우고 있는 우리 조직이

---

8) 아태평화재단, 《김대중의 3단계 통일론 — 남북연합을 중심으로》(한울, 2000년 중판), p. 295.

9) 일본 NHK 취재반 구성, 김용운 편역, 《김대중 자서전 1 — 역사와 함께 시대와 함께》(인동, 1999), p. 39.

나 군대가 있는 것 같다고 생각했지만 구체적으로 아무것도 알지 못했다는 것이다.[10)]

그가 건국준비위원회(건준)에 참여하게 된 것도 그의 표현을 빌리면 이제부터 새로운 나라를 만든다는 취지에 너무나 기뻐서였다. "솔직히 아직 스무 살에 불과한 나는 민주주의가 무엇인지, 공산주의가 무엇인지에 대해 잘 알지 못했다. 오직 미래에 대한 희망과 의욕, 정열에 불타 건국준비위원회에 참가했다"는 것이다.[11)]

여운형의 건준은 조선인민공화국이 선포되면서 인민위원회가 됐고 건준 목포지부도 인민위원회 목포지부가 됐다. 김대중은 명칭이 바뀌었지만 그대로 인민위원회에서 일했다. 선전부에서 격문을 쓰거나 벽보나 전단지 등을 만들었다. 뒷날 그의 사상이 항상 비난의 도마 위에 올랐던 것은 이때의 인민위원회의 활동 때문이다.

김대중은 1945년 12월 28일 모스크바 삼상회의에서 한국에 대한 신탁통치안이 결정되었을 때 처음에는 반대했다가 반년쯤 뒤에는 신중하게 다시 생각하는 쪽으로 방향을 바꾼다. 당시 미국과 소련은 전후(戰後)처리를 놓고 여러 면에서 대립하고 있었지만 한반도문제만큼은 신탁통치를 한다는 데 의견을 같이 한다고 생각했기 때문이다. 김대중은 "신탁통치 기간은 길게는 5년, 짧게는 3년이기 때문에 신탁통치를 받아들여야 한다고 설득을 반복한 당시 남한 주둔 미군사령관 존 R. 하지의 주장에 깊은 관심을 갖게 됐다"는 것이다.[12)]

1946년이 되면서 한국의 정치상황이 극심한 좌우 대립과 이승만의 단정노선으로 격랑 속에 빠져들게 된다. 김대중은 이때 인민위원회를 떠나 좌우합작을 표방하는 조선신민당에 적을 두고 있었다. 조선신민

---

10) 위의 책, pp. 49~51.

11) 위의 책, p. 52.

12) 위의 책, p. 54.

당에 들어가게 된 것은 "이 당이 좌우합작을 목적으로 당을 만들었다는 명목을 내걸었기 때문"이었다. 그는 그러나 조선신민당도 공산당과 같은 계통이라는 것을 알고서 탈당하고, 이를 계기로 공산당과도 관계를 완전히 끊게 된다. 소련을 조국이라고 하고 적기(赤旗)를 국기라고 하는 공산당원들이 싫었기 때문이다. 그는 민족의 독립을 가장 중요한 과제로 생각했는데 당시 접촉한 공산주의자들은 민족의 독립보다도 소련에 충성을 다하는 쪽으로 기울었다는 것이다.[13)]

'젊은 날의 방황'이랄 수 있는 이런 궤적을 통해 우리는 김대중이 청년기부터 사상적으로 비교적 유연했음을 알 수 있다. 한때나마 신탁통치를 긍정적으로 보았고, 좌우합작을 지지했다. 이념의 스펙트럼 위에 젊은 날의 그를 놓는다면 위치는 극좌도 극우도 아닌 중간쯤이 될 것이다. 김대중은 이어 1950년 한국전쟁의 폐허 속에서 자신의 통일철학의 틀을 갖추게 된다. 해방의 기쁨이 채 가시기도 전에 남북이 갈려 피를 씻는 싸움질을 하게 된 이유에 대해 깊이 고민하게 된다. 그래서 얻은 결론은 자유주의와 공산주의라는 사상의 차이를 극복하고 자유와 빵(경제적 평등)이 똑같이 보장되는 사회를 만들지 않으면 인간은 진정한 의미의 행복을 얻을 수 없다는 것이었다.

> 한 쪽이 자유를 외치면 다른 한 쪽은 경제적 평등을 강조한다. 그렇다고 해서 한 쪽이 경제적 평등을 부정하고, 또 그와는 반대쪽이 자유를 전면적으로 부정하는 것이 아님은 물론이지만 한 쪽이 자유주의를 가치기준의 기초로 하고, 다른 한 쪽이 경제의 평등을 근본으로 삼고 있음은 부정할 수 없는 일이다. … 양쪽이 서로 다투는 것을 보면 자유만으로도 인간은 행복하게 살 수 없으며 빵만으로도 인간은 행복하게 살 수 없다고 생각하게 되었다. … 결국 인간은 양쪽 다리가 모두 건전하지 않으면 안 된다는 얘기가 된다. … 이처럼 20여 년 전에 생각한 나

---

13) 김대중, 《행동하는 양심으로》(금문당, 1985), pp. 45~46.

의 사상은 지금까지 전혀 흔들림이 없을 뿐 아니라 갖가지 난관에 부딪혔을 때 방향 설정을 하게 하는 지침이 됐다. 나는 이와 같은 나의 사고방식을 내 나름대로 통일철학(統一哲學)이라고 부른다.[14]

김대중은 자유와 빵이 동시에 충족되는 것을 헤겔 철학의 정(正) 반(反) 합(合) 개념으로 설명했는데 이 역시 좌우를 아우르는 중도주의적, 인도주의적 입장을 반영하는 것이었다. '자유와 빵'이 공산주의 문제에 이르게 되면 어떻게 변할까. 그는 "공산주의에 반대할 때 덮어놓고 비방이나 반대를 일삼는다면 성공을 거둘 수 없을 것"이라면서 "공산주의가 지적하는 우리의 약점을 극복하고 공산주의가 갖지 못한 더 높은 차원의 비전을 제시할 때 비로소 참된 공산주의 극복에 성공할 수 있다"고 강조했다.[15]

그는 한국전쟁 중 적(敵) 치하의 목포에서 경찰에 붙잡혀 수감됐다가 구사일생으로 살아나게 되면서 자신의 통일철학에 대해 더욱 확신을 갖게 된다. 1950년 가을로 추정된다. 서울에서 급히 목포로 돌아온 그를 경찰은 "우익인사를 박해했다"는 혐의로 체포해 형무소에 수감한다. 그는 2개월여 동안 갇혀 있다가 공산군이 퇴각한 틈을 타 형무소 문을 부수고 탈출에 성공한다. 자신의 개인적 비극과, 동족상잔(同族相殘)의 참혹함 속에서 그가 느낀 것은 무엇이었을까.

> 나는 국토의 평화적 통일과 전쟁의 절멸(絶滅), 민족의 화해가 무엇보다 긴요한 것임을 절감했던 것이다. 그 뒤 나는 정치가의 길을 가게 되었는데 내가 숱하게 내리 덮치는 갖가지 난관을 물리치고 오늘날까지 굴하지 않고 싸워온 용기는 이와 같은 전쟁으로 말미암은 경험에 의해 길러진 것이라고 생각한다. 지금 나는 이미 그 당시 죽은 몸으로

14) 위의 책, pp. 46~47.

15) 위의 책, p. 48.

생각하고 '하늘이 내리신' 것과도 다름없는 인생을 민족의 화해와 통일을 위해 바치겠다는 결의를 불태우고 있다. 민족의 평화와 행복을 위해 나의 일신을 바칠 것을 마음속에 깊이 다짐하고 있다.[16]

2) 리얼리스트 김대중: 1966년 국회 질의 이전과 이후

(1) 1966년 국회 질의 이전

김대중은 1961년 강원도 인제 민의원 보궐선거에서 승리해 처음으로 국회의원 배지를 달게 됐으나 당선증을 받은 지 이틀 만에 5·16 쿠데타가 발생해 의정 단상에 서보지도 못한다. 민주당 간부였던 그는 정당부패를 일소한다는 혁명세력에 의해 체포돼 3개월간 옥살이를 하게 된다. 혐의는 부패와 용공이었으나 어느 것도 유죄를 입증할 수 없었다. 정치활동 정화법에 묶여있던 김대중은 1962년 5월 20일 반혁명 죄목으로 다시 체포됐다가 풀려난다. 부인 이희호(李姬鎬) 여사와 재혼한 지 열흘 만의 일이었다.

그가 본격적으로 정치활동을 재개하게 된 것은 1963년 11월 26일 제6대 국회에서부터다. 고향인 목포에서 당선된 그는 야당의 투사이자 남북문제에 남다른 식견을 가진 전도가 유망한 젊은 의원으로 정치무대에 등장한다. 그의 통일론이 뼈대를 갖춰나가기 시작하는 시점이기도 했다. 아태평화재단도 "평화 공존 → 평화 교류 → 평화 통일의 3단계 통일방안이 공식적으로 처음 주창된 시기는 1971년 대통령 선거를 전후해서이나 통일문제에 관한 관심은 이미 1960년대부터 싹을 틔우고 있었다"고 주장한다.[17]

---

16) 위의 책, p. 57.

통상 김대중의 통일론은 1966년 국회에서 행한 일련의 연설이 출발점으로 간주된다. 여기서는 좀더 거슬러 올라가 처음으로 의정단상에 섰던 1963년부터 보기로 하자. 그는 그해 12월 28일 국회 제 39회 제 9차 본회의에서 대정부 질문을 통해 정부는 남북 간 서신왕래를 할 용의가 없는지를 묻는다. 묻는다고 하지만 사실은 제안한 것이다.

김대중은 "정치하는 사람들은 남북통일에 대해 언제든지 적극적인 자세를 가져야 한다"면서 우리가 정치적으로 충분히 공산당에 악용되지 않는다는 보장 하에 남북의 서신교환 정도는 할 용의가 없느냐고 질의한다. 남한에 와 있는 500만 피란민들은 이북에 있는 부모 친척의 소식이라도 알고 싶어 한다는 것이다. 그는 이런 제안을 하면서도 "공산주의가 얼마나 악독한지를 지금 40, 50대는 뼈저리게 알고 있다. … 저는 무모한 남북협상이나 남북 경제교류를 주장하지는 않는다"고 강조함으로써 반공(反共)을 국시로 내걸고 갓 출범한 박정희 정권의 비위를 거스르지 않으려고 노력하는 모습을 보인다. 사실 당시의 분위기로 보아 이 정도의 제안조차도 매우 대담하고 위험스러운 것이었다. 그래서 그는 "이북에서 내려오신 분들 중에서 가장 철저한 반공적인 신념을 가지고 있는 분도 이북의 부모 친척의 소식만은 한 번 듣고 싶다는 얘기를 많이 한다"고 거듭 강조한다.[18]

첫 의정단상에서 남북 간 서신교환을 제의한 것은 김대중이 매우 실용적인 정치인이라는 사실을 보여준다. 박정희 정권의 출범과 함께 완전히 닫혀버린 남북관계를 풀려면 우선 실현 가능한 것, 남이나 북이나 민족 감정에 호소할 수 있는 사업부터 시작해야 한다는 것을 그는 알고

---

17) 아태평화재단, 《김대중의 3단계 통일론 — 남북연합을 중심으로》(한울, 1995), pp. 293~294.

18) 김대중, 《후광 김대중 대전집 12: 국회 발언집 1》(중심서원, 1993), pp. 20~21.

있었던 것이다.

실제로 김대중은 당시(1964~1965년) 외교적 현안이었던 한일 국교정상화와 월남 파병 문제[19]에서도 자신이 매우 실용적이고도 현실적인 입장을 취했다고 믿었으며 뒷날 이를 매우 자랑스럽게 여겼다. 그는 한일 국교 정상화를 해야 하는 이유로 ① 끝까지 반대할 경우 우방의 지지를 받지 못한다, ② 북에 있는 공산당과 대결하면서 남에 있는 일본도 적으로 삼는 것은 현명치 못하다, ③ 미국이 국교 정상화를 바라고 있다는 점 등을 들었다. 그러나 당시 민정당의 당수였던 윤보선 씨를 비롯한 야당의 강경파들은 이런 현실을 무시하고 끝까지 반대하는 모험주의를 강행함으로써 결국 한국의 야당은 우방국가(미국)로부터 고립됐을 뿐 아니라 박정희 정권에 독재권력만 크게 키워주고 말았다고 김대중은 비판했다.[20] 당시 국민감정이나 야권의 분위기로 보아 한일협정에 대해 이처럼 온건한 주장을 편다는 것은 상당한 용기를 필요로 했다.

이 시기에 김대중이 보여준 또 하나의 특징은 국제정세에 대한 나름대로의 성찰과 이를 언제나 남북문제와의 관련 속에서 보려고 한 자세였다. 1964년 10월 26일 국회 제45회 제18차 본회의에서 그가 던진 국제정세에 관해 질문은 좋은 예다.

그는 이 질문에서 당시 국제 현안이었던 ① 소련의 흐루시초프의 퇴진, ② 중공의 핵실험, ③ 영국 노동당의 집권, ④ 일본의 이케다(池田)

---

19) 경향신문 편집국, 《김대중 정치방황 30년》(경향신문사, 1986년), pp. 34~35. 김대중은 월남 파병에 대해서도 처음에는 반대했으나 파병안이 통과된 후에는 파병된 국군을 위문하기 위해 월남을 방문하기도 했다. 또한 그는 1965년 1월 25일 국회 제47회 제6차 본회의를 비롯 여러 차례 국회 대정부 질문에서 월남 파병 대가로 한미 상호방위조약의 미비점, 즉 미국이 언제든지 마음만 먹으면 주한미군을 빼낼 수 있게 돼 있는 부분을 개정해 한국과의 사전 상의 없이는 뺄 수 없도록 보완하라고 강력히 촉구하기도 했다.

20) 김대중, 앞의 책(1985), pp. 91~95.

수상의 퇴진 등을 거론하면서 이와 같은 일련의 사태 변화가 남북문제에 미칠 영향에 대한 정부의 판단과 대책을 집요하게 추궁한다. 영국 노동당의 집권만 하더라도 그는 이것이 세계 사회민주주의 진영과 다음해에 있을 서독 선거에서도 사회민주당에 많은 격려가 될 것으로 전망했다. 특히 영국 노동당은 중공의 유엔 가입과 두 개의 중국론을 주장하고 있기 때문에 두 개의 한국론을 주장할 가능성이 있다고 보고 정부의 대책을 묻는다.[21)]

당시 한국의 국력이나 국제적 지위를 생각하면 대단한 안목이었다고 하지 않을 수 없다. 더욱이 그는 39세의 초선의원이었다. 더 놀라운 것은 중국의 유엔 가입을 시간문제로 보고 "어차피 (가입이) 될 바에는 (중공에) 우리의 통일방안(유엔 감시하의 남북한 총선거)을 수락시키는 이익만이라도 얻는 방향으로 외교를 전개시킬 용의는 없는지"를 묻고 있다는 점이다.[22)] 그의 실용적 국제 인식을 좀더 생생하게 보기 위해 중공 관련 대목을 인용해 본다.

> 과거에 우리 한국은 너무도 국제적으로 우물 안의 개구리 노릇을 했습니다. … 우리는 중공이 핵폭발(핵실험) 한 사실, 20년 미만에 그런 거대한 군사력을 이루었다는, 거기에 따르는 여러 가지 경제적 · 정치적 발전을 이룬 사실은 사실대로 보아야겠습니다. 또 동시에 공산진영 내부에 여러 가지 미묘한 갈등이 있는 사실, 그래서 경우에 따라서는 서독이 흐루시초프를 초청하듯이 우리도 이 공산진영의 강국을 이용해서 우리에게 보다 해로운 공산주의자보다 이로운 공산주의자로 현명하게 이용할 줄 아는 이런 지혜와 능력을 가져야 할 것입니다.[23)]

---

21) 위의 책, pp. 154~155.

22) 위의 책, p. 161.

23) 위의 책, p. 165.

중공이란 강대국의 존재를 현실적으로 인정하고 이를 한반도 평화와 통일에 적극 활용해야 한다는 그의 이런 인식이 뒤이어 나온 미국, 일본, 중국, 소련 4대국에 의한 한반도 평화보장론(4대국 보장론)의 토대가 됐음을 쉽게 알 수 있다.

(2) 1966년 대정부 질의: 통일논의에 대한 최초의 인식 표출

통일논의에 대한 김대중의 인식과 구상이 구체적으로 드러난 것은 1966년 7월 1일 국회 본회의 대정부 질의에서였다. 그의 대북정책을 연구하는 사람들도 대체로 이를 출발점으로 삼는다. 김대중 자신도 남북문제에 관한 그의 주요 연설만을 별도로 묶어놓은 전집 3권 통일론집에서 이를 맨 처음으로 올려놓았다.[24]

김대중은 '통일논의를 용공으로 몰지 마라'라는 제목이 달린 이 대정부 질의에서 남북문제를 보는 자신의 인식과 철학을 본격적으로 드러내 보인다. 뒤이어 나왔던 4대국 보장론은 물론 3단계 통일론, 햇볕정책까지도 이런 인식의 기반 위에서 발전했다고 할 수 있다. 김대중은 이 질의에서 공화당 정권을 겨냥한다. 공화당의 선거공약 제 7항을 보면 '국토 통일을 촉진하기 위해 거국 외교, 범국민적 초당 외교정책을 수행한다'고 돼 있지만 실제로는 아무것도 안 하고 있다는 것이다. 오히려 통일문제를 얘기하면 덮어놓고 빨갱이 취급을 하고, 통일문제는

24) 김대중, 《후광 김대중 대전집 3: 통일론집 1966~1993-공화국 연합제-통일에 관한 비전》(중심서원, 1995)에는 그의 통일론의 전기가 됐던 주요 연설 15편이 실려 있다. 정책적 진화나 발전의 계기가 됐다고 스스로 생각하는 연설들인데 하나하나가 중요한 시점을 이룬다. 김대중도 이 자료집의 머리말에서 '지난 20여 년에 걸친 나의 통일에의 중단 없는 열망과 정책이 제시되어 있을 뿐 아니라 앞으로의 진로에 대한 비전이 담겨있다'고 술회하고 있다. 머리말, p. 17.

70년대 후반기에나 가서 논의하자며 뒤로 미룬다면서, 이와 같은 부정적이고 소극적인 태도를 버릴 것을 촉구한다.[25]

김대중은 또 현 정부의 통일방안은 "'유엔 감시 하의 남북한 총선거'인데 과연 이것이 가능한가, 총선거가 실시되면 공산당도 참가하는가, 공산당이 참가하지 못한다면 총선거가 불가능한 것 아니냐, 헌법 제8조는 '국토 수복 후의 국회의원 정수는 따로 법률로 정한다'고 돼 있는데 이 조항은 '유엔 감시 하의 총선거'와 충돌되는 것 아니냐, 만약 북한이 태도를 바꿔 총선에 참가하겠다고 하면 어떻게 할 것이냐"고 따지면서 이런 문제들에 대한 준비도 안 돼 있는 상태에서 '유엔 감시 하의 총선거'만 읊조려서야 되겠느냐고 질타한다. 1948년 남한만의 단독 정부가 수립되면서 채택됐지만 사실상 폐기된 유엔 감시 하의 총선거 통일방안의 비현실성을 지적한 것이다.[26]

그는 이어 정부가 생각하는 통일방안이 있는지 묻는다. "북한이 1965년 1월 남북한 연방안을 제시했는데 골자는 남북 양쪽에서 같은 수의 연방의원을 내서 국사를 처리하되 따로 따로 자치권을 갖자는 것이다. 그러나 우리 헌법 8조는 북한을 범죄집단으로 규정하고 실지(失地) 회복의 대상으로 삼고 있다. 따라서 북한의 연방안과는 상충된다. 그렇다면 정부가 생각하는 통일방안은 없느냐"는 것이다.

그는 나아가 정부가 금과옥조처럼 여겼던 할슈타인 원칙을 포기할 의사가 없느냐고 묻는다. 할슈타인 원칙이란 공산주의 동독과 국교를 맺고 있는 나라와는 국교를 단절한다는 원칙으로 당시 서독의 대외정

---

25) 위의 책, pp. 20~23. 당시 박정희 대통령은 1966년 6월 8일 유성에서 통일 문제는 70년대 후반기에나 가서 논의하자고 했다. 이른바 '유성 발언'인데 박 대통령이 이런 견해를 밝힌 이유는 짐작하기 어렵지 않다. 우선 남북 간 체제경쟁에서 승리하는 것이 급선무이므로 통일논의는 산업화와 근대화를 이룬 다음에나 논의할 문제로 보았던 것이다.

26) 위의 책, pp. 24~26.

책의 근간이었다. 한국도 이 원칙에 따라 북한과 수교한 나라와는 수교하지 않았고 수교가 된 나라와는 단절했다. 김대중은 이 원칙이 급변하는 국제정세의 흐름으로 보아 맞지 않는다고 보았던 것이다.[27]

김대중은 나아가 정부가 남북 간 교류를 무조건 막아서는 안 된다고 강조한다. 당시 박정희 정권은 통일은 물론 남북교류조차도 논의를 금지했다. 이를 어기면 반공법으로 모조리 잡아들였다. 그는 통일과 남북교류 논의를 가로막는 가장 큰 장애를 반공법으로 보았다. "민주주의 사회가 공산주의와 다른 점은 의사표시의 자유가 있다는 점이고, 설령 국가이익에 반하는 어떤 의사를 가지고 있더라도 행동에 옮기지 않으면 처벌의 대상이 될 수 없다"며, 따라서 "현행법 하에서라도 정치적 학술적 논의는 법으로 다스려서는 안 된다"는 것이다. 김대중은 한 발 더 나아가 혁신정당을 허용하라고 촉구한다. "세계 어느 나라나 보수정치가 있으면 혁신정치가 있는 것도 사실"이라면서 "통일에 대한 대비책으로서, 앞으로 경우에 따라서는 공산주의하고 같이 맞서서 싸워야 될 것이므로 마땅히 혁신정당을 육성해야 한다"고 주장한다.[28] 당시로선 대단히 파격적이고 위험한 발언이었다.

박정희 정권으로선 그런 김대중이 골칫거리였다. 빠른 시일 내에 근대화를 이루고, 이를 바탕으로 남북 간 체제경쟁에서 이기기 위해서는 자유와 인권에 대한 일시적 유보는 불가피하다고 믿었는데 김대중이 이에 정면으로 저항하고 나선 것이다. 결국 이런 것들이 쌓이고 쌓여 김대중은 박정희 정권과는 결코 공존할 수 없는 존재로 낙인찍히게 된다. 정치 입문 이후 그가 당했던 몇 차례의 테러는 이와 무관하지 않을 것이다.

김대중의 초기 통일론의 특징은 언제나 국제정세의 큰 틀 속에서 남

27) 위의 책, pp. 30~31.
28) 위의 책, pp. 44~45.

북문제를 보려 했고, 통일과 남북관계 개선에 대한 이상과 열망은 잃지 않되, 구체적인 정책수단은 현실적이고 실용적이어야 한다는 것으로 요약할 수 있다.

(3) 1970년의 '4대국 부전(不戰) 보장론'

김대중이 통일문제(한반도문제)의 선구자로서 본격 등장하게 된 것은 1970년 당시 제 1야당이던 신민당의 대통령 후보로 지명되면서부터라고 할 수 있다. 그해 9월 29일 벌어진 대통령 후보 지명대회에서 그는 예상을 깨고 김영삼 씨를 누르고 후보가 된다.[29] 정치 입문 이후 그가 생각해 왔던 통일론, 더 정확히 말하면 남북관계 개선방안을 공인받을 수 있는 기회가 주어진 셈이다.

그는 후보가 된 직후인 1970년 10월 15일 첫 기자회견을 갖고 자신의 통일론을 밝힌다. 그의 표현대로 통일이라는 단어를 말하는 것만으로 빨갱이라든가 공산당으로 몰리던 시대였다. 그러나 그는 대통령 후보가 된 이상 이런 중대한 문제를 피해 갈 수 없으며, 피한다면 대통령에 뽑힐 자격이 없다고 생각했다고 한다.[30]

그의 통일론은 그때까지의 산발적인 문제제기 차원을 넘어서는 매우 체계적인 것이었다. 1960년대의 이상과 열정이 70년대에 들어서면서 준(準)이론의 틀을 갖추게 된 것이다. "폐쇄 전쟁지향(閉鎖 戰爭指向)에서 적극 평화지향(積極 平和指向)"이라는 부제가 달린 그의 통일론은 정치인 김대중 개인에 대한 긍, 부정의 평가에 관계없이 대단히 전향적인

29) 지명대회 1차 투표에서 김대중은 김영삼 씨에게 36표가 뒤지는 385표로 2위를 했지만 2차 투표에서 458표를 얻어 김영삼 씨를 48표 차이로 제치고 승리한다. 동아일보, 1970년 9월 29일자.

30) 일본 NHK 취재반 구성, 김용운 편역, 앞의 책(1999), pp. 232~233.

것이었다. 앞에서도 언급했지만 발표 시점만 빼고 본다면 정권을 막론하고 1990년대 2000년대의 통일론과 크게 차이가 없어 보일 정도다. 그 내용을 보자.[31)]

1. 내정의 태세 확립
   가. 정치 경제 사회 문화 국방에 걸친 내정의 획기적 개혁으로 북한 능가하는 종합국력의 확보.
   나. 통일정책 수립을 위한 범국민적 기구의 수립
   다. 애국적 통일논의의 자유 허용과 학문적, 정책적인 공산권 연구의 장려

2. 긴장완화와 남북교류
   가. 남북 간의 전쟁에 의한 문제해결의 포기와 파괴활동 지양으로 긴장완화 실현
   나. 기자교류, 서신교환, 체육교환 등 비정치적인 교류의 실시
   다. 미·소·일·중에 의한 한반도에서의 전쟁억제에 대한 보장 확보

3. 통일외교의 강화
   가. 유엔의 통일원칙을 지지하되, 연례 상정 지양, 기타 정체의 변화에 대한 기선적(機先的) 조치의 강구
   나. 서독, 베트남 등과의 분단국회의의 구성

한마디로 내정을 튼튼히 하고, 안으로는 남북 간 전쟁 포기와 상호교류를 실천하며, 밖으로는 통일에 유리한 분위기를 조성하자는 것이 골자다. 이 중에서도 내외에 가장 큰 충격을 준 것이 이른바 미국, 일본, 소련, 중국 4대국에 의한 한반도 전쟁 억제론, 곧 4대국 부전(不戰) 보장론이다. 일반 대중에게는 4대국 보장론으로 더 알려진 이 방안은 주

31) 위의 책, pp. 233~234.

변 4대국이 한반도를 무대로 전쟁을 하지 않고 남북 양쪽을 이용하지도 않겠다는 약속을 하도록 하자는 것이다. 다시 말해 한반도에서의 전쟁 방지와 평화를 4대국이 보장토록 하겠다는 것인데 당시로서는 거의 혁명적인 발상이었다.

1970년대 초인 그 당시만 하더라도 한국은 미소(美蘇) 양극체제 하에서 대다수 약소국들이 그러했던 것처럼 미국과 소련을 중심으로 하는 두 진영(*two blocks*) 중 어느 한 진영에 속함으로써 국가의 안전을 보장받고 있었다. 외교나 국방이라는 것도 자신이 속한 진영, 곧 미국진영에 충실하면 다 해결되던 때였다. 이른바 양극체제 하에서의 전형적인 행동률에 따르기만 하면 됐다.[32] 따라서 이런 체제로부터의 일탈을 꿈꾸거나 얘기한다는 것 자체가 불온시 되던 때였다. 이런 상황에서 김대중은 4대국 보장론을 들고 나온 것이다.

그가 4대국 보장론을 내놓게 된 이유는 분명했다. 한반도 주변을 둘러싼 국제정세가 급변하고 있으므로 이 변화에 우리도 맞춰 나가야 한다는 것이었다. 앞에서도 언급했지만 그는 남북문제를 언제나 국제관계라는 큰 틀 속에서 파악하려고 했다. 국제관계가 변하면 대북정책도 그에 맞게 바꾸거나 조정해야 한다는 것. 국제정치와 국내정치 간의 일

---

32) 양극체제 — 과거의 미소(美蘇) 체제 — 하에 놓인, 경쟁하는 두 세력 또는 약소국가(남북한)가 지켜야 할 기본 행동률을 이호재는 다음과 같이 든다. ① 두 세력은 상대의 존재를 인정하면서도 지배적 지위를 차지하기 위해 경쟁한다, ② 각 세력은 상대방에게 우월적 지위를 허용하기보다는 이를 막기 위해 전쟁도 불사한다, ③ 설령 필연적으로 전쟁을 하게 되더라도 상대방의 완전 제거 전에 전쟁을 멈추고 협상해야 한다, ④ 배후의 두 강대국(양극국가)은 경쟁하는 두 세력 사이에서 힘의 균형을 잡아주기 위해 가능한 한 모든 수단을 동원해야 한다, ⑤ 각 진영의 강대국과 약소국은 그 진영 내에서 서로 협력하고 일관된 정책을 추구해야 한다. Ho-jhe Lhee, *Idealism and Realism of the Korean Foreign Policy: Diplomacy of Syngman Rhee and the American Policy of Korea*(1945~1953), 6th edition(Hwapyong Sa, Seoul 2009), p. 87.

종의 연계이론(*linkage theory*) 쯤으로 볼 수도 있을 것이다.

김대중은 제 7대 대통령선거(1971년 4월 27일)가 끝난 이듬해인 1972년 3월 11일 서울 수운회관에서 한 연설에서 자신이 4대국 보장론을 내놓게 된 이유를 상세히 설명한다. 그는 당시의 국제질서를 기본적으로 현상유지(*status quo*)의 틀 위에서 평화의 방향으로 가는 것으로 파악했다. "한국에는 앞으로 전쟁억제·긴장완화에 상당한 영향이 오는 동시에 불행한 일이지만 남북통일의 국제적 여건은 상당히 멀어지는 것"이라는 진단이 그것이다. 따라서 "세계의 조류에 비추어서 우리는 세계의 나아가는 길과 같이 나아가야" 하며 "세계의 커다란 흐름과 역행하면서 우리만이 엉뚱한 짓을 해서는 성공할 수 없다"고 주장한다.[33] 당시 그가 주목했던 국제질서의 흐름은 ① 미중(美中) 관계개선 노력, ② 미소(美蘇) 긴장완화, ③ 베를린 문제 해결을 포함한 유럽에서의 긴장완화 등이었다. 특히 미중(美中) 접근이 김대중의 인식과 기대에 결정적 영향을 주었다. 수운회관 연설의 한 대목이다.

> 과거에는 우리가 25년 동안 그저 미국이 가는 길만 따라가면 되었어요. … (그러나) 이제부터는 우리가 우리의 앞길을 고쳐 나아가야 할 뿐 아니라… 여러분, 보십시오. 미국 같은 그런 나라, 곧 세계의 1등 국가, 가장 강한 나라의 대통령(리처드 닉슨)이 중공에 가서 모택동을 만나고 주은래를 만나! 이것을 우리가 배워야 한다는 이거예요. … 왜 우리가 중공이 유엔 가입하고 미·중 회담하는 것을 헐뜯고 욕할 필요가 무엇 있느냐 이거예요. … 지금은 세계가 바뀌어졌어. 우방이 바뀌면 우리도 바뀌어져야 돼. 우리 혼자 남아 가지고 소련도 적, 중공도 적, 미국하고 일본하고는 멀리 떨어지고, 우리 혼자 태평양 가운데에서 혼자 악쓰고 떠드는 것 같은 그러한 정책을 해 가지고는 안 된다 이거예요. …[34]

---

33) 김대중, 앞의 책(1995), pp. 60~61.

김대중은 4대국 보장론이 성공할 수 있는 근거로 ① 남북이 이미 어느 한 쪽 방식대로 통일되기는 어려운 현실적 상황에서, ② 4대국이 뒤에서 전쟁을 시킬 수 있는 힘이 있는데, ③ 중공과 소련은 한국이 (어느 한 강국에 의해 지배되지 않고) 그대로 유지되기를 바라고 있다는 점 등을 들었다. 즉, 4대국이 한반도의 평화와 안정에 공통의 이해관계를 가지고 있기 때문에 이를 잘 활용하면 가능하다는 것이었다.[35]

4대국 보장론은 1971년 대통령선거에서 가장 뜨거운 이슈가 됐고 여당인 민주공화당 박정희 후보 측으로부터 집중공격을 받았다. 김대중의 입을 빌리면 당시 박정희 대통령은 "적대관계에 있는 중국과 소련에게 우리나라의 안전보장을 요구하는 것은 나라의 기강을 위협하는 일로 이를 생각해 낸 사람의 진의를 의심하지 않을 수 없다"고 했다는 것이다. 김대중 통일정책의 또 하나의 골자인 남북 화해와 교류론에 대해서도 당시 공화당은 "공산주의와는 절대 화해할 수 없다. 북한은 한반도를 무력으로 정복하고 공산화시키려 한다. 그런데 무슨 소리냐"는 것이었다. 박 대통령까지도 직접 김대중을 용공적이라고 성토했고 심지어는 "김일성이 피리를 불면 김대중이 춤을 추고, 김대중이 북을 치면 김일성이 맞장구를 친다"라고까지 비판했다는 것이다.[36]

그러나 박정희 정권은 그로부터 불과 1년 후인 1972년 7월 4일 남북관계사에 한 전기(轉機)가 된 7·4 남북 공동성명을 내놓게 된다. 조국통일에 관한 7개 항의 원칙으로 된 이 성명은 한마디로 자주·평화·민족의 3원칙 하에서 긴장완화와 신뢰구축을 통해 통일을 실현한다는 내용이다.[37] 김대중은 7·4 공동성명에 대해 "결국 (박정희) 정부는 나의

34) 위의 책, pp. 62~63.
35) 위의 책, pp. 64~65.
36) 일본 NHK 취재반 구성, 김용운 편역, 앞의 책(1999), pp. 234~235.
37) 7·4 공동성명에 대한 자세한 내용은 이 책의 제2장 "대북정책의 진화: 수렴

통일정책을 뒤쫓아 왔다"고 보았다. 또 "선거전략으로 통일정책을 내놓은 것은 분명 효과가 있었다. 다수의 지식인과 시민, 학생들은 겁이 나서 그간 말하지 못했던 것을 내가 대변한 셈이었고 마음속에서 원하고 있던 것을 입 밖에 꺼냈다는 것으로 특히 젊은 층의 지지를 얻을 수 있었다"고도 했다.[38] 그는 7·4 공동성명이 발표되던 날 그 충격과 심정을 다음과 같이 토로했다.

> 한국전쟁 후 22년 동안 남북의 평화통일을 부르짖던 많은 사람들이 감옥으로 끌려가는 등 갖은 탄압을 받는 일이 비일비재했다. 나도 그 가운데 한 사람이었다. 이렇게 평화통일을 주장한 사람들을 무참히 탄압해 온 박 대통령이 그 통일을 위해 역사적인 성명을 발표한 것이다. 이 모순된 현실 앞에서 나는 무척 혼란스럽고 참담한 기분이 들었다. … 그러나 나는 그런 감정에 빠져서는 안 된다고 생각했다. 차라리 이 성명을 적극적으로 환영해야 한다고 판단했다. 이것으로 적어도 분단문제 해결의 가느다란 실마리는 생긴 셈이었다.[39]

의 뿌리", 제1절 냉전기의 대북정책, 4) 박정희: 봉쇄에서 포용으로 참조.

38) 일본 NHK 취재반 구성, 김용운 편역, 앞의 책(1999), p.235. 당시 김대중의 4대국 보장론을 지지하던 사람들은 주로 진보적 지식인들이었다.

39) 위의 책, pp.287~288.

3. 김대중의 3단계 통일론

1) 1970년대의 3단계 통일론

김대중의 통일 철학은 3단계 통일론에 이르러 사실상 완성된다. 햇볕정책도 3단계 통일론의 연장이자 이행실천 수단이라고 할 수 있다. 3단계 통일론은 어느 날 갑자기 완성된 이론으로 발표된 것은 아니다. 1970년대와 80년대를 거치면서 그의 경험과 사고가 조금씩 보태지고 다듬어지면서 완성된 것이다. 따라서 그때그때 내용도 조금씩 다르다. 그가 처음으로 '3단계 통일론'이란 표현으로 자신의 통일론을 공식적으로 내놓은 것은 1972년 6월 6일 서울 흥사단에서 한 연설에서라고 할 수 있다. 1년 전 대통령선거를 앞두고 4대국 보장론을 내놓아 비상한 관심을 불러일으켰던 그가 이 연설에선 평화 공존→평화 교류→평화 통일의 3단계 통일론이란 좀더 체계적인 통일론을 들고 나온 것이다.

3단계 통일론의 1단계는 평화적 공존이다. 남북이 서로 평화적으로 살고 있는 이 자유를 확보하는 것이다. 평화적 공존 없이는 결코 남북이 더 친해질 수도 없고 통일도 불가능하다는 것이다. 2단계는 평화적 교류의 확대다. 교류가 확대돼서 동포 간에 동질성, 동포애, 신뢰가 회복될 때 우리가 안심하고 살 수 있다는 것이다. 3단계는 이런 여건이 조성돼 남북이 실제로 평화적으로 통일하게 되는 단계다.

그가 3단계 통일론을 내놓기는 했지만 그렇다고 상세한 밑그림을 갖고 있었던 것은 아니다. 스스로도 "누구도 이 30년에 걸쳤던 이 지난한 문제를 일도양단으로 이렇게 하면 (통일이) 몇 월 며칠날 된다는 이러한 방안은 가지고 있지 않습니다. 저 자신도 그러한 묘안, 묘방을 갖고 있지 못 합니다"라고 털어놓고 있다. 그는 다만 "한국의 통일은 … 이 3단계로 나누어서 추진할 때 어느 땐가 멀지 않은 장래에 우리는 통일에 대한 실마리를 찾고 통일을 이룩하고야 말 것이다"는 확신과 신념을 가지고 있다고 말한다.[40] 김대중은 3단계 통일론을 실천하기 위한 여건조성으로 ① 한반도에서의 전쟁을 억제해야 하고, ② 이를 위해 미 · 소 · 중 · 일 4대국에 의한 부전(不戰) 보장, ③ 남북 교류를 통한 동포애 회복, ④ 남북한 유엔 동시가입이 추진돼야 한다고 강조한다.

이 대목에서 우리는 그가 현실주의자(*realist*) 임을 다시 한 번 확인하게 된다. 통일은 분명 추구해야지만 그러나 전쟁부터 억제해야 한다는 것을 거듭 강조한다. "국방태세를 튼튼히 갖추고 미국과의 한미 방위조약을 적어도 한국의 안전이 확고히 보장될 때까지 강력히 유지해야 된다"고 역설한다. "독일의 빌리 브란트 수상이 동방정책을 실시해서 소련과 폴란드와 동구 여러 나라와 접촉하면서도 NATO(북대서양조약기구) 는 절대로 놓지 않고 미군 주둔을 그대로 붙들고 늘어지는 것을 여러분이 똑똑히 알아야 한다"는 것이다.[41] 3단계 통일론을 처음 내놓으면서 그는 교류의 중요성을 다시 강조한다. "남북의 교류는 통일을 위한 절대적 요건이며, 통일이 되려면 우리는 서로 남북이 동질성을 유지해야 한다"는 것이다. 동질성은 어떻게 유지할 것인가. 그것은 교류를 통해서다. 그의 말을 옮겨본다.

> 우리가 이렇게 앉아서 말이 통하고, 내가 무슨 말을 해도 여러분이 같이 웃고, 여러분이 일제히 박수할 수 있는 것은 여러분과 나와 모든

---

40) 김대중, 앞의 책(1995), p. 109.

41) 위의 책, p. 111.

사람들이 동질성을 갖고 있기 때문이여. 농담도 같고, 생각도 같고, 음식도 같고, 우리들의 습관도 같기 때문에 말이 통하는 거요. 지금 남북처럼 정부체제로부터 모든 것이 다르고, 이래가지고는 통일하더라도 같이 살아야 살 수도 없게 돼 있죠. 그렇기 때문에 접촉해 가는 과정에서 서로 남북이 상호 간에 영향을 주고, 이래 가지고 누가 이기고 진 것 없이 자연스럽게 영향을 주는 가운데 자꾸 가까워지는 거예요. 그러는 가운데 서로 동포애가 회복되고, 또 믿음이 생기고, 증오심이 가셔지고, 이렇게 해서 통일이 되어야만 우리가 안심하고 살 수 있다, 이것입니다. 42)

이 대목은 햇볕정책의 사상적 원류(源流)를 보는 듯한 느낌을 준다. 김대중이 햇볕정책이란 말을 처음 쓴 때는 1995년경이고 공식적으로 사용하기 시작한 것은 집권(1998년 2월) 후이지만 철학적, 실용적 기반은 이때 이미 마련되었던 것이다. 결국 햇볕정책은 일부 회의론자들의 비판적 시각에도 불구하고 김대중 개인의 실용주의적, 기능주의적 대북교류관의 일관된 흐름 위에서 태어난 것이라고 할 수 있다.

2) 1980년대의 3단계 통일론: '공화국연방제' 파문

1980년대로 접어들면서 김대중의 3단계 통일론은 크게 원칙과 제도적 접근으로 나눠지면서 보다 체계화된다. 70년대의 평화 공존-평화 교류-평화 통일은 통일의 원칙으로 재(再)정의되고, 통일에 이르는 방법의 제도화가 3단계 통일론의 주된 내용을 이루게 된다. 김대중은 이를 '공화국연방제' 통일방안이라고 불렀다.

그에 따르면 제 1단계는 이념과 체제를 달리하는 남북이 각기 독립정

---

42) 위의 책, p. 121.

부로서 기존 권한을 그대로 유지하되 양측 대표자들에 의해 구성되는 상징적 연방기구를 수립하여 평화 공존과 교류에 관한 사항을 논의하고 집행하도록 돼 있다. 김대중은 공화국연방이 영연방(*British Commonwealth*)의 형태와 비슷한 것으로 보고 연방이라는 용어를 썼으나 이는 국가연합이라고 할 수 있는 느슨한 형태의 상징적 연방기구 하에 평화 공존과 교류를 특징으로 하는 단계라고 할 수 있다.[43] 2단계는 평화 공존과 교류가 순조롭게 진전돼 남북의 양 독립정부로부터 중앙연방기구로 정치권력이 점차 이관됨으로써 연방제로 이행하는 단계다. 3단계는 완전 통일의 단계다.

김대중이 공화국 연방제를 제안한 정확한 시점을 파악하기는 쉽지 않다. 아태평화재단이 펴낸 《김대중의 3단계 통일론》에서도 1980년대 중반이라고만 돼 있다. 관련자료를 토대로 거슬러 올라가면 1983년 8월 미국에서 제안한 것이 처음으로 보인다. 당시 그는 김대중 내란음모사건으로 복역 중 1982년 12월 전두환 정권에 의해 미국으로 추방된 상태였다. 주로 워싱턴과 로스앤젤레스 등지를 오가며 민주화 운동을 계속했던 그는 공화국 연방제를 내놓음으로써 미주(美洲) 한인사회는 물론 미국의 정계와 관계의 주목을 받는다. 미주 한국민주회복통일촉진국민회의(일명 한민통) 부의장을 지낸 정의순 씨의 증언에 따르면 김대중은 1983년 8월 공화국 연방제를 내놓은 것으로 돼 있다. 정 씨에 따르면 공화국 연방제는 '남과 북의 정부 위에 권한이 매우 제약된 상징적인 중앙연방기구를 설립하여, 남・북과의 교류를 증진시키고, 점차로 중앙연방기구의 권한을 확대하여 평화통일을 이룩한다'는 것이었다.[44]

---

43) 아태평화재단, 앞의 책(2000), p. 299.

44) 정의순 편, 《김대중 체미 775일》(史草, 1987), p. 98. 정의순 씨는 고 정일형(鄭一亨) 박사의 비서실장을 지냈으며 미국 이민 후에는 미주 한민통 부

김대중은 이보다 2개월여 앞선 1983년 5월 13일 미국 버클리 대학에서 '평화와 통일'이란 제목으로 한반도문제에 대해 연설했는데 이 연설에서도 공화국 연방제라는 표현은 보이지 않는다. 기존의 '평화공존 - 평화교류 - 평화통일'의 3단계 통일론만을 역설할 뿐이다.[45] 이로 미루어 공화국 연방제가 등장한 시기는 정 씨의 증언대로 1983년 8월 이 맞는 것으로 보인다.

물론 김대중은 이보다 앞서 1970년대 초에도 연방제를 거론한 적이 있다. 박정희 정권의 10월 유신 후 미국에서 사실상 망명생활을 하던 그는 1973년 4월 24일 시애틀의 워싱턴 대학 강연과 7월 6일 재미 한민통(韓民統) 발기인대회에서 "한국은 북한이 주장하는 연방제를 받아들여야 한다. 한국의 6·23 외교선언은 동·서독처럼 남북분단을 영구화하는 것이므로 반대한다"고 한 것은 한 예다.[46]

또 그해 7월 1일 재미교포 신문 한민신보와의 대담에서 "남한은 한반도의 외군 철수, 쌍방 정권의 인정, 정치·경제 제 분야의 전면적 교류를 통해 급속한 동질성을 회복하여 연방공존제를 만들고 통일 후의 5년 동안은 거국정부를 세워야 한다"고 주장하기도 했다.[47] 그러나 이때만 해도 연방제에 대한 명확한 밑그림이 있었던 것은 아닌 듯하다. 또한 당시 박정희 정권은 기회만 있으면 김대중을 사상적으로 위험하고 불온한 인물로 낙인찍으려 했기 때문에 그의 연방제 거론을 확대, 과장했을 가능성도 있다. 한 가지 흥미로운 것은 아태재단이 펴낸 공식문건 《김대중의 3단계 통일론》 어디에도 1970년대 초 그가 연방제를 거론했다는

의장으로 김대중의 미국생활을 옆에서 도운 것으로 돼 있다. 정 씨는 그러나 1983년 10월 14일 김대중의 로스앤젤레스 강연회 개최 문제로 불화가 생겨 김대중과 결별했다.

45) 김대중, 앞의 책(1995), pp. 154~164.

46) 경향신문 출판국, 《김대중 정치방황 30년》(경향신문사, 1986), p. 122 .

47) 계엄사 발표, "김대중 일당의 내란 음모사건", 동아일보, 1980년 7월 4일자.

기록이 없다.

어쨌든 그의 공화국 연방제는 커다란 파문을 불러일으킨다. 명칭부터가 북한 김일성이 제안한 고려연방공화제와 비슷한데다가 내용도 대동소한 듯 보여서 한국 정부는 물론 김대중에 비판적인 세력의 집중공격을 받게 된다. 당장 미주 한인사회의 반응부터가 심상치 않았다. 정의순 씨의 증언을 들어보자. 이 증언은 그가 공화국 연방제를 제의한 배경과 나중에 이를 수정하게 된 이유를 이해하는 데 중요한 단서를 제공한다.

> 1983년 8월에 미국에 와서 처음으로 연방공화제(공화국연방제)를 발설하기 전까지만 해도 보수 측에서는 막연히 그를 환영했다. 그러나 그의 연방공화제 발설로 보수 민주화 운동권은 무척 당황하였다. 김대중 씨는 김일성의 고려연방공화제와의 차이를 들어 설명하나, 당시 발설을 들은 교포나 운동권 인사들은 그가 왜 위험부담이 따르는 연방공화제를 주장하는가에 의문을 제기하지 않을 수 없었다. 그 이유는 보수 민주화 운동권 측에서는 북한의 정책에 동조하는 통일꾼들의 '선(先) 통일, 후(後) 민주화'에 대응하기 위해 노심초사하고 있을 때였다. 그런 때에 그의 주장이 나왔으니 북한 출신 교포들이 김대중 씨를 보는 눈이 달라졌음은 물어볼 필요가 없다. … 이와 같은 통일론은 북한의 통일노선을 지지하는 집단과 대항해야 하는 (친 남한) 민주화 운동권에게 큰 타격을 주었다. 물론 친 북괴 단체들에게는 무척 고무적이었다. … 김대중 씨의 작전으로서는 대립적 양측(친 남한과 친 북한 측)을 자신의 손아귀에 넣으려 이 구상을 내놓았을 것이다.[48]

비단 미주 한인사회뿐만 아니었다. 국내에서도 비판과 비난이 들끓었다. 북한의 고려연방제와 뭐가 다르며 도대체 누구를 위한 연방제냐는 것이다. 정치적 인기를 위해 남북문제를 정략적으로 이용한다는 목

---

48) 정의순 편, 앞의 책(1987), pp. 149~150.

소리도 높았다. 다음의 글은 비판론자들의 논리와 정서를 한눈에 보여준다.

> 우리의 특수한 역사적 배경과 현실은 여야의 정치적 입장을 초월하여 하나의 공통된 규범을 형성시켰다. 그것은 어떠한 경우에도 우리의 통일안보 태세를 약화 내지 저해시킬 우려가 있는 논리나 언동에는 신중해야 할 뿐 아니라 더욱이 북한의 주장이나 선전에 대해서는 이를 무비판적으로 받아들임으로써 경거망동하는 경우 심각한 결과가 수반된다는 점을 망각해서는 결코 안 된다는 점이다. … 그러나 김대중 씨는 이런 국민적 규범을 깨뜨리고 국가정책 차원에서 논의되어야 할 통일안보문제를 자신의 소신을 제시한다는 명분을 내세워 정치적 목적에 이용함으로써 국론분열을 조장하는 행위를 서슴지 않았다. 통일문제에 대해서도 김대중 씨는 '연방제'를 주장하는가 하면 최근에는 '공화국연방론'이라는 것을 제시했다. 그러나 그가 내세우는 일련의 주장은 북한이 60년대 이래 우리의 반공의식을 와해시키고 각계각층과의 통일전선 형성을 획책코자 위장평화 전술책략으로 주장했던 이른바 '남북연방제'를 정당화하는 결과를 가져왔다.[49]

이런 비판에 직면한 김대중은 1985년 귀국하자마자 해명에 나선다. 그는 1985년 4월 월간 신동아와의 대담에서 자신의 공화국연방제와 북한의 고려민주연방공화국안과는 전적으로 다르다고 강변한다.

> 북한의 고려연방제[50]라는 것은 연방공화국이고, 내가 제안한 것은 공

49) 경향신문 출판국, 앞의 책(1986), pp. 120~121.

50) 북한이 연방제를 처음 주장한 것은 1960년 8월 '8·5 해방 15주년 경축 김일성 연설'에서다. 그 내용의 골자를 보면 '조선문제를 풀기 위해서는 미국군대를 내쫓고 나라를 평화적으로 통일하는 데 있다. 우리가 제의하는 남북조선의 연방제는 남북의 현 정치제도를 그대로 두고, 남북 정부의 독자적인 활동을 보장하면서 동시에 두 정부대표로 구성되는 최고민족위원회를 조직하여 주로 남북의 경제 문화발전을 통일적으로 조절하는 방식으로 실시하자

> 화국연방입니다. 그러니까 순서가 뒤바뀌었죠. 북한이 제안한 것은 미국, 캐나다, 서독과 같은 연방공화국입니다. 지방자치가 있지만 단일 중앙정부가 행사하는 것입니다. 북한은 이런 연방을 제안하고 있습니다. 내가 제안한 공화국연방은 1국가 밑에 2개 독립정부의 존재를 뜻합니다. 북한은 공산정권으로서 군사외교권, 내치권을 가지고 남한은 민주주의 정부 아래서 군사외교권, 내치권을 모두 가지게 하는 것입니다. 물론 남북한이 각각 세계 각국과 외교관계를 수립하고 국제기구에 모두 가입하며, 남북한의 중간조정기구로서 중앙정부의회를 양쪽이 협의해서 둘 수 있되 처음에는 아주 제한된 권한밖에 없도록 하자는 것입니다. 남북한의 합의에 따라 중앙에다 대표를 보내 의회를 만들고 연방기구도 만들 수 있습니다. … 이 기구는 국방권이나 외교권이 없고 양쪽 독립정부가 자기 대표에게 위임하는 사항, 예컨대 한글 통일이나 역사문제 혹은 이산가족문제를 다룰 수 있을 것입니다. 이것이 공화국연방입니다. 양쪽이 교류를 하는 동안 국민적 동질성이 회복되고 상호신뢰가 쌓이면 독립정부는 자치정부가 되고 중앙정부가 유일한 대표정부로서 발전하는 것입니다.[51]

김대중은 그해 월간조선 8월 호와 가진 인터뷰에서도 자신의 남북공화국연방제와 북한의 고려민주연방공화국안은 다르다고 해명하는 등 기회가 있을 때마다 자신의 연방제로 인해 빚어진 물의와 오해를 불식시키기 위해 노력한다.[52] 그럼에도 결국 이를 수정하게 된다. 자신

는 것'이다. 김일성은 그 후인 1973년 6월 23일 '고려연방공화국'안을, 1980년 10월 10일 '고려민주연방공화국'안을 각각 내놓았다. '고려민주연방공화국'안은 '남북의 지방정부를 연방정부의 지도 밑에 둔다'고 명시함으로써 그 전까지의 연방제보다 더 진전된(완결된) 연방제를 주창하고 있다는 점에서 차이가 있다. 즉, 기존 연방제에서의 남북의 관계는 국가연합과 유사하지만 '고려민주연방공화국'에서는 사실상 연방에 가깝다. 북한의 연방제에 대해서는 통일원 남북 대화사무국(편), 《남북 대화백서》(통일원, 1982), p. 103. 이상우(편), 《통일한국의 모색》(박영사, 1987), p. 255 참조.

51) 〈신동아〉, 1985년 4월호, "김대중, 여영무 대담 — 지금은 정권쟁취의 단계 아니다".

을 친북 좌파인사로 몰아붙이는 분위기를 더 이상 감내하기 어려웠던 것이다.

아태재단이 펴낸 《김대중의 3단계 통일론》도 "남북 공화국연방제 통일방안은 이를 북한의 통일방안과 동일시하며 끊임없이 용공 음해를 시도한 당시 군사정권으로부터 불필요한 정치적 오해와 근거 없는 박해의 대상이 되었음은 주지의 사실"이라고 지적하고, "이에 김대중은 자신의 통일방안과 북한의 연방제 통일방안 간의 차별성을 보다 뚜렷이 부각시키는 데 주력하였다"고 밝혔다.[53] 그의 마지막 3단계 통일론인 남북 공화국연합제 통일방안은 이렇게 해서 나오게 된다.

3) 1990년대 3단계 통일론의 완성: 남북 공화국연합제로 수정(진화)

아태재단에 따르면 그의 통일론은 1991년 4월에 발표된 남북 공화국연합제 통일방안의 형태로 자기 완결성을 향해 나아가게 된다.[54] 그가

---

52) 정웅교(鄭雄敎) 편저, 《김대중 정치의 선택과 한계》(일선사, 1987), pp. 43~45. 김대중은 자신의 공화국연방제와 북한의 연방제가 다르다고 강변했지만 그 본질, 즉 남북한 간의 국가연방을 통일로 가는 중간단계로 설정하고, 연방 차원의 기구를 설치하여 민족 공동관심사를 논의한다는 점에서는 크게 다르지 않다는 것이 일반적인 평가다.

53) 아태평화재단, 앞의 책(2000), p. 300.

54) 김대중의 측근으로 비서를 지냈던 김옥두(金玉斗, 16대 민주당 의원)의 회고에 따르면 김대중이 3단계 통일론에 들인 공력은 대단한 것이었다. '1994년 1월 27일 아태평화재단이 설립된 뒤 재단의 3대 목표를 남북 공화국연합제 완성, 아태평화아카데미 개설, 아태민주지도자회의의 성공적 개최로 정하고 이를 위해 각고의 노력을 쏟아 부은 결과 이러한 목표는 완벽하게 달성되었다. 1994년 한 해 동안 김대중 선생의 3원칙 3단계 통일론인 공화국연합제 완성을 위해 연인원 150여 명의 전문가들이 합숙토론회, 비공개 내부 공청회를 가졌고 이를 집대성해 95년 김대중의 3단계 통일론을 내놨다'

공화국연방제를 버리고 공화국연합제를 들고 나오게 된 것은 1989년 노태우 정권(6공화국)이 발표한 7·7 선언이 구체적 계기가 됐던 것으로 보인다. 3단계 통일론에 따르면 "김대중은 7·7 선언에 기본적으로 동의하면서도 남북 간 기본적인 평화체제 수립에 관한 구체적 언급이 없음을 지적하면서, 자신의 통일론을 더 한층 발전시키는 계기로 삼게 된다"는 것이다.[55]

설명은 이어진다. "그러나 이 시기의 통일방안은 남북 공화국연방제라는 공식명칭이 말해주듯이 완전 통일로 가는 과도기적 단계로서의 연방단계의 필요성과 그 구체적 역할을 언급하지만, 연방단계가 국가연합단계와는 어떠한 관계가 있으며, 어떤 경로를 거쳐 국가연합에서 연방제로 그리고 완전 통일로 이어지는가에 대해서는 충분한 설명을 결여되었다. 이를 보완하는 작업이 1990년대에 이루어지게 된다"는 것이다.[56]

공화국연합제는 ① 남북한 두 개의 독립국가가 통일을 지향하며 연합한 형태인 남북연합(1연합 2독립정부) 단계와, ② 두 개의 지역자치정부와 연방정부로 구성되는 연방(1연방 2지역자치정부) 단계, ③ 중앙집권제 또는 세분화된 연방제의 형태를 띠게 될 완전통일(1국가 1정부) 단계의 3단계를 의미한다. 말하자면 1980년대 공화국연방제 하에서의 1단계인 연방단계를 '연합'과 '연방'단계로 2원화한 것이다. 처음부터 곧바로 북한이 주장하는 연방제로 가는 것처럼 비쳐지는 바람에 온갖 비난을 받다 보니까 연방단계를 국가연합을 거쳐 연방으로 가는 두 단계로 바꾼 것이다.

는 것이다. 김옥두, 《다시 김대중을 위하여》(살림터, 1995), p. 430.

55) 7·7선언에 대해서는 이 책 제2장 "대북정책의 진화: 수렴의 뿌리", 제2절 탈냉전기의 대북정책, 2) 노태우: 남북관계의 기본 틀 마련에서 상세히 설명.

56) 아태평화재단, 앞의 책(2000), pp. 301~302.

연합단계도 매우 엄격히 재(再)정의했다. 즉, ① 남과 북은 독립국가로서 주권과 모든 권한을 각각 보유한 채 협력기구를 제도화하며, ② 제도화되는 협력기구는 남북연합 정상회의, 남북연합회의, 남북연합 각료회의 등이 될 수 있으며, ③ 이들 협력기구의 임무는 3대 행동강령(평화 공존, 평화 교류, 평화 통일)의 실천이라고 못 박았다.

'연합'이라는 표현이 수없이 반복 사용되는 점을 통해서도 우리는 그가 1980년대 '연방'이라는 말을 썼다가 치러야 했던 대가를 짐작할 수 있다. 또한 연합제를 집어넣은 것은 한반도의 현실로 미루어 처음부터 곧바로 연방제로 가기는 어렵다는 자각이 작용했던 것으로 보인다. 이 점은 아태재단의 《3단계 통일론》에서도 잘 나타나고 있다.[57]

연합단계가 포함됨으로써 3단계 통일론이 완성되자 그동안 3단계 통일론의 기저이자 단계이기도 했던 평화 공존-평화 교류-평화 통일은 공화국연합제 통일방안의 3원칙으로 바뀌게 된다. 이런 변화는 불가피했던 것으로 보인다. 연합에서 연방으로, 연방에서 통일로 가는 3단계 통일론이 완성된 이상 과거의 평화 공존-평화 교류-평화 통일을 굳이 3단계 통일론으로 부를 필요가 없었던 것이다. 그래서 이를 3원칙으로 바꾸고, 연합→연방→통일로 가는 남북 공화국연합제를 '김대중의 3단계 통일론'으로 공식 명명하기에 이르게 된 것이다. (자세한 변천 과정은 〈표 3-1〉 참조.)[58]

그의 3단계 통일론은 이처럼 길고 긴 과정을 거쳐 탄생한 것이다. 그 과정에서 시행착오도 있었다. 연방제가 연합제로 바뀔 수밖에 없었던 것은 대표적인 예다. 김대중과 아태재단 측의 공식 설명에도 불구하고 연방제가 연합제로 바뀐 것은 김대중답지 않은 현실감각의 결여, 경솔한 용어 선택 등이 빚은 중대한 실수라고 할 수 있다. 1980년대의 분위

57) 위의 책, pp. 301~302.

58) 위의 책, p. 302.

〈표 3-1〉 '김대중의 3단계 통일론'의 발전 과정

시기	구상기(1970년대)	발전기(1980년대)	완성기(1990년대)
명칭	3단계 통일방안	남북 공화국연방제 통일방안(또는 남북 공화국연합제 통일방안)	김대중의 3단계 통일론
3원칙	자주 · 평화 · 민주	자주 · 평화 · 민주	자주 · 평화 · 민주
3단계	① 평화적 공존 ② 평화적 교류 ③ 평화적 통일	① 상징적 연방기구 하에 평화 공존 · 교류 ② 연방 ③ 완전 통일	① 남북연합 ② 연방 ③ 완전통일
1단계	**평화적 공존** 남북한의 부전 조약, 평화협정 체결, 4대국에 의한 평화 보장	**상징적 연방기구 아래 평화 공존 · 교류 단계 (남북연합단계)** ① 남과 북에는 이념과 체제를 달리하는 독립정부가 외교, 내정, 군사적인 독자성 유지 ② 연방정부는 상징적 기구로 평화 공존 · 교류 관장	**남북연합단계** ① 남과 북은 독립국가로서 주권과 모든 권한 보유한 채 협력 기구 제도화 ② 남북연합 정상회의, 남북연합 회의, 남북연합 각료회의 구성 ③ 연합기구의 임무는 3대 행동 강령(평화 공존 · 평화 교류 · 평화 통일) 실천
2단계	**평화적 교류** ① 모든 분야에서 교류협력 실시	**연방단계** ① 연방정부가 외교, 국방, 주요 내정 관장 ② 남북에는 지역자치정부	**연방단계** ① 연방정부는 외교, 국방, 중요한 내정권 보유 ② 연방대통령, 연방의회 구성 ③ 남과 북에는 지역자치정부
3단계	**평화적 통일** ① 무력 통일 반대, 자유를 상실한 통일 반대	**완전통일단계** 평화 공존, 평화 교류를 적극 추진한 토대 위에서 평화통일 실현	**완전통일단계** ① 중앙집권제 또는 세분화된 연방 ② 통일국가의 이념과 체제는 민주주의 · 시장경제 · 사회복지 · 도덕적 선진국 · 평화주의
역사적 의의	최초의 점진적 평화통일방안	통일방안 발전	통일방안의 체계화 · 구체화를 통한 완성

출처: 아태평화재단.

기에서 야당의 지도자가 자신의 통일론에 북한의 통일론과 같은 연방제란 이름을 붙였다는 것은 무모하다고 볼 수밖에 없는 것이다.[59] 오죽하면 그가 귀국 후 연방제라는 표현을 포기했겠는가.

물론 김대중이 전두환 정권에 의해 5·18 광주 민주화운동 관련 내란음모사건의 주역으로 몰리지 않았더라면, 그래서 미국으로 추방되지 않고 그냥 한국에 남아 있었더라면 사정은 달랐을 것이다. 보다 현실적이고 실용적인 통일론을 내놓았을지도 모른다. 비록 정치적으로 박해는 받았겠지만 연방제를 들고 나올 만큼 무모하지는 않았을 것이다.

그는 박정희 독재정권에 이어 계속된 전두환 권위주의 정권에 절망하고, 종국에는 그 정권에 의해 미국으로 쫓겨 가야 했으며, 언제 돌아갈지 기약조차 없는 미국 망명생활 속에서 보다 급진적인 통일론을 내놓을 수밖에 없었을 것이다. 앞에서도 언급했지만 한때 그를 따랐던 정의순 미주 한민통 부의장의 증언대로 고립무원의 처지에 빠진 그로서는 재미 교포사회의 친(親) 남한은 물론 친(親) 북한세력까지도 끌어안아야 할 처지였던 것이다.[60]

---

59) 김대중은 1987년 12월 대선을 앞두고도 연방제 문제로 곤욕을 치른다. 대선을 2개월여 남겨놓은 그해 10월 30일 중견언론인들의 단체인 관훈클럽 초청 대선후보 토론회에 참석한 김대중은 한 패널리스트로부터 "왜 북한 측에서 쓰는 고려연방제, 즉 오해를 받을 수 있는 그런 용어를 썼느냐"는 질문을 받고 이를 다시 해명해야 했다. 김학민 엮음, 《김대중 연설문집-평화를 위하여》(학민사, 1989), p. 130.

60) 정의순 편, 앞의 책(1987), p. 150.

4. 공화국연합제와 햇볕정책, 그 모순에 대해

햇볕정책은 그의 3단계 통일론의 필연적 귀결로 읽혀진다. 왜냐하면 3단계 통일론의 핵심은 제 1단계인 남북연합에 있기 때문이다. 제 2단계인 두 개의 지역자치정부와 연방정부로 구성되는 연방단계는 현실적으로 실현이 요원하기 때문이다. 그 이유는 자명하다. 남북 간 초보적인 신뢰 구축(*confidence building*)도 안 돼 있는 상태에서 두 개의 자치정부 운운하는 것 자체가 의미가 없기 때문이다. 정확히 말하면 연방제는 관념 속에 존재할 뿐이다.

남북연합이 성공해서 연방제로 넘어갈 수 있는 정도가 되면 이미 통일은 일어나고 있는 것이다. 이 정도까지 진전이 이뤄진다면 그 다음 단계의 명칭이 연방제든 아니든 아무런 의미가 없어진다. 문제는 연합제부터 안 되고 있다는 데에 있다. 연합 자체가 안 되는데 연방제를 온갖 현란한 장치와 기구로 장식해 놓은들 무슨 의미가 있겠는가.

이 점에서 1989년 노태우 정권이 내놓은 한민족공동체 통일방안은 많은 것을 시사한다. 이 통일방안은 남북연합이 잘 되면 연방제를 거치지 않고 곧바로 통일헌법을 채택하고 총선을 치러서 통일민주공화국을 구성하는 것으로 돼 있다. 즉, 남북연합단계에서 남북 정상회의, 각료회의, 평의회 등이 구성되고 이를 관리할 공동사무처까지 발족돼 가동되면 곧바로 통일헌법을 채택해 통일된 단일국가로 가도록 돼 있는 것이다.[61] 당연한 얘기다. 남북관계가 이 정도로까지 발전한다면 이미 통일은 일어나고 있는 것이다. 연방제를 하느냐 안 하느냐는 더 이상

---

61) 공보처, 《제 6공화국 실록—노태우 대통령정부 5년》(정부간행물제작소, 1992), pp. 289~293.

중요한 문제가 아니다.

한민족공동체 통일방안의 남북 각료회의를 좀더 구체적으로 보자. 남북한 총리가 공동의장이 되고, 각 10명 내외의 각료급 위원으로 구성되며, 그 안에 인도(人道), 정치외교, 경제, 군사, 사회·문화 분과위원회 등 5개 상임위원회를 설치하고 남북 간 모든 현안 문제와 민족 장래 문제 등을 협의, 조정, 실행토록 돼 있다. 남북관계가 이 정도로 진전된다면 굳이 연방제를 거칠 필요가 없다. 곧장 통일로 가면 된다. 한민족공동체 통일방안이 연방제를 집어넣지 않는 것도 이 때문이다. 거듭 말하지만 문제의 본질은 남북 연합제조차 안 되고 있을 뿐 아니라 가까운 장래에도 실현 가능성이 극히 희박하다는 데 있는 것이다. 그렇다면 답은 자명해진다. 우선 연합제부터 성사될 수 있도록 해야 하는데 이를 위해서는 무엇을 해야 하는가. 역시 평화 교류다. 평화 공존은 사실상 별 의미가 없다. 남북 어느 한 쪽이 다른 한 쪽을 무력으로 복속시키는 것이 현실적으로 불가능해진데다가, 1991년 유엔 동시가입으로 사실상 한반도에 두 개의 독립된 국가가 있음을 상호 인정하게 됐기 때문에 평화 공존은 통일의 원칙은 될지언정 굳이 조건으로까지 보기는 어렵다.

결국 남은 과제는 것은 평화 교류, 즉 화해·협력밖에 없다. 인도적 차원이든 전략적 차원이든 교류와 협력을 증대시킴으로써 남북 간에 동질성을 유지하고 신뢰를 회복하는 것, 그래서 연합제의 기초를 착실하게 쌓아가는 것 외에 달리 방법이 없는 것이다. 그렇기 때문에 박정희, 전두환, 노태우, 김영삼 정권도 한결같이 교류의 중요성을 강조했고 교류를 통해 남북관계에 어떤 돌파구를 마련해보려고 했던 것이다. 햇볕정책은 결국 김대중의 3단계 통일론의 제 1단계인 남북연합단계로 가기 위한 '평화 교류'의 다른 이름인 것이다.

물론 김대중은 이와 같은 논리를 애써 부인한다. 그는 남북연합은 남북 교류·협력의 결과가 아니라고 주장한다. "북한 핵문제의 해결을 위시하여 남북 간에 최소한의 정치적 신뢰만 조성되면 남북연합이라는 협력장치를 만들어 남북협력을 제도화하고, 이를 통해 화해·협력을 의도적이고 적극적이고 성취할 수 있다"는 것이다. "따라서 그의 3단계 통일론에서 설정한 남북연합은 교류·협력의 결과가 아니라 민족적 합의와 남북 당국의 정치적 결단의 결과이자 동시에 양자 간의 화해와 협력을 심화시키는 촉진제"라는 것이다.[62] 그러나 이와 같은 주장은 무리한 논리적 상정이고 설명이다. 교류와 화해·협력 없이 남북연합으로 갈 수 있다고 보는 것 자체가 지나치게 급진적이기 때문이다. 그 자신도 이 부분이 마음에 걸렸는지 다음과 같이 부연한다.

> 그렇다면 화해·협력의 성숙 없이 어떻게 남북연합에 진입할 수 있겠는가 하는 의문이 제기될 수 있다. 혹자는 예멘의 예를 들어 화해·협력이 충분히 조성되지 않은 상태에서 정치적 통합은 위험하다고 지적할 수 있다. 그러나 분명한 것은 (나의) 3단계 통일론이 상정하는 남북연합은 정치적 통합이 아니라는 점이다. 즉, 남북연합은 남북통일을 의미하지 않으며, 따라서 예멘의 사례는 적절한 비유가 되지 않는다. 부언하건대, 남북연합은 국가 대 국가의 공존을 전제로 하며, 화해·협력을 촉진시키기 위한 제도적 장치로서의 의미가 강하다. 그러므로 설사 남북연합 진입 후 진행과정에서 차질이 생긴다고 해도 위험부담이 적다.[63]

김대중이 완성된 3단계 통일론을 내놓았을 때가 1995년으로 김영삼 정권 때였다. 당시 그의 통일론은 노태우 정권의 한민족공동체 통일방안과 큰 차이가 없었다. 따라서 김대중으로서는 뭔가 차별성을 둬야 했

---

62) 아태평화재단, 앞의 책(2000), pp. 40~41.

63) 위의 책, p. 41.

다. 아태재단의 3단계 통일론도 이 점을 시인한다. 즉, "3단계 통일론은 현 남한 정부(김영삼 정권)의 통일방안이 화해·협력의 심화를 남북연합의 전제조건으로 상정하는 것과 달리 화해·협력을 진지하게 이끌어내는 장치로서 남북연합을 상정한다"[64]는 것이다.

다시 말해 교류, 화해, 협력을 통해 연합으로 가는 것이 아니라 연합제로 간 뒤 교류, 협력, 화해를 심화시켜서 연방제로 간다는 점이 김영삼 정권의 통일방안과 다르고 그 점에서 차별성 또는 진보성을 가진다는 설명이다. 실제로 아태재단의 3단계 통일론에서도 연합단계가 가장 중요시 되고 연합단계가 되면 교류와 협력은 자연스럽게 이뤄지는 것으로 상정한다. 이 대목을 그대로 옮겨보자.

> 이 책에서 우리는 주로 3단계 통일과정의 첫 번째 단계에 해당하는 남북연합에서의 행동강령과 프로그램에 관심을 집중할 것이다. 그 이유는 남북연합이야말로 통일로 가는 여정에서 가장 중요한 단계이기 때문이다. 남북연합의 형성은 곧 통일이 물꼬를 트는 일이요 통일의 필수조건이 될 것이다. 남북연합은 통일과정의 시작이요, 시작은 반이니 그 이후의 과정은 남북한의 교류 협력이 심화됨과 더불어 비교적 순조롭게 진행될 것으로 판단된다. 남북연합 단계는 약 10년 정도 지속될 것으로 상정(想定)한다. 따라서 우리의 논의도 남북한이 연합단계로 진입한 이후 약 10년간에 걸쳐서 전개될 제반 프로그램에 초점을 맞출 것이다. … 이로써 연합단계가 단순한 남북 간의 평화 공존 및 교류·협력을 의미하는 것이 아니라 보다 발전된 형대로서 연방제로 나아갈 수 있는 조건을 창출하는 과정이라는 점을 부각시킬 것이다.[65]

그러나 앞에서도 언급했지만 1990년대 남북관계의 현실에 비추어 이와 같은 상정은 지나치게 낙관적이다. 굳이 1993~1994년의 북한 핵 위

64) 위의 책, p. 40.
65) 위의 책, p. 21.

기를 거론하지 않더라도 남북한이 연합단계로 갈 수 있을 만큼 최소한의 신뢰라도 구축되어 있었느냐, 주변 4강국은 이를 용인할 만큼 이해관계가 일치했느냐고 묻는다면 답은 분명히 노(No)다. 1993년 3월 12일에 있었던 북한의 핵확산금지조약(NPT) 탈퇴 선언은 좋은 예다. 북한의 의도야 어떻든 탈퇴선언으로 한반도의 긴장 수위는 갑자기 높아졌고, 북한의 핵문제는 앞을 가늠하기 힘든 불투명한 상태에 빠져들었던 것이다. 북핵 위기는 1994년 10월 북한과 미국이 제네바에서 미국은 경수로를 지어주고, 북한은 핵 개발을 동결키로 합의(제네바 기본합의)함으로써 고비를 넘기기는 했지만 한반도는 한때 전쟁위기까지 몰렸다.

이런 상황에서 남북연합은 교류와 화해·협력의 결과가 아닌 원인이라고 말할 수 있을지는 의문이다. 노태우, 김영삼 정권의 통일방안과의 차별성을 강조하기 위해 순서를 바꾼 듯한 느낌마저 준다. 최소한의 신뢰조차 확보되지 않은 상황에서 남북연합제는커녕 화해·협력마저도 제대로 되기 어려웠기 때문이다.

더 중요한 것은 김대중이 정권을 잡은 이후의 대북정책은 연합제보다는 교류와 화해·협력을 우선하는 방향(햇볕정책)으로 나아갔다는 점이다. 북한에 대해 역대 어느 정권보다도 관대했던 그는 상호주의의 원칙을 고집하지 않고 북한에 대해 가능한 한 많은 교류와 화해·협력 조치를 취하려고 했으나 이 과정에서 남북연합을 실현하기 위해 명시적인 노력을 한 적은 없었다. 엄밀히 말하면 그가 강조한, 길가는 나그네의 외투를 벗기게 한다고 믿었던 '햇볕' 자체가 연합제가 아닌 교류, 화해·협력이었던 것이다.

뒤에 상세히 설명하겠지만 2000년 6월 14일의 역사적인 남북 정상회담도 교류와 화해·협력, 즉 햇볕정책의 결실로 보는 것이 보편적 인식이다.[66] 그의 3단계 통일론대로 되려면 우선 남북연합을 만들기 위해 노력하고, 연합이 성사된 뒤에 교류와 화해·협력이 심화됐어야 맞지만 이런 일은 결코 일어나지 않았던 것이다. 김정일과의 정상회담에서 '남측의 연합제안과 북측의 낮은 단계의 연방제안이 서로 공통성이 있다고 인정하고 앞으로 이 방향으로 통일을 지향시켜 나가기'로 합의했지만 67) 이 합의 자체도 집권 이래 꾸준히 추진해온 교류, 화해 · 협력 정책의 결과였다. 그가 3단계 통일론에서 그렸던 것처럼 연합제가 먼저 되고, 연합제 안에서 교류와 협력이 불처럼 일어나는 일은 없었던 것이다.

우리가 이 대목을 짚고 넘어가야 하는 이유는 햇볕정책으로 표현되는 교류, 화해, 협력정책이 과연 그의 3단계 통일론에서 어떤 위치를 차지하는지를 살펴보기 위해서다. 결론은 이렇다. 햇볕정책은 김대중의 3단계 통일론에서 제 1단계인 남북연합을 가능케 하는 수단으로 정의될 수 있다는 것이다. 교류하고 화해 · 협력함으로써 민족의 동질성과 신뢰를 회복하고 이를 기초로 남북연합 단계로 나가자는 것이다. 햇볕을 쬐어 굳게 닫힌 북한의 문을 열고 막혀있던 남북의 혈관에 피가 돌도록 하자는 얘기다.

---

66) 2000년 6 · 15 남북 정상회담이 이뤄진 직접적인 계기는 그 직전에 있었던 2000년 3월 9일 김대중의 베를린 선언이라는 것이 보편적인 인식이다. 김대중은 이 선언에서 북한에 대한 사회간접자본 지원과 안정된 대북 투자환경조성, 농업구조개혁 지원 의사를 밝혔고 이것이 김성일의 마음을 움직였다는 것이다. 이 밖에도 김대중은 그해 2월 9일 일본 도쿄방송과의 회견에서 김정일 국방위원장에 대해 "지도자로서의 식견과 판단력을 갖췄다고 본다"고 평가하는 등 취임 이후 일관되게 정상회담 성사를 위한 분위기 조성에 노력했고 이것이 결실로 이어진 것으로 보인다. 그는 자서전에서 정상회담 6개월 전인 그해 1월 말에 북한이 현대 측을 통해 '의미 있는 신호'를 보내왔다고 밝혔다. '의미 있는 신호'란 정상회담이 가능할 것 같다는 신호였다. 김대중, 《김대중 자서전 2》(삼인, 2010), p. 235.

67) 남북 정상회담 공동선언문(2000년 6월 통일원).

04 햇볕정책의 실효성
수렴의 시작

우리는 앞에서 김대중 식 대북 화해 · 협력정책, 곧 햇볕정책이 어떻게 형성, 진화했는가를 살펴봤다. 그렇다면 그의 재임 중에 햇볕정책은 실제로 얼마만큼의 성과가 있었던 것일까. 냉혹한 국제정치와 분단의 현실 속에서 정책으로서의 현실정합성(적실성 · *relevance*)은 과연 어느 정도나 발휘될 수 있었던 것일까. 이에 대한 객관적 분석이야말로 햇볕정책의 실체를 파악하는 가장 중요한 작업이 아닐 수 없다.

김대중 정권의 집권기는 냉전 해체, 사회주의권의 붕괴와 변화, 북한의 고립과 경제파탄의 심화, 한국의 국력신장과 민주화 진척 등으로 인해 한국이 남북관계를 주도할 수 있는 환경이 조성돼 있었다. 그러나 세계적 차원에서의 미국의 단일패권 지배에도 불구하고 한반도 지역에서만큼은 미국과 중국을 중심으로 한 양극체제가 지속되었다. 한국전쟁이 말해주듯 이러한 지역적 양극체제(*regional bi-polar system*) 하에서는 무력통일이 사실상 불가능하다.

게다가 1970년대 후반 이래 한반도는 남북한 자체의 군사력만으로도 한민족 전체가 파멸될 수 있을 정도로 군사력이 포화상태여서 무력통일의 명분은 더는 찾기 어려운 상황이었다.[1] 또한 북한체제의 내구성, 북한의 엄청난 군사력, 중·러의 대북지원과 후견, 한국의 흡수통일 비용 부담능력 미흡 등으로 인해 독일통일과 같은 한국 주도의 일방적 흡수통일도 당장 실현되기 어려웠다.[2]

탈냉전 이후 자유민주주의의 세계화 추세 속에서 사회주의는 존재 가치를 상실했고, 이는 남북한 간의 이념·체제 경쟁에서 남한이 승리하고 북한이 완벽하게 패배했음을 의미한다. 이념·체제 면에서 흡수 통일 여부를 따지는 것 자체가 무의미해진 것이다. 북한도 생존을 위해서는 이념·체제의 변화가 불가피해졌지만 김정일 정권은 정권 붕괴의 위험성 때문에 이러한 변화에 미온적 태도를 보였다.

이러한 환경 속에서 북한체제의 개혁과 개방을 유도해 남북관계를 개선해보자는 김대중 정권의 햇볕정책은 틀린 방향은 아니었다. 앞에서 누누이 지적했지만 역대 정권도 다 그런 노력을 기울였기 때문이다. 따라서 중요한 것은 동기(動機)나 선의(善意)가 아니라 햇볕정책이 구체적인 현실 속에서 과연 그런 효과를 냈느냐에 대한 엄밀한 분석이다. 그래야 햇볕정책의 장점과 한계, 순기능과 역기능을 알 수 있고, 햇볕과 반(反)햇볕의 갈등과 대립을 넘어 수렴의 길로 나아갈 수 있다.

---

1) 이호재, 《통일한국과 동북아 5개국체제》(화평사, 1997), pp. 91~94.

2) 지역적 양극체제와 약소 분단국 통일의 상관관계에 관한 이론적 논의는 이호재 외, 《한국적 국제정치이론의 모색》(화평사, 2005), pp. 37~70 참조.

1. 기존 연구와 실효성 분석

김대중 정권의 햇볕정책에 관한 연구는 그 양이 결코 적지 않다. 찬성과 반대로 견해가 갈릴 만큼 첨예한 논쟁의 대상인데다가, 김대중 정권 이후에도 매년 남북 정상회담과 6·15 공동선언(2000년 6월 15일) 기념일만 돌아오면 이에 관한 연구와 저술들이 쏟아졌기 때문이다.[3] 따라서 햇볕정책의 현실정합성 문제를 살펴보려면 이에 대한 검토가 선행되어야 한다. 찬성이든 반대든 햇볕정책에 관한 다양한 의견과 논지를 충분히 취합해 이해하는 일이 먼저이기 때문이다. 햇볕과 반햇볕 간의 수렴 가능성을 모색하는 입장에선 준거의 자료가 그만큼 풍부한 셈이니 다행스런 일이기도 하다.

1) 기존 연구의 한계

대부분의 기존 연구들은 햇볕정책에 대한 총체적, 개략적 평가, 2000년 남북 정상회담과 6·15 공동선언의 역사적 의의, 2000년 남북 정상회담 이전과 이후의 남북관계 비교, 햇볕정책과 국내정치 혹은 국제정치와의 상관관계, 역대 정권과 김대중 정권의 대북·통일정책 비

---

3) 필자의 검색에 의하면, 1998년 김대중 정권의 출범부터 2008년 2월까지 10여 년간 김대중 정권의 햇볕정책을 직·간접적으로 다룬 연구는 단행본 78권, 석·박사 학위논문 133편, 학술논문 63편에 이른다. 국회도서관, www.nanet.go.kr(검색일: 2008년 2월 10일); 고려대 도서관, http://library.korea.ac.kr(검색일; 2008년 2월 22일).

교, 각종 남북 교류·협력방안 모색 등을 다루고 있다.

먼저 햇볕정책의 소개, 평가, 정책 제언과 관련된 저작들이 있다. 여기서 그 모든 것들을 소개할 수는 없다. 다만 기존연구의 흐름을 파악하기 위해 그중 몇 가지만 예로 들어보자. 대표적인 것으로는 정부부처 및 유관기관에서 출간한《통일백서》,《외교백서》,《국민의 정부 5년: 평화협력의 실천》,《국민의 정부 '햇볕정책': 추진방향, 성과 및 과제》등이 있고, 김대중 대통령의 싱크탱크 격인 아태평화재단에서 출간한《김대중의 3단계 통일론》,《남북 정상회담: 이해의 길잡이》, 계간지 〈평화논총〉에 수록된 논문들, 김대중 대통령의 연설문과 대담자료를 엮은《통일 지향의 평화를 향하여》, 김대중 대통령 측근의 회고록인《평화의 길: 6·15 남북 정상회담과 그 앞뒤 이야기》, 이원섭의《햇볕정책을 위한 변론》등이 있다.[4] 이러한 저작들은 햇볕정책을 소개하거나 햇볕정책의 성과를 옹호, 홍보하는 데 주안점을 두고 있다.

이에 반해 정용석의《햇볕정책 기대와 좌절》, 김윤곤의《햇볕정책 햇빛 보려면》, 한종기의《햇볕정책의 정치동학》, 이교관의《김대중 정부의 위험한 거래》등은 햇볕정책의 문제점을 지적하면서 햇볕정책을 비판적으로 평가한다.[5] 이러한 저작들은 나름대로의 분석 노력에

---

4) 통일부(1999~2003); 외교통상부(1999~2003); 통일부(2003); 민주평화통일자문위원회 편(2002); 아태평화재단 편,《김대중의 3단계 통일론—남북연합을 중심으로》(한울, 2000); 김근식 외,《남북 정상회담: 이해의 길잡이》(아태평화재단, 2000); 아태평화재단,《평화논총》(아태평화재단, 1997~2001); 김대중평화센터 편,《통일 지향의 평화를 향하여: 김대중 전대통령 주요 연설·대담 2005~2007》(한겨레출판사, 2007); 박준영,《평화의 길: 6·15 남북 정상회담과 그 앞뒤 이야기》(에쎈에스, 2003); 이원섭,《햇볕정책을 위한 변론》(필맥, 2003).

5) 정용석(1999); 김윤곤(2000); 한종기,《햇볕정책의 정치동학: 남북관계의 국내정치화와 정책연계》(성남: 세종연구소, 2001); 이교관(2002),《김대중 정부의 위험한 거래》(한송, 2002).

도 불구하고 시기와 방법의 한계, 접근시각의 편향성, 분석과 논증의 깊이 부족 등의 문제점을 드러냈다.

다음으로 일종의 각론서로 햇볕정책에 관한 다양한 이슈들을 분석한 연구들이 있다. 대표적인 것으로는 심양섭의 《미국은 남북화해를 방해했나?》, 김주홍의 《남북한관계와 한반도 통일》, 19명의 북한전문가들이 공동 저술한 《화해·협력과 평화번영, 그리고 통일》 등이 있다.[6] 이런 연구들은 햇볕정책의 성과와 문제점, 남북 정상회담의 의의와 한계, 햇볕정책과 노무현 정권의 평화번영정책과의 연관성, 한국의 통일문제 등의 이슈들을 심층 분석하고 있다. 일부 박사 학위논문은 북방정책과 햇볕정책의 결정과정을 비교하거나 햇볕정책을 총체적으로 분석하기도 했다.[7] 이런 노력들은 학술적 차원에서 햇볕정책을 이해하는 데 도움을 준다. 특히 햇볕정책의 형성과정을 추적하고 기능주의적 관점에서 햇볕정책의 주요 내용을 분석한 구영록의 《한국과 햇볕정책》은 국제정치학의 한 이론의 관점에서 햇볕정책을 접근한 대표적인 저술이라고 할 만하다.[8]

이 밖에 햇볕정책의 특정 이슈에 초점을 맞추어 심층 분석한 학술논문과 석·박사 학위논문들이 있다. 이 연구들 역시 앞서 지적한 방향과 경향에서 크게 벗어나지 않는다. 특히 진보적 성향의 학자들은 햇볕정

---

6) 심양섭, 《미국은 남북화해를 방해했나? 남북 정상회담, 남북한 관계, 그리고 미국》(오름, 2006); 김주홍, 《남북한 관계와 한반도 안보》(UUP, 2006); 이우영 외, 《화해·협력과 평화번영 그리고 통일》(한울, 2005).

7) 홍성이, "통일정책의 결정과 추진과정에 관한 연구: 북방정책과 햇볕정책 분석을 중심으로"(경기대 정치전문대학원 박사학위논문, 2007); 안병호, "김대중 정부의 '햇볕정책'에 관한 연구"(경남대 북한대학원 박사학위논문, 2002).

8) 구영록, 《한국과 햇볕정책: 기능주의와 남북한관계》(법문사, 2000). 햇볕정책을 기능주의의 관점에서 다룬 대다수의 연구물들은 이 책을 그 이론적 준거로 들고 있다.

책이 남북한 신뢰구축과 한반도 긴장완화에 기여한 점을 집중 부각시킨 반면,[9] 보수적, 비판적 성향의 학자들은 햇볕정책의 결과로 '대북 퍼주기', '대북 저자세', '상호주의의 완전 붕괴', '북한의 대남 도발 빌미 제공', '남남갈등의 심화' 등의 역작용이 일어났음을 지적하면서 햇볕정책에 대한 근본적인 회의를 드러낸다.[10]

이처럼 김대중 정권의 햇볕정책을 직·간접적으로 다룬 연구들은 많고 그 성과도 적지 않다. 엄태윤은 자신의 박사 학위논문에서 김대중 정권의 재임 5년(1998년~2003년) 동안 햇볕정책(대북포용정책)에 관해 논문이나 단행본을 낸 대표적 학자와 전문가로 서동만, 곽태환, 서주석, 최성, 강성윤, 이원섭, 장노순, 김달중, 이철기, 장달중, 문정인, 김영희, 이태섭, 고유환, 박후건, 윤대규, 오일환, 홍순직, 김영수, 정우곤, 박건영, 우승지, 백학순, 이종석, 남성욱 등을 지목하고 그들의 주장을 간단명료하게 정리했다.[11]

---

9) 김근식, "김대중 정부의 햇볕정책: 회고와 전망", 〈한국과 국제정치〉, Vol. 18 No. 2(경남대 극동문제연구소, 2002); 김기정, "대북포용정책과 남북 정상회담의 의미", 〈사회과학논집〉, Vol. 31(연세대 사회과학연구소, 2000); 김연철, "김대중 정부의 대북정책 평가와 남북관계의 전망", 〈동북아연구〉, Vol. 16(동북아시아 역사연구회, 2003); 서동만, "대북 화해·협력정책의 성과와 방향", 〈지방자치연구〉, Vol. 8(한국지방자치학회, 2000); 이종석, "대북포용정책 평가와 전망", 〈사회과학논집〉, Vol. 30(연세대 사회과학연구소, 1999); 전현준, "햇볕정책의 당위성과 그 성과", 《민주평화통일자문위원회 자료집》(2002년 4월 11일).

10) 김영호, "대북포용정책 연구: 성과와 한계", 〈국제정치연구〉, Vol. 6 No. 1(동아시아국제정치학회, 2003); 남궁영, "김대중 정부의 대북정책에 대한 비판적 해석: 남남갈등의 쟁점을 중심으로", 〈국제정치연구〉, Vol. 7 No. 2(동아시아국제정치학회, 2004); 남주홍, "북한의 대남정책과 우리의 햇볕정책", 〈한국북방학회논집〉, Vol. 5(한국북방학회, 1999); 손무정, "햇볕정책 무엇이 문제인가", 〈국제정치연구〉, Vol. 4 No. 2(동아시아국제정치학회, 2001); 이춘근, "햇볕정책 완전 실패했으니 새로운 대북정책 수립하라", 〈한국논단〉, Vol. 203(한국논단, 2006).

예를 들면 서동만(1998년)은 북한의 개혁·개방을 가속화시키기 위해서는 남한의 대북정책이 정경분리를 기조로 추진되어야 한다고 주장했고, 장달중(2000년)은 남북 정상회담 의제에 대한 문제점 및 정책적 제안을 제시했으며, 이종석(2001년)은 금강산 관광사업이 한반도 정세 완화에 미치는 영향과 금강산 활성화를 위한 정부의 과제에 대한 의견을 제시했다는 것이다.[12] 어떤 연구나 앞에서 이미 지적한 대로 햇볕정책에 대한 찬성과 반대, 또는 제한적 찬성과 제한적 반대의 범주에 포함되며, 주제의 폭에 따라 각론적이거나 총체적인 성격을 띤다. 이 분야의 권위자들답게 햇볕정책의 의의와 한계에 대한 분석과 대안제시도 시사점과 통찰력을 준다. 그럼에도 햇볕정책의 현실정합성, 즉 실효성의 변화(부침·*ups and downs in relevance of sunshine policy*)와 그 원인을 심층적, 체계적으로 분석한 연구는 거의 찾아볼 수 없다.

우리가 이미 목격했지만 김대중 정권의 햇볕정책도 국내외의 제반 여건 등에 따라 제대로 작동할 때가 있었고, 그렇지 못할 때가 있었다. 실효성에 부침이 있었다는 얘기다. 그렇다면 왜 그런지, 그 원인을 찾아보는 것이 햇볕정책에 대한 보다 의미 있는 연구일 터이다. 햇볕정책을 하나의 정형화된 정책으로 탁자 위에만 올려놓고 분석하면 햇볕정책의 어느 한 면만을 보는 결과를 낳을 수 있다. 그 보다는 한 걸음 더 나아가 구체적인 현실 속에서 정책으로서의 적실성을 갖느냐를 따져보는 것이 햇볕정책의 실체를 파악하는 첩경일 것이다. 기존 연구들은 바로 이 점에서 미흡했다.

---

11) 엄태윤, "한미 양국의 대북정책 변화와 남북경협 발전방안 연구"(2007년 한국외국어대 국제관계학과 박사학위 논문), pp. 14~17.

12) 서동만, "정경분리 원칙과 정책의 일관성 유지", 〈통일경제〉(1998년 5월), 장달중, "남북 정상회담의 의의와 정책 제언", 〈통일경제〉(2000년 5월), 이종석, "금강산 관광사업의 활성화 과제"(통일경제, 2001년 11·12월), 엄태윤(2007), 박사학위논문에서 재인용.

한 예로 "김대중 정부의 대북정책 효율성 분석"이란 박사 학위논문을 보자.[13] 이 논문은 1998년 김대중 정권의 출범부터 2001년 9·11테러 이전까지의 시기를 남북 화해·협력 증진기와 교착기로 나눠 김대중 정권의 대북정책(햇볕정책)의 실효성 변화와 미국의 클린턴 및 부시 정부의 햇볕정책 지지도와의 관계를 설명한다. 국제적 차원에서 미국 정부의 지지도가 높을 경우, 햇볕정책은 실효성이 있는 정책이 됐지만 그렇지 않을 경우 실효성은 떨어졌다는 것이다. 앞에서 말한 적실성 분석을 시도한 것이다.

그럼에도 이 논문은 햇볕정책의 실효성에 영향을 미치는 변수가 한미관계(국제적) 차원뿐만 아니라, 남북관계 차원, 국내적 차원 등 3차원에 모두에 존재하고, 이들 변수들이 서로 영향을 미친다는 점에 대해선 언급하지 않았다. 물론 이 논문은 '햇볕정책의 실효성'과 '미국 정부의 지지도'라는 제한적인 변수만을 분석대상으로 삼았기에 이런 지적은 무리일 수 있다. 하지만 햇볕정책에 대한 분석시기를 좁게 한정함으로써 햇볕정책의 실효성이 현저히 떨어진 2001년 9·11 테러 이후의 시기는 빠져있다. 실제로 햇볕정책에 대한 미국의 지지가 낮았던 부시 행정부의 등장 이후에도 남북 간에는 당국 간 대화 및 민간 차원의 교류·협력이 상당기간 지속됐다. 이 점이 분석대상에서 빠진 것은 아쉽다고 하지 않을 수 없다.

---

13) 김건중, "김대중 정부의 대북정책 효율성 분석"(국방대 안전보장대학원 석사학위논문, 2003) 참고.

2) 실효성 분석 시기

햇볕정책의 실효성을 분석하기 위한 시기는 김대중 정권의 집권기인 1998년 2월부터 2003년 2월까지 5년 동안으로 한정했다. 그 이유는 다음과 같다. 첫째, 이 시기에 햇볕정책의 실효성에 분명한 변화가 있었고, 둘째, 분석시기를 동일한 정부에 국한시킴으로써 일관된 분석틀의 적용과 변수에 대한 통제가 용이했기 때문이다. 정권의 기반과 성격, 최고정책결정자의 신념과 성향, 정책 내용의 변화 등 정권 교체와 이에 따른 추가적 환경의 변화로 인한 연구의 혼선을 피하기 위해서였다. 셋째, 적어도 외양상으로는 햇볕정책의 진면목을 보여준 시기는 김대중 정권의 집권기였다. 김대중 정권의 햇볕정책은 구체적으로 실천된 정부의 정책이라는 점에서 민간 차원의 구상이나 방안과는 다르다. 햇볕정책을 계승한 노무현 정권의 평화번영정책과도 미묘한 차이가 있다. 햇볕정책은 그 대상을 남북한과 한반도에 국한시켰지만 평화번영정책은 한반도를 넘어 동북아까지로 대상을 확대, 설명하려 했다. 대외인식(對外認識)에서도 햇볕정책은 친미·친북적 정향을 보였지만, 평화번영정책은 민족자주의식이 크게 강화되어 반미·친북에 경도되는 성향을 보였다.[14)]

햇볕정책의 실효성 변화를 좀더 구체적으로 파악하기 위해서는 김대중 집권 선반기, 중반기, 후반기의 세 시기로 나눌 필요가 있다. 전반기는 김대중 정권이 출범한 1998년 2월부터 김대중 대통령이 베를린선언을 발표하기 직전인 2000년 2월까지 약 2년에 걸친 기간이다. 이 시기는 북한 잠수정의 동해 침투, 미사일 발사, 제 1차 서해교전 발발 등 북측의 각종 도발에도 불구하고 남북 당국자회담 개최, 금강산 관광 개

14) 백학순, "김대중 정부와 노무현 대북정책비교", 〈세종정책연구〉, 2009년 제 5권 1호.

시, 민간 차원의 남북 교류·협력 증가, 한국의 대북지원 확대, 북·미 핵미사일 회담 타결과 페리보고서 발표 등의 성과가 나타남으로써 햇볕정책의 실효성이 점증한 시기이다.

중반기는 김대중 대통령이 베를린선언을 발표한 2000년 3월부터 부시 행정부가 등장하기 직전인 2001년 1월 중순까지 약 11개월에 걸친 기간이다. 이 시기는 남북 정상회담 개최와 6·15 공동선언 발표, 각종 남북 당국자회담 활성화, 6·15 공동선언 후속조치 이행, 민간 차원의 남북 교류·협력의 급증, 조명록 참사의 워싱턴 방문과 메들린 올브라이트(M. K. Albright) 미국 국무장관의 평양 방문을 통한 북미관계 개선 급진전 등의 성과가 나타남으로써 햇볕정책의 실효성이 극대화된 시기이다.

끝으로 후반기는 부시 행정부가 등장한 2001년 1월 말부터 김대중 정권이 퇴진한 2003년 2월까지 약 2년 1개월에 걸친 기간이다. 이 시기는 남북 당국자회담 및 민간 차원의 남북 교류·협력이 지속되기는 했지만, 당국자회담은 부진했고, 민간 차원의 남북 교류·협력 감소, 제2차 서해교전 발발, 2차 북핵 위기 시작, 북·미 공식대화 단절 등의 역효과가 나타남으로써 햇볕정책의 효율성이 급속히 떨어지던 시기이다.

2. 분석의 틀: 3C(*Confidence*, *Consensus*, *Compatibility*) 모델

햇볕정책의 현실정합성을 살펴보기 위해서는 하나의 틀이 필요했다. 어떤 환경 속에서 햇볕정책이 성과가 있었고 또 없었는지를 판단할 이론이나 장치 같은 것이 있어야 했기 때문이다. 그래서 생각해낸 것이 남북 간 신뢰(*confidence*), 국내적 합의(*consensus*), 국제적 양립성(*compatibility*)이라는 세 변수로 구성된 분석의 틀이었다. 나는 이 틀에 '3C 모델'이라는 이름을 감히 붙였다. 어떤 정권을 막론하고 대북정책이 성공하려면 첫째는 남북 간에 최소한의 신뢰가 있어야 하고, 다음은 이를 뒷받침해줄 국내적 합의가 따라줘야 하고, 끝으로는 이 정책이 관련국들의 정책과 충돌하지 않고 양립 가능해야 한다고 봤기 때문이다. 대북정책의 성패는 결국 이 세 변수가 상호 조화롭게 연계되느냐에 따라 결정된다고 본 것이다.

실제로 김대중 정권 재임 5년 동안 햇볕정책은 3C가 유기적으로 조화롭게 연계됐을 때는 정권이 의도했던 정책효과를 냈지만, 3C 중 하나만 틀어져도 삐거덕거리기 일쑤였고 기대했던 효과 대신 역작용을 초래하곤 했다.[15] 그래서 얻은 결론이 햇볕정책에 대한 맹신과 환상을 버려야 한다는 것이었다. 김대중과 그 지지자들이 햇볕정책에 대해 얼마만큼 확고한 신념과 논리를 갖고 있는지 몰라도 햇볕정책도 여러 대북정책의 하나일 뿐이다. 햇볕정책이 하나의 척도가 되어 대북정책의 적합성 여부를 판단하고, 지지자는 평화주의자, 반대자는 전쟁주의자 식으로 편을 가르는 것은 상상하기 어려운 일이다.

15) 이재호, "대북정책의 다차원적 연계성과 햇볕정책의 효율성"(고려대 정치외교학과 박사학위논문, 2008년 6월) 참조.

1) 이론적 배경

김대중 정권의 햇볕정책은 대한민국의 대북정책이나, 이는 결국 각국이 보편적으로 수행하는 외교정책에 다름이 아니다. 물론 분단이라는 특수한 상황의 산물이지만 남북은 1991년 유엔 동시가입 이후 사실상 두 개의 주권국가로 행동했고 국제사회도 이를 인정했다. 따라서 햇볕정책의 성과 곧 실효성을 측정하는 분석틀을 구상하기 위해서는 먼저 외교정책에 관한 일반론부터 살펴볼 필요가 있다.

일반적으로 외교정책의 개념은 국가 간 관계라는 차원에서 정의된다. 모델스키(George Modelski)에 의하면, "타국의 행위를 변경시키고 국제환경에 그들 자신의 활동을 적응시키는 데 공동체가 전개하는 활동체계"로 정의된다.[16] 로제나워(James N. Rosenau)에 의하면, "국제환경의 바람직한 국면을 보전하거나 바람직하지 않은 국면을 변경하기 위해 정부가 취하거나 취하겠다고 공언한 권위적 조치"[17] 또는 "조직된 국가사회가 국제환경과 싸우고 거기에서 이익을 취하려고 노력하는 모든 태도와 활동"으로 정의된다.[18] 홀스티(Kalevi J Holsti)는 "다른 국가 혹은 국가들의 행동 태도 정책 등과 같은 환경에 어떤 변화를 촉진하거나 문제를 해결하기 위해 정책결정자들이 디자인한 아이디어나 행동이 곧 외교정책의 산출"이라고 했다.[19]

---

16) George Modelski, *A Theory of Foreign Policy*(New York: Praeger, 1962), p. 6.

17) James N. Rosenau, "Comparing Foreign Policies: Why, what, How", in James N. Rosenau(ed.), *Comparing Foreign Policies: Theories, Findings and Methods*(New York: John Wiley and Sons, 1974), p. 6.

18) James N. Rosenau, "Foreign Policy as Adaptive Behavior", *Comparative Politics*, Vol. 2, No. 3(April, 1970), p. 366.

19) Kalevi J. Holsti, *International Politics*(New Jersey: Princeton-Hall, Inc., 1977), pp. 107~108.

플라노(Plano)와 올튼(Olton)의 《국제정치학 사전》에도 "외교정책의 목표란 국가와 관련된 이익을 국제정치적 상황 및 가용한 국가능력의 관련성 속에서 표현하는 구체적 방식"이며, "국제 환경 속에서 그 국가와 관련된 특정 외부상황을 변경시키거나 유지하려는 목적으로 행해지는 정책결정자의 선택"으로 돼 있다.[20] 이런 모든 개념과 정의 속에는 국가이익 추구 혹은 국가이익의 추구를 위해 상대국의 태도변화를 유도하는 것이 외교정책이라는 것이 함의돼 있다.

외교정책은 또한 국내정치와 국제정치의 연계(*linkage*)의 산물이다. 일찍이 로제나워가 지적했듯이 오늘날 외교의 한 주체(행동역-*actor*)로서의 국가는 '침투된 체제'(*penetrated system*)이다. 따라서 나라 밖의 어떤 사건이나 트렌드도 나라 안으로 침투해 들어와 주요 정책결정에 영향을 미친다. 다시 말해 한 국가의 외교정책은 국내적 요인과 국제적 요인이 결합돼 만들어지고 집행된다는 뜻이다. 과거처럼 국가(*nation-state*)는 주권을 가지고 있기 때문에 다른 나라나 외부세력이 간섭하거나 영향을 미칠 수가 없고, 따라서 외교정책은 전적으로 해당 국가의 전유물이라는 주장은 설득력이 없다는 것이다. 국내정치와 국제정치의 경계가 이미 허물어졌다는 얘기다. 거의 고전이 됐지만 로제나워의 말을 원문 그대로 인용해본다.

> 침투된 체제는 국가사회의 비구성원들이 구성원들과의 공동 행동을 통해 그 국가사회의 가치 배분이나 목표 달성을 위한 지지를 동원하기 위해 직접적으로 그리고 권위적으로 참여하는 체제이다.[21]

---

20) Jack C. Plano and Roy Olton, *The International Relations Dictionary*, 3rd ed. (Santa Barbara, CA: ABC-Clio, 1982). 김기정, "국제체제 하에서의 외교정책", 구본학 외 공저, 《세계외교정책론》(을유문화사, 1995), p. 98에서 재인용.

21) James N Rosenau, "Pre-theories and Theories of Foreign Policy",

로제나워의 '침투된 체제'와 외교정책의 두 원천으로서의 '국제'와 '국내'의 연계(*linkage*)는 한리더(Wolfram F. Hanrieder)에 의해 보다 정교하게 다듬어진다. 한리더는 그렇다면 국제적 요인과 국내적 요인은 어떻게 연계시킬 수 있는가에 대한 답으로 '양립성'(*compatibility*)과 '합의'(*consensus*)라는 두 개의 개념을 제시한다. "외교정책의 대외적 차원과 국내적 차원 간에 상관관계를 허용하고, 국제정치체제와 국내정치체제 사이에 있는 분석적 장벽들을 넘어 다리처럼 연결해주는 지속적 과정으로서의 외교정책을 볼 수 있도록 해주는 두 개념이 있다"는 것인데, 그 하나는 '양립성'이고 다른 하나는 '합의'라는 것이다. 여기서 양립성은 '다양한 외교정책들이 주어진 국제환경 속에서 실현가능한 정도를 평가하는 개념'이고, 합의는 '국내정치 차원에서 특정 외교정책의 목표와 수단에 대한 국민의 동의(同意)의 정도를 평가하는 개념'이다.[22] 한리더는 국제체제와 외교정책 간에 양립성이 있다는 것은 "국제체제의 외부 관측자(*an outside observer*)가 적절하다고 생각하는 정책이 집행될 때 그 정책이 의도하는 목표를 달성할 합리적인 기회를 갖게 된다는 뜻"이라고 말했다. 한마디로 나라 밖으로는 해당 국제체제와 양립이 가능하고, 나라 안으로는 국민적 합의의 정도가 높은 외교정책이 성공할 가능성이 그만큼 높다는 얘기다.

한리더의 '양립성'과 '합의'의 개념은 푸트남(Robert D. Putnam)의 양면게임이론(*Two-Level Game Theory*)과도 본질에서는 같다.[23] 푸트남도

Approaches to Comparative and International Politics ed. by R. B. Farrell(Northwestern University Press, Evanston, 1976), p.65.

22) Wolfram F. Hanrieder, "Compatability and Consensus: A Proposal for the Conceptual Linkage of External and Internal Dimensions of Foreign Policy", *The American Political Science Review*, Vol.61, No.4(Dec., 1967), American Political Science Association, p.977.

23) Robert D. Putnam, "Diplomacy and Domestic Politics: The Logic of

국내정치(외교정책)와 국제정치가 얽힐(*entangled*) 수밖에 없는 현실을 어떻게 설명할 것인가에서 출발해, 그런 현실이 국가—편의상 국가라고 하자—간 협상에서 보다 분명하고 구체적으로 포착될 수 있다고 봤기 때문이다. 그에 따르면 한 국가의 정부는 국제적·국내적 양 차원에서 협상하게 된다. 국제적 차원에서는 상대국 정부와 협상을 하고(레벨 I), 국내적 차원에서는 이런 협상 결과에 대한 국회의 비준—편의상 비준이라고 하자—을 획득해야 한다(레벨 II). 이 과정에서 국제적 차원의 협상이 선행되지만, 협상의 성패 여부는 국제적·국내적 양 차원 모두에서 결정될 수 있다. 특히 국제적 협상에서 어떤 합의에 도달하더라도 그 합의안이 국내에서 비준을 획득하지 못하면 그 협상은 깨진다.

푸트남은 이를 '윈-셋'(*win-set*) 개념으로 설명한다. '윈-셋'은 '레벨 II 단계인 국내 비준과정에서 다수의 지지표를 얻을(*win*) 수 있는 레벨 I 단계에서의 모든 가능한 합의안의 세트'이다.[24] 다시 말하면 협상이 성공하려면 상대국과의 협상에서 합의에 도달할 수 있는 합의안이면서 동시에 국내 유권자들로부터도 비준(동의)을 받을 수 있는 그런 합의안, 곧 '하나의 세트로서의 합의안'이어야 한다는 뜻이다.

스키드모어(David Skidmore)와 발라리 허드슨(Valarie Hudson)은 이보다 조금 더 나아가 대외정책연구는 이제 국내체제-국제체제의 양분화를 떠나 국가와 사회와의 관계 속에서 이해되어야 한다고 주장한다. 무정부 상태인 국제체제의 속성으로 인해 신현실주의자들은 대외정책연구를 주어진 국제체제의 힘의 분포에 의하여 결정되는 구조결정론에

Two-Level Games", Peter B. Evans, Harold K. Jacobson, Robert D. Putnam(ed.), *Double-Edged Diplomacy*(Berkeley: University of California Press, 1993), pp.431~468.

24) Robert D. Putnam, "Diplomacy and Domestic Politics: the logic of two-level games", *International Organization* Vol.42, No.3, Summer, 1988, p.437.

입각해서 보았고, 따라서 외부-내부(*outside-in*) 접근법에 의존했다. 그러나 1970년대 이후 국가 간의 상호의존성과 경제의 중요성, 지구촌화 경향, 사회적 요구 등이 급증하면서 내부-외부(*inside-out*) 접근법의 중요성을 다시 한 번 부각시켜주고 있다는 것이다.[25] 이 또한 외교정책 연구에서 국내적 원천이 일원적 행위자(*unitary actor*)로서의 정부로부터 각종 사회단체와 기구 등으로 분화되었음을 보여준다.

메이어(Frederick W. Mayor)는 국가 간의 협상은 해당 국가 내의 정파(政派·*faction*)의 입장과 태도 등에 따라서 영향받을 수 있음을 지적하면서, 특히 정책결정자는 국가 간 합의를 국내의 강경파들에게 팔 때(제시할 때) 특별히 주의할 필요가 있다고 말한다.[26] 상대 국가의 정파들도 이를 예의 주시하기 때문에 이쪽 강경파들의 반응이 상대 국가의 정파들을 불필요하게 자극할 수도 있다는 것이다. 이 점은 우리에게도 시사하는 바가 많다. 정부가 북한과의 합의를 야당에 제시하고 수용을 요청했을 때 야당이 보인 반응과 이 반응이 북한에 미친 영향은 우리에게도 큰 관심사가 아닐 수 없다.

이 밖에도 외교정책(국제정치)과 국내정치와의 연계현상을 찾고 설명하기 위한 시도는 1966년 로제나워가 이른바 예비이론(*Pre-theories*)[27]의

25) David Skimore and Valarie M. Hudson, ed., *Limits of Autonomy: Social Groups and Foreign Policy Formulation* (Boulder: Westview press, 1993); 전득주·박준영·김성주·김호섭·홍규덕, 《대외정책론》(박영사, 2003), pp. 98~99에서 재인용.

26) Frederic W. Mayor, "Managing domestic differences in international negotiations: the strategic use of internal side-payments", *International Organization*, Vol. 46, No. 4, Autumn, 1992, p. 817. 우리의 관심사이기는 하나 이 글에서는 다루지 않았다.

27) 로제나워는 1966년 처음 발표한 논문 "Pre-theories and Theories of Foreign Policy"에서 한 나라의 외교정책을 결정하는 5가지 변수군으로 개인, 역할, 정부, 사회, 체제를 든 다음, 다시 영토의 크기와 천연자원의

형태로 그 가능성을 처음 제시한 이래 꾸준히 지속되었다. 외교정책 일반이론을 향한 로제나워와 그 뒤를 잇는 학자들의 열정과 노력에도 불구하고 이론화의 길은 아직 멀어 보인다. 로제나워는 2008년 한 책의 서문에서 자신의 이론화 노력이 외교정책 연구에 많은 기여를 했으며, 특히 미국 대학들을 대상으로 '대학 간 비교외교 정책연구 프로젝트'(ICFP)를 설립케 하는 데 결정적 힘이 됐다고 자찬했으나[28] 외교정책 이론화는 여전히 어려운 작업이다.

그럼에도 로제나워가 외교정책 연구에 기여한 바는 크다. 개별국가들의 외교정책을 해당 국가들의 특수한 환경과 정책의 산물(외부의 자극에 대한 반응)로만 치부했던 과거의 분석 수준에서 벗어나 가능한 많은 자료를 취합해 분석함으로써 국가들 사이에 어떤 동일성이나 규칙성을 찾아내, 유형화(類型化)함으로써 궁극적으로 예측이 가능한 외교정책 일반이론에 다가가고자 했기 때문이다. 그의 이런 시도는 외교정책분석(FPA) 분야에 대한 학문적 기여임은 분명하다.

필자는 로제나워의 연계이론을 바탕에 깔고 그 위에 한리더(Hanrieder)의 두 개념(변수)인 양립성(*compatibility*)과 합의(*consensus*)를 기초로 햇볕정책의 실효성을 측정할 수 있는 이론적 틀(모델)을 만들려고 했다. 한리더의 이 두 변수를 이용한 것은 필자가 처음은 아니다. 필자의 대학선배이기도 한 이정화(시카고대학 정치학박사)는 1977

보유량, 경제발전의 정도, 국가의 개방 여부 등 3가지 기준을 동원해 국가를 대국·소국, 선진국·후진국, 개방국가·폐쇄국가 등으로 나누고, 해당 국가의 대외정책이 5가지 변수군 중 어떤 변수군에 의해서 영향을 받는지 그 순서를 매김으로써 8가지 대외정책 유형의 국가를 제시했다. 이 8개 유형 자체가 예비이론은 아니고 이론화를 위한 예비 작업쯤으로 보면 된다. 로제나워는 이후에도 이런 유형의 매트릭스를 계속 만들었다.

28) Steve Smith, Amelia Hadfield, Tim Dunne(ed.), *Foreign Policy-Theories · Actors · Cases*(Oxford University Press, 2008), pp. 4~6.

년 11월 자신의 석사학위 논문에서 이 변수를 동원해 장면 정권(제2공화국)에서의 남북한의 통일정책을 비교한 바 있다.[29] 이 논문은 당시로서는 매우 인상적이어서 필자의 기억 속에 오래도록 남았다. 하지만 뭔가 아쉬웠다. 그는 '합의'(*consensus*) —그의 표현에 따르면 '동의'— 를 '남북한 사이의 합의'로 봤지만, 한리더가 말한 합의는 국내체제에서의 합의이지 사실상 국가 관계인 남북한 사이에서의 합의는 아니었기 때문이다.

그렇다면 '합의'는 원래대로 '국내 차원에서의 합의'로 놓고, 남북한 사이에는 다른 또 하나의 변수가 필요했다. 그래서 나온 게 '신뢰'(*confidence*)다. 대북정책이 실효성이 있으려면 나라 밖으로는 '국제체제와 양립'이 가능해야 하고, 나라 안으로는 '국민적 합의(동의)'가 있어야 하고, 그리고 남북 사이에는 '신뢰'가 있어야 한다는 것이다. 그래서 나온 게 필자의 3C 모델이다. 햇볕정책은 물론 어떤 대북정책도 3C가 상당한 수준에 도달해 유기적으로 조화와 균형을 이룰 때 소기의 성과를 거둘 수 있다고 생각한 것이다. 이를 알기 쉽게 3차원의 그래프로 설명하면 다음과 같다.

〈그림 4-1〉에서 점 P1은 국제적 양립성도 낮고 남북 간 신뢰도 낮은데 오직 국내적 합의만 높은 경우다. 이 경우 대북정책은 일방적이고 강한 국수적 성향을 띠게 되지만 실질적 대화나 교류 협력과 같은 진전은 전혀 기대할 수 없다. 햇볕정책이든 강경정책이든 이런 3C의 대북정책은 어떤 생산적인 결과도 만들어내지 못한다.

점 P2는 남북 간 '신뢰'와 국민적 '합의'의 수준은 높은데 국제적 양립성의 수준은 낮은 경우이다. 앞서 제시한 햇볕정책 분석시기 중 김대중 정권 후기에 해당하는 케이스라고 할 수 있다. 햇볕정책에 대한 국민

---

29) 이정화, "남북한 통일정책 비교 연구—양립성과 동의를 중심으로"(고려대 대학원 정치외교학과 석사학위 논문, 1977년 11월) 참고.

〈그림 4-1〉 점 P1과 P2

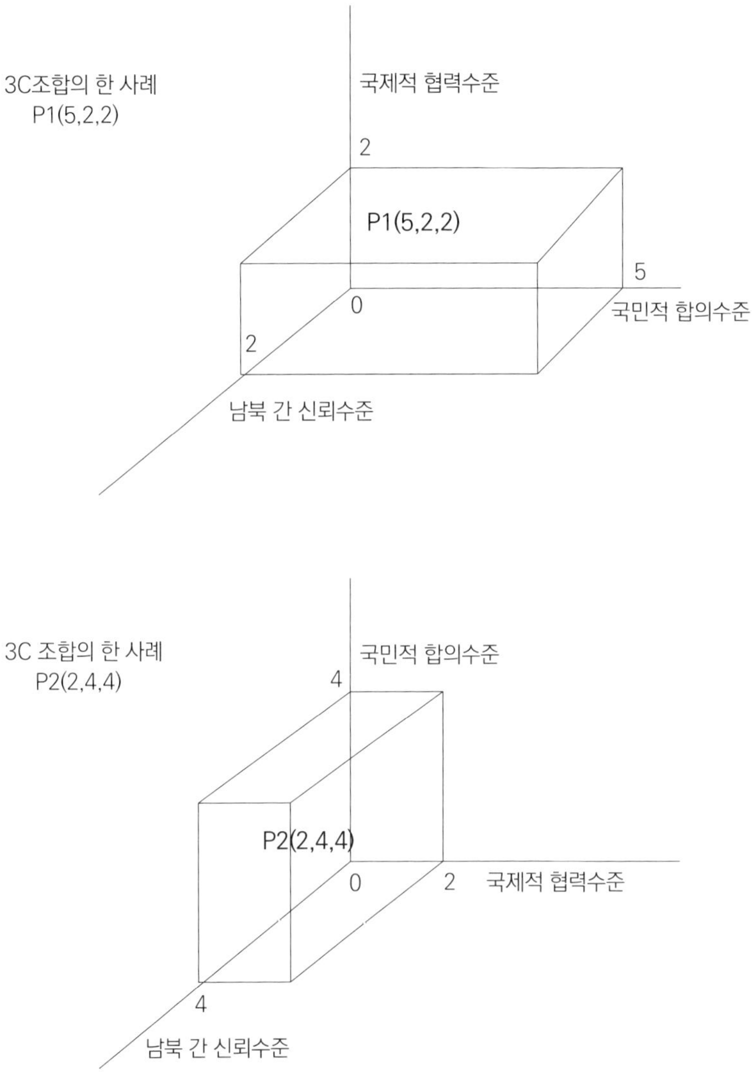
3C조합의 한 사례
P1(5,2,2)
국제적 협력수준
2
P1(5,2,2)
5
0
국민적 합의수준
2
남북 간 신뢰수준
3C 조합의 한 사례
P2(2,4,4)
국민적 합의수준
4
P2(2,4,4)
0
2
국제적 협력수준
4
남북 간 신뢰수준

여론의 지지도(합의)는 집권 초기에 비해 떨어지긴 했지만 아주 낮은 것은 아니었고, 남북 간에도 어떤 형태로든 협력과 교류를 계속할 의지(신뢰)가 있었지만 미국 부시 정부의 등장과 함께 햇볕정책이 부시대통령의 대북 강경정책과 '양립'하지 못함으로써 그 실효성은 크게 떨어졌기 때문이다.

이처럼 3C가 어떻게 결합되느냐에 따라 대북정책의 현실정합성(적실성)을 가늠해볼 수 있고 이를 통해 초보적이나마 대북정책의 유형화(類型化)가 가능하다고 보았던 것이다.[30] 물론 이런 조합은 관념 속의 조합이다. 현실의 세계에선 보다 복잡하게 얽혀서 좀처럼 일반화 또는 유형화하기가 어려울 것이다. 그럼에도 대북정책 연구의 이론화에 주는 시사점은 있다고 생각한다. 이런 틀 속에서 보다 많은 변수를 동원해 분석할 경우 그것이 전통적인 기술적(*descriptive*) 접근이건, 계량적(*quantitative*) 접근이건 상당한 수준의 설명력을 가진 대북정책의 실효성(적실성) 연구로 이어질 것으로 믿는다.

2) 3C의 상대적 비중과 상호관계

그렇다면 3C 간의 상대적 비중과 상호관계는 어떻게 설명할 수 있을까. 일반적으로 약소국의 외교는 강대국의 외교에 비해 국제정치적 영향력으로부터 상대적으로 더 많은 제약을 받게 된다. 약소국 외교의 자

30) 3C의 조합에 따라 대북정책은 ① 국제적 양립성은 높은데 국내적 합의와 남북 간 신뢰가 낮은 경우, ② 양립성은 낮고 합의와 신뢰가 높은 경우, ③ 양립성과 합의는 높은데 신뢰는 낮은 경우, ④ 양립성과 신뢰는 높은데 합의가 낮은 경우, ⑤ 양립성과 합의는 낮은데 신뢰는 높은 경우, ⑥양립성과 신뢰는 낮은데 합의는 높은 경우, ⑦ 양립성과 합의, 신뢰가 다 높은 경우, ⑧ 양립성과 합의, 신뢰가 다 늦은 경우 등으로 유형화 해볼 수 있다.

율성을 약화시키는 이런 제약은 해당 약소국이 처한 지정학적 조건 및 주변강대국들의 역학관계와 매우 밀접한 관련을 갖는다.[31] 이러한 관점에서 볼 때 한반도는 외교적 자율성이 크게 제약될 수 있는 지정학적 조건을 구비했다. 한반도를 19세기 말 이래 경쟁적인 주변 강대국들에 의해 둘러싸인 '외로운 섬' 또는 '대륙세력과 해양세력 사이에 끼인 샌드위치'로 묘사하는 것은 이 때문이다. 따라서 한반도의 정치질서는 내세적(內勢的) 정치력과 외세적(外勢的) 정치력 간의 상관관계에 의해서 결정되는 경향성이 뚜렷이 나타나고 있다.[32]

더욱이 1945년 해방 직후에는 지역적 양극체제(*regional bi-polar system*)의 구조적 영향력, 곧 미소(美蘇) 간 세력경쟁이 강하게 작용하는 상태에서 분단이 됐고, 이후에도 이에 기반한 남북 대결기조 위에서 분단체제가 지속되었다. 이는 탈냉전에 이른 오늘에도 크게 달라지지 않았다. 지역적 양극체제서의 두 패권적 국가가 미소에서 미중(美中)으로만 바뀌었을 뿐이다.

이런 구조와 환경에서는 앞에서 설명한 3C 중 국제적 양립성(*compatibility*) 변수가 나머지 두 변수인 남북 간 신뢰(*confidence*)와 국내적 합의(*consensus*)보다 상대적으로 더 큰 비중을 차지할 수밖에 없다. 조금 더 좁혀서 말하면 한국의 대북정책은 어떤 정책이든 한국이 속한 진영(*block*)의 지배적(패권적) 외세인 미국의 지지와 협력이 성패에 가장 중요하다는 뜻이다. 그렇다고 해서 세 변수들 간의 상대적 비중이 항상 고정된 것은 아니다. 지역적 양극체제가 얼마나 경화됐느냐, 이완됐느냐

---

31) Annette B. Fox, *The Power of Small States: Diplomacy in World War II* (Chicago: University of Chicago Press, 1950); Marshall R. Singer, *Weak States in a World of Powers: the Dynamics of International Relations* (New York: The Free Press, 1972); Michael Handel, *Weak States in the International System* (London: Frank Cass, 1981), 참조.

32) 이호재, 《한국외교정책의 이상과 현실》(법문사, 제6판, 2000), pp.3~11.

의 정도에 따라 비중이 상당히 달라질 수 있다.[33]

지역적 양극체제가 경화된 상태에서는 외세, 특히 패권적 외세들의 영향력이 매우 강하게 작용하기 때문에 '국제적 양립성' 변수가 압도적이고 절대적 비중을 차지하게 된다. 상대적으로 '국내적 합의'와 '남북 간 신뢰' 변수는 거의 무시해도 좋을 종속변수로 전락하게 된다. 지역적 양극체제가 '완전히' 이완된 상태에서는 외세의 영향력이 미미한 수준이어서 한반도문제에서 남북한의 자율성이 상당부분 보장될 수 있다. 이때는 '국제적 양립성'이 종속변수로 떨어지고 '남북 간 신뢰'가 선행변수로 작용하게 돼 '국내적 합의' 및 '국제적 양립성' 변수들을 추동하는 역할을 하게 된다.

문제는 한국 정부가 대북정책 또는 한반도정책을 수립하고 실행할 때 지역적 양극체제가 이처럼 '완전한' 이완상태를 기대하기가 극히 어렵다는 데 있다. 그렇다면 '경화상태'와 '완전한 이완'의 중간상태를 설정해 볼 수 있다. 이 경우 외세의 영향력과 내세의 영향력이 비슷한 비중을 가지고 동시에 작용하게 되며, 세 변수(3C)의 조화를 추동하는 변수도 달라지고 변수 간의 상대적 영향력도 유동적일 수 있다.

김대중 정권의 경우 탈냉전으로 인해 지역적 양극체제는 '상당히' 이완된 상태였지만 북핵문제로 인해 미국이 한국의 대북정책에 촉각을 곤두세우고 있었기 때문에 '국내적 합의'나 '남북 간 신뢰'보다 '국제적 양립성'이 상대적으로 더 영향력이 컸던 시기였다. '국제적 양립성'이 '국내적 합의' 및 '남북 간 신뢰'를 끌고 가는 형국이었던 것이다.

햇볕정책 같은 대북 화해·협력정책은 추진 단계별로 추동변수가 다소 달라질 수 있다. 시도단계에서는 한국 정부의 주도적 역할이 대단히 중요하다. 패권적 외세들의 한반도 현상유지 정책과 남북한 관계개선

---

33) 이호재 외, 앞의 책(2005), pp. 59~70 참조.

에 대한 미온적 태도, 대북정책을 둘러싼 남남 갈등, 남북한 간의 적대감과 한국의 상대적 국력 우위에서 대북 화해·협력정책(햇볕정책)은 한국 정부가 주도적으로 추진하지 않으면 시도하기 어렵다.

이 경우 한국 정부로서는 한국 진영의 패권적 외세인 미국의 묵인 또는 지지, 그리고 국내적 지지가 상당한 정도로 수반되어야 한다. 그런데 대북 화해·협력정책은 일종의 상수(常數)라고 할 수 있는 미국의 묵인 또는 지지 하에 추진되는 것이므로 결국 한국의 국내적 지지(합의) 여부가 관건이 된다. 따라서 시도단계에서는 '국내적 합의'가 세 변수의 조화를 추동하는 실질적 변수로 작용하게 된다.

시도단계를 지나면 가시적 성과가 도출돼야 화해·협력정책이 지속될 수 있다. 이러한 성과 도출은 남북한 간의 협력과 지원 하에서 이루어질 수 있다. 이를 위해서는 남북한 간에 뿌리 깊은 적대감을 털어버리고 상호 신뢰를 다지는 것이 중요하다. 햇볕정책의 성과는 북한의 적극적 호응과 협력을 기본전제로 한다. 결국 지속단계에서는 '남북 간 신뢰' 변수가 세 변수의 조화 여부를 추동하게 된다.

한반도의 긴장완화, 남북관계 개선 및 통일에 대한 욕구, 한국의 대북 경제지원과 협력이 긴요한 북한의 입장 등으로 인해 가시적 성과가 다소 미흡하더라도 화해·협력정책은 일정기간 지속될 수 있다. 그러나 한반도의 현상유지를 정책의 기조로 삼고 있는 패권적 외세들, 특히 한국 진영의 패권적 외세인 미국이 화해·협력정책이 북핵문제 해결 및 한미동맹의 발전을 저해함으로써 미국의 이익에 반한다고 판단하게 되면 한국 정부의 화해·협력정책 지속에 제동을 걸게 될 가능성이 매우 높다.[34]

---

34) 21세기의 한미동맹에 관한 자세한 분석은 In-Taek Hyun, Kyudok Hong, & Sung-han Kim(ed.), *Asia-Pacific Alliances in the 21st Century: Waxing or Wanning?*(Seoul: Oruem, 2007), 참고.

이처럼 햇볕정책의 실효성에 영향을 미치는 3C(세 변수)의 조화는 기본적으로 지역적 양극체제가 '상당히' 이완되고, '국제적 양립성', 다시 말해 미국의 지지와 협력이 건재한 상태에서나 기대해 볼 수 있다. '국제적 양립성'이 세 변수의 조화를 추동, 통제하는 가장 핵심적인 변수가 된다는 뜻이다. 이를 다시 정리하면 한국 정부의 대북 화해・협력정책은 시도단계에서는 '국내적 합의', 지속단계에서는 '남북 간 신뢰'가, 쇠퇴단계에서는 '국제적 양립성'이 각각 세 변수의 조화 여부를 추동하는 역할을 맡게 된다. 이는 앞에서 제시한 3C의 조합에 의한 대북정책의 유형화 시도와 일맥상통한다.

3) 3C의 계량화

그렇다면 실제로 햇볕정책의 경우에는 3C가 어떻게 작동했는가. 이를 추적해보기 위해서는 초보적 수준에서나마 계량화(計量化)가 불가피했다. 필자 개인적으로는 사회적, 정치적 현상에 대한 계량적 분석(*quantitative analysis*)이 썩 마음에 드는 것은 아니다. 질적(質的)인 문제를 양적(量的)인 잣대로 설명하려드는 행태주의는 분석의 규모가 아무리 크고 방법이 정교해도 일정한 한계가 있을 수밖에 없기 때문이다. 더욱이 지금은 행태주의가 기승을 부렸던 1960년대, 70년대도 아니다. 그럼에도 햇볕정책이 많은 대북정책 중의 하나일 뿐이며, 그것도 내외(內外)의 변수들에 따라서 실효성이 있기도 하고 없기도 하다는 사실을 보다 간명하게 보여주기 위해서는 계량화가 유용한 방법이었다.

이를 위해서 먼저 햇볕정책의 실효성을 측정할 지표들을 설정했다. 각 지표에 점수를 부여해 그 합이 많으면 실효성이 높았던 것으로, 낮으면 실효성이 낮았던 것으로 본 것이다. 햇볕정책(대북 화해・협력정책)의 실효성은 남북관계의 개선 여부에 달렸다. 남북 간 적대적 관계가 협력적 관계로 바뀌면 바뀔수록 실효성은 높다고 할 수 있다.

그런데 남북관계 개선은 정부와 민간의 양 차원에서 추진되는 것이 보통이다. 따라서 정부 차원에서는 남북 당국자회담의 빈도와 수준, 그리고 그 결과로서의 합의의 정도, 남북 교류협력의 빈도와 수준 및 규모, 군사적 긴장과 무력도발의 빈도와 수준 등을 지표로 삼았고, 민간 차원에서는 남북한 주민 상호 간 적대적 인식의 약화, 인적·경제적·사회문화적 교류협력의 빈도·수준·규모 등을 지표로 본 것이다.

햇볕정책의 실효성은 북한체제의 개혁·개방 정도와 관련이 있다. 개혁·개방에 진전이 있다면 실효성이 있었다고 판단할 수 있다. 북한의 개혁·개방은 북한의 민주화, 시장경제화, 국제적 문호개방, 국제사회의 규범 준수 등을 핵심내용으로 하며, 이 역시 대내적, 대외적 양 차원에서 이뤄지게 된다. 따라서 필자는 대내적 차원에서는 북한의 민주주의와 시장경제의 도입과 제도화, 북한 주민의 인권·복지의 개선, 사회통제시스템의 개선 등을 지표로 설정했고, 대외적 차원에서는 북핵·미사일문제 해결의 진전, 대남(對南)·대미(對美) 적대인식의 약화, 북미·북일 관계 개선 등에 대한 기여를 햇볕정책의 실효성을 측정하는 주요 지표로 삼았다.

(1) 남북 간 신뢰도

그렇다면 햇볕정책의 실효성에 영향을 미치는 '독립변수'로서의 3C(*Confidence*, *Consensus*, *Compatability*)는 어떻게 계량화할 것인가. 우선 남북 간 신뢰(*confidence*)부터 보자. 이를 객관적으로 측정하는 것은 불가능에 가깝다. 그렇다고 신뢰도에 관한 측정 없이 햇볕정책의 실효성을 계량적으로 설명하기는 어렵다. 따라서 필자는 정부 차원의 신뢰도와 민간 차원의 신뢰도를 각각 적극 신뢰, 소극 신뢰, 중간, 소극 불신, 적극 불신의 다섯 단계로 나눈 후 각 단계별로 1점에서 5점까지를 부여한 다음, 이를 합산하여 2(2개 차원)로 나누는 방식으로 남북 간 신뢰도를 측정했다.

정부 차원의 신뢰도는 남북 당국자회담의 수준, 회담의 성격, 합의문 발표의 유무를 측정지표로 설정해 각각 수치화한 다음, 그 합을 3(측정지표수)으로 나누는 방식을 통해 산출했다. 회담 수준은 실무급 회담, 차관급 회담, 장관급 회담, 총리회담, 정상회담으로 구분하여 순차적으로 1점부터 5점까지를 부여했다. 회담의 수준이 격상될수록 더 많은 신뢰가 깔려있다고 봤기 때문이다.

회담의 성격은 인도(人道), 문화·체육, 경제, 정치·군사, 종합으로 구분하여 순차적으로 1점부터 5점까지 부여했다. 회담의 성격이 정치·군사적일수록 더 많은 신뢰가 필요하다고 본 것이다. 합의문 발표는 합의문이 발표된 회담 수준 및 회담 성격의 점수를 합산하여 2로 나누는 방식으로 점수화하고 합의문이 없는 경우에는 0점으로 처리했다. 회담 수준이 고위급이고, 회담 성격이 정치·군사적일수록 합의문 도출도 그만큼 어렵다고 간주한 것이다.

민간 차원의 신뢰도는 남북 교류협력의 증가율과 외적 영향으로 인한 남북 교류협력의 위축 정도를 측정지표로 설정해 각각 수치화한 다음, 그 합을 2(측정지표수)로 나누는 방식을 통해 산출했다. 남북 교류협력의 증가율은 전년 대비 20% 이하, 21~40%, 41~60%, 61~80%, 81~100% 이상으로 구분하여 순차적으로 1점부터 5점까지를 부여했다. 남북 교류협력의 증가율이 높을수록 신뢰도도 그만큼 높다고 볼 수 있기 때문이다. 또한 정치, 군사적 사건 등의 영향으로 인한 남북 교류·협력의 위축 정도는 완전 파기, 전면 중단, 부분 중단, 영향 미미, 영향 없음으로 구분하여 순차적으로 1점부터 5점까지 부여했다. 외적 영향으로 민간 차원의 교류협력이 위축될수록 신뢰도도 그만큼 저하된다고 볼 수 있기 때문이다. 남북 간 신뢰도 측정방법을 간단히 요약 정리하면 다음과 같다.

[남북 간 신뢰도] = (정부 차원의 신뢰도 + 민간 차원의 신뢰도) ÷ 2

- 정부 차원 = (회담의 수준 + 회담의 성격 + 합의문 발표 유무) ÷ 3
- 민간 차원 = (전년 대비 교류협력의 증가율 + 교류협력의 위축 정도) ÷ 2

〈 정부 차원 〉

	1점	2점	3점	4점	5점
회담 수준	실무급 회담	차관급 회담	장관급 회담	총리회담	정상회담
회담 성격	인도적	문화·체육	경제	정치·군사	종합
합의문 발표	• 합의문 발표의 유무(有無) • 합의문을 발표한 회담의 수준과 성격을 모두 고려함. ex) 장관급회담(3점)에서 군사적 성격(4점)의 합의문을 발표한 경우 신뢰도는(3점 + 4점) ÷ 2 = 3.5				

ex) 남북 정상회담의 신뢰도
{정상회담(5점) + 종합적 성격(5점) +합의문 발표(5점)} ÷ 3 = 5점(적극 신뢰)

〈민간 차원〉

	1점	2점	3점	4점	5점
전년 대비 교류협력 증가율	20% 이하	21~40%	41~60%	61~80%	81~100% 이상
외적 영향으로 인한 교류협력의 위축 정도	완전 파기	전면 중단	부분 중단	영향 미미	영향 없음

ex) 북한의 미사일 시험발사 직후 민간 차원의 신뢰도
{교류협력 증가율 80%(4점) + 미사일발사 영향 없음(4점)} ÷ 2 = 4점(소극 신뢰)

(2) 국내적 합의도

정부의 대외정책이 성공을 거두기 위해서는 국내적 합의(consensus)가 긴요하다. 한국의 대북정책도 예외는 아니다. 한국사회는 해방공간에서의 통일정부 수립문제를 둘러싼 갈등과 분열, 분단, 한국전쟁, 권위주의정권들의 철저한 반공교육과 통일욕구 억압, 민주화와 통일욕구의 상승 등으로 인해 통일문제를 둘러싼 갈등이 뿌리깊이 내재화되었을 뿐만 아니라 한국사회의 갈등구조를 지배하고 있다. 요컨대 통일문제를 둘러싼 갈등이 한국사회 전체 갈등구조의 정점에 위치해 있다는 것이다.[35]

이러한 갈등은 약소분단국에 내재된 '안보와 통일의 딜레마'에서 비롯된다. 약소분단국에서 안보는 분단현상의 유지를 전제하고 통일은 분단현상의 타파를 전제한다.[36] 분단의 타(他) 일방은 안보의 관점에서는 적(敵)으로 규정되고 통일의 관점에서는 화합 혹은 협력의 대상으로 규정된다. 이러한 양면성과 모순성 때문에 약소분단국에는 안보와 통일의 딜레마가 존재하게 된다. 즉, 안보를 강조할 경우 통일이 저해될 수 있고, 통일을 강조할 경우 안보가 저해될 수 있다는 것이다. 무력통일이 불가능할 경우 이러한 딜레마는 더욱 극명하게 나타나게 되며, 안보와 통일의 우선순위를 둘러싼 사회적 갈등도 발생하게 된다. 한국의 경우에도 안보우선 세력과 통일우선 세력이 뿌리 깊은 반목과 대결을 지속했다. 대체로 안보우선 세력은 친미(親美)·반북(反北) 인식, 한미동맹 강화, 김일성·김정일 정권에 대한 불신, 북핵문제와 대북지

35) 최장집, 《한국민주주의의 이론》(한길사, 1993), pp. 185~188.

36) 분단 상황의 안정적 관리에 주안점을 둔 정책이라는 의미에서 '대북정책'을 현상유지로, 분단 극복 차원에서 통일을 향해 하나씩 초석을 쌓아가는 중장기 정책이라는 의미에서 '통일정책'을 현상타파로 보는 견해도 있다. 제성호, "통일의 날 앞당기는 대북정책", 동아일보, 2008년 2월 25일.

원의 철저한 연계 등을 강조하는 반면, 통일우선 세력은 친북·탈미(脫美) 인식, 한미동맹의 약화 혹은 폐기, 김일성·김정일 정권에 대한 용인, 북핵문제와 대북지원의 분리 등을 강조한다.

따라서 정부의 대북정책이 안보나 통일 어느 한 쪽으로 과도하게 쏠릴수록 반대세력의 반발과 도전 가능성도 그만큼 높아지게 된다.[37] 바꿔 말하면 통일우선론에 경도된 김대중 정권의 햇볕정책이 소기의 목적을 달성하기 위해서는 반대세력, 즉 안보우선 세력의 동의와 지지를 얻는 것이 대단히 긴요하다. 이러한 점에서 국내적 차원에서는 '국내적 합의(*consensus*)'가 햇볕정책의 실효성에 영향을 미치는 핵심변수가 된다.

필자는 국내적 합의의 정도를 대(對)국민 여론조사와 주요언론의 사설논조 분석을 통해 측정했다. 여론 차원의 합의와 언론 차원의 합의를 적극 비판, 소극 비판, 중립, 소극지지, 적극 지지의 다섯 단계로 나누고, 각 단계별로 1점에서 5점까지를 부여한 다음, 이를 합산하여 2(2개 차원)로 나누는 방식으로 합의의 정도를 측정한 것이다.

여론 차원의 합의도는 정부 및 여론조사기관에서 시기별·사안별로 실시한 각종 대(對)국민 여론조사의 결과를 적극 활용했다. 국민여론의 지지도는 0~20%, 21~40%, 41~60%, 61~80%, 81~100%로 구분하여 순차적으로 1점부터 5점까지를 부여한 다음, 그 합을 여론조사의 수로 나누는 방식을 통해 산출했다. 설문의 통일성이 미흡하기 때문에 일관성이 지하될 수는 있지만, 국민여론의 지지도가 높을수록 국내적 합의도 그만큼 높다고 볼 수 있기 때문이다.

언론 차원의 합의도는 동아·조선·중앙일보, 한겨레신문 등 4대 중앙일간지의 사설논조를 시기별·사안별로 2개씩 선정·분석했다. 그런 다음 이를 적극 비판, 소극 비판, 중립, 소극 지지, 적극 지지로 구

37) 엄상윤, "이명박 정부의 대북정책 구상과 남북한관계 전망", 〈평화학연구〉, 제9권 제1호(세계평화통일학회, 2008), p.7.

분하여 순차적으로 1점부터 5점까지 부여해서 합산한 후, 그 합을 다시 4(4개 언론)로 나누는 방식을 통해 산출했다. 이들 중앙일간지들은 국민여론을 대변・선도하는 한국의 대표적 언론이고, 사설은 언론사의 입장을 대변한다는 점에서 중앙일간지의 사설논조가 햇볕정책에 호의적일수록 국내적 합의도도 그만큼 높다고 볼 수 있기 때문이다.

[국내적 합의도] = (여론의 지지도 + 언론의 지지도) ÷ 2

〈 여론 차원 〉

	1점	2점	3점	4점	5점
여론의 지지도	0-20%	21-40%	41-60%	61-80%	81-100%

〈 언론 차원 〉

	1점	2점	3점	4점	5점
사설 논조	적극 비판	소극 비판	중립	소극 지지	적극 지지

ex) 남북 정상회담의 합의도
{여론조사 평균 '80%'(4점) + 사설의 평균 '소극지지'(4점)} ÷ 2 = 4점(소극 지지)

(3) 국제적 양립성

끝으로 국제적 차원에서 추출되는 변수이다. 전술한 바와 같이 한반도문제의 자체적 해결은 상당히 제약되었으며, 이러한 제약은 지역적 양극체제로 인한 구조적 영향력에서 비롯된다. 탈냉전 이후에도 한반도지역에서는 미국과 중국을 중심으로 한 양극체제가 여전히 지속, 가동되고 있다. 미국을 필두로 한-미・일-한의 남방진영과 중・러・북의 북방진영이 각자의 이익을 놓고 대립, 갈등하고 있는 것이다. 이런 지역적 양극체제는 냉전시대에 비해 훨씬 이완된 상태지만, 적어도 한반도문제에 관한 한 아직도 큰 위력을 발휘하는 것이 사실이다.[38] 이러한 점을 고려할 때, 한국의 대북정책 역시 주변강대국들, 특히 남방진영의 패권적 외세인 미국의 영향력으로부터 결코 자유로울 수 없다. 한국의 대북정책이 성공을 거두기 위해서는 주변 강대국들, 특히 미국의 지지와 협력을 얻어야 하고, 그러려면 미국의 대북정책과 양립(*compatible*)할 수 있어야 한다. 햇볕정책도 예외일 수는 없다.

필자는 이런 점을 감안해 국제적 양립성(*compatibility*)의 정도를 미국과 중국·일본·러시아로 대별해, 햇볕정책과 관련된 각국의 성명 내용, 언술체계 등의 분석을 통해 측정해 보고자 했다. 이를 토대로 해당국의 태도를 적극 반대, 소극 반대, 중립, 소극 협력, 적극 협력의 다섯 단계로 나누어 각 단계별로 1점에서 5점까지를 부여한 다음, 이를 합산하여 2(2개 차원)로 나누는 방식으로 국제적 양립성의 정도를 계산했다. 각국이 햇볕정책에 호의적일수록 국제적 양립성도 그만큼 높다고 봤기 때문이다.

그러나 앞에서도 누누이 언급했지만 우리에게 중요한 국가는 역시 미국이다. 한반도를 둘러싼 지역적 국제체제가 미중을 중심으로 한 '이완된 양극체제'의 특성을 갖는 쪽으로 급속히 변했다고 해도 미국은 여전히 우리에게 사활이 걸린 동맹이다. 물론 중국의 부상과 함께 앞으로 시간이 갈수록 중국의 입장과 정책에 더 많은 신경을 써야겠지만 우선은 미국이다. 미국의 대(對)동북아정책, 대(對)한반도정책과 우리의 대북정책이 양립할 수 있어야 그나마 정책다운 정책을 추진할 수 있다. 어쩌면 중국의 입김이 커지기 때문에 미국과의 관계를 더 돈돈히 해야

---

38) 지역적 양극체제와 한반도의 분단/통일에 관한 자세한 분석은 엄상윤, "한반도통일의 이론적 모색: 지역적 양극체제와 약소국의 분단/통일", 〈국제관계연구〉, 제10권 제2호(일민국제관계연구원, 2005), pp. 5~32 참조.

할 필요가 있는지도 모른다. 따라서 양립성의 측정은 미국이 중심이 될 수밖에 없다.

[국제적 양립성] = (미국과의 양립성 + 중·일·러와의 양립성) ÷ 2

〈미국과의 양립성〉

	1점	2점	3점	4점	5점
미국의 입장	적극 반대	소극 반대	중립	소극 협력	적극 협력

〈중·일·러와의 양립성〉

	1점	2점	3점	4점	5점
중·일·러의 입장	적극 반대	소극 반대	중립	소극 지지	적극 지지

ex) 남북 정상회담의 양립성
{미국의 '소극 협력'(4점) + 중·일·러의 '소극 지지'(4점)} ÷ 2 = 4점(소극 지지)

이상 설명한 세 변수들, 곧 3C는 각각 독자적으로 대북정책의 실효성에 영향을 미치기도 하지만, 세 변수들의 조화 여부가 대북정책의 실효성을 좌우하는 결정적 변수라는 점에 유의할 필요가 있다. 이 점은 기본적으로 한반도문제의 이슈 간 연계성 및 이해관계의 복잡성에서 비롯된다.[39] 북핵문제의 해결, 남북 경제협력, 남북관계 개선, 정전체제의 평화체제로의 전환, 북·미, 북·일 관계 개선, 북한의 급변사태, 한반도 통일 등은 이슈 간의 연계성이 밀접할 뿐만 아니라 내세와 외세

39) 앞에서도 언급했지만 국내정치와 국제정치의 연계성에 관한 일반적 논의는 James N. Rosenau (ed.), *Linkage Politics: Essays on the Convergence of National and International System* (New York: The Free Press, 1969); Jonathan Wilkenfeld (ed.), *Conflict Behavior & Linkage Politics* (New York: David Mckay, 1973); 이상우, 《국제관계이론》(박영사, 4정판, 2006), pp. 365~394 참조.

의 이해관계가 복잡하게 얽혀 있다. 이러한 상황에서는 특정 이슈만의 분리나 특정국 혹은 특정 집단만의 이해 보장을 전제하는 해결책은 현실성을 가지기가 대단히 어렵다.[40]

대북정책도 예외는 아니다. 대북정책이 실효성이 있으려면 남북관계 차원, 국내적 차원, 국제적 차원에서 각각 추출된 세 변수, 즉 남북 간 신뢰(*confidence*), 국내적 합의(*consensus*), 국제적 양립성(*compatibility*)이 모두 상당한 수준에서 조화를 이루는 조건이 형성돼야 한다. 예컨대 노무현 정권이 추진한 2008년 남북 정상회담과 10·4선언처럼, 남북한 정부 간의 신뢰는 높지만 국내적 합의 및 국제적 양립성의 정도가 낮은 대북정책은 성공하기가 어렵다는 것이다.[41]

김대중 정권이 추진한 햇볕정책의 실효성도 결국 세 변수의 유기적 연계성의 조화 여부에 달렸다고 할 수 있다. 남북 간 신뢰, 국내적 합의, 국제적 양립성이라는 세 변수의 유기적 연계성의 조화도가 높을수록 햇볕정책의 실효성도 증대하고 세 변수의 유기적 연계성의 조화도가 낮을수록 햇볕정책의 실효성도 저하되는 경향이 있다는 가설을 세울 수가 있다는 것이다. 다음 장부터는 이를 증명해 보자.

---

40) 엄상윤, "이명박 정부의 대북정책 구상과 남북한관계 전망", 〈평화학연구〉, 제 9권 제 1호(세계평화통일학회, 2008), p. 7.

41) 실제로 노무현 정권에서의 10·4 남북 공동선언은 두 번째 남북 정상회담의 성과였지만 직후에 있었던 2007년 12월 대선을 통해 집권한 이명박 정권은 이를 중요시 하지 않았다. 이명박 정권은 "이행 가능한 것만 이행하겠다"는 소극적 입장을 견지했고 이로 인해 남북관계는 경색을 면치 못했다. 북한의 조국통일민주주의전선은 6·15 선언 8주년에 즈음해 2008년 6월 14일 이명박 정권이 10·4 선언을 이행하지 않고 있다고 맹비난하면서 이행을 강력히 촉구했다. 연합뉴스, 2008년 6월 15일.

05 3C로 본 햇볕정책의 실효성 변화

1. 3C의 점증과 실효성 가시화

햇볕정책의 실효성을 분석하기 위한 출발점으로서의 전반기는 1998년 2월 25일 김대중 정권이 공식 출범한 순간부터 2000년 2월 김대중 대통령의 베를린선언 발표 직전까지 약 2년여에 해당하는 기간이다. 이 시기는 북한의 잠수정 침투와 미사일 시험발사, 제 1차 연평해전 발발 등 북한의 각종 도발에도 불구하고 정부 차원의 당국자회담 개최 노력 및 민간 차원의 교류협력 확대 등을 통해 남북관계가 점차 화해·협력 국면으로 진입하는 시기다.

이는 남북 간에 어느 정도 신뢰(*confidence*)가 형성되기 시작하고, 국내적으로 김대중 정권의 대북 화해·협력정책(햇볕정책)에 대한 비교적 높은 수준에서의 여론의 지지, 곧 합의(*consensus*)가 있었으며, 국제적으로는 햇볕정책이 미국 클린턴 행정부의 대북포용정책과 양립(*compati-*

bility) 할 수 있었기 때문이다. 3C의 유기적 연계(조응) 속에서 햇볕정책의 실효성이 서서히 드러나던 시기였던 것이다. 비록 당국자 회담은 개최 횟수나 내용면에서 큰 성과를 보여주지 못했지만 금강산 관광 같은 민간 차원의 교류협력이 확대됨으로써 남북관계를 견인했다.

1) 남북 간 신뢰의 싹이 돋기 시작하다

신뢰(*confidence*)의 척도로 간주한 정부 차원의 당국자회담은 이 시기에 총 3회 열렸다. 1998년 4월의 당국자 대표회담과 이듬해 6월과 7월의 1, 2차 차관급회담이 그것이다. 회담의 의제는 대북 비료지원[1]과 이산가족 문제, 그리고 연평해전과 관련된 부분이 주를 이루었고, 부분적으로 특사교환, 기본합의서 이행, 남북 연락사무소의 기능 정상화, 차관급회담의 정례화를 통한 고위급회담으로의 발전 등의 현안들이 다루어졌다. 하지만 양측의 견해 차이가 커 합의문 발표와 같은 가시적인 성과를 내지는 못했다.

그렇다고 해서 전혀 무의미한 회담은 아니었다. 1994년 6월 당시 김영삼 대통령과 김일성 주석과의 남북 정상회담을 준비하기 위한 예비접촉이 판문점에서 있었던 이래 3년 9개월 만에 남북 당국자회담[2]이 열렸다는 사실만으로도 향후 남북관계 진전에 대한 전망을 밝게 했다. 남한으로선 회담이 성과 없이 끝난 데 대한 일종의 반성으로 앞으로 '엄

---

1) 한 해 북한이 필요로 하는 비료는 모두 190만 톤이다. 이 중 북한이 자체 생산하는 57만 톤과 해외에서 들여오는 24만 4,000톤을 제외하면 해마다 약 110만 톤이 부족하다. 북한은 차관급 회담 등에서 20만 톤에서 25만 톤의 비료를 요구했다.

2) 이 회담은 전체회의 3회, 수석대표팀 접촉 4회 등 총 7회에 걸쳐 진행됐다. 《98 통일백서》(통일부, 1998), pp. 146~150.

〈표 5-1〉 연도별 남북 왕래현황

단위: 건/명

연도	구분	신청	승인	성사
1989~1997	북한방문	325(2,852)	280(2646)	242(2407)
	남한방문	15(607)	14(597)	12(575)
1998	북한방문	402(3,980)	387(3,716)	341(3,317)
	남한방문	-	-	-
1999	북한방문	886(6,199)	862(5,997)	822(5,597)
	남한방문	1(62)	1(62)	1(62)
계	북한방문	1,613(13,031)	1,529(12,359)	1,405(11,321)
	남한방문	16(669)	15(659)	13(637)

자료: 《2000 통일백서》(통일부, 2000), p.54.

격한 상호주의' 대신 '신축적 상호주의'로 나가겠다고 전략을 바꾸게 돼 결과적으로 남북대화의 모멘텀을 되살려냈다. 이는 선공후득(先供後得)의 전략에 따라 상호주의를 비동시, 비등가, 비대칭으로 신축성 있게 적용하겠다는 것으로 그만큼 남북관계가 유연해지는 계기를 만들었다.[3]

민간 차원에선 상당한 성과가 있었다. 김대중 정권은 정경분리원칙에 따라 적극적인 대북 화해·협력의 자세를 보였고, 이는 1998년 4월 30일 발표된 남북경협 활성화조치로 구체화됐다.[4] 이와 같은 노력은 정주영 현대그룹 명예회장의 소 떼 방북을 시작으로 금강산 관광으로까지 이어진다. 남한 국민이 금강산 관광을 위해 북한을 방문한 것은 분단 이후 처음이었다. 더불어 인적·경제적·사회문화적 교류 협력 역시 이전 시기에 비해 훨씬 왕성한 모습을 보여주었다. 인적 교류만

3) 동북아평화연구회 편, 《문답으로 풀어 본 대북포용정책》(밀레니엄북스, 1999), p. 108.

4) 이 조치는 기업의 자율적 판단을 존중하는 토대 위에서 민간주도의 경제협력을 추진하고, 정부는 과다경쟁 및 불공정거래행위 방지 등 교류협력 질서 확립에 주력하기 위해 필요한 내용을 담고 있다. 《남북경협 활성화 조치 주요내용》(통일부, 1999), pp. 2~6 참조.

해도 〈표 5-1〉에 나타난 것처럼 1989년 6월 12일 남북 교류협력에 관한 기본지침 시행 이후 1999년 말까지 10년간 북한을 방문한 남한국민의 수는 1,405건에 11,321명이었고, 남한을 방문한 북한주민은 13건에 637명이었으나 김대중 정권 출범 첫해인 1998년 한 해에만 3,980명의 남한국민이 북한을 방문했던 것이다. 1999년에는 더 늘어 방북자 수가 6,199명에 이르게 된다.

하지만 이는 금강산 관광을 제외한 것으로, 여기에 금강산 관광객까지 포함한다면 그 수는 다시 늘어난다. 1998년 11월 18일 첫 관광선이 출항한 이래 1999년 12월까지 총 278회 출항에 모두 15만 8,628명이 금강산 관광을 다녀왔다. 또 금강산 개발사업을 위해 1999년에는 실무인력 3,744명이 방북했다. 이러한 관광객 숫자는 1989년 이후 1999년까지 연 방북인원 11,322명의 14배에 달하는 것으로 이 시기에 인적 교류가 급증했음을 보여준다.

남북 교역규모는 〈표 5-2〉에 나타난 바와 같이 1998년에는 2억 2,194만 달러에 그쳐 1997년 대비 28% 감소했다. 이처럼 교역규모가 감소한 것은 1998년 경협활성화 조치에도 불구하고 IMF 외환위기로 인한 남한 내 경기침체, 환율상승 등 교역여건이 악화되었기 때문이다. 하지만 1999년에는 경기회복, 위탁가공교역 증대, 금강산 관광사업, 대북경수로건설사업 등의 진전으로 교역량이 전년 대비 50.2% 증가한 3억 3,343만 달러로 껑충 뛰었다. 북한은 남북 교역을 통해 1998년에는 4,063만 달러를 1999년에는 5,390만 달러의 흑자(실질교역수지 기준)를 기록했다.

사회문화교류는 우선 문화예술 분야에서 1998년 5월 리틀엔젤스 공연단의 평양공연, 같은 해 10월 한겨레통일문화재단이 주최한 '윤이상 음악회' 평양공연 등이 있었고, 1999년에는 2000년 평화·친선음악회(12.5), 민족통일 음악회(12.20) 등이 열렸다. 체육분야에서는 1999

〈표 5-2〉 1997~1999년 남북 간 교역현황

단위: 건/품목/천 달러

연도	반입			반출			합계		
	건수	품목수	금액	건수	품목수	금액	건수	품목수	금액
1997	1,806	140	193,069	2,185	274	115,270	3,991	385	308,339
1998	1,963	136	92,264	2,847	380	129,679	4,810	486	221,943
1999	3,089	172	121,604	3,421	398	211,832	6510	525	333,435
계	5,052	-	213,868	6,268	-	341,511	11,320	-	555,379

자료: 《2000 통일백서》(통일부, 2000), p.66.

년 9월 제 1회 통일농구경기대회가 평양에서 열렸고, 이어 같은 해 12월 22일 제 2회 통일농구경기대회가 서울에서 열려 김대중 정권 출범 후 처음으로 북한주민의 남한방문이 이루어졌다. 언론출판 분야에서는 중앙일보 통일문화연구소의 북한 문화유적 답사, 한겨레신문, 경향신문, 동아일보, 월간 말 취재단 등이 각각 이 시기에 2회에 걸쳐 북한을 방문했고, 각종 취재기와 기획기사, 관련 전시회 등이 줄을 이었다.[5)]

북한도 변화의 조짐을 보였다. 사회주의헌법 개정을 통한 경제개혁과 미국과의 관계 개선 노력이 그것이다. 사실 햇볕정책의 실효성을 증명하는 하나의 기준으로서 북한의 개혁·개방 유무와 정도를 따지는 작업은 간단한 일이 아니다. 같은 시기에 북한이 일련의 개혁·개방 조치를 취했다고 하더라도 그것이 반드시 햇볕정책의 영향을 받았느냐 하는 직접적인 관련성을 증명하기가 어렵기 때문이다. 이 점은 남북문제와 북한을 연구하는 학자들의 공통된 애로사항이기도 하다. 아마 이런 부분은 언젠가 남북관계가 완전히 개방돼 북한 측 관계자들의 증언이나 문서에 대한 접근이 가능해졌을 때 답을 얻을 수 있을 것이다. 그럼에도 햇볕정책의 결과로서 북한이 어느 정도 영향을 받았는지를 짚고 넘어가지 않을 수 없고 보면 활용 가능한 한 자료를 동원해 직·간접

5) 《2000 통일백서》(통일부, 2000), pp. 91~92.

으로 유추해볼 수밖에 없다.

북한은 1998년 9월 5일 제 10기 1차 최고인민회의에서 사회주의헌법 개정을 단행한다. 탈냉전 이후 북한의 경제개혁 노력이 실질적으로 가시화된 시점은 이때부터라고 할 수 있다. 개정헌법은 사회주의 계획경제체제의 기본 틀을 고수하면서도 생산수단의 소유주체 및 개인소유 확대, 경제관리에서의 독립채산제 명문화 및 수익성 적용, 대외무역의 국가감독권 폐지 및 특수경제지대 장려, 주민에 대한 거주·여행의 자유부여 등 암묵적인 사적 경제활동을 현실화시키는 데 초점을 두었다.[6] 비공식부문의 경제 확산을 제한된 범위 안에서 제도적으로 수용한 것이다.

당시 제 10기 1차 최고인민회의에서 김정일 국방위원장이 재추대되면서 북한은 '사회주의 과도기론'이 다시 강조된다. '사회주의 과도기론'은 경제위기에 직면한 북한 지도부의 정책 선택의 유연성을 보장하기 위한 이론적 배경으로 해석됐다.[7] 그러나 '고난의 행군'(1994~1997) 후 북한이 치켜든 경제회생책은 김정일 국방위원장 재추대를 앞두고 나온 강성대국론에 담겨있다고 할 수 있다. 강성대국론은 김정일의 국가발전전략이라는 큰 틀에서 파악할 수 있으며, 핵심적으로 주장하는 바는 경제강국의 수립, 즉 경제난 극복이다. 강성대국론에는 2002년 이후 진행된 북한 경제개혁 조치의 목적과 실리사회주의 경제개혁의 구체적인 목표 등이 나타난다.[8]

하지만 북한의 개혁·개방 조치는 매우 신중하고 조심스럽게 추진되

---

6) 김영윤, 《북한 경제개혁의 실태와 전망에 관한 연구: 개혁의 부작용을 통해 본 북한 체제전환의 성공과제》(통일연구원, 2006), pp. 71~78 참조.

7) 신석호, "북한과 쿠바의 경제위기와 개혁", (경남대 북한대학원대 박사학위논문, 2008), pp. 142~143.

8) 강성대국이라 함은 강(强)하고 성(盛)한 나라를 말한다. 즉, 사상강국, 군사강국, 경제강국을 통칭한다.

었고 곳곳에서 개혁·개방에 대한 거부감은 여전했다. 1999년 신년사에서 김정일 국방위원장은 "제국주의자들의 사상, 문화적 침투에 모기장을 든든히 치고, 적들의 내부 와해 책동에 최대한의 경각성을 높여야 한다"고 강조했고,[9] 이보다 앞서 1998년 7월 6일 평양방송과 11월 29일 로동신문은 "햇볕정책은 내부를 와해해보려는 악랄성과 교활성을 겸비할 것이라고 비난했다."[10] 이는 자본주의의 병폐를 강조함으로써 내부의 사상적 동요를 막으려는 노력의 일환이기도 했다.

1999년 4월 최고인민회의 제10기 제2차 회의에서 인민경제계획법이 통과된 것도 그 연장선상에서 봐야 한다. 시장경제 요소의 도입이 궁극적으로 체제 불안요인이 될 것을 우려해 기존의 중앙·통일계획경제의 틀을 확고히 유지할 것을 인민경제계획법에서 천명했던 것이다.[11] 이런 경제 환경 속에서 북한의 개혁·개방에 당장 획기적인 변화를 기대하기는 어려웠다. 그럼에도 북한이 계획경제를 새삼 강조했다는 사실은 역으로 그만큼 시장경제 바람이 강하게 불고 있다는 반증이기도 했다. 실제로 북한은 곧 이어 개혁·개방에 필요한 과감한 조치를 취해나간다. 그리고 그것은 햇볕정책이 중반기에 접어들면서 남북간에 신뢰가 증대되는 것과 궤를 같이 한다.

1990년대 후반의 북한의 경제개선 노력에 대해서는 윤덕민은 조금 색다른 해석을 한다. 1998년 한국의 경제위기(IMF 위기)는 경쟁력이라는 한국이 갖는 가장 중요한 내북 협상의 지렛대를 약화시켰다. 따라서 한국의 대북정책의 범위를 한정시킬 수밖에 없게 함으로써 북한의 변화를 적극적으로 유도하는 정책보다는 소극적으로 현 상황을 평화적으로 관리하는 데 초점을 두는 정책을 취할 수밖에 없게 했다는 것이다.

---

9) 로동신문, 1999년 1월 1일.

10) 평양방송 1998년 7월 6일, 로동신문 1998년 11월 29일.

11) 연하청, 《북한경제학습》(한국학술정보, 2002), p. 107.

따라서 역설적이지만 한국의 경제상황이 대북포용정책(햇볕정책)을 불가피하게 만들었다는 것이다.[12)]

이 시기 햇볕정책의 실효성에 영향을 준 첫 번째 변수로서의 '남북 간 신뢰(*confidence*)'는 어떤 양상을 보였을까. 제 4장에서 제시한 3C의 계량화 방법에 따라 정부와 민간 차원에서의 모든 교류와 협력을 수치화하면 〈그림 5-1〉과 같은 모양으로 나타난다.[13)] 김대중 정권 출범 당시 아주 낮은 수준에 머물러 있던 신뢰도는 집권 2년째인 1999년 들어서면

〈그림 5-1〉 남북 간 신뢰도

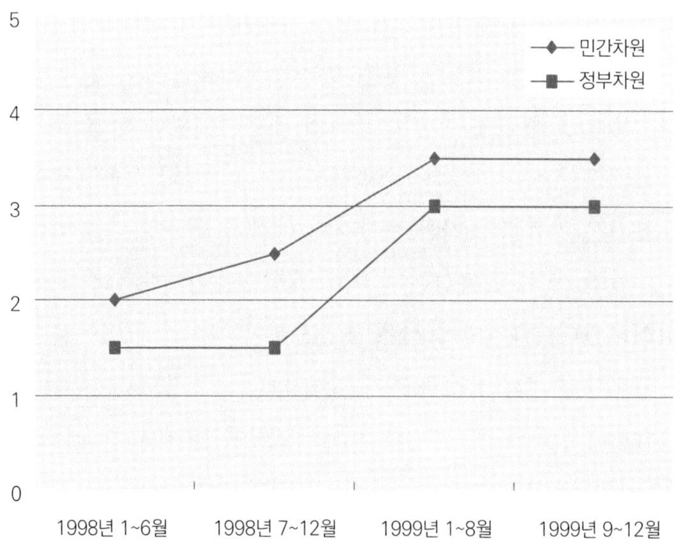

12) 윤덕민, "최근의 한반도 주변정세와 남북관계", 《화해와 협력의 신전개》(현대경제연구원, 1999), p. 8.

13) 3C의 수치를 구하는 과정은 여기서 생략했다. 계량화 과정은 제 4장에서도 밝혔듯이 햇볕정책이 절대적일 수 없으며, 다른 모든 대북정책처럼 주어진 환경(변수)에 따라서 그 효과가 좋을 수도 나쁠 수도 있다는 점을 보다 간명하게 보여주기 위한 것이어서 굳이 여기에 소개할 필요는 없었다. 계량화 방법은 이재호, "대북정책의 다차원적 연계성과 햇볕정책의 효율성"(고려대 정치외교학과 박사학위 논문, 2008) 참조.

서 서서히 상승해 그해 연말에는 1~5점 스케일상 상위권인 3~3.5점대까지 이르게 된다. 신뢰도가 크게 높아진 것이다.

이는 남북 간 신뢰를 가늠하는 지표인 정부 차원의 당국자 간 회담이 시작되고, 민간 차원의 교류 협력의 양적·질적으로 크게 늘어났기 때문이다. 물론 당국자 회담의 횟수도 많지 않았고, 가시적 성과도 아직은 없었지만 그 부족한 부분을 민간 차원의 교류 협력 증대가 메워주면서 남북 간에 신뢰가 서서히 살아나기 시작한 것이다.

민간차원의 교류가 활성화돼 남북관계가 개선의 조짐을 보인 것은 2가지 요인이 작용한다. 하나는 햇볕정책의 추진 방향인 정경분리와 선민후관(先民後官)에 따라 민간 차원의 교류협력 활성화에 대한 광범위한 정부 지원이 뒤따랐기 때문이다. 김대중 정권은 정주영의 소 떼 방북(1998년 6월, 10월)과 금강산 관광(1998년 11월)을 위시한 각종 경제 및 사회·문화, 인적 교류 등에 지원을 아끼지 않았고, 이런 지원이김영삼 정권에서 이렇다 할 진전이 없었던 남북대화에 새 숨결을 불어넣기 시작했던 것이다.

다른 하나는 북한의 도발에도 불구하고 북한을 대화의 테이블로 끌어내기 위해 일관되게 햇볕을 쏘인 탓이라고 할 수 있다. 북한은 김대중 정권 초기만 해도 햇볕정책이란 표현 자체를 문제 삼을 정도로 극심한 불신을 보였다.[14] 이러한 불신이 동해안 잠수정 침투 사건(1998년 6

14) 북한의 안병수 조국평화통일위원회 부위원장은 1998년 11월 13일 한겨레신문 권근술 사장과의 인터뷰에서 "햇볕정책이란 게 도대체 뭔가, 결국 상대방의 옷을 벗겨버리겠다는 것 아닌가. 이 정책의 목표는 결국 우리 체제의 근본을 흔들어 점진적으로 망가뜨리겠다는 것이다. … 어쨌든 햇볕정책은 비위가 거슬린다"라고 비난했다. 북한은 또 1999년 6월 4일자 로동신문 논평을 통해서도 "남조선 당국은 포용의 뜻도 바로 알지 못하고 그 말이 누구에게 합당한 것인지도 분간 못하고 있다"면서 "포용정책이 평화와 공존공영, 화해·협력을 위한 것이며 북에 해를 주기 위한 것이 아니라고 분칠을 하고 있다. 그러나 남한 당국자들은 제 집안에서는 포용정책이 결코 북을 이롭게

월), 연평해전(1998년 6월), 대포동 미사일 시험발사(1998년 8월) 등으로 나타났다고 할 수 있다. 김대중 정권은 그러나 이에 일희일비(一喜一悲)하지 않고 일관되게 햇볕으로 대응했고 이러한 일관성이 북한으로 하여금 대화의 문을 열게 만들었다.

물론 이런 분석에 동의하지 않을 사람들도 많을 것이다. 북한이 대화에 응한 것은 햇볕정책의 영향을 받아서라기보다는 거꾸로 햇볕정책을 이용해 실리를 챙기기 위해서였다는 것이다. 다시 말해 중요한 것은 북한의 진정성이지 밖으로 드러난 행태가 아니라는 얘기인데 여기서 우리는 또 한 번 딜레마에 빠지게 된다. 앞에서 '북한의 변화' 부분에서도 이미 지적했지만 어디까지를 햇볕정책에 의한 변화로 볼 것인가 하는 문제는 누구도 확답을 갖고 있지 않다. 김정일이 아닌 이상 누가 단정적으로 말할 수 있겠는가. 이성적이고 합리적인 수준에서 단지 추정할 수 있을 뿐이다. 남한이 햇볕정책을 쓸 때, 또는 쓰는 과정에서 북한이 모종의 변화를 보였으니까 이와 관련된 여러 정황과 자료, 증거들로 미루어 양자 사이에 어떤 인과관계가 있을 것이라고 추정할 수 있을 뿐이다.

북한의 진정성 부분도 마찬가지다. 북한이 대화하겠다고 나오면 일단 최소한의 진정성은 있다고 봐야 한다. 북한이 대화 의사를 피력했는데도 이를 그냥 '꼼수'로만 치부해버리면 남북관계에 관한 어떤 설명도 불가능하다. 북한이 무슨 제의를 해도 '대화 뒤에 숨겨진 그들의 맨얼굴을 봐야 한다'는 식으로 대응한다면 북한과 과연 대화가 되겠는가. 바보가 아닌 이상 북한이 대화 자세로 나올 때는 반드시 어떤 의도가 있다는 것을 모를 사람이 누가 있겠는가. 그걸 알면서도 대화를 하는 것

하는 것이 아니라고 다른 소리를 하고 있으며 심지어는 북의 정권을 타도하기 위한 것이라고 말하고 있다"고 비판했다. 로동신문, 1999년 6월 4일자. 강성윤, "김대중 정부의 대북정책의 평가와 전망", 〈민족발전연구 3집〉(2002년 2월), p. 42에서 재인용.

이고, 또 해야 한다. 일단 진정성이 있다고 보고 대화의 테이블에 앉아 설득하고 협상하는 게 남북관계다. 북한의 저의에만 신경 쓰면서 북한이 하는 짓은 다 믿을 수 없다고 치부해버리면 결국 북한과는 어떤 것도 하지 않겠다는 얘기밖에 안 된다.

필자가 3C 모델을 제시하면서 '남북 간 신뢰'를 그중 하나로 제시했을 때 주위에서는 '남북 간 신뢰'라는 변수는 성립될 수 없다고 말했다. 왜냐하면 북한은 신뢰할 수 없는 존재이므로 남북 간에 신뢰가 존재한다면 그것은 '가짜 신뢰'에 불과하다는 것이다. 맞는 말이다. 북한은 정상적인 국가나 정부로 보기 어렵기 때문에 그들과의 관계에서 생기는 신뢰는 말 그대로 '가짜 신뢰'일 것이다. 적어도 서방 선진국들 수준의 신뢰는 아닐 것이다. 그렇다고 북한과 아예 대화도 하지 말아야 하는가. 언제가 될지, 또는 그런 날이 올지, 안 올지도 모르면서 북한을 진짜로 신뢰할 수 있을 때까지 마냥 기다려야만 하는가.

앞에서 누누이 강조했지만 그럴 수도 없고 그래서도 안 된다. 일단은 북한도 어느 선까지는 신뢰할 수 있다는 전제 아래 대화하고 협상해야 한다. 그 과정에서 북한의 저의나 의도가 드러나면 대화를 중단하고 그 책임을 묻거나 협상의 내용과 방식 등을 바꿔야 하겠지만 일단은 북한도 선의(善意)로 협상테이블에 나온 것으로 간주해야 한다. 왜? 그렇지 않으면 달리 방법이 없기 때문이다. 대화를 하는 과정에서 북한의 행태를 바로잡거나, 스스로 알아서 바꾸도록 하기 위해서라도 북한과의 대화는 해야 한다. '완전한 신뢰'란 존재하기 어렵기 때문에 '불완전한 신뢰' 위에서라도 대화를 하는 편이 안 하는 것보다 훨씬 낫다는 얘기다.15)

15) 남북문제를 풀어가는 데 양측 사이에 신뢰가 가장 중요함은 재론의 여지가 없다. 그러나 과연 진정한 신뢰가 구축될 것인가에 대해서는 누구도 확신하기 어렵다. 같은 국가, 같은 사회, 같은 조직 안에서도 신뢰란 언제나 깨지

2) 국민적 지지: 높은 수준의 합의

이 시기 국내적 합의(*consensus*)의 수준은 어떠했는가. 이를 살펴보기 위해 대국민 여론조사와 주요 언론의 논조를 계량화해보았다. 어느 한 쪽만을 볼 경우 정확한 측정이 어려워 전반적으로 높은 지지율을 보인 여론조사와, 반대로 상대적으로 비판적 논조를 견지한 주요 언론사의 사설을 동시에 보았다. 이렇게 함으로써 가능한 한 객관적인 합의의 수준을 파악하고자 했다.

여론조사는 조사를 맡은 기관에 관계없이 햇볕정책에 대해 전반적으로 높은 수준의 지지를 보였다. 응답자들의 지역, 성별, 연령, 직업, 학력 등에 따라 결과가 크게 달라지지도 않았다. 1998년 잠수정 침투사건과 제 1차 연평해전, 미사일 시험발사 및 지하 핵시설 의혹 등 북한의 도발이 있을 경우 지지율이 60%대로 떨어지긴 했지만 대체로 평균 70% 정도의 고른 지지율을 보였다. 여론조사에 따라서는 90%대의 높은 지지율이 나오기도 했다.

그 이유는 뭘까. 어떤 정권이든 출범 초기에는 국민의 기대가 커서 지지율이 높게 나타나는 경향이 있다. 더욱이 김대중 정권은 헌정사상 최초의 수평적 정권 교체를 통해 등장했기 때문에 국민의 기대도 그만

기 쉬운 것이어서 상대를 100% 믿기 어려운데 하물며 남북한 사이에서야. 그렇다고 완벽한 신뢰가 생길 때까지 기다릴 수도 없다. 어느 정도 신뢰만 구축되면 그 수준에서 할 수 있는 일은 해야 한다. 그것이 남북관계다. 그렇다면 어느 수준까지의 신뢰를 일단 '신뢰'로 용인할 것인가. 관점에 따라 여러 가지 견해가 있겠지만 내 생각은 소통(*communication*)이 되는 수준이면 일단 최소한의 신뢰 구축은 됐다고 봐야 한다는 것이다. 신뢰의 척도로서의 '소통'은 김대중, 노무현 정권과 이명박 정권의 대북관계를 비교하며 그 적실성이 드러난다고 본다. 이명박 정권에서도 북측과의 비공식 접촉을 통해서 정상회담 개최 시도 등 현안 논의가 있었다고 하지만 김대중, 노무현 정권 때와 비교하면 소통이 거의 없는 불통(不通) 정권이었다.

큼 컸으리라고 유추해볼 수 있다. 조금 넓게 본다면 국민의 변화된 대북인식과 대북관이 북한을 상대해야 할 적(敵)으로 보기보다는 포용해야 할 대상으로 인식하게 됨으로써 햇볕정책 지지율에 긍정적 영향을 미쳤다고 할 수 있다.

물론 1998년 북한 잠수정 침투사건과 제1차 연평해전, 미사일 시험발사 및 지하핵시설 의혹 등과 이에 대한 야당 및 보수언론의 공격이 지지율을 끌어내린 요인으로 작용했다. 그럼에도 민간 차원의 교류협력 활성화에 따른 금강산 관광사업과 경제·사회·문화교류의 증가가 이를 상쇄함으로써 지지율이 더는 떨어지지는 않고 평균 70% 정도를 지속적으로 유지했다.

이 시기의 마지막 여론조사인 1999년 9~12월 의 조사에서도 지지율은 67.3%라는 비교적 높은 수치를 보여준다. 이는 같은 해 9월 북미 간 미사일 문제 타결과 페리보고서의 의회 제출, 그리고 클린턴 대통령의 대북경제제재 해제를 통한 포용정책의 천명 등을 비롯한 북미관계의 진전과 이어진 북일(北日)수교 협상의 재개 등이 한반도 및 동북아에 긍정적 영향을 미친 것이 작용한 것으로 보인다. 한 가지 흥미로운 사실은 햇볕정책에 대한 지지율이 보수 언론사의 조사든 진보 언론사의 조사든 크게 차이를 보이지 않는다는 점이다. 조선·중앙·동아일보를 합쳐 평균 70%에 육박하는 수준을 보여주면서 당시 국민들의 햇볕정책에 대한 지시도가 이느 정도였는지를 가늠케 한다.[16]

그러나 여론조사의 지지율 추이가 여론의 또 다른 척도라고 할 수 있는 주요 언론사의 논조와 반드시 같이 간 것은 아니었다. 김대중 정권의 출범과 함께 동아·조선·중앙일보 등의 보수 언론사는 대체로 햇볕정책에 대한 비판적 논조를 견지했다. 북한과의 접촉은 신중을 기해

---

16) 중앙일보 조사의 지지율이 78.4%, 동아일보가 73.1%로 평균 75.7%를 기록해 정부 측 평균인 73.4%보다 높다.

야 하고, 정상회담은 결코 서둘러서는 안 되며, 시급한 과제인 경제회복에 집중해야 한다는 논지의 사설이 주를 이루었다.[17] 그럼에도 불구하고 앞에서 지적했듯이 햇볕정책에 대한 각종 여론조사의 지지율은 평균 70%대를 유지했다.

이와 달리 이른바 진보언론이라는 한겨레신문은 햇볕정책에 대해 찬성 또는 옹호하는 논조를 펼친다. 햇볕정책이 대북 화해·협력과 한반도 평화정착에 기여한다고 평가하면서 정주영 회장의 소 떼 방북과 금강산 관광에 대해서도 크게 의미를 부여했다. 심지어 북한 잠수정 침투 사건과 대포동 1호 미사일 시험발사 사건을 놓고도 보수언론은 햇볕정책을 강력히 비판했으나, 한겨레신문은 두 사건이 햇볕정책의 잘못이나 실패에서 비롯됐다고 하기보다는 남북 간 신뢰부족이나 북한의 오판 때문에 일어난 것이므로 오히려 대화와 교류협력을 확대해 신뢰를 쌓아나가야 한다는 주장을 폈다.

이처럼 대조적인 논조는 앞에서도 강조했지만 대북정책을 둘러싼 우리 사회의 갈등과 대립을 단적으로 보여준다. 이런 대립상은 김대중, 노무현을 거쳐 이명박 정권에 이른 지금도 더 심했으면 심했지 조금도 완화되지 않았다. 같은 사안을 놓고 왜 이렇게 갈려서 싸워야 하는지 정말 깊은 성찰이 필요한 시점이다(〈표 5-3〉).

이 시기 햇볕정책의 실효성에 영향을 주는 두 번째 변수인 '국내적 합의'(*consensus*) 부분은 〈그림 5-2〉에 나타난 것처럼 초반부터 상대적으로 높은 수준에서 출발하였다. 물론 중간 중간에 기복이 없지는 않았지만 그럼에도 불구하고 전반적으로 중간 이상을 유지하였다.

이처럼 국내적 합의가 남북 간 신뢰 변수와 달리 정권 출범 초반부터

17) 이 시기 동아·조선·중앙일보별로 햇볕정책을 직·간접으로 비판하는 사설이 200~220편이 실렸다. 이는 일주일에 거의 1~2회꼴이다. 조선·중앙·동아일보 홈페이지(검색일: 2008년 3월 10일) 등을 참조하여 집계.

〈표 5-3〉 전반기 4대 일간지 논조 분석

사건	신문사	제목/날짜	논조	점수
김대중 정권 출범	조선	국정공백 빨리 메워야(2.26)	중립	3점
	중앙	한 과정으로서의 통일(2.25)	중립	3점
	동아	역시 경제다(2.25)	중립	3점
	한겨레	김대중 정권의 출범과 과제(2.25)	적극지지	5점
정주영 소떼 방북	조선	소 끌고 고향 가는 정주영 씨(6.16)	중립	3점
	중앙	북에 소떼를 보내는 마음(6.17)	소극지지	4점
	동아	소떼가 연 판문점 길(6.16)	중립	3점
	한겨레	소가 닦은 길 사람도 오가기를(6.17)	적극지지	5점
북한의 잠수정 침투	조선	금강산과 잠수함(6.23)	적극비판	1점
	중앙	재연된 북한 잠수정 침투(6.24)	적극비판	1점
	동아	또 잠수정 침투(6.23)	적극비판	1점
	한겨레	햇볕정책과 잠수정 침투사건(6.24)	중립	3점
미사일 시험 발사	조선	위험하고 오만한 대포동(9.2)	적극비판	1점
	중앙	북한 미사일 우리 대응책 뭔가(9.4)	적극비판	1점
	동아	북 미사일 시험발사(9.1)	적극비판	1점
	한겨레	북한 미사일 개발 중단해야(9.2)	중립	3점
금강산 관광 출항	조선	금강산 관광과 세칙(11.18)	중립	3점
	중앙	남북화해 뱃길 되길(11.19)	소극지지	4점
	동아	마침내 떠나는 금강산 길(11.16)	중립	3점
	한겨레	그리운 금강산으로 간다(11.18)	적극지지	5점
제 1차 연평해전	조선	북한의 착각(6.16)	적극비판	1점
	중앙	북한 무력도발 중단하라(6.16)	적극비판	1점
	동아	남북 교전 끝난 게 아니다(6.16)	적극비판	1점
	한겨레	포용정책 흔들림 없어야(6.17)	소극지지	4점
민영미 억류사건	조선	쓸개 빠진 금강산 관광(6.23)	적극비판	1점
	중앙	이런 식이면 금강산 못 간다(6.23)	적극비판	1점
	동아	관광객 무소건 돌려보내라(6.22)	적극비판	1점
	한겨레	금강산 관광객 즉각 돌려보내야(6.23)	중립	3점
페리보고서 제출	조선	'페리안', 장고 끝에(9.17)	중립	3점
	중앙	페리보고서의 허와 실(9.16)	중립	3점
	동아	레드라인은 어떻게 됐나(9.17)	중립	3점
	한겨레	페리보고서에 거는 기대(9.17)	소극지지	4점

자료: 동아, 조선, 중앙, 한겨레 홈페이지(2008년 3월 12일 검색)를 검색해 작성.

〈그림 5-2〉 국내적 합의도

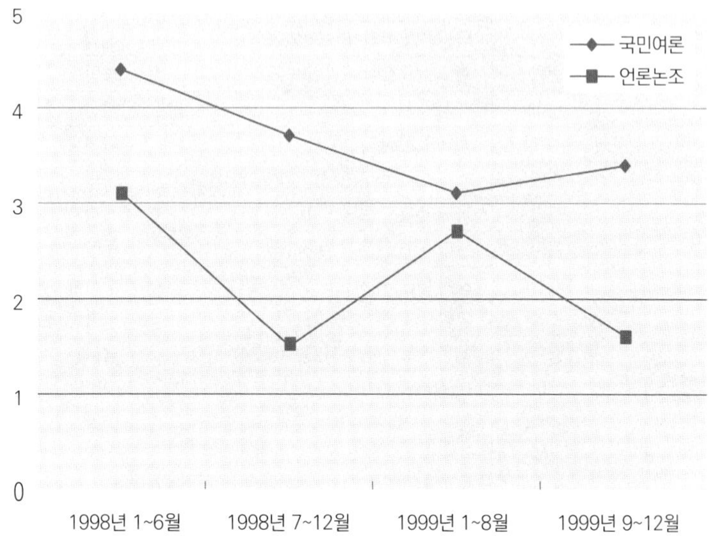

높은 수준을 유지할 수 있었던 것은 국민적 지지 때문이라고 할 수 있다. 헌정사상 최초의 평화적, 수평적 정권 교체를 통해 등장한 김대중 정권에 대한 기대감과 전 정권에서 저질러진 IMF 외환위기로부터 하루 빨리 벗어나고자 했던 국민의 열망이 새 정권에 대한 지지로 이어졌고, 그 연장선상에서 햇볕정책에 대한 국민의 기대와 지지도 동반 상승했던 것이다. 여론조사 기관 및 시기에 따라 다소 차이를 보이기는 했지만 그럼에도 평균 70% 이상의 지지율을 보인 것은 그만큼 햇볕정책에 대한 국민적 합의의 수준이 견고했음을 보여주는 증거다.

3) 높은 수준의 국제적 양립성: 한미공조를 중심으로

끝으로 국제적 양립성(*compatability*)의 수준은 어떠했는가. 이 시기 한미 간 대북정책 공조는 김대중 정권의 햇볕정책과 클린턴 정부의 포용정책(*engagement policy*)이 적절히 양립되면서 유기적인 협조체제를 유지한다. 물론 사안별로 양국 간에 이견이 없지는 않았지만, 큰 틀에서 볼 때 대북포용이란 정책기조가 비교적 잘 유지됐다고 할 수 있다.

특히 1998년과 1999년 동안 3차례의 한미(韓美) 정상회담, 7차례의 외무장관회담, 3차례의 한・미・일 외무장관회담 및 고위급협의, 그리고 각종의 실무 협의 등을 통해 북한의 대남도발 및 미사일 문제, 금창리 지하핵시설 의혹 등에 대해 입장을 조율하였다.[18] 그렇다면 김대중 정권의 햇볕정책과 클린턴 행정부의 포용정책은 어떤 점에서 같고, 어떤 점에서 차이를 보였는가.

미국은 한국전쟁 이후 전통적으로 북한을 적대세력으로 인식했다. 북한에 대한 뿌리 깊은 불신은 북한의 테러 및 대남도발 행위 등으로 심화됐고, 북한의 핵무기 개발 및 미사일 수출 등은 북한에 대한 부정적 인식을 더 깊게 하는 계기로 작용했다. 따라서 미국은 북한을 어떤 행동을 할지 모르는 위험한 상대로 인식해 봉쇄해야 할 상대, 응징해야 할 대상으로 파악했다.[19] 그러나 탈냉전 이후 세계질서가 재편되고 클린턴 행정부가 들어서면서 미국은 한반도 및 동북아의 안정과 대량살상무기 확산 방지 등의 필요에 따라 북한을 대화의 상대로 인정할 수밖

---

18) 《1998 외교백서》(외교통상부, 1999), pp. 136~140; 《1999 외교백서》(외교통상부, 2000), pp. 131~135.

19) Scott Snyder, "North Korean Crises and American Choice: Managing U.S. Policy Toward the Korean Peninsula", presented at the 1997 International Studies Association Convention(Toronto, March 19, 1997), p. 6.

에 없게 됐다.

결정적 전환점은 1994년 10월 21일 북미 제네바기본합의 체결이었다. 이를 계기로 클린턴 정부는 북한에 대한 적대정책을 포용정책으로 전환하게 된다. 당시 주한 미국대사였던 제임스 레이니(James T. Laney)는 포용정책의 당위성에 대해서 "북한의 위험은 그 원인이 북한이 강하기 때문이 아니라, 취약하고 불안정하기 때문"이라고 진단하고 "억제정책은 신뢰 보장과 협력을 위한 궁극적인 유인책에 의해 보강돼야 하고 북한에 대한 경제원조, 긴장완화, 남북한 대화가 모두에게 도움이 될 것"이라고 밝혔다.[20]

따라서 클린턴 행정부는 한반도에서 미국의 국가이익을 첫째, 대량살상무기의 확산방지, 둘째, 동맹국가(한국)의 생존보장을 통한 영구적 평화구축, 셋째, 동북아지역의 평화와 번영, 넷째, 민주주의와 시장경제의 확산 등으로 규정했다.[21] 이러한 국가이익의 틀 속에서 대북정책의 기본목표는 첫째, 북한의 핵과 미사일 문제의 해결을 통해 대량살상무기의 확산을 방지하고, 둘째, 북한으로부터 발생할 수 있는 전쟁을 방지해 한반도에 평화를 정착시키며, 셋째, 한국과의 동맹관계를 지속적으로 유지, 강화해 나가고, 넷째, 남북대화를 통해 남북관계를 개선하는 것으로 설정됐던 것이다.

클린턴 행정부의 이와 같은 대북정책은 김대중 정권의 햇볕정책과 큰 틀에서는 많은 유사점이 있었다. 물론 정책의 우선순위는 조금 달랐다. 클린턴 정부는 북한 발(發) 대량살상무기의 확산을 방지하는 것이 당면 목표였고 한반도 평화정착은 그 다음이었다. 하지만 남북관계 진

20) James T. Laney, "North and South Korea: Beyond Deterrence", addressed at Asian Society Corporate Conference, Seoul, May 11, 1996.

21) William S. Cohen, "Annual Report to the President and Congress", April 1997, p. 3.

전과 북한체제의 변화가 한반도 평화와 안정에 기여하고 북미관계 진전에도 유리한 환경을 조성할 것으로 봤다. 이를 위한 방법론으로 북한과의 협상을 통해 점진적으로 북미관계를 개선하고, 대북 경제지원 등 보상을 해주는 방안을 선택했던 것이다.

김대중 정권 또한 대북 3원칙에 입각한 남북 간 화해·협력과 교류를 통한 남북관계 개선을 햇볕정책의 목표로 삼았고, 이를 실현하기 위해 북한의 외교적 고립 탈피를 돕고 대북 경제지원을 해주는 쪽으로 가닥을 잡았다. 클린턴 행정부와 김대중 정권의 동북아정책이 역내 세력균형과 한반도 평화와 안정을 기본목표로 삼았다는 점도 한미 양국 간에 공조체제가 다시 유기적으로 작동하도록 만든 요인으로 작용했다.[22]

이 시기 한미 간 대북정책 공조에 대해 좀더 구체적으로 살펴보자. 1998년 8월 17일 뉴욕타임스와 워싱턴포스트는 미 국방부정보국(DIA) 비밀보고서를[23] 인용해 북한이 영변 원자로에서 동북쪽으로 40km 떨어진 지점(금창리)에 거대한 핵시설을 건설 중이라는 의혹이 있다며, 이는 명백한 제네바기본합의의 위반에 해당한다며 우려를 표시했다. 이 보도는 북한의 부인에도 불구하고 미국 내에서 대북 혐오증과 불신을 촉발시켰다. 미 국무부는 즉각 북한이 금창리 지하시설에 대한 사찰을 허용하지 않을 경우 제네바 합의를 파기할 것이라고 경고하는 단호한 태도를 보였다.[24] 미 정부의 한반도 평화담당 특사인 찰스 커트먼

---

22) 통일부, 앞의책(2000), pp. 8~25 참조.

23) 1997년 말 준비된 DIA의 보고서는 "영변에서 북쪽으로 약 25마일 떨어진 곳에 위치한 시설은 2003년이 되면 핵무기와 관련된 시설이 될 것이고, 또한 금창리 지하 시설의 기능에 대해서는 확실하지는 않으나 핵 생산 혹은 핵 저장의 용도로 사용할 의도가 있다" 등의 내용을 담고 있다. Larry A. Niksch, Foreign Affairs, Defense, and Trade Division, "North Korea's Nuclear Weapons Program", CRS Issue Brief(The Library of Congress, Updated January 7, 2000), p. CRS-3.

24) Opening Statement of Chairman Benjamin A. Gilman, "US Policy Toward

은 "한국과 미국은 북한이 금창리에 건설 중인 지하시설이 핵 개발과 관련 있다고 믿어지는 증거를 공유하고 있다"라고 밝혀 이런 분위기는 더욱 확산됐다.

북미는 금창리 현장에 접근하는 문제를 둘러싸고 9월부터 협상을 시작해 이듬해 3월 16일 미국이 북한에 식량을 제공한다는 조건 하에 사찰에 합의했다. 북한은 미국 대표단이 5월 금창리 지하시설을 방문하도록 초청했으며, 미국은 북한의 사찰 수용대가로 세계식량계획(WFP)을 통해서 50만 톤, 미국 민간 기구를 통한 씨감자 1,000톤 및 식량 10만 톤을 지원하기로 약속하였다. 미 국무부는 1999년 5월 현장사찰을 한 결과, 핵 개발 흔적이 없다고 결론을 내려 핵시설 의혹은 일단락됐다.[25]

이런 가운데 북한은 1998년 8월 31일 대포동 1호 미사일 시험발사를 감행했다.[26] 이로 인해 북한의 미사일 문제는 지금까지의 수출을 통한 확산의 차원을 넘어, 이것이 동북아 및 세계안보에 미칠 영향을 우려하는 수준으로까지 확대됐다. 그동안 미국은 북한 미사일에 대해 개발 규제보다는 수출 규제에 중점을 두었으나 대포동 발사 이후 개발 규제로 초점이 옮겨졌다.[27] 1998년 10월 1~2일 열린 3차 미사일 회담에서 북

North Korea, and the Pending Perry Review", Hearing before Committee on International Relations House of Representatives, March 24, 1999 Serial No. 106~145(U.S. Gov. Printing Office, 1999), pp. 35~37; Richard L. Armitage, "A Comprehensive Approach to North Korea", *Strategic Forum* No. 159(INSS, March, 1999).

25) 조선일보1999년 6월 28일자. 사찰팀은 "현재로서는 금창리 지하현장이 1994년 미-북 간 기본합의를 위반하지 않고 있다"는 결론을 내렸다.

26) 북한은 미사일 발사 후 "3단계 운반 로켓에 의한 최초의 인공위성인 '광명성 1호'를 발사하여 궤도에 진입시키는 데 성공했다"고 발표하였다. 조선중앙통신, 1998년 9월 4일.

27) 당시 북한 미사일 문제에 대한 미국의 일차적 관심은 미사일 개발 자체보다

한은 미사일 수출은 외화획득을 위한 무역거래의 일종이기 때문에 향후 3년간 매년 10억 달러를 대가로 지불하면 수출을 중단할 수 있다는 입장을 표명했다. 북한의 미사일 개발계획이 미국으로부터 경제적 양보를 얻어낼 수 있는 하나의 수단이 돼 버린 것이다.[28)]

핵시설 의혹문제를 일단락 짓고 재개된 4차 미사일회담(1999년 3월 29~30일)에서도 북한은 미사일 수출 중단 대신 현금보상을 요구하는 한편, 미사일 개발·생산·배치의 중단은 미국의 대북 적대정책 포기가 전제돼야 한다고 주장했다. 미사일문제는 그해 9월 7일 베를린에서 속개된 제 7차 회담에서 미국은 대북제재 조치를 완화하고, 북한은 미사일 시험발사를 잠정 중단키로 합의함으로써 일단 해결됐다.

금창리 핵시설 의혹 제기(1998년 8월 17일)와 북한의 미사일 시험발사(1998년 8월 31일)로 야기된 위기가 해소되는 과정에서 김대중 정권과 클린턴 정부와의 공조는 거의 완벽에 가까운 것이었다. 이 두 사건으로 인해 한반도 정세는 다시 긴장국면으로 되돌아갈 조짐마저 보였다. 앞에서도 지적했지만 이때를 전후해서 남북관계도 순탄했던 것만은 아니었다. 북한 잠수정의 동해안 침투(1998년 6월 22일), 강화도 앞바다 간첩선 침투(1998년 11월 20일)로 햇볕정책이 현실 속에 구체적인 모습을

미사일 수출문제에 있었다. 미국은 제네바 합의 이후 미사일 문제 해결을 위한 방안을 모색했고, 이에 따라 1996년 6월과 1997년 6월에 두 차례 미사일회담을 개최했다. 미국은 북한의 미사일 개발·수출을 억제하기 위해 북한의 이란·시라이 등 중동지역에 대한 미사일 수출을 중단할 것을 촉구했고, 북한이 미사일기술통제체제(MTCR: Missile Technology Control Regime)에 가입하면 테러국가 명단에서 제외하고 추가적인 경제제재 완화조치를 취할 것임을 시사했다. 그러나 북한은 미사일 개발·생산·배치는 자위권에 속하는 문제라고 주장하며 미국의 요구를 거부하면서 회담을 통해 북한체제의 안전보장, 북미평화협정 체결, 주한미군의 미사일 철거와 역할 변경, 군사회담 정례화 등 군사안보 문제를 포괄적으로 타결하고자 맞섰다.

28) Nicholas Eberstadt, *The End of North Korea*(Washington, D.C.: The AEI Press, 1999), p.20.

드러내기도 전에 좌초할 수도 있는 그런 상황이었다. 그해 11월 18일 역사적인 금강산 관광선이 동해항에서 출항했지만 북한은 김대중 정권의 속내를 떠보기라도 하듯이 이틀 뒤인 11월 20일 강화도 앞바다에 간첩선까지 내려 보냈던 것이다. 북한과 미국이 금창리 핵시설 의혹과 북미사일 시험발사 문제를 해결하기 위해 회담에 열중하던 그 이듬해에도 북한은 연평도 앞바다에서 무력 도발(제1차 연평해전 1999년 6월)을 했고, 금강산 관광객 민영미 씨를 억류(1999년 6월)하는 등 김대중 정권을 자극했다.

김대중 정권은 이런 위기국면을 클린턴 정부와의 공조를 통해 헤쳐나갔다. 김대중은 취임 첫해인 1998년 6월 미국을 방문해 클린턴과 첫 정상회담을 갖고 햇볕정책에 대한 클린턴의 전폭적인 지지를 이끌어냈다.[29] 이어 그해 11월 방한한 클린턴을 맞아 다시 이를 확약받는 데 성공함으로써 한미 공조의 기틀을 다졌고, 이러한 기틀 위해서 원활한 공조가 이뤄졌던 것이다. 청와대에서 열린 2차 정상회담에서도 클린턴은 김대중 대통령의 대북포용정책(햇볕정책)을 강력히 지지한다고 거듭 강조했다. 이러한 확약에 김대중 대통령이 얼마나 만족해했는지, 그는 뒷날 자서전에서 "이로써 한미 양국의 대북정책 공조가 한 치의 빈틈도

---

29) 1998년 6월 9일 백악관에서 있었던 정상회담에서 김대중 대통령은 "햇볕정책은 따지고 보면 미국의 성공에서 배운 것"이라면서 '미국이 중국과 베트남은(햇볕을 쪼여) 개방으로 끌어냈지만 쿠바는 40년 동안 봉쇄만 했다. 쿠바와도 국교를 수립하고 교류했다면 쿠바는 이미 개방했을 것이다. 북한도 마찬가지다'는 요지의 발언을 했다. 이에 클린턴 대통령은 "김 대통령의 비중과 경륜을 볼 때 이제 한반도문제는 김 대통령께서 주도해주기 바랍니다. 김 대통령이 핸들을 잡아 운전하고 나는 옆자리로 옮겨 보조적 역할을 하겠습니다"라고 화답했다. 그리고 이러한 내용은 "미국의 포용정책과 김 대통령의 햇볕정책에 따라 북한과의 관계 개선을 확대하되 그 과정에서 양국이 서로 소외되지 않도록 긴밀히 공조를 유지한다는 데 의견을 모았다"고 공동발표문에 정리 발표되었다. 김대중, 《김대중 자서전 2》(삼인, 2010), p. 84.

없음을 내외에 알렸다. 나와 클린턴 대통령은 손도 발도 마음도 모두 맞았다"고 썼다.[30]

말 그대로 빈틈없는 한미 공조는 그해 12월부터 준비되기 시작해 이듬해인 1999년 9월 발표된 페리보고서에서 보다 분명하게 드러난다.[31] 북한의 금창리 핵시설 의혹과 미사일 발사에 대한 미국 의회의 조사 요청에 따라 윌리엄 페리 전 국방장관이 대북정책 조정관으로 임명됐고, 그는 6개월이 넘는 조사 끝에 페리보고서란 이름의 대북정책 지침서를 작성해 의회에 제출했다. 이 보고서를 작성하는 과정에서 김대중 대통령은 1998년 12월과 1999년 3월 두 차례나 방한한 페리 조정관을 청와대로 불러 햇볕정책에 기초한 북한문제 일괄타결의 중요성을 집중적으로 설득했다. 이런 노력 끝에 페리보고서의 기본 방향과 정책지침이 김대중 정권의 햇볕정책과 일괄타결을 거의 대부분 수용하는 형태로 작성됐다.

페리보고서는 단계별 대북협상안을 채택하고 있다. 제 1단계는 북한의 미사일발사 자제와 이에 대한 반대급부로서 대북경제제재조치 해제 및 경제지원, 제 2단계는 북한의 핵 개발 계획 중단 및 미사일 시험·생산·배치·수출중단이며, 이에 대한 반대급부로 북미관계 정상화 도모, 제 3단계는 한국과 일본의 협력 아래 한반도 냉전구조 종식과 동북아 평화와 안정 유지다.[32]

원래 페리보고서는 북한이 포용정책에도 불구하고 핵과 미사일 개발을 강행하면 2단계로 대북접촉을 억제하고 북한체제가 붕괴될 때까지 군사적으로 봉쇄한다는 내용을 담을 계획이었다. 그러나 김대중 정권

30) 위의 책, p. 140.

31) William J. Perry, "Review of United States Policy toward North Korea: Finding and Recommendations", October 12, 1999.

32) 박종철, 《페리프로세스와 한·미·일 협력방안》(통일연구원, 2000), pp. 5~9. 참조.

은 거부감을 표시했다.[33] 페리 또한 김 대통령이 강조하는 대북 인내심 권고가 지하 핵시설 개발 가능성, 미사일 개발 등 대량살상무기 개발과 상충된다고 지적하면서 김대중 정권의 대북포용정책에 비판적 자세를 견지했다.[34]

미국의 주안점은 북한 핵·미사일 개발계획의 중단으로, 남북관계 개선이나 한반도 냉전종식을 우선하는 한국과는 분명한 차이가 있었다. 김대중 대통령은 페리보고서가 자신의 포용정책(햇볕정책) 뿐만 아니라 한반도의 운명에 결정적 영향을 줄 것으로 보고 정책조율을 통해 대북포용정책과 양립이 가능한 요소를 확대하려고 노력했다.[35] 이런 과정에서 북한의 대량살상무기 제한 및 제한에 대한 반대급부로서 북미 간 관계정상화, 북한 경제개발 지원 등의 적절한 대가를 제공하는 포괄적이고 통합적인 방안이 채택됐다. 또한 북한이 상응하는 조치를 취하지 않을 경우의 대응조치로 페리가 초기에 구상했고 김 대통령이 거부한 바 있는 군사적 대응방안은 제외시키는 데 성공했다.[36] 한마디로 손발이 척척 맞았던 것이다. 바꿔 말하면 김대중 정권의 햇볕정책과 클린턴 정부의 대북포용정책과의 양립성(*compatibility*) 은 이만큼 높았던

33) 동아일보, 1999년 2월 27일.

34) 한겨레신문, 1999년 3월 5일.

35) 청와대의 한 관계자는 "페리보고서가 잘못되면 우리 민족은 망한다"는 말로 정부의 의지를 피력하였다. 동아일보, 1999년 3월 8일.

36) 당시 김대중 대통령이 자신의 대북정책(일괄타결안) 이 페리보고서에 반영된 데 대해 얼마나 만족해했는지는 그의 자서전에 잘 나와 있다. 김 대통령은 "페리보고서에서 제시된 대북정책 이정표(로드맵) 는 페리 프로세스라 불렀다. 하지만 나는 '임동원 프로세스'라고 생각한다"라고 했다. 자신의 분신이나 다름없었던 임동원 외교안보수석이 페리와 사전 조율을 통해 자신의 의도를 보고서에 거의 그대로 반영시킨 데 대한 찬사였던 셈인데, 이를 통해 당시 한미 공조가 얼마나 원활했는지를 알 수 있다. 김대중, 앞의 책(2010), p. 148.

것이다.

이 시기엔 주변국인 중국, 일본, 러시아의 한반도정책과도 양립성이 높았다. 이들 3개국 모두 김대중 정권의 햇볕정책을 공식적으로 지지했다. 중국은 전통적으로 대한반도 정책의 목표를 남북 간 긴장완화와 관계개선을 통한 한반도 평화정착, 남북관계의 균형적 조정을 통한 한반도 현상유지에 두었다.[37] 이에 따라 그동안 중국은 남북관계를 동시에 고려, 원칙적인 입장에서 한반도의 평화와 안정 유지 및 자주적·평화적 통일을 지지한다는 의사만을 표시했으며, 역대 우리 정부의 다양한 통일 및 대북정책에 대해서는 특별한 입장을 표명하지 않았다.

그러나 1998년에 이르러 중국은 이런 중립적 태도에서 벗어나 우리의 대북정책에 대한 적극적인 지지의사를 표명하기 시작했으며, 이로써 한반도문제와 관련한 한·중 간 공통이해와 노력을 강화해 나갈 수 있는 기반이 조성됐다. 1998년 4월 한국을 방문한 후진타오 중국 국가부주석을 시작으로 장쩌민 국가주석을 비롯한 많은 지도자들은 김대중 정권의 대북정책 기조가 한반도의 진정한 평화와 안정을 도모할 수 있고, 남북관계를 개선할 수 있는 올바른 정책으로 보고 적극적인 지지의사를 표명했던 것이다.[38]

중국은 구체적으로 한반도 평화체제 수립을 위한 4자 회담에 적극 참여하는 한편, 1998년 3월과 4월 베이징에서 개최된 남북 적십자 대표접촉 및 남북 당국자회담 등을 측면 지원했고, 8월에는 슝꽝카이〔熊光楷〕 중국군 부총참모장이 방한하여 남북 교류 지원 및 한·중 안보분야 협력을 통해 한반도 평화를 달성하는 데 공동 노력을 경주하기로 합

37) 중국의 대한반도 정책 목표는 한반도의 안정·현상유지, 한국과 경제교류·협력 강화, 한반도문제에 대한 영향력 확대, 대북한 지원을 통한 유리한 안보환경 조성 등으로 요약된다. 통일부, 《통일문제의 이해》(통일교육원, 2004), p. 38.

38) 외교통상부, 앞의 책(1999), p. 145.

의했다.[39] 또한 1999년 8월 조성태 국방장관이 방중하고 츠하오티엔〔遲浩田〕 중국 국방부장이 2000년 1월 방한함으로써, 한·중 간 안보분야 협력 강화의 계기를 만들었다.[40]

일본도 전통적으로 대한반도 정책 목표를 한반도 위기상황 발생 방지와 한반도에 대한 정치·경제적 영향력 확보에 뒀으므로[41] 대북포용정책을 굳이 반대할 이유가 없었다. 1998년 8월 31일 북한의 미사일 시험발사로 북·일관계가 악화되고, 금창리 지하 핵시설 의혹으로 한반도 주변정세가 냉각되자 한·일 협력의 필요성이 대두됐고, 이에 따라 양국은 1998~1999년 2년여 동안 정상회담 6회, 총리회담 2회, 외무장관회담 12회 등 잦은 접촉을 통해 대북공조를 위한 긴밀한 협조체제를 이어갔다.

러시아는 한반도의 평화와 안정이 자국의 안보와 직결된다는 기본인식 하에 한반도의 평화와 안정을 지지하고 남북통일 문제는 남북한 당사자들에 의해 해결되어야 한다는 입장을 견지했다. 이와 함께 한반도 평화체제 구축과정에서 러시아가 할 수 있는 가능한 한 많은 역할을 확보하기 위해 지속적으로 노력했다.[42] 이런 맥락에서 1998년 5월 프리마코프(Primakov) 러 외무장관은 방한 중 한반도 평화통일의 필요성을 강조하였으며, 7월 ASEAN 및 9월 뉴욕에서 한·러 외무장관 회담을 통해 러시아는 김대중 정권의 햇볕정책에 대한 지지를 표명했다.

1998년 8월 북한의 미사일 시험발사로 촉발된 북한의 미사일 문제에

39) 위의 책, pp. 147~149.

40) 외교통상부, 앞의 책(2000), pp. 145~146.

41) Jungsuk Youn, "Japanese Attitude to the Question of Korean Unification", *East Asian Review*, Vol. 4 No. 1, Spring 1992, p. 23.

42) 러시아의 대한반도 정책 목표는 한반도의 평화와 안정 유지, 한국과의 경제교류를 통한 실익 추구, 북한에 대한 영향력 복원, 한반도에 대한 영향력 확보 등으로 요약된다. 통일부, 앞의 책(2004), p. 42.

대해서 러시아는 어떠한 국가든 자국의 미사일 개발에 있어 현존 대량살상무기(*Weapons of Mass Construction*) 비확산 체제를 준수해야 하며, 군비경쟁을 촉발할 수 있는 계기가 되어서는 안 된다는 입장을 밝혔다.[43] 또한 러시아는 북핵문제는 대화를 통해 평화적으로 해결되어야 한다는 원칙을 견지했으며, 이 문제 해결을 위해 미국 일본과 공동보조를 취했다.

한・러 양국은 북・러 관계의 진전이 한반도 평화와 안정을 공고히 하고 북한의 개방 및 합리적인 대내외정책 수립에 기여해야 한다는 데 인식을 같이했다.[44] 1999년 5월 한・러 정상회담에서 러시아는 북한의 핵미사일 등 대량살상무기 개발과 관련해 분명한 저지 입장을 천명했으며, 9월 APEC 외무장관회담에서도 한반도 긴장완화 및 다양한 대화과정을 지지하며 이를 위해 필요한 모든 지원을 제공할 용의가 있음을 표명하기도 했다.

이처럼 이 시기에는 미국을 제외한 주변국들도 김대중 정권의 햇볕정책에 대해서는 적극적 지지 입장이거나 최소한 우호적이었다. 따라서 햇볕정책의 실효성을 평가하는 세 변수 중의 하나로서 국제적 양립성(*compatibility*)은 상대적으로 높은 편이었다. 따라서 적어도 햇볕정책의 추진이 주변국들의 반대 또는 비협조 때문에 방해를 받거나 제지를 당하는 일은 없었던 것이다. 여기서 필자는 중국, 일본, 러시아까지 다 고려해서 국제적 양립성을 측정하였지만 정말 중요한 것은 미국의 입장이었다. 클린턴 행정부의 대북정책과 양립할 수 있는가, 공조가 가능한가가 햇볕정책의 성패를 좌우하는 핵심요인이었다. 뒤에 다시 나오겠지만 클린턴 정부에 이어 출범한 조지 부시 행정부의 대북정책과 햇볕정책의 양립성이 크게 떨어지면서 김대중 정권의 대북정책은 흔들

---

43) 외교통상부, 앞의 책(2000), p. 147.

44) 외교통상부, 앞의 책(1999), pp. 150~151.

〈그림 5-3〉 국제적 양립성의 수준

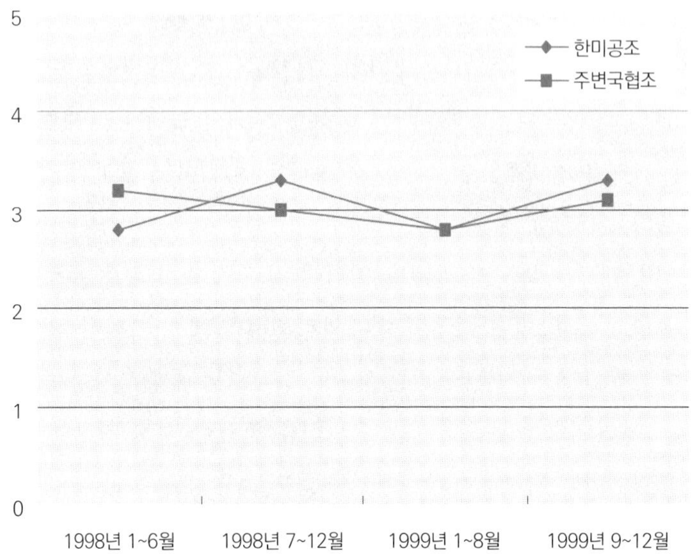

리게 된다. 김대중 정권 재임 5년이란 제한된 환경에서 미국과의 양립성은 이처럼 결정적 요인으로 작용했던 것이다. 이 시기 국제적 양립성은 〈그림 5-3〉에 나타나는 것처럼 큰 변화 없이 높은 수준에서 안정적으로 유지된다.

4) 3C의 점증으로 햇볕정책의 실효성 가시화

이상 살펴본 것처럼 김대중 재임 전반기(1998년 2월~2000년 2월)는 3C가 서서히 높아지면서 햇볕정책의 실효성이 가시화되기 시작한 시기였다. 정부차원의 당국자회담이 3년 9개월 만에 다시 열렸고, 민간 차원의 교류 협력의 증대로 남북관계는 조금씩 신뢰(*confidence*)를 회복해가는

〈그림 5-4〉 3C의 높은 연계와 햇볕정책의 실효성 견인

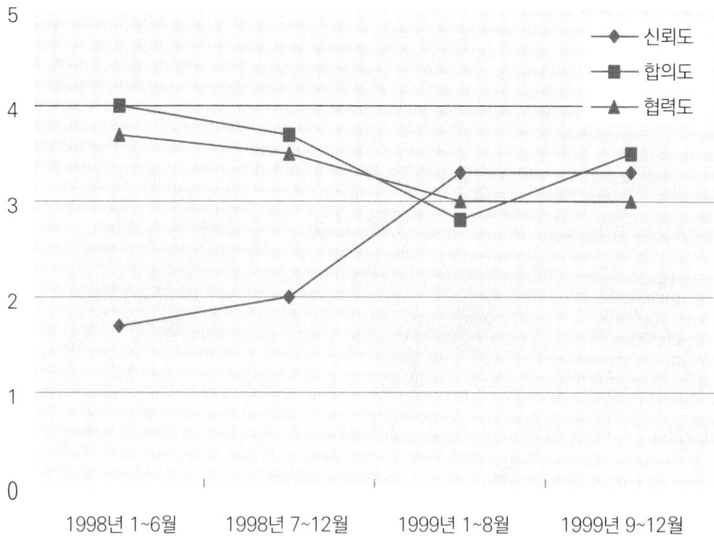

*협력도는 양립성.

모습을 보였다. 국내적으로는 북한의 잇단 도발행위와 보수언론의 비판적 논조에도 불구하고 김대중 정권의 햇볕정책에 지지율이 평균 70%대를 유지함으로써 국민적 합의(*consensus*)의 차원에서 추동력을 보태주었다. 나라 밖으로는 미국 클린턴 행정부의 대북포용정책과 김대중 정권의 대북정책(햇볕정책)이 서로 높은 수준에서 양립(*compatibility*)하면서 유기적 협조체제를 유지할 수 있도록 했다. 한마디로 3C가 서서히 증대되면서 햇볕정책의 실효성을 견인했던 것이고, 그 결과는 남북관계의 본격적인 진전을 위한 기반 구축으로 나타났던 것이다(〈그림 5-4〉).

2. 높은 수준의 3C와 실효성 극대화

햇볕정책의 중반기는 2000년 3월 김대중 대통령의 베를린선언 발표부터 2001년 1월 중순 미국에서 조지 부시 행정부가 등장하기 직전까지 약 11개월에 걸친 기간이다. 이 시기는 역사적인 남북 정상회담 개최와 6·15 남북 공동선언, 그리고 이어진 각종 당국자회담 및 민간 차원의 교류협력 활성화 등을 통해 남북 간에 어느 때보다도 활발한 교류 협력이 이어지던 시기였다. 적어도 외관상으로 햇볕정책이 성공했다고 말할 수 있다면 바로 이 시기에 해당된다.

이는 남북 정상회담이 준 충격이 결정적 원인이 됐다. 설마 했던 회담이 성사됐을 뿐 아니라 그 회담에서 6·15 공동선언이라는 분단 이후 최초의 정상 간 합의문까지 채택됐기 때문이다. 이때만큼은 햇볕정책이 남북문제 해결의 왕도처럼 보였다. 김대중 정권은 이를 확신했고, 야당을 비롯한 반햇볕론자들조차도 경위야 어떻든 눈앞에 드러난 햇볕정책의 '가시적 성과' 앞에서 숨을 죽여야 했다.[45] 남북문제의 자주적 해결의 의지를 확인하고, 상호간의 통일방안에 대한 이해를 바탕으로 대화와 교류·협력의 확대를 통해 궁극적으로 통일을 지향해 간다는 점을 내외에 천명한 6·15 공동선언으로 한반도에서도 비로소 냉전과 분단의 벽이 무너지는구나 하는 희망을 가졌던 것이다. 적어도 그 순간에는 절대 다수의 국민이 그러했다.

어떻게 보면 일종의 집단최면(*collective hysteria*) 상태에 빠진 듯했다.

---

45) 당시 남북 정상회담의 충격파는 '김정일 신드롬'이라는 말이 나올 정도로 우리사회 전역을 휩쓸었다. 동아·조선·중앙일보, 한겨레신문, 2000년 6월 15, 16, 17일자 참조.

두 정상이 평양 순안공항에서 감격의 악수를 나눌 때 이를 TV로 지켜보던 많은 국민은 눈물을 흘리면서 전율했다. 이게 꿈인가 생시인가, 하는 그런 심정이었다. 정상회담 내내 독재자 김정일에 대한 재평가가 봇물을 이뤘고, 이런 평가는 합리적이고 이성적이며 대화가 통하는 북쪽 지도자와 남북문제를 논의할 수 있겠구나 하는 기대로 이어졌다.[46] 김대중 대통령은 뒷날 자서전에서 김정일을 이렇게 평가했다. 김정일이 6·15 공동선언에 명시한 서울 답례 방문의 약속을 끝내 지키지 않았고, 재임 후반기 이런저런 이유로 남북관계가 다시 교착 상태에 빠졌음에도 불구하고 평가는 긍정 일색이다. 이 정도였으니 당시 우리 사회에 불었던 김정일 바람이 어떠했는지 쉽게 짐작할 수 있다.

> 그는 예의가 바른 사람이었다. 김일성 주석이 사망하자 동양적인 관습에 따라 3년 상을 치렀다. 연장자인 나에게 깍듯했다. 정상외교 관례를 깨고 공항까지 영접을 나왔다. 차에 동승했고, 내가 먼저 탈 때까지 기다리며 세심하게 배려했다. 고별 오찬장에서는 내가 팔걸이가 있는 의자를 사용한다는 것을 알고 준비해주었다. 김 위원장은 이해력, 판단력, 결단력이 있는 사람이었다. 자신의 주장을 내세우다가도 나의 논리적 설명에 이해가 되면 자신의 의견을 수정했다. 주한 미군, 민족자주문제, 통일방안 논의에 대해서도 그런 모습을 보여주었다. 오랫동안 북측이 주장하던 문제도 이해가 되면 즉각 수정했다.[47]

남북 정상회담 이후 10년도 더 지난 지금 이런 평가가 과연 얼마나 맞았는지는 의문이다. 세습왕조의 통치자로서 김정일과 남북문제 논의의 주체로서의 김정일에 대한 평가는 엄연히 구별되어야 한다. 누구라도

---

46) 남북 정상회담을 마치고 귀국하는 김대중 대통령을 위해 일부 국민은 '통일할아버지 큰일 하셨습니다', '대한민국이 통일했습니다'라는 등의 피켓을 들고 환호했다. 김대중, 앞의 책(2010), p. 309.

47) 위의 책, p. 307.

자신의 왕국을 끌고 가는 지도자라면 최소한의 지식과 정보, 예의, 분별력, 임기응변의 능력은 갖추게 마련이다. 북한보다 더 못한 나라의 지도자라도 그가 일국의 통치자, 더욱이 전제군주보다 더한 독재자라면 정상적인 민주주의 국가의 지도자보다 이런 능력 면에서는 나았으면 나았지 못하지 않다. 문제는 이런 능력이 남북관계에서도 선의(善意)의 동기 아래 발휘되고 드러나느냐의 여부다. 남북 정상회담 이후 남북관계의 전개 양상을 보면 답은 나와 있다. 그럼에도 김정일에 대한 김대중 대통령의 이런 평가가 햇볕정책의 일관된 추진에 필요한 한 축, 곧 신뢰의 축을 이뤘음을 알 수 있다.

1) 깊어지는 남북 간 신뢰

이 시기 남북 간 신뢰(*confidence*)는 정부 차원의 당국자 회담 증가와 민간 차원의 교류 협력 활성화를 통해 차츰 심화되는 양상을 보인다. 당국자 간 대화가 그 이전 시기, 곧 김대중 정권의 전반기 2년여 동안 4회에 머무른 데 비해 이 시기에는 25회나 된다. 질적 측면에서도 별다른 성과 없이 회담이 결렬되던 전반기와는 달리 2회를 제외하고는 모두 그 성과가 합의문 및 공동보도문 형태로 발표됐다. 이 시기만큼 남북관계가 활발했던 때는 일찍이 없었다. 적어도 외관상으로는 심대한 변화였다.

2000년 3월 9일 김대중 대통령의 '베를린선언'으로 시작된 남북관계 개선의 돌파구는 박지원 문화관광부 장관과 송호경 아태평화위원회 부위원장간의 비공개 접촉을 통한 '4·8 남북합의서'의 발표 이후 역사적인 남북 정상회담 개최(6. 13~15)로 절정에 이른다. 남북 정상회담은 분단 55년 만에 최초로 양측의 최고당국자가 만났다는 사실 자체만으로도 획기적인 사건이었다.

정상회담에서 채택된 6·15 남북 공동선언은 ① 통일문제의 자주적 해결, ② 남측의 연합제안과 북측의 낮은 단계의 연방제안이 서로 공통점이 있다고 인정하고 앞으로 이 방향에서 통일을 지향하고, ③ 이산가족 교환 방문과 비전향장기수 문제 등 인도적 문제를 조속히 풀어나가고, ④ 민족경제의 균형발전과 사회·문화·체육·보건·환경 등 제반 분야에서의 협력과 교류를 활성화해 서로 신뢰를 다져나가며, ⑤ 이상의 사항들을 조속히 실천하기 위해 이른 시일 안에 당국 사이에 대화를 갖는다는 5개항의 합의 사항을 담아냈다.

남북관계에서 주도권이 남북한에 있음을 천명하고, 상호 간 통일방안에 대한 이해를 바탕으로 교류협력과 당국자 간 대화를 확대함으로써 궁극적인 민족통일을 지향한다는 점을 명문화한 것이다.[48] 이에 따라 국방장관회담과 장관급회담의 정례화가 이뤄졌고 남북 당국자 간에 각급 대화와 접촉을 통해 정치·군사·안보·경제·사회문화 등 전 분야에 걸쳐 실로 다양한 주제들이 논의되고 협의됐다(〈표 5-4〉).

---

48) 김대중 대통령의 자서전에는 당시 평양 백화원에서 열렸던 남북 정상회담의 분위기가 상세히 묘사돼 있다. 6월 15일 백화원에서 있었던 송별 오찬 분위기를 그대로 옮겨본다. "김정일 위원장이 '어제 만찬 때 김 대통령께서(6월)을 전쟁을 기억하는 비극의 달에서 화해와 평화를 기약하는 희망의 달로 바꿔나가자고 말씀하실 때 저도 감명 깊게 들었습니다. 그래서 오늘 아침에 국방위원들에게 열흘 앞으로 다가온 올해 6·25에는 종전처럼 하지 말라고 지시했습니다. 더욱이 올해는 50주년이 되는 해 아닙니까. 그런데 국방위원들이 남쪽에서는 안 그러는데 우리만 그럴 수 있느냐고 항의를 합니다. 50년 적대관계에 신물이 날 법도 한데 군인들은 늘 상대방을 적으로만 생각하니 이 사람들의 적대감을 해소하는 것이 중요합니다.'(그러더니) 김 위원장은 이 자리에서 6·15 공동선언의 첫 성과물을 발표했다. '인민군 총사령관으로서 오늘 12시부로 전방에서 대남 비방 방송을 중지할 것을 명령했습니다'. 이에 우리도 다음날 똑같은 조치를 취했다. 이렇게 해서 남과 북은 상호 비방 방송을 중단했다." 김대중, 앞의 책(2010), pp. 304~305.

〈표 5-4〉 중반기 남북 당국자회담 현황

명칭	일시 및 장소	회담 대표	주요 내용
정상회담	6.13~15 평양	김대중 대통령 vs 김정일 국방위원장	〈6·15 공동선언〉 -5개항 및 김정일 위원장의 서울 답방 합의
정상회담 관련 준비접촉	평양, 판문점 등	차관급	-특사 접촉(3회) -정상회담 준비접촉(5회) -통신·보도 실무접촉(2회) -의전·경호 실무접촉(1회)
제 1차 장관급회담	7.29~31 서울	박재규 통일부 장관 vs 전금진 내각 책임참사	6개항 공동보도문 발표
제 2차 장관급회담	8.29~9.1 평양	상동	7개항 공동보도문 발표
제 3차 장관급회담	9.27~30 제주	상동	6개항 공동보도문 발표
제 4차 장관급회담	12.12~16 평양	상동	8개항 공동보도문 발표
제 1차 국방장관회담	9.25~26 제주도	조성태 국방장관 vs 김인철 인민무력부장	공동보도문 발표
남북군사 실무회담	1차: 11.28 2차: 12.5 3차: 12.21	김경덕 준장 vs 유영철 대좌	-남북 철도·도로 연결공사의 군사적 보장 협의했으나 성과 없이 종료.
제 1차 경협실무접촉	9.25~26 서울	이근경 재경부 차관보 vs 정운업 무역성 지도국장	공동보도문 발표
제 2차 경협실무접촉	11.8~11 평양	상동	4개 합의서 작성
경추위 1차회의	12.28~30 평양	이정재 재경부 차관 vs 박창련 국가계획위원회 제 1부위원장	- 전력지원, 철도·도로 연결 등 협의, 성과 없이 종료
제 1차 적십자회담	6.27~30 금강산	박기륜 대한적십자사 사무총장 vs 최승철 조선적십자회 중앙위원회 상무위원	-이산가족방문단교환(8.15) -이산가족면회소 설치·운영 -비전향 장기수 전원 송환 (2000년 9월 초)
제 2차 적십자회담	9.20~23 금강산	상동	-이산가족 생사, 주소 확인 작업 (시범적으로 100명 실시, 확대)

자료: 《2000~2001 통일백서》(통일부, 2000~2001) 등 참조.

2000년 한 해 동안 장관급회담(4회), 국방장관회담(1회), 경협실무접촉(2회), 적십자회담(2회), 경제협력추진위원회(1회) 등이 열렸다. 남북 정상회담 이전의 회담까지 포함하면 총 25회로 전반기(1998~1999)의 4회에 비해 6배나 회담이 늘어났던 것이다. 그해 9월 11일부터 14일까지 북한의 김용순 특사일행이 방한하여 김정일 국방위원장의 서울 답방문제, 국방장관회담 개최, 이산가족 문제 해결, 남북경협 실무접촉 개최, 경의선 철도·도로 연결기공식 참석, 북측 경제시찰단의 방한 및 임진강 수해방지를 위한 공동조사 등에 합의함은[49] 물론, 1996년 11월 19일 이후 북한에 의해 일방적으로 중단됐던 판문점 남북 연락사무소의 기능이 8월 15일 재개됐다.[50] 남북 간 그것도 당국자 간에 대화와 회담이 봇물처럼 쏟아졌던 것이다.

이 시기 민간 차원의 교류협력은 당국자 간 대화의 양적·질적 상승에 힘입어 다방면에 걸친 교류·협력사업도 성과를 보이기 시작한다. 무엇보다 남북 이산가족 상봉이 15년 만에 공식적으로 이뤄짐으로써 그 상징적 의의가 자못 컸다. 이를 좀더 구체적으로 살펴보면 인적교류는 〈표 5-5〉에 나타난 것처럼 2000년 남한 주민의 북한 방문은 성사 기준으로 1999년에 비해 30% 증가했다. 북한 주민들의 남한 방문 역시 11.4배나 늘었다. 이는 1989년 이후 연간 방한 인원 중 최대 규모였다.

남한 주민의 북한 방문은 금강산 관광객,[51] 경제, 사회·문화, 경수

49) 통일부, 《2001 통일백서》(통일부, 2001), p. 73.

50) 판문점 남북 연락사무소는 1992년 5월 7일 발효된 〈남북 연락사무소 설치·운영에 대한 합의서〉에 따라 남북 사이의 제반 연락 업무를 수행하도록 되어 있었다. 위의 책, pp. 102~103.

51) 1998년 11월 18일 금강산 관광선이 첫 출항한 이래 2000년 12월 말까지 관광선이 총 670회 운항되어 37만 1,637명이 금강산을 관광하였다. 그중 2000년 한 해 동안 전체의 57%에 해당하는 21만 3,009명이 방문하였다. 1998년은 10,554명으로 전체의 3%, 1999년은 14만 8,074명으로 전체의 40%이다. 통일부 홈페이지(www.unikorea.go.kr, 검색일: 2008년 3월 19일).

〈표 5-5〉 1999~2000년 남북 왕래현황

단위: 건/명

연도	구분	신청	승인	성사
1999	북한방문	886(6,199)	862(5,997)	822(5,597)
	남한방문	1(62)	1(62)	1(62)
2000	북한방문	865(8.070)	845(7,737)	804(7,280)
	남한방문	10(706)	10(706)	10(706)
계	북한방문	1,751(14,269)	1,707(13,734)	1,626(12,877)
	남한방문	11(768)	11(768)	11(768)

자료: 통일부(2000), p.120. (금강산 관광객은 제외).

로 지원사업 목적으로 나눌 수 있다. 분야별 방북인원을 살펴보면 금강산 관광 및 개발사업 관련 방북이 2,148명, 경제 분야 방북이 125건 543명, 사회·문화 분야 방북이 79건 674명, 경수로 지원사업 관련 187건 2,231명이었다. 1999년에 비해 경수로 지원사업 관련 인원이 크게 증가한 것은 1999년 12월 15일 경수로 건설 본 공사 계약이 체결된 데 따른 것이다. 북한 주민들의 남한 방문도 평양학생소년예술단(5월 24일~27일) 102명, 평양교예단 (5월 27일~6월 11일) 102명, 8·15이산가족 교환방문(8월 15일~18일) 151명, 남북 교향악단 합동연주회(8월 18일~24일) 132명, 제 2차 이산가족 교환방문(11월 30일~12월 3일) 136명 등으로 수도 늘고 분야도 한층 다양해졌다.[52)]

남북한 교역규모도 〈표 5-6〉에서처럼 전체 교역금액이 사상 최초로 4억 달러를 넘어서게 된다. 이는 1998년의 2억 2,000만 달러에 비해 약 2배, 그리고 1999년의 3억 3,000만 달러에 비해 약 1.5배 정도 증가했다. 이러한 증가가 가능했던 이유는 정상회담 이후 남북이 두 차례의 경제협력실무접촉을 통해 〈남북 사이의 투자보장에 관한 합의서〉, 〈남북 사이의 소득에 관한 이중과세방지 합의서〉, 〈남북 사이의 상사분쟁해결

52) 통일부, 앞의 책(2001), p.129.

〈표 5-6〉 2000년 남북 간 교역현황

단위: 건/품목/천 달러

연도	반입			반출			합계		
	건수	품목수	금액	건수	품목수	금액	건수	품목수	금액
2000	3,952	203	152,373	3,442	505	272,775	7,394	647	425,148

자료: 통일부(2001), p.137.

절차에 관한 합의서〉, 〈남북 사이의 청산결제에 관한 합의서〉 등 4개 합의서에 가서명하는 등 제도적 여건을 갖추려고 노력했기 때문이다.

사회 · 문화 교류는 2000년 사회 · 문화 분야 협력사업자는 9개 단체 · 기관, 사회 · 문화 분야 협력사업은 5건이 신규 승인을 받았다. 협력사업자는 2000년까지 협력사업자 누계 26건 중 34.6%, 협력사업은 누계 18건 중 27.7%가 2000년 한 해에 승인을 받았다. 관광 · 체육교류 분야에서는 금강산 관광사업이 계속 추진돼 2000년 한 해에만 남측 주민 21만 3,009명이 금강산 관광을 했다. 그해 7월 3일부터 4일까지엔 남측 인원 228명과 차량 47대가 참여하는 '금강산 자동차질주경기대회'도 열렸고, 9월 15일 개막된 시드니 올림픽에서는 남북한 선수단의 동시 입장이 이뤄지기도 했다.[53]

남북 사이에 이처럼 대화와 교류 협력이 활발할 때 북한체제의 반응과 변화는 어떠했는가. 앞에서 지적했듯이 이 시기의 북한의 개혁 · 개방 노력과 햇볕정책 사이에 직접적인 상관관계(*correlation*)를 입증하기는 쉽지 않다. 다만 김대중 집권 전반기와는 분명히 다른 여러 가지 과감한 개혁조치들을 취하기 시작한 것으로 미루어 햇볕정책이 암암리에 영향을 미쳤고, 그 기저에는 김대중 정권의 대북정책에 대한 신뢰가 깔려있었다고 볼 수 있다.

김정일 국방위원장은 정상회담 준비를 위해 6월 3일 방북한 남한 특

53) 위의 책, p.166.

사 임동원 국정원장에게 “조국해방(광복) 55돌을 맞이한다는 의미에서 통일을 위한 큰 범위의 선언 같은 것이나 하나 내고, 거기에 앞으로 더 전진적으로 어떻게 발전시킨다는 내용을 큼직하게 명기해놓는 것이 좋지 않겠는가”[54] 라고 말했다고 한다. 이로 미루어 김정일 위원장도 나름대로 정상회담에 기대를 갖고 있었고, 이런 기대 역시 김대중 정권을 조금이라도 신뢰하지 않고서는 생길 수 없는 것이었다고 봐야 한다.

북한은 남북 정상회담이 있은 후 2001년부터 ‘새로운 관점과 높이’론 등 새로운 시대에 대한 새로운 적응을 강조했다. 이어서 2001년 10월 북한경제의 변화강령이라 할 수 있는 김정일 위원장의 논문 “강성대국 건설의 요구에 맞게 사회주의 경제관리를 개선 강화할 데 대하여”가 발표되었고, 이어 2002년 7·1 경제개선조치가 선포됐다. 7·1 조치는 ① 노임 및 물가의 인상, ② 기업 개혁, ③ 이른바 ‘번수입’ 지표의 도입, ④ 계획화의 체계와 방법 개선 등이 주된 내용이었다. 이러한 충격적인 조치를 취한 것은 그만큼 북한 경제 내부에서 불균형과 인플레 압력이 심각했다는 것을 시사한다. 또한 북한경제의 도약을 위해서는 개혁과 개방뿐만 아니라 거시경제의 안정화가 핵심과제임을 보여준다.[55] 당시 북한 노동당은 “지불능력이 있는 수요에 따라 값이 오르내리는 것은 하나의 객관적인 경제법칙”이라며 가격 조정의 필요성을 역설했다.[56] 이런 조치들이 김대중 정권의 햇볕정책과 이에 대한 김정일의 기대와 전혀 무관한 것이라고 보기는 어려울 것이다.

---

54) ‘우리민족끼리’(북한의 온라인 매체) 2008년 6월 14일; 연합뉴스, 2008년 6월 14일.

55) 통일연구원, “북한체제의 분야별 실태평가와 변화 전망”(2005), pp. 206~208.

56) 조선로동당, “가격과 생활비를 전반적으로 개정한 국가적 조치를 잘 알고 강성대국 건설을 힘 있게 앞당기자”, 〈KDI 북한경제리뷰〉, 1월호(한국개발연구원, 2003), pp. 40~45에서 재인용.

그렇다면 이 시기에 계량화를 통해 본 남북 간 신뢰의 수준은 어느 정도였을까. 앞에서 밝힌 것처럼 남북 간 신뢰 수준을 측정하기 위해서 정부와 민간 두 차원에서 진행된 각종 남북 회담과 대화, 교류와 협력을 그 비중과 결과물(합의나 공동발표문)의 유무 등에 따라 1에서 5까지 점수를 매긴 후 이를 합산하는 방법을 사용했다. 그 결과 신뢰 수준은 5점에 거의 근접하는 것으로 나타났다.[57] 한 예로 2000년 12월 12일부터 16일까지 평양에서 개최된 제 4차 장관급회담에서 북측은 남측의 《2000 국방백서》에서 북한을 '주적'(主敵)으로 표현한 데 대해 비난하면서 전력 지원에 대한 보장을 요구해 실질토의가 지연되는 등의 우여곡절을 겪기도 했다. 그럼에도 불구하고 바로 이 회담에서 8개항에 걸쳐 합의가 이뤄진 것은 당시 남북 간 높은 신뢰의 수준을 보여주는 예였다.

특히 국방장관회담은 그 의의가 실로 컸다. 그동안 경제나 사회, 문화 분야에선 어느 정도 교류 협력에 진전이 있었지만 군사 분야만큼은 대화다운 대화 한 번 제대로 가져본 적이 없을 정도로 닫혀 있었다. 그러던 것이 2000년 9월 25일부터 26일까지 제주도에서 열린 첫 국방장관회담에서 남북은 믿기 어려울 정도로 많은 사안을 한꺼번에 논의했으며 이에 관한 합의를 무더기로 쏟아냈다. 남측은 6·15 공동선언의 이행을 위한 군사적 긴장완화와 평화보장 공동 노력, 국방장관회담의 정례화, 남북 군사위원회 및 군사실무위원회 설치, 군사적 신뢰구축 조치와[58] 남북 철도 및 도로 연결공사와 관련 군사적 협력문제를 협의할 것을 제안했다. 이에 대해 북측은 6·15 공동선언의 이행을 방해하는 군사행동 금지, 군사분계선과 비무장지대를 개방해 남북 관할구역으로

57) 정상회담 준비접촉과 정상회담, 그리고 뒤이은 후속회담까지를 계량화하면 5점 만점에 4점 중반대에 해당하는 높은 점수로 나타난다.

58) 국방장관 회담에서 남측이 제안한 군사적 신뢰구축 조치에는 상호 부대이동 통보, 군 인사 교류, 군사정보 교환, 남북 군사직통전화 설치 등의 내용이 포함됐다. 경향신문, 2000년 9월 26일; 동아일보 2000년 9월 27일.

설정하는 문제 등을 협의하자고 주장하였다. 또한 철도·도로 연결과 관련하여 남과 북의 인원, 차량, 기재의 비무장지대 내 출입을 보장하는 문제는 실무급에서 토의하자고 제의했다.[59] 이를 중심으로 남북은 두 차례의 전체회의와 여러 차례의 실무접촉을 갖고 의견을 조율한 끝에 5개 항에 합의하고 이를 공동보도문으로 발표했다.[60]

이로써 남북관계는 경제 및 사회·문화적 교류협력이라는 한 축과 군사적 긴장완화 및 신뢰구축이라는 다른 한 축을 중심으로 병행 추진되는 구도를 갖게 됐다. 또한 남북 민간인들의 왕래와 교류협력을 보장하는 데 따르는 군사적 문제들을 해결하기 위해 서로 적극 협력하기로 함으로써 향후 남북 군사당국 사이에 본격적인 대화와 협력의 기초를 놓았다.

무엇보다 남북의 군인들이 공동작업을 통해 경의선을 복원하고 도로를 건설하기로 한 것은 남북 간 신뢰구축이라는 점에서 그 의의가 컸다.[61] 경의선 철도 및 도로 연결사업 추진은 민족경제의 동맥을 잇는 상징적 의미 이외에 남북 간 직교역로를 확보함으로써 물류비용 절감 등의 경제적 효과와 정치적 신뢰구축 및 군사적 긴장완화, 그리고 사회문화적 파급효과 등의 유무형의 기대이익을 창출할 수 있는 사업으로 기대를 모았다.[62]

---

59) 통일부(2003), pp. 102~103 참조.

60) 공동보도문의 주요 요지는 첫째, 민간인들의 왕래와 교류, 협력을 보장하는 데 따르는 군사적 문제 해결을 위해 적극 협력. 둘째, 군사적 긴장완화와 한반도의 항구적이고 공고한 평화를 이룩하여 전쟁위험을 제거하기 위해 공동 노력. 셋째, 남과 북을 연결하는 철도·도로공사와 관련, 비무장지대 안에 각 측의 인원과 차량, 기재들의 왕래 허가와 안전 보장(구체적 세부사항은 쌍방 실무급이 10월 초에 추진). 넷째, 남북을 연결하는 철도·도로 주변의 군사분계선과 비무장지대를 개방하여 남북 관할지역을 설정하는 문제는 정전협정에 기초하여 처리. 다섯째, 2차 남북 국방장관회담을 11월 중순 북한에서 개최 등이다. 통일부(2003), p. 103.

61) 이원섭, 《햇볕정책을 위한 변론》(필맥, 2003), p. 175.

〈표 5-7〉 2000년 정부 및 민간차원 대북지원 현황

	지원규모	비고
정부	7,863만 달러	-비료 30만 톤 직접 지원(944억 원) -내용: 20만 톤(635.7억 원), 추가 10만 톤(307.9억 원)
민간	3,513만 달러 (420억7천만 원)	-한적창구(3차 추가지원 : 16개 단체 113억 2,992만 원) -내용: 쌀떡 20톤, 감귤, 의료장비 11종, 기초의약품 59종, 밀가루, 비료, 농약, 비료생산컨테이너, 구충제, 건빵, 한우 500두, 장난감, 분무기, 옷감, 의류, 이불, 의약품 및 의료장비 등 -독자창구 : 13개 단체 307억 3,871만 원 -내용: 의약품, 의류, 농기계, 비료, 밀가루, 설탕, 분유, 농약, 학용품, 수경재배자재, 가축, 사료 등

자료: 통일부(2003), p.277, 286.

〈표 5-8〉 2000년 이산가족 교류현황

구분	당국차원				민간차원			
2000년	생사확인	서신교환	방한상봉	방북상봉	생사확인	서신교환	방한상봉	방북상봉
	792명	39명	201명	205명	447명	984명	148명	4명

자료: 통일부(2001), p.256.

인도적 대북지원사업도 활발했다. 정부 차원에서 7,863만 달러 상당의 비료 30만 톤이 북한에 직접 지원됐으며, 민간 차원에서는 모두 3,513만 달러 상당의 식품, 장비, 의료품, 농약 등이 북한에 지원됐다(〈표 5-7〉).

경제교류도 마찬가지여서 전년도 대비 증가율이 50%에 달했다. 대북지원의 경우는 정부 차원의 지원액 7,863만 달러와 민간 차원의 지원액 3,513만 달러를 합쳐 1억 1,376만 달러로 전년도의 4,668만 달러에 비해 약 3배 가까이 규모가 증가했다. 2000년 8월과 11월엔 두 차례의 이산가족 방문 교환도 이뤄졌다. 2000년 이산가족 상봉은 1985년 이후 15년 만에 성사된 것으로 그 의미가 남달랐다(〈표 5-8〉).

62) 박종철 외, 《동북아 경제·안보협력의 연계: 4대 분야 협력체 형성 중심》(통일연구원, 2006), pp.193~196 참조.

〈그림 5-5〉 2000년 남북 간 신뢰도

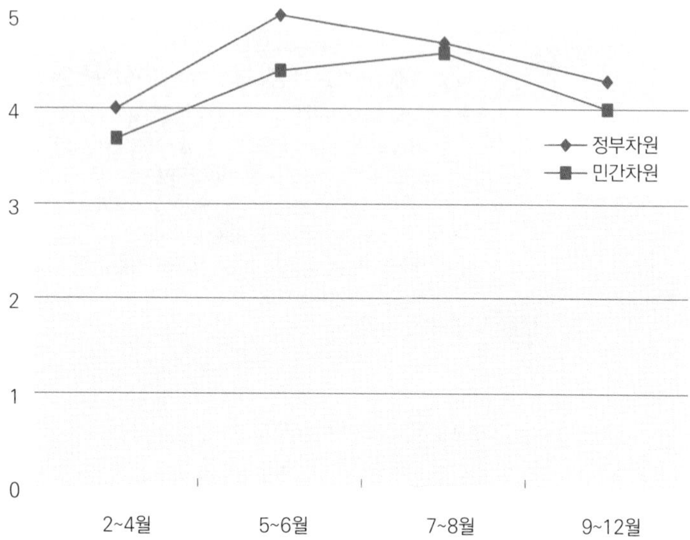

9월 18일엔 임진각에서 철도·도로 연결 기공식이 열렸다. 이 사업은 문산역에서 개성까지 24km의 철도구간(문산-군사분계선 12km, 군사분계선-개성 간 12km)과 17km의 도로구간(남측 5km, 북측 12km)을 연결하는 것으로 그 재원은 남북 교류협력기금에서 충당(철도 639억 원, 도로 873억 원)하기로 했다. 이를 위해 8월 8일 '남북 철도연결사업 추진단'을 구성해 철도청(철도부설 공사), 건설교통부(도로부설 공사), 국방부(비무장지대 내 지뢰제거 및 비무장지대 내 공사) 등 관련 부처의 업무를 총괄·조정토록 했다.[63]

이처럼 이 시기에는 남북 사이에 모든 회담과 대화, 교류 협력이 어느 때보다도 활발하게 진행되면서 남북 간 신뢰의 수준을 끌어올렸다. 〈그림 5-5〉에서 나타난 것처럼 2000년 3월 베를린선언 이후 서서히

63) 통일부, 앞의 책(2001), pp. 107~109.

올라가기 시작해 남북 정상회담을 전후해서는 최고조에 달한다.[64] 신뢰도는 정상회담으로 인한 국민적 흥분이 가시면서 조금씩 떨어지나 그래도 초기보다는 훨씬 높다. 남북 간 신뢰도 높아지면서 햇볕정책의 실효성도 급상승했음은 물론이다.

2) 여론과 주요언론의 논조로 드러난 국민적 합의

이 시기 햇볕정책에 대한 대(對)국민 여론조사의 지지율은 전체적으로 매우 높다. 회담 직전인 2000년 2월~4월의 조사에서는 정부냐, 보수 언론사냐, 진보 언론사냐 할 것 없이 어느 기관에서 조사를 해도 70~80%대의 지지율을 보여주었다. 이는 남북 정상회담 개최 발표에 따른 국민의 기대감이 햇볕정책에 대한 지지로 이어진 탓이라고 할 수 있다. 물론 정상회담 발표 시기(4월 10일)를 두고 "정부가 4월 13일 총선을 눈앞에 두고 이를 이용하려 한다"는 비판이 거셌다. 정부 및 진보·보수 언론사 간 여론조사 결과가 10%에서 많게는 20% 가까이 차이가 나는 것도 이와 무관하지 않다.

2월~4월 햇볕정책에 대한 여론조사의 지지율을 살펴보면 통일부 조사결과 85.2%, KBS 87.0%, 한겨레신문 71.1%를 합쳐 평균 81.1%에

64) 정상회담 당시 김대중 대통령을 수행했던 임동원 당시 국정원장은 자신의 회고록에서 그때의 분위기와 심정을 이렇게 적었다. "김대중 대통령은 평양에 54시간 체류하는 동안 두 차례 회담, 만찬과 오찬회동, 차량동승(4회, 2시간 30분) 등의 기회를 통해 김정일 위원장과 총 11시간의 직접 만남을 가졌다. 분단 사상 최초의 남북 정상회담을 통해 두 정상은 11시간 동안 허심탄회하게 속마음을 털어놓은 셈이다. 나는 이렇게 조성된 두 정상 간의 신뢰와 애정이 고스란히 남북의 신뢰조성으로 이어질 것으로 기대했다. 임동원, 《피스메이커: 남북관계와 북핵문제 20년》(중앙books, 2008), p. 134.

달한다. 반면 보수 언론사의 경우는 조선일보 48.0%와 동아일보의 73.2%를 합쳐 평균 60.6%이다. 이를 합치면 이 시기에 햇볕정책에 대한 국민적 지지율은 72.9%이고 이를 점수화하면 매우 높은 수준인 4점에 해당한다.

이어 남북 정상회담 기간인 2000년 5월~6월 햇볕정책에 대한 국민적 지지도를 살펴보면, 정부와 진보 언론사의 경우는 정부 측 93.7%, KBS 93.0%, 한겨레신문 96.7%를 합쳐 94.5%에 달한다. 반면 보수 언론사의 경우 조선일보 83.1%과 동아일보 97.0%을 합쳐 평균 90%에 이른다. 이 둘을 종합하면 5월~6월 햇볕정책에 대한 국민적 지지율은 92.7%로 나타난다.[65] 정상회담 직후인 7~8월 햇볕정책에 대한 국민의 지지는 비록 정상회담 기간만큼은 아니지만, 80%대라는 높은 지지율을 이어간다. 그 이유는 정상회담의 여파가 그대로 남아 있는데다, 회담 후 가시적 성과를 위해 6·15 공동선언의 이행 단계로 넘어간 것이 국민의 지지를 이어가게 한 요인이었다. 1, 2차 장관급회담이 서울과 평양에서 각각 개최되는 등 적어도 외관상으로는 성과가 작지 않았다. 1985년 이후 15년 만에 서울과 평양에서 동시에 이루어진 이산가족 상봉도 분위기를 고조시켰다. 이는 수치로도 나타난다. 7월~8월 햇볕정책에 대한 국민의 지지도 조사를 보면 KBS 89.7%, 한겨레신문 89%, 보수언론인 조선일보 86.7%로 변함없이 높은 지지율을 보였다.

남북 정상회담이 있은 지 3개월이 지난 9월로 넘어가면서 지지율은 70% 아래로 떨어진다. 보수 언론사의 경우는 50%대까지 내려간다.

---

65) 이를 종합해 앞에서 언급한 1~5점 척도로 계량화하면 정상회담 직전에는 김대중 정권의 대북정책, 곧 햇볕정책에 대한 국민적 합의의 수준이 4점대이던 것이 정상회담이 열리던 6월을 전후해서는 무려 5점대로 치솟았음을 볼 수 있다.

〈표 5-9〉 중반기(2000년) 여론조사에 나타난 햇볕정책 지지율

		2~4월	5~6월	7~8월	9~12월	평균
정부	통일부	85.2% (2월 29일)	93.7% (6월 19일)	-	79.6% (9월 14일)	86.2%
보수	조선	48.0% (2월 24일)	83.1% (6월 16일)	86.7% (8월 24일)	48.8% (9월 26일)	66.7%
	동아	73.2% (4월 27일)	97.0% (6월 16일)	-	55.2% (9월 27일)	75.1%
진보	한겨레	71.1% (4월 12일)	96.7% (6월 20일)	89.0% (8월 15일)	-	85.6%
방송	KBS	87.0% (4월 10일)	93.0% (6월 15일)	89.7% (8월 15일)	78.0% (9월 11일)	85.4%
합계		72.9%	92.7%	88.5%	65.4%	79.8%

자료: 박선원(2002), p.8 〈표-1〉 한국언론재단 홈페이지, www.kinds.or.kr(검색일: 2008년 2월 18일) 통일연구원 홈페이지, www.kinu.or.kr(검색일: 2008년 2월 19일) 등을 참조하여 작성.

당시 정부 측의 여론조사와 KBS의 경우는 각각 79.6%와 78%로 3개월 전에 비하면 크게 내려가나 그럼에도 80%에 가까운 지지율을 유지한 반면, 조선일보와 동아일보의 여론조사는 각각 48.8%와 55.2%로 3개월 전 자신들의 여론조사에 비해서도 지지율이 급락한 것으로 나타난다.[66] 이를 종합하면 지지율은 평균 65.4%로 나온다. 이는 정상회담 이후 남북관계의 급속한 진전에 대해 사회 일각의 불안감과 속도조절론이 반영된 탓으로 보인다. 그러나 전체적으로 2000년 한 해 햇볕정책에 대한 국민의 지지율은 평균 80%대로 매우 높은 수준이었다.

이 시기 언론의 논조는 전반기의 비판적 기조와는 다른 지지 양상을 보인다. 언론 역시 크게 보아 햇볕정책의 소산이라고 할 남북 정상회담

66) 조선일보의 2월 24일 조사에서 48%의 지지율이, 남북 정상회담 직후인 6월 16일 조사에서 83.1%로 껑충 뛰었다가, 9월 26일에는 다시 48.8%로 되돌아온다. 이는 당시 조선일보로 대변되는 보수언론과 같은 입장에서 햇볕정책에 비판적이었던 세력이 분단 55년 만에 처음 개최된 회담의 역사성과 상징성, 그리고 국민의 높은 지지여론을 외면만 하기에는 부담이 너무 컸던 탓으로 보인다.

에 국민의 높은 지지를 의식하지 않을 수 없었던 때문으로 보인다. 전반기부터 이어진 높은 국민적 지지율과 페리보고서 제출 이후 급변해가는 북미관계 진전 및 한미 간 유기적 공조체제의 분위기를 뒤집을 만한 사태 변화가 없었던 탓이다. 무조건 반대하기 어려워 중립 또는 지지 입장을 견지했다고 할 수 있다. 한 가지 흥미로운 사실은 〈표 5-10〉에서 보듯이 보수 언론사의 논조가 사안별로 조금씩의 차이가 있다는 점이다.

이러한 차이는 시기별, 사건별로 보면 더 분명하게 나타난다. 먼저 2000년 3월 9일 김대중 대통령의 베를린선언 발표와 남북 정상회담 개최 발표에 대한 보수 언론의 논조를 보자. 〈표 5-10〉에 나타난 것처럼 베를린선언에 대해 조선일보는 소극적 비판, 중앙일보는 중립, 동아일보는 소극적 지지의 반응을 보였고, 정상회담 발표에 대해선 조선일보와 동아일보는 중립, 중앙일보는 소극적 비판의 태도를 보였다. 한겨레신문이 둘 다 소극적 지지를 표명한 것은 보다 정부에 신중한 태도를 주문한 탓으로 보인다.

그러나 남북 정상회담 개최와 6·15 공동선언 발표, 그리고 그 후속 조치로서 이산가족 상봉에 이르면 언론논조는 보수, 진보를 가리지 않고 지지하는 입장을 보인다. 따라서 남북 정상회담 개최, 6·15 공동선언문의 발표, 그리고 8·15 이산가족 상봉 등을 통해 본 햇볕정책에 대한 언론의 지지도는 평균 4.6점으로 매우 높은 수준이다.

정상회담 이후 9월 25일 제주도에서 개최된 남북 국방장관회담에 대해선 보수 언론사와 진보 언론사의 입장이 크게 대비된다. 조선일보의 경우는 사설을 통해 비판적 입장을 견지하며 국방장관회담의 문제점을 지적하고 나선 반면, 동아일보와 중앙일보는 다소 유보적 입장에서 "(만남은) 환영하나 성과 없는 만남은 무의미하다"는 논조를 펼친다. 반면 한겨레신문은 "분단 이후 최초의 군 수뇌부간 만남은 매우 상징적인 사건으로 한반도 군사적 긴장완화에 전기를 마련한 것"이라고 적극 환

〈표 5-10〉 중반기 4대 일간지 논조 분석

사건	신문사	제목/날짜	논조	점수
베를린 선언	조선	'베를린 제의' 앞과 뒤(3.11)	소극비판	2점
	중앙	'베를린선언' 이후 해야 할 일(3.13)	중립	3점
	동아	김 대통령의 '베를린선언'(3.10)	소극지지	4점
	한겨레	베를린 선언의 의미(3.10)	소극지지	4점
정상회담 발표	조선	남북 정상회담 이제 시작이다(4.11)	중립	3점
	중앙	총선정국에 남북 정상회담 돌풍(4.10)	소극비판	2점
	동아	남북 정상회담에 거는 기대(4.10)	중립	3점
	한겨레	남북한 역사적 만남(4.10)	소극지지	4점
남북 정상회담 개최	조선	남북정상 만남이 중요하다(6.13)	소극지지	4점
	중앙	남과 북 정상에 바란다(6.13)	소극지지	4점
	동아	공존공영을 위한 첫걸음(6.13)	소극지지	4점
	한겨레	민족사의 전환점에 서서(6.13)	적극지지	5점
6·15 공동선언문 발표	조선	'5개항 이후', 6·15 남북 공동선언(6.16)	소극지지	4점
	중앙	세계를 향한 새 평화선언(6.15)	적극지지	5점
	동아	통일방안 활발하게 논의하자(6.18)	소극지지	4점
	한겨레	민족사의 새 장을 열다(6.16)	적극지지	5점
8·15 이산가족 상봉	조선	이산이 만났다. 겨레가 만났다(8.16)	적극지지	5점
	중앙	남북의 진정한 화해를 향해(8.16)	적극지지	5점
	동아	이 감격의 만남(8.16)	적극지지	5점
	한겨레	이산가족 반세기만의 만남(8.16)	적극지지	5점
국방장관 회담	조선	'긴장완화' 빠진 제주회담(9.26)	소극비판	2점
	중앙	물꼬 튼 남북 국방회담(9.27)	중립	3점
	동아	만남은 의미 성과는(9.27)	중립	3점
	한겨레	기대되는 남북 국방장관 회담(9.25)	적극지지	5점

자료: 조선·중앙·동아일보, 한겨레신문 홈페이지(검색일: 2008년 3월 14일) 참조.

영한다.[67)]

실제로 국방장관회담은 분단 이후 최초의 군사당국자 간 회담이라는 상징성 이외에도 5개항의 공동보도문을 발표하는 등의 가시적 성과를 보여주었다. 그럼에도 보수언론이 비판적 내지 중립적 논조를 보인 근거는 역시 '속도조절론'에 있었다. 남북관계가 수용하기 어려울 정도로 빠르게 진전될 경우 감당하기 어려운 문제들이 있고, 우리 사회에 혼란을 줄 수도 있다는 이유에서였다.

이 시기 햇볕정책의 실효성에 영향을 주는 두 번째 변수인 국내적 합의(*consensus*)의 수준은 〈그림 5-6〉에 나타난 것처럼 전반기의 상승세를 이어가다가, 남북 정상회담을 전후한 시점에서 최고조에 달하는 모습을 보인다. 물론 정상회담 발표 시기 및 합의 사항을 놓고 여야(與野)는 물론 진보와 보수 간에 갑론을박이 벌어지기는 했다. 4월 총선을

〈그림 5-6〉 국내적 합의도

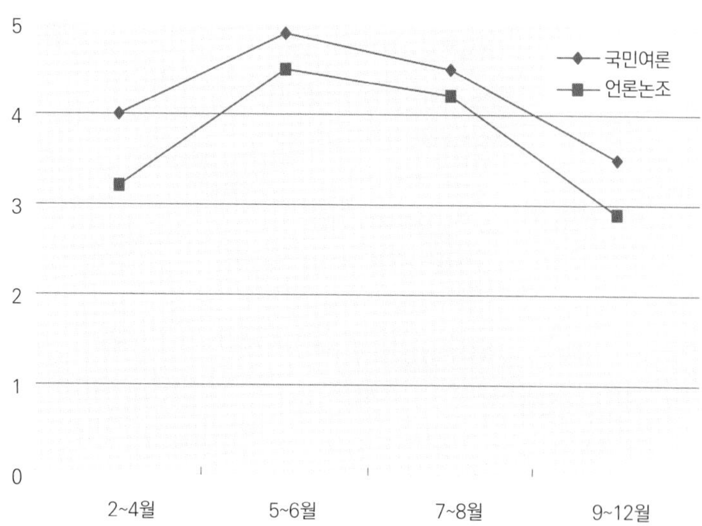

67) 동아・조선・중앙일보, 2000년 9월 26일자.

앞두고 정상회담 개최 발표를 정치적으로 이용했다는 의혹과, 준비접촉 과정에서 불거진 '저자세 끌려 다니기' 논란, 6·15 공동선언의 각 조항에 대해서도 문제 제기가 없지 않았다. 특히 2항의 '남북한 통일방안 공통성 인정'을 놓고 "북한의 연방제 통일방안을 사실상 수용한 것 아니냐"는 의혹이 일기도 했다. 그럼에도 정상회담의 역사적 의의에 영향을 주지는 못했다. 여기에다 각종 후속 회담을 통한 교류·협력의 진전 등 가시적인 성과가 힘을 보태면서 햇볕정책에 대해 국내적 합의는 높은 수준을 유지했다.

3) 한미 공조와 주변국의 우호적 지지: 높은 양립성

이 시기에 한미 간 대북정책 공조는 전반기와 마찬가지로 김대중 정권의 햇볕정책과 클린턴 행정부의 포용정책이 조화를 이루면서 유기적인 협조체제를 이어간다. 물론 이런 분석과 다른 견해도 있지만,[68] 그것은 사안별 입장 차이를 강조한 주장일 뿐 큰 틀에서 보면 대북포용이란 동일한 정책기조에서 크게 벗어나지 않았다고 할 수 있다.

한미 양국은 이 기간 중 3회의 정상회담과 4회의 외무장관회담 그리고 6회의 한미일 대북정책조정그룹(*Trilateral Coordination & Oversight Group*: TCOG) 회의 등 고위급 실무협의를 통해 전통적인 한미 동맹관계의 강화는 물론 한반도 냉전구조의 종식과 평화공존 체제 구축을 위한 대북포용정책을 함께 추진한다는 점을 거듭 확인했다. 이는 김대중 정권 집권 전반기 2년간 정상회담 3회, 외무장관회담 7회, 한미일 고위급협의 3회와 비교할 때 공조가 그만큼 긴밀했음을 보여주는 한 지표라

68) 이교관, 《김대중 정부의 위험한 거래》(한송, 2002), pp. 119~140.

고 할 수 있을 것이다.

먼저 남북 정상회담 개최 과정에서의 한미 간 협력을 보자. 김대중 대통령의 베를린선언 발표 이후 남북 정상회담 개최에 합의하기 위한 박지원 특보와 송호경 북한 아태평화위원회 부위원장 간에 수차례에 걸친 비공개 접촉이 베이징에서 진행됐다.[69] 이 과정에서 한미 양국은 남북 정상회담의 성공적 개최를 위해 긴밀히 의견을 조율해 나갔다. 2000년 3월 15일 양국 외무장관은 한반도 평화와 안정에 있어 남북관계의 핵심적 중요성에 대해 인식을 공유하고, 한미일 대북정책조정그룹(TCOG) 회의 및 한미 양자 협의를 통해 고위급 실무차원의 대북 공조 방안을 협의했다. 여기서 한국은 남북 정상회담의 성공적 개최를 위한 미국 측의 지원을 요청했다.[70]

4월 10일 남북 정상회담 개최에 합의한 4·8 남북합의서가 언론에 공개되자 클린턴 대통령과 올브라이트 국무장관은 즉시 환영성명을 발표하고 지지 입장을 표명하였다. 클린턴 대통령은 "나는 한국과 조선민주주의인민공화국이 오는 6월 처음으로 역사적인 정상회담을 갖기로 했다는 발표를 환영한다"면서 "남북한 간의 직접 대화는 우리가 오랫동안 지지해온 것이며 한반도문제 해결의 기초이다"라고 환영성명을 발표했다.[71] 올브라이트 국무장관 역시 "남과 북의 직접 대화가 한반도 평화와 안정의 관건"이며, 이를 위해 "한미일 3국이 긴밀한 정책 공조를 유지해야 한다"라는 취지의 성명을 발표했다.

그러나 이러한 공식적 반응에도 불구하고 미국은 남북 정상회담 개최로 미국의 당면 현안인 북한의 핵·미사일 문제가 등한시 될 가능성

---

69) 박준영, 《평화의 길: 6·15 남북 정상회담과 그 앞뒤 이야기》(에쎈에스, 2003), pp. 15~16.

70) 외교통상부, 《2000 외교백서》(외교통상부, 2001), pp. 170~173 참조.

71) *The New York Times*, April 11, 2000.

을 우려했던 것도 사실이다. 미국은 한국 정부가 북한에 남북 정상회담을 수용해준 대가로 막대한 경제적 지원을 해줌으로써, 북한의 핵과 미사일 개발을 중단시키기 위해 그동안 취해온 경제제재라는 지렛대(*leverage*)의 힘이 빠져버릴까를 걱정했던 것이다. 이와 관련해 스티븐 보스워스(Steven Bosworth) 주한 미 대사와 토마스 슈워츠(Thomas Schwartz) 한미연합사 사령관은 "한국은 경제회복이 아직 안 된 만큼 대북지원을 자제해야 한다"는 의사를 밝혔다. 이는 미국의 대북 경제제재의 지렛대를 손상시킬 수 있는 대북 경제지원은 하지 말아야 한다는 것을 우회적으로 표현한 것에 다름 아니었다.[72] 미국은 5월 10일 웬디 셔먼(Wendy Sherman) 미 국무부 자문관을 서울에 파견해 남북 정상회담에서 한·미·일이 협의해 온 현안들이 적절히 논의되어야 한다는 점을 강조했다.

남북 정상회담이 끝나자 클린턴 대통령은 회담의 성과를 높이 평가하고, 남북한의 긴장완화를 적극 지지한다는 의사를 표명했다. 다만 정상회담 후 주한미군의 철수 문제 등이 제기될 것을 우려했다.[73] 이러한 우려는 남북 정상회담 이후 한미 간 후속조치를 협의하기 위해 방한한 올브라이트 미 국무장관이 6월 23일 기자회견에서 "주한미군의 중요성은 전쟁억지력과 지역안정이라는 2가지 관점에서 봐야 한다."면서 "철군이나 감군은 시기상조이며 미군이 주둔하는 것은 국가이익을 보호하는 장치"라고 강조한 데서도 드러났다.[74] 이런 미묘한 입장 차이

72) 이교관, 앞의 책(2002), p. 122 참조.

73) 미국의 우려는 먼저 〈6·15공동성명〉 제1항의 통일문제의 자주적 해결의 의미와 관련하여 급격한 남북관계의 진전으로 인한 주한미군의 지위와 한미동맹의 약화, 정상회담에서 군비통제에 대한 합의가 없는 점, 대북 경제지원의 전용문제 등을 우려한 것으로 보인다. 이대우, 《남북 정상회담 이후 한미관계 변화》(성남: 세종연구소, 2002), pp. 11~13 참조.

74) 동아일보, 2000년 6월 24일.

와 우려에도 불구하고 과거 한미관계에 비춰보면 이때처럼 상호이해와 공조가 잘 된 적도 없었다.

6월 15일 평양 순항공항에서 남북의 정상이 마침내 두 손을 맞잡자, 세계 주요 국가와 주요 언론들은 앞다퉈 회담 지지 성명을 발표하고, 회담의 역사적 의미를 보도했다. 뉴욕 타임스는 6월 15일자 보도에서 남북 정상회담의 역사성과 6·15 공동선언의 합의 내용 등에 대해 비교적 상세히 다뤘고,[75] 워싱턴 포스트 역시 "정상회담이 김대중 정권 햇볕정책의 최대 성과이며 한국의 국가이익에 큰 도움이 될 것"이라는 내용의 사설을 실었다.[76]

클린턴 대통령은 남북 정상회담 마지막 날인 6월 15일 남북 간 최고지도자 간 만남과 6·15 공동선언을 지지하는 성명을 발표하고, 남북 정상회담의 중요성을 강조했다. 이 성명에서 클린턴 대통령은 "정상회담은 한반도의 평화와 화해를 향한 희망적인 첫발"이라면서 "정상회담에서 이룩한 합의를 환영하며 양측이 이 유망한 길로 계속 나가기를 희망한다"고 말했다.[77]

그 배경에는 김대중 정권의 외교적 노력도 한몫했다. 김대중 대통령은 남북 정상회담 개최 일주일 전인 6월 8일 오부치 전 일본총리 장례식에서 만난 클린턴 대통령에게 남북 정상회담에 대한 미국의 적극적 협력과 지지를 요청했고, 클린턴 대통령으로부터 이를 재확인했던 것이다.

9월 7일 김대중 대통령과 클린턴 대통령은 유엔 밀레니엄 정상회의를 계기로 개최된 한미 정상회담에서 6·15 남북 공동선언의 충실한 이

75) Howard W. French, "Koreas Reach Accord Seeking Reconciliation after 50 Years", *The New York Times*, June 15, 2000.

76) "Appointment in Pyongyang", *The Washington Post*, June 16, 2000.

77) 박준영, 앞의 책(2003), p. 359 참조.

행 상황을 평가하고, 남북관계 개선과 북미관계 진전의 상호보완적 이행을 위해 긴밀히 협조하기로 거듭 합의했다. 두 정상은 이어 11월 15일 APEC(아시아태평양경제협력체) 정상회담에서도 별도로 만나 미국의 대북관계 개선 문제 등을 협의하는 등 긴밀한 협의를 계속했다. 또한 한미 외무장관회담에서도 남북 정상회담 이후 남북관계 진전을 위한 한미 간 협조의 필요성을 재확인했다.

마지막으로 남북관계 개선에 연동된 북미관계 진전 국면에서의 한미 간 공조이다. 이 시기는 미국 클린턴 정부의 임기가 불과 8개월여(차기 대통령선거가 있는 그해 11월 7일까지로 치면 5개월여) 밖에 남지 않았을 때였다. 미국은 남북 정상회담 이후 남북한 긴장완화를 적극 지지한다는 의사를 표명하면서, 6월 19일 대북 경제제재 완화조치를 연방관보에 게재함으로써 1999년 9월 17일 클린턴 대통령이 발표했던 대북 경제제재 완화조치를 공식 발효시켰다.[78] 또한 다음날 북한을 지칭하던 '불량국가'(*rogue state*) 라는 용어를 '우려국가'(*state of concern*) 로 바꾸기로 했다고 발표했다.[79]

북한은 6월 20일 1999년의 미사일 발사 유예조치가 유효함을 재확인하고 미국과의 고위급 회담을 지속시키고자 했다.[80] 이에 따라 남북 정상회담 이후 7월 10일부터 23일까지 제5차 미사일 회담과 11월 1일부터 3일까지 제6차 미사일 회담이 개최됐다. 이 회담에서 북한 측은 미사일 개발문제는 북한의 자주권에 관한 것으로 어느 누구도 간섭할 수 없으나, 매년 10억 달러를 보상하면 미사일 수출을 중단할 용의가 있다는 입장을 고수해 회담은 교착상태에 빠졌다.

---

78) 여인곤 외, 《대북포용정책의 효율적 추진을 위한 주변 안보·외교환경 조성방안》(통일연구원, 2000), p. 119.

79) 이대우, 앞의 책(2002), p. 15.

80) 로동신문, 2000년 6월 20일.

그러나 9월 27일 뉴욕에서 열린 김계관-커트먼 회담[81]에서 북한 측이 조명록 국방위원회 제1부위원장의 방미를 미국에 제의함으로써 극적인 돌파구가 마련됐다. 조명록 국방위원회 부위원장의 방미에 앞서 한·미·일 3국은 정책조정회의를 갖고 3국간 입장을 사전조율했다. 조명록 특사는 10월 9일부터 12일까지 미국을 방문해 10월 10일 클린턴 대통령과 면담하고 북미관계의 정상화를 요구했으며, 또 로켓(인공위성)의 제3국에서의 발사를 위한 국제사회의 재정지원이 있을 경우 장거리미사일 개발을 포기할 용의가 있음을 밝혔다. 조명록 특사는 올브라이트 국무장관, 코언 국방장관과 회담을 한 뒤 10월 12일 〈북미공동성명〉까지 발표하기에 이른다.[82]

이에 따라 올브라이트 장관은 10월 23일부터 25일까지 평양을 방문하여 김정일 국방위원장과 두 차례에 걸쳐 회담을 갖고 북한의 테러지원국 지정 해제 문제, 미사일 개발 문제, 외교대표부 개설, 한반도 긴장완화 등의 양국 현안들을 포괄적으로 논의한다. 올브라이트 장관은 이 회담에서 북한의 미사일 개발 문제에 대한 중대한 진전이 이루어졌다고 밝혔다. 북한이 장거리 미사일 개발을 중단하는 대가로 제3국이 북한의 인공위성을 대신 발사하고, 중단거리 미사일의 수출은 경제제재 완화 및 경협지원 등 적절한 보상이 주어지면 포기하는 방향으로 해결의 가닥을 잡은 것이다.[83]

---

81) 김계관 북한 외무성 부상과 찰스 커트먼 미 국무부 한반도평화회담 특사간의 접촉은 1월 22일부터 28일까지 베를린에서, 다시 3월 7일부터 15일까지 뉴욕에서 열렸지만 별다른 성과를 내지 못하고 종료됐다가 9월 27일 다시 재개됐다.

82) 주요내용은 첫째, 북한의 장거리 미사일 개발 포기 선언. 둘째, 북미 간의 상호 적대관계 포기 및 경제적 교류협력의 확대. 셋째, 정전협정체제의 평화협정체제로의 전환을 위한 4자 회담 및 여러 가지 방안 활용, 그리고 클린턴 대통령의 북한 방문을 준비하기 위한 올브라이트 국무장관의 조만간 평양 방문 등이다. 조선일보, 2000년 10월 13일.

올브라이트 국무장관의 방북 직후인 10월 25일에도 한·미·일 3국 외무장관회담을 개최해 그의 방북 결과를 협의하는 등 긴밀한 대북 공조체제를 유지했다. 올브라이트 방북 결과에 따라 미국과 북한은 11월 1일부터 3일까지 말레이시아의 쿠알라룸푸르에서 제 6차 미사일 회담을 열어 장거리 미사일 대리발사 및 중단거리 미사일의 수출 중단에 따른 보상 문제를 포괄적으로 논의함으로써 일부 진전을 이룬다. 미국은 이 회담의 결과를 토대로 클린턴 대통령의 방북(訪北) 여부를 결정할 것이라고 밝혔다.

그러나 11월 7일 미국의 대통령 선거 결과, 당선자를 확정하지 못하는 사태가 발생하면서 클린턴 대통령의 방북은 지연되었고, 결국 공화당의 조지 부시 후보가 당선자로 확정되자 클린턴 대통령은 방북을 포기했다. 그는 방북하고 싶어했으나 성과에 대한 불확실성과 퇴임 직전 대통령의 방북에 대한 미국 내의 비판적 여론, 부시 당선자의 강경한 대북인식 등으로 인해 이를 고집할 수는 없었던 것이다. 결국 공화당의 부시가 2001년 2월 대통령에 취임하기에 이르고, 북미관계는 다시 긴장 속으로 빠져든다. 클린턴 정부의 대한반도 정책은 한국과의 공조를 기초로 북한 핵과 미사일 문제의 해결을 통해 북미관계 정상화를 모색하는 데 초점이 맞춰져 있었으나 공화당의 부시 후보가 대통령에 당선됨으로써 사실상 폐기되고 만다. [84]

---

83) 이 회담에 대해 미국의 뉴욕 타임스 지는 사실을 통해 올브리이트와 김정일 간에 논의된 북한 장거리미사일의 개발, 시험발사, 수출 등을 제한하는 문제에 대해 확고한 합의가 이뤄진다면(계획 중인) 클린턴 대통령의 북한 방문은 정당화될 수 있을 것이라고 논평했다. *New York Times*, 2000년 10월 25일자, www.donga.com(2000년 10월 25일 입력)에서 재인용.

84) 한마디로 이시기 한미 간 대북정책 공조는 남북관계와 북미관계 전반에 걸쳐 대단히 유기적으로 이뤄졌다. 한미 공조가 이처럼 원활했던 적은 과거 정권에서도 보기 드문 사례였다. 따라서 이 시기 김대중 정권의 대북 교류협력정책(햇볕정책)의 국제적 양립성은 매우 높은 수준으로 앞서 언급한

이 시기에 주변국들의 햇볕정책에 대한 태도도 비교적 호의적이었다. 특히 남북 정상회담에 대해서는 공개적으로 지지의사를 표명했다. 주변국들 역시 한반도와 동북아 안정을 위해서는 '한반도의 현상유지'라는 틀이 깨어지지 않는다는 전제 속에서 남북관계 개선이 긴요함을 인식하고 있었던 탓이다. 한반도에 급변사태가 오기보다는 남북한이 화해하고 교류·협력함으로써 안정에 유지되는 것이 자국(自國)의 국익에 도움이 된다는 인식은 전후(戰後) 한반도와 주변질서에 대한 이들의 공통된 인식이기도 했다

먼저 일본은 김대중 정권의 햇볕정책과 한반도 평화정착을 위해서는 역내 주요국가의 지지와 협조가 필수적이라는 판단 하에 각종 외교경로를 통해 일본 정부의 지지와 협력의사를 표명했다. 6월 남북 정상회담의 성공적 개최를 위해서 5월 방한한 모리 총리부터 회담 개최 합의에 대한 전면적인 지지입장을 재확인했다. 정상회담 직전인 2000년 6월 8일 오부치 일본 전 총리 장례식에 참석한 김대중 대통령은 모리 총리와 정상회담을 갖고 양국 간 대북정책의 공조를 재차 확인했다.

남북 정상회담 직후에는 김대중 대통령이 모리 일본 총리에게 전화를 걸어 회담 결과를 설명하는 한편, 특사 파견 등을 통해 일본 정부의 지지와 협력을 재확인했다. 일본 정부의 지지 입장은 그해 7월 오키나와에서 개최된 G-8 정상회의에서도 이어져, 동 회의에서 남북대화와 한반도 긴장완화 노력을 지지하는 '한반도 관련 특별성명'이 채택되기도 했다.[85]

중국은 남북 정상회담이 개최된 직후 외교부 성명을 통해 "금번 남북 정상회담의 성공을 기뻐하고 축하한다"면서 "남북 정상회담의 성과는

1~5점 척도로 계량화하면 4점에 해당된다.

85) G8 공동성명은 남북 정상회담과 6·15 공동선언 및 햇볕정책에 대한 전폭적인 지지 의사를 천명했다. 동아일보, 2000년 7월 22일자.

역사적 의의를 지닌 중대한 사건으로서 한반도의 평화와 안정유지에 귀중한 공헌을 할 것으로 확신한다"고 밝혔다. 10월에는 주룽지〔朱鎔基〕 총리가 방한하여 남북관계의 진전 상황을 평가하면서 남북 간 평화체제 구축과정이 순조롭게 진행되길 희망하였다.[86] 11월 브루나이 APEC 정상회의 기간에 개최된 한중 정상회담에서도 장쩌민〔江澤民〕 주석은 "남북관계 진전을 위한 김 대통령의 안목과 결단에 경의를 표하며, 중국 정부의 기본 입장은 한반도의 안정과 평화를 지지하는 것" 이라고 긍정적으로 평가하였다.[87] 중국의 지지 입장은 기본적으로 한반도의 평화와 안정을 희망하는 중국의 기본입장과 김대중 정권의 햇볕정책이 일맥상통하기 때문이라고 볼 수 있다.

러시아도 한반도의 평화 안정과 냉전구조 해체를 위해 햇볕정책을 일관되게 지지했다. 이바노프 러시아 외무장관은 2000년 2월 북한을 방문했을 때 북한 측에 햇볕정책과 남북 대화에 호응할 것을 적극 권유했다. 푸틴 대통령 역시 2000년 7월 북한 방문 때 북-러 공동선언문을 통해 남북 정상회담 성과와 그 결과로 채택된 남북 공동선언을 바탕으로 남북관계가 지속 개선되어 나가는 데 대해 지지를 표명했다. 또한 9월 8일 유엔 밀레니엄 정상회의와 11월 15일 브루나이 APEC 정상회의에서 가진 두 차례의 한-러 정상회담에서도 러시아 정부는 남북 정상회담 개최와 그 결과 및 한반도문제의 평화적 해결에 대한 지지를 거듭 확인했다.[88]

따라서 이 시기 햇볕정책의 실효성에 영향을 주는 세 번째 변수인 '국제적 양립성'(*compatibility*)은 〈그림 5-7〉에서처럼 큰 기복 없이 높은 수준을 유지한다. 남북 정상회담으로 대변되는 햇볕정책에 대한 미국과

---

86) 동아일보, 2000년 10월 19일.

87) 동아일보, 2000년 11월 16일.

88) 동아일보, 2000년 9월 9일자, 11월 16일자.

〈그림 5-7〉 국제적 양립성

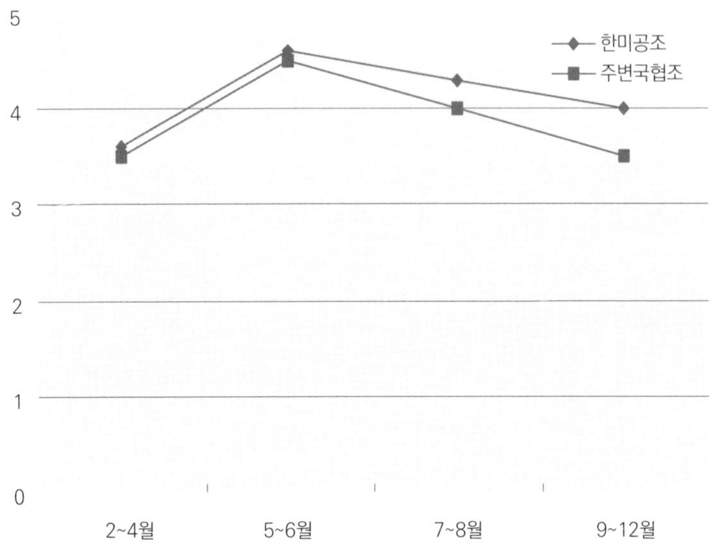

일본, 중국, 러시아 등 주변국들의 지지가 이를 가능케 했던 것이다.

일각에선 미국의 북핵 개발 저지라는 대북정책 목표와 한국의 냉전 구조 해체를 통한 남북 간 평화공존이라는 대북정책 목표는 기본적으로 양립 불가능하다고 보기도 한다. 예를 들어 미국은 북한의 핵과 미사일 개발을 저지하고 핵확산금지조약(NPT)와 미사일기술통제체제(MTCR)로 북한을 복귀시키기 위해 대북 경제제재 조치를 취했으나, 한국 정부는 대규모 대북 경협을 통해 이를 번번이 무산시켰다는 것이다. 그러나 적어도 김대중-클린턴 시대에는 대북포용정책을 통해서 북핵과 남북관계라는 두 마리의 토끼를 잡겠다는 데에 이해를 같이하고 함께 노력했다고 할 수 있다.

4) 3C의 조화와 햇볕정책 실효성의 극대화

이처럼 중반기 햇볕정책의 실효성은 남북 정상회담을 전후한 정부 차원의 당국자회담의 양적·질적 증대와 이에 연동된 민간 차원의 교류협력의 활성화로 인한 남북관계 개선, 그리고 북미관계의 호전 등에 힘입어 최고조에 달한다. 바꿔 말하면 남북 간 신뢰, 국내적 합의, 국제적 양립성의 3C가 모두 높은 수준을 보여줌으로써 정책 효과가 극대화 된다(〈그림 5-8〉).

3C는 또한 유기적으로 연계된다. 분단 55년 만의 남북 정상회담으로 남북관계가 급진전되는 양상을 보이자, 이에 연동하여 북미관계가 급속히 개선됐다. 북한 군부의 실세가 백악관을 방문해 북미 공동 코뮤니케를 내놓고, 미국 국무장관이 평양을 방문하는, 과거엔 상상도 할 수

〈그림 5-8〉 3C의 다차원적 연계성의 조화

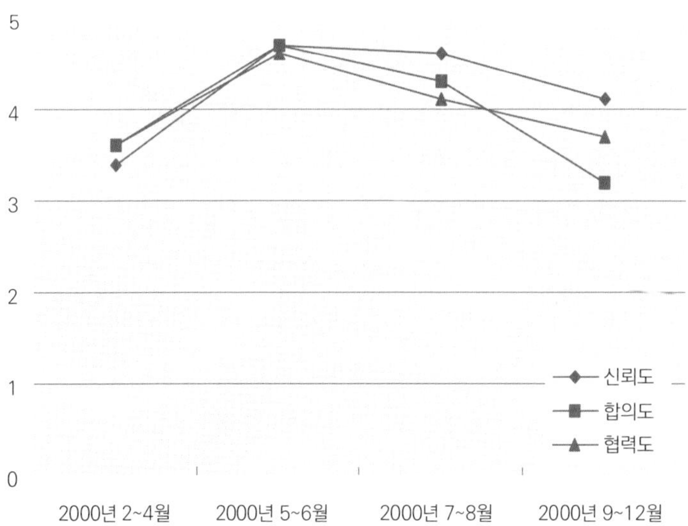

*협력도는 양립성.

없는 일들이 벌어진 것이다. 북미관계가 개선되니까, 김대중 정권의 햇볕정책과 클린턴 정부의 대북포용정책 사이에 양립성도 함께 높아졌고, 따라서 한미 공조도 더 긴밀해졌다. 남북 정상회담을 전후에 한미 양국 정부가 보여준 긴밀한 공조는 역대 어떤 정권에서도 찾아보기 힘든 것이었다.

한반도문제의 두 축인 남북관계와 북미관계가 순항하자 김대중 정권의 햇볕정책에 대한 국민의 지지도 높을 수밖에 없었다. 3C, 곧 세 다리(三脚) 중 어느 한 쪽에서라도 삐거덕거리는 소리가 났다면 전체적인 구도가 무너지면서 국민의 지지는 순식간에 우려와 비판으로 바뀌었을 것이다. 그러나 적어도 남북 정상회담이 실현됐던 김대중 집권 중반기(2000년)에는 이런 일은 일어나지 않았던 것이다. 물론 보수 언론을 비롯한 사회 일각에서 부정적 시각이 아주 없었던 것은 아니었으나 3C가 꼬리에 꼬리를 물고 마치 하나의 원(圓)처럼 돌아가는 상황에서 끼어들 틈이 없었던 것이다.

뒤에 다시 언급하겠지만 이와 같은 3C의 유기적 연계는 대북정책의 수립과 이행에 많은 시사점을 준다. 대북정책이 성공하려면 3C가 일정 수준 이상에서 유기적으로 조화를 이뤄야 한다는 점이 그것이다. 이런 교훈은 정권의 이념성향(색깔)과는 관계가 없다. 우파 정권이든 좌파 정권이든 현실 정합성(적실성)이 있는 대북정책을 수립하려면 입안 초기부터 3C를 종합적으로 고려해야 하고, 수립된 정책을 실천에 옮길 때도 역시 3C가 상호 유기적으로 연계되도록 세심한 주의를 기울일 필요가 있다. 그렇지 않을 경우 대북정책은 한쪽으로 쏠려서 현실에 적용해보기도 전에 스스로 무너지거나, 아니면 상황을 더 악화시킬 가능성이 매우 높다. 김대중 정권에 이은 노무현 정권에서 대북정책이 뚜렷한 성과도 거두지 못한 채 안으로는 남남 갈등과 사회 분열만 깊게 하고, 밖으로는 미국과의 불화만을 키운 것은 단적인 예다. 이명박 정권도 마찬가지다. 남북 간에 최소한의 신뢰 — 관계 단절 속에서도 소통은 할 수 있을 정도의 신뢰 — 마저도 조성하지 못함으로써(안 함으로써) 집권 5년이 다 끝나가도록 대화다운 대화 한 번 못한 채 하릴 없이 불임(不姙)의 세월만 보내야 했던 것도 다 그래서다.

우리는 다음 절(節)에서 그렇게 순항하던 김대중 정권의 햇볕정책이 3C의 한 축이 무너짐으로써 하루아침에 나락으로 떨어지는 과정을 보게 될 것이다. 3각 중 무너진 다리는 국제적 양립성(*compatibility*)이었다. 클린턴 정부가 끝나고 조지 부시 행정부가 들어서면서 그 비극은 시작된다.

3. 3C의 균열과 실효성 급감

김대중 정권 후반기라 할 수 있는 2001년 1월부터 2003년 2월 김대중 정권 임기 종료까지 2년 1개월여에 해당하는 이 시기에는 전반기에서 중반기로 이어졌던 3C의 유기적 조화가 깨진다. 조지 W. 부시(George W. Bush) 행정부의 등장과 함께 한미관계가 불편해지면서 대북정책(햇볕정책-교류 · 협력정책)의 양립성(*compatibility*)이 무너지고, 덩달아 남북 간 신뢰(*confidence*)와 국내적 합의(*consensus*)도 흔들리고 만다.

3C 중 어떤 C에서 먼저 균열이 생겨, 다른 C와 C로 연쇄반응을 일으키듯 옮겨갔는지, 아니면 동시다발적으로 진행된 것인지는 보는 시각에 따라 다를 것이다. 그러나 나는 조지 부시 미 공화당 정부가 등장하면서 클린턴 정부의 대북포용정책이 사실상 폐기된 것이 결정적인 시발이 됐다고 본다. 햇볕정책을 놓고 부시 정부와의 갈등이 생기고, 이 갈등은 순항하던 북미관계와 남북관계에 부정적 영향을 미치면서 2002년 10월 제2차 북한 핵 위기로 이어지고, 이는 다시 햇볕정책에 대한 국민의 지지(국내적 합의)를 끌어내리는 순으로 진행됐다는 얘기다.

세세한 사안별로 발생순서와 서로에게 미친 영향을 따지는 것보다 큰 틀에서 보면 이 시기의 3C는 이런 악순환을 되풀이 하면서 결과적으로 햇볕정책의 실효성을 현저히 떨어뜨리고 만다. 따라서 이 절에서는 앞의 두 절과 달리 순서를 바꿔서 국제적 양립성의 영역부터 살펴보기로 하겠다.

1) 한미공조의 불협화음: 낮은 양립성

(1) 한미차원: 대북정책 공조의 불협화음

이 시기 한미 간 대북정책 공조는 김대중 정권의 햇볕정책과 클린턴 행정부의 포용정책이 양립하면서 유기적 협조체제를 유지했던 전반기 및 중반기와는 전혀 다른 양상을 보인다. 클린턴 대통령은 그간의 북한의 태도변화를 긍정적으로 평가하면서 북한에 대한 호칭을 종래의 '불량국가'(*rogue state*)에서 '우려국가'(*state of concern*)로 바꾸고, 자신이 직접 방북을 결심할 정도로 대북 관계 개선에 강한 의지를 보였던 데 반해,[89] 2001년 2월 출범한 부시 행정부는 이른바 ABC(*Anything But Clinton*-클린턴의 정책만 아니면 무엇이든 좋다는 뜻)를 정책기조로 삼아 대북 강경책을 들고 나온 것이다. 공화당이 지배하는 의회도 또한 다르지 않았다.

김대중 대통령에 대한 부시 대통령의 인식을 적나라하게 보여주는 일화가 있다. 부시 취임 직후였던 2001년 1월 25일 부시 대통령은 김대중 대통령과 첫 인사를 겸한 전화통화를 한다. 당시 그 자리에는 잭 프리처드(Jack Pritchard) 백악관 아시아 담당 선임보좌관이 배석했다. 그의 증언이다. 김 대통령이 대북포용정책의 필요성을 길게 설명했다. 부시 대통령이 불편한 듯 수화기의 아랫부분을 손으로 가린 채 "이 사람 누구냐. 이렇게 뭘 모르다니 믿을 수 없군!"(*Who is this guy? I can't believe how naive he is!*)이라고 했다는 것이다. 프리처드는 그날 상급자로부터 '김대중은 누구인가'라는 보고서를 써내라는 지시를 받고 김 대통령의 햇볕정책, 노벨상 수상, 인권운동가 경력을 자세히 소개하는 보고서를 제출했지만 김 대통령에 대한 부시 대통령의 인식은 바뀌지 않았다고

89) 이대우, 앞의 책(2002), p. 15.

한다.[90]

물론 이 시기에도 한미 양국은 총 4회의 정상회담과 9회의 외무장관회담 그리고 9회의 대북정책조정그룹(TCOG) 회의 등 고위급 협의를 통해 대북정책에 대한 긴밀한 공조를 위해 노력했다. 선언적이긴 했으나 햇볕정책에 대한 미국의 일관된 지지도 재확인했다. 그러나 이는 원론적 수준에 지나지 않았다.[91] 겉으로는 햇볕정책에 대해 지지 입장을 밝혔지만 엄격한 상호주의와 검증의 필요성을 동시에 강조함으로써 햇볕정책을 무력하게 만들었다. 엄밀히 말하면 부시 행정부의 대북 강경책은 '포용'을 핵심으로 하는 햇볕정책과는 본질적으로 양립 불가능했던 것이다. 이는 한반도문제의 국제적 성격을 강화시킴으로써 남북한의 주도적 역할을 제약하는 요인으로 작용했다.

특히 9·11 테러의 영향으로 다량살상무기(WMD) 확산에 대해 극도로 신경이 예민해진 부시 행정부는 북한의 핵과 미사일 문제에 대해서도 클린턴 정부 때보다 더 강경한 대응을 택할 수밖에 없었다. 이에 따라 상대적으로 남북 화해·협력의 영역은 축소됐으며, 북미관계의 비중이 남북관계보다 중요해졌고, 북미 대화의 중요성이 부각되면서 한미동맹의 구속력까지 강조돼, 남북관계의 자율성은 상대적으로 제약을 받았다.[92] 대북정책의 주도권을 미국이 쥐게 되는 양상을 띠면서 한국으로서는 별다른 선택의 여지가 없는 상황이 돼버린 것이다. 이를 좀더 구체적으로 살펴보자.

우선 한미정상회담에서 드러난 북한에 대한 양국 간 인식의 불일치가 그것이다. 부시 대통령은 취임 후 김대중 대통령과의 전화통화를 가졌고, 한국 측에선 이정빈 외무장관과 임동원 국정원장이 방미하여 미

---

90) Jack Pritchard, "Failed Diplomacy"; 동아일보, 2007년 7월 19일자.
91) 외교통상부, 《2002 외교백서》(외교통상부, 2003), pp. 148~150 참조.
92) 박종철, 《미국과 남북한》(오름, 2002), pp. 72~73.

국 고위당국자들과 의견을 교환하기도 하는 등 한미공조의 틀 속에서 대북정책을 해결해 나가려는 모습을 보여주기는 했다. 김대중 대통령은 2001년 3월 8일 워싱턴을 방문하여 부시 대통령과 정상회담을 가졌다. 이 회담에서 한미 두 정상은 남북한의 화해・협력이 한반도 평화 및 동북아 안정에 기여하며 한국의 대북포용정책 및 김대중 대통령의 주도적 역할 유지, 제네바 기본합의의 유지, 한미일 정책공조 유지 등을 포함하는 공동성명을 발표했다.[93] 그럼에도 부시 대통령은 이 자리에서 북한과 김정일 국방위원장에 대해 회의적 인식을 갖고 있음을 감추지 않았다.[94]

이어 미국은 2001년 3월 9일 국무부 대변인의 브리핑 형식으로 대북정책 6대원칙을 발표했다.[95] 이에 따르면 미국은 한・미・일 정책공조 하의 대북정책 추진을 바탕으로 한국의 한반도 긴장완화 노력을 지지하고, 북한정권에 대한 현실적 인식을 바탕으로 대북정책을 전반적으로 재검토하며, 북한의 무기 확산에 대한 점검과 검증의 필요성, 그리고 이러한 무기 확산의 우려 등을 표명하였다. 2001년 5월 부시 대통령은 리처드 아미티지 국무부 부장관과 제임스 켈리 동아태 담당 차관보

93) 한미공동성명은 한미동맹의 재확인, 대북포용정책에 대한 지지와 제2차 남북 정상회담에 대한 기대, 제네바 기본합의의 유지와 합의의 이행을 위한 북한의 동참 촉, 대북정책에 있어서 한미일 공조의 확인, 대량살상무기 및 운반수단의 확산 방지를 위한 적극적인 외교와 방어체제 강구 등을 포함하고 있다. Joint Statement by U.S. President George W. Bush and Kim Dae-Jung(March 7, 2001).

94) 부시 대통령은 "북한의 지도자에 대해 약간의 회의심(*some skepticism*)을 갖고 있다"고 언급하였다. The White House, Office of the Press Secretary, Remarks by President George W. Bush and Kim Dae-Jung of South Korea(March 7, 2001).

95) The State Department, Spokesman Richard Boucher, Noon Briefing (March 9, 2001).

를 서울에 보내 미국의 새로운 국방정책을 설명하면서 김대중 대통령에게 전달된 친서를 통해 햇볕정책에 대한 지지의사를 다시 표명했고, 미국의 대북정책 수립 시 한국의 의사를 최대한 반영할 것임을 표명하였다.

부시 행정부 출범 이후 최초의 공식적인 대북정책은 대통령 발표문의 형식으로 2001년 6월에 발표됐다.[96] 이 발표문에서 부시 행정부는 북한과의 협상을 재개할 것임을 선언하면서 제네바 기본합의의 이행 개선, 북한의 미사일 계획에 대한 검증 가능한 규제 및 미사일 수출 금지, 북한의 재래식 군사력 배치 태세 등을 협상의제로 제시했다.

이에 한미 외무장관은 6월 7일 부시 대통령의 대북 대화재개 선언과 관련한 양국의 입장을 상호 교환했다. 6월 21일에는 한미 국방장관회담이 서울에서 열려 북한의 재래식 군사력 위협 문제와 관련해 이를 〈남북기본합의서〉의 정신에 따라 대처해 나가기로 하고, 북한의 재래식 군사력 분야에서 신뢰구축조치를 실현할 것을 촉구하였으며, 6월 22일 서울을 방문 중이던 체니 부통령은 김동신 국방장관과 만나 미국은 한미동맹관계와 남북관계의 발전을 위해 계속적으로 지원할 것임을 천명했다.

이처럼 표면적으로 한미 양국은 대북 공조를 위해 노력하는 모양새를 갖췄지만 실질적으로는 인식의 차이가 컸다. 김대중 정권은 햇볕정책의 기조가 유지되기를 간절히 원했지만, 부시 행정부는 대북 강경책으로 기꺼이 선회할 준비가 돼 있었던 것이다. 이는 뒤이어 전개된 부시 행정부의 행보에서 곧 드러나게 된다.[97] 한미 공조체제에 균열이 올 수도 있음을 알리는 전조였다고 할 수 있다.

---

96) The White House, Office of the Press Secretary, Statement by the President(June 6, 2001).

97) 이 시기의 한미공조를 통해 측정한 햇볕정책의 국제적 양립성은 2점으로 나온다. 미국의 환영 속에 남북 정상회담이 열렸던 김대중 정권 중반기는 물론 전반기보다 훨씬 낮은 수치를 보여준 것이다.

이 해, 미국과 세계를 뒤흔든 9·11 테러는 상황을 급속히 악화시켰다. 9·11 테러 이후 부시 대통령은 테러와의 전쟁을 선포했고, 미국의 맹방인 한국도 그의 반(反) 테러 전쟁으로부터 자유로울 수가 없었던 것이다. 무엇보다 김대중 정권은 반테러 전쟁으로 북미대화가 재개될 전망이 불투명해질 것을 우려했다. 미 국무부는 "반테러 전쟁이 북한과의 협상에 악영향을 미쳐서는 안 된다"는 입장을 표명하면서도 2년마다 갱신하는 '테러 지원국' 명단에서 북한을 빼지 않았고[98] 북한이 발표한 테러반대 성명을 환영한다고 하면서도 북한이 보다 적극적인 행동으로 이를 보여줄 것을 요구했다.[99]

부시 행정부는 2001년 9월 30일 새로운 국방전략보고서(QDR)을 발표했다. 그 내용은 미국의 신국방정책의 핵심은 현재와 같은 불확실한 전략 환경 속에서 미국의 본토를 방어하는 임무를 제 1의 우선순위로 삼고, 새로운 형태의 위협에 적극적으로 대응하기 위한 군사력의 변형을 강조한다는 것이 골자였다.

이런 부시 행정부의 국방전략은 북한의 대량살상무기뿐만 아니라 재래식 군사력에 대해서도 공식적인 우려를 표명하게 만들었다. 또 볼튼

---

98) 미국 국무부는 2002년 5월 21일 다시 북한을 테러지원국으로 지정하였다. 그 이유는 북한의 대테러전쟁에 참여가 저조하고, 국제사회의 반테러 운동에 실질적인 협력을 하지 않았으며, UN 안보리 결의안 1373호의 테러집단에 대한 새정적 지원 동결에 참여하려한 노력이 보이지 않고, 한국과의 대화나 대량살상무기 문제에 있어서 진전이 없다는 점, 또 JAL기 납치범인 4명의 적군파에 대하여 도피처를 제공하고 있다는 점, 소화기(*small arms*)를 테러집단에 제공하였을지도 모른다는 증거 등이 있다는 점을 들고 있다. Patterns of Global Terrorism 2001, Overview of State-Sponsored Terrorism, May 21, 2002.

99) 북한은 9월 12일 외무성 대변인 담화를 통해 이번 테러에 대해 유감을 표명하면서 테러에 반대한다는 입장을 밝혔다. 또한 리형철 유엔주재 북한대표부 대사는 10월 5일 유엔총회 연설을 통해 테러에 반대한다는 입장을 재차 공식 천명했다.

미 국무부 군비통제 및 국제안보담당 차관은 2001년 11월 제네바에서 개막된 생물무기협약(BWC) 제5차 평가회의 기조연설에서 북한을 알카에다 및 이라크에 이어 세 번째로 국제안보를 위협하는 생물무기 개발국으로 지목하기까지 했다.[100] 이처럼 이 시기에 한미관계는 테러 뒷수습 부분에서는 유기적인 공조체제를 이뤄나갔으나, 대북정책과 관련된 부분에서는 여전히 이견의 폭이 컸다.[101]

9·11 테러 이후 반테러 공조와 대북공조를 병행하며 미국을 설득해 부정적인 대북인식을 바꿔나가려 했던 김대중 정권의 노력은 2002년 연두교서에서 터져 나온 부시 대통령의 '악의 축'(*Axis of Evil*) 발언과 도라산 발언으로 크게 위축되고 만다. 부시 대통령이 북한을 겨냥해 '악의 축'이란 극단적 용어를 쓴 것은 김대중 대통령과 첫 정상회담 자리에서 "북한 지도자에 대해 약간의 의구심을 갖고 있다"고 말한 데서 몇 걸음 더 나간 것이었다. 그것도 즉흥적인 발언이 아니고 몇 차례 독회를 거친 국정연설에서 나온 것이니 만큼 철저히 계산된 발언으로 봐야 했다.[102]

이에 대해 북한은 외무성 대변인 성명을 통해 "근래의 북미관계 역사를 통해 자주적인 주권국가인 우리나라에 이처럼 노골적인 침략위협을 가한 적이 없다"면서 "우리에 대한 선전포고나 다름없다"고 미국을 강력히 비난하고 나섰다.[103] 이로써 북미관계는 악화 일로로 치닫기 시작

---

100) www.donga.com, 2001년 11월 19일(입력), 검색 2012년 12월 10일. 존 볼튼 차관은 기조연설을 통해 "미국은 북한이 마음만 먹으면 수주일 내에 군사 목적에 사용하기에 충분한 양의 생물학적 매개물 생산능력이 있다고 파악하고 있다"고 밝혔다.

101) 이런 점을 감안할 때 이 시기에 한미공조를 통한 김대중 정권의 대북정책은 양립성 수치 2.5로 여전히 낮은 수준이었다.

102) 이원섭, 앞의 책(2003), p.244.

103) 로동신문, 2002년 1월 31일자.

하였다. 특히 2002년 1월 8일 미국 국방부의 비밀문서인 〈핵태세 검토 보고서〉(NPR: *Nuclear Posture Review*)에서 북한을 이란, 이라크, 리비아, 시리아, 중국, 러시아 등 6개국과 함께 잠정적 선제 핵공격 대상국으로 지목하면서 북미관계는 더 심각해졌다. 이에 북한은 3월 14일 외무성 대변인 담화를 발표해 미국과의 제네바합의를 재검토할 것을 경고하고 나섰다.

이러한 미국의 대북 강경정책과 북한의 반발은 결국 10월 17일 켈리 차관보의 방북 이후 2차 북핵 위기라는 건잡을 수 없는 상황으로 발전하게 된다. 이후 북한과 미국은 단계적으로 긴장을 고조시키는 조치를 번갈아 가면 취했다. 미국은 12월분부터 대북 중유공급을 중단했고, 북한은 핵동결 해제 및 핵시설 즉시 가동 선언으로 맞섰다. 이에 대해 미국은 "북한이 영변의 핵시설을 재가동할 경우 모든 수단을 강구할 것"이라고 엄포를 놓았다. 그러나 북한은 이에 아랑곳하지 않고 IAEA 사찰단을 추방하고 핵시설에 대한 봉인을 제거하는 등 한층 더 수위를 높여가다가 급기야 2003년 1월 NPT를 탈퇴해 버린다.

이처럼 한미 간 대북정책 공조는 거의 작동 불능상태에 빠지고 만다. 2차 북핵 위기가 발발하면서 남북 정상회담을 전후한 시기에 한반도문제의 중심축의 하나로 우뚝 설 것처럼 보였던 남북관계의 축이 급속히 와해된다. 이런 와중에 김대중 정권이 할 수 있는 일이라곤 북미 간 긴장 고조 속에서 남북관계의 소강 국면을 그저 지켜보는 것 외에 달리 없었던 것이다.[104]

104) 한미공조가 급속히 퇴조한 이 시기의 김대중 정권의 대북정책(햇볕정책)의 양립성은 1~5 척도상 최하위권인 1점으로 계산된다.

(2) 주변국 차원: 햇볕정책에 대한 변함없는 지지

김대중 정권 후반기에 접어들면서 주변국들의 햇볕정책에 대한 지지와 협조는 전반기나 중반기보다는 못하나 대체로 긍정적인 수준을 유지했다. 주변국들로서는 기본적으로 한반도의 현상유지가 목적이었으므로 햇볕정책에 크게 반대할 이유가 없었던 것이다. 또한 이 시기에 햇볕정책 유지에 가장 중요한 것은 주변국들의 지지와 협조보다는 한미 공조였기에 이들의 입장이 크게 문제가 되는 것은 아니기도 했다. 따라서 햇볕정책의 국제적 양립성도 크게 영향을 받지는 않았다

먼저 일본의 경우를 보자. 2001년과 2002년에 총 7차례의 정상 간 만남과 12회의 외무장관회담, 그리고 9차례의 대북정책조정그룹(TCOG) 회의를 통해 한·일 양국은 햇볕정책의 일관성 있는 추진이 한반도와 동북아지역의 안정과 평화에 긴요하다는 데 인식을 같이 하는 한편, 남북 간 교류협력과 북일(北日) 관계 개선과정이 상호 긍정적 영향을 미칠 수 있도록 한일 간 긴밀한 공조체제를 유지해 나간다는 기존 입장을 재확인했다.

2001년은 일본의 역사교과서 왜곡, 고이즈미 총리의 야스쿠니신사 참배 등 첨예한 현안을 놓고 한일관계가 급격히 경색되기도 했지만 대북정책 영역에선 한일 간 협력이 지속적으로 유지됐다. 2002년 9월 17일에는 고이즈미 총리가 평양을 방문해 김정일 국방위원장과 정상회담을 갖고 '평양선언'을 발표하는 등 북일관계 개선의 전기를 마련하기도 했다. 일본인 납치문제에 대한 일본 내 대북 비판 여론과 북핵문제가 대두됨에 따라 북일관계가 교착상태에 빠지기도 하지만 김대중 정권은 북일관계 개선이 햇볕정책에 부응하고 한반도의 평화와 안정에 기여할 것이라는 기본입장 아래 북일수교 교섭 재개를 포함한 양국 간 현안들이 원만히 해결되도록 보조를 취해 나갔다.

중국은 햇볕정책이야말로 한반도에서의 진정한 평화와 안정을 도모할 수 있고 남북관계를 개선할 수 있는 올바른 정책이라는 입장을 지속적으로 견지했고 기회가 있을 때마다 이를 북한 측에 전달했다. 이 시기에 한중 양국은 1회의 정상회담, 2회의 총리회담, 2회의 외무장관 회담 및 여러 경로의 실무회담 등을 통해 햇볕정책 및 한반도의 자주적 평화통일에 대한 지지 입장을 표명했고, 남북관계의 진전을 위한 건설적인 역할을 이어나갈 것임을 재확인했다. 햇볕정책에 대한 중국의 이러한 지지는 기본적으로 한반도의 평화와 안정을 희망하는 중국의 입장과 김대중 정권의 햇볕정책과의 공통인식에 기인한 것이었다.

러시아와는 총 2회의 정상회담과 3회의 외무장관회담 및 각종의 실무회담 등을 통해 햇볕정책에 대한 지지를 확인하고, 한반도 평화체제 구축을 위해 건설적인 노력을 함께 해나갈 것임을 분명히 했다. 러시아는 한반도의 평화와 안정이 자국의 안보와 직결된다는 인식 하에 한반도의 평화 정착을 위한 제반 노력을 지지하고 남북한 문제는 당사자들이 평화적으로 해결하는 것이 중요하다는 입장을 견지했다.

(3) 국제적 양립성의 퇴조

이 시기 햇볕정책의 실효성에 영향을 주는 세 번째 변수인 국제적 양립성(*compatibility*)의 경우는 〈그림 5-9〉에서처럼 전체적으로 점점 하락하는 양상을 보인다. 이는 무엇보다 한미 간 정책공조의 부진에서 기인했다. 주변국들의 지지와 협력은 전반기 및 중반기와 비슷한 수준 내지는 조금 떨어지는 양상을 보여 큰 차이가 없었지만 한미는 심각한 이견으로 정책적 갈등 국면으로까지 발전한다.

부시 행정부 등장 이후 미국은 공식적으로는 햇볕정책을 지지하며 협조할 의사가 있음을 거듭 밝혔지만, 그 속내를 들여다보면 클린턴 정

〈그림 5-9〉 국제적 양립성

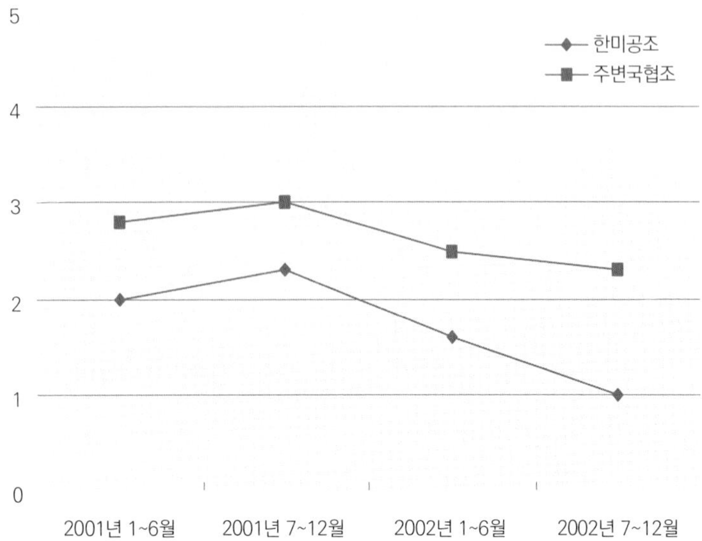

부 때와는 전혀 달랐다. 김대중 정권의 햇볕정책과 부시 행정부의 대북정책은 '포용 대 강경', '신축적 상호주의 대 엄격한 상호주의', '정경분리 대 정경연계' 등 정책기조와 우선순위 등에서 양립성을 찾기 어려웠던 것이다.

대북정책을 둘러싼 이러한 갈등은 2002년 10월 불거진 제2차 북핵 위기를 계기로 해소되면서 한미 양국은 다시 공조체제를 갖추게 되지만 이는 2003년 2월 출범한 노무현 정권에 들어서였다.105) 따라서 이 시기 한미 간 대북정책 공조는 심각한 이견과 마찰로 제대로 작동되지 않는다. 이와 함께 주변국들의 지지 및 협조는 전반부와 중반부 등과

105) 이수혁은 노무현 정권에서 외교통상부 차관보로 재직하면서 2003년 3월부터 2005년 1월까지 베이징 6자회담 한국 측 수석대표를 지냈다. 그는 2008년 저서에서 자신의 실무경험을 통해 2차 북핵 위기의 발생과 과정을 상세히 밝히고 있다. 이수혁, 《전환적 사건》(중앙Books, 2008) 참조.

크게 다르지 않는 수준을 유지한다. 주변국들의 입장에서는 한반도의 현상유지가 목적이므로 그를 유지해가는 정책인 햇볕정책을 크게 반대할 이유는 없었던 것이다.

2) 남북 간 대화와 교류 협력의 부진: 흔들리는 신뢰

이 시기에 남북 간 교류 협력은 회담 개최 횟수, 회담의 수준 등 양적인 면에서는 정부 차원과 민간 차원 모두 중반기와 비슷했으나, 합의문 도출이나 공동보도문 발표 등 질적인 성과 면에서는 기대에 크게 미치지 못했다. 특히 당국자회담의 경우 회담이 북한 측의 일방적인 통보로 무기한 연기되거나, 합의된 사항이 임의로 변경되는 경우가 자주 있었다. 물론 회담에서 우위를 차지하기 위한 북측의 전통적인 협상전술 탓이기도 했지만 중반기 남북 정상회담 준비과정에서 보여준 북한 측의 태도와는 사뭇 다른 것이었다.[106] 후반기에는 특별한 사유 없이 예정된 회담을 연기하거나, 합의한 내용을 변경하는 일이 수시로 일어났고 이로 인해 회담이 무기한 연기되기도 했다. 한 예로 5차 장관급회담은 회담 연기 발표 이후 무려 6개월 만에 다시 회담이 재개됐는데, 어렵게 재개된 회담에서도 북한은 기 합의된 사항을 임의로 변경해 버렸다. 결

---

106) 2000년 6월 15일 남북 정상회담을 앞두고 남측 대표단의 평양 방문은 원래 12일로 예정돼 있었으나 하루가 늦은 13일 이뤄졌다. 이를 두고 항간에서는 "남측이 정상회담 대가로 북에 주기로 한 현금을 미처 다 송금하지 못했기 때문"이라는 얘기가 파다했다. 그러나 당시 대표단의 일원이었던 박지원 대통령비서실장은 2008년 11일 6·15 8주년을 앞두고 서울대에서 열린 '서울대 6·15 연석회의'에서 "당시 평양 방문 일자가 하루 늦춰졌던 것은 송금 지연 때문이 아니라, 남측 언론이 순안공항-평양 이동경로를 예측 보도하는 등 보안문제와 순안공항의 수리 미비 때문이었다"고 밝혔다. 연합뉴스, 2008년 6월 11일.

국 이 시기 남북 간 신뢰(*confidence*)는 전반기와 중반기에 비해 낮은 수준에 머물렀다.

(1) 당국자회담의 질적 부진

당국자회담은 2001년 8회, 2002년 21회 등 총 29회가 열렸다. 회담의 수준은 장관급, 차관급 회담도 있었지만, 정상회담과 국방장관회담을 비롯해 중량감 있는 회담이 주로 열렸던 중반기와는 달리 주로 실무급 회담이 많았다. 장관급회담 6회,[107] 차관급회담 4회,[108] 실무급회담 19회였다. 회담의 성격에 따라 구분하면 종합적인 주제를 다룬 회담이 2회, 정치 6회, 군사 4회, 경제 13회, 인도주의적 대북지원 및 이산가족 분야 2회, 사회문화체육 분야 2회 등으로 정치군사 및 종합 분야 회담이 많았던 중반기보다 경제 분야 회담이 많은 비중을 차지했다(〈표 5-11〉과 〈표 5-12〉).

합의문이나 공동보도문이 나오는 경우도 크게 줄었다. 중반기에만 해도 25차례 회담이 열려 그중 23차례 합의문이나 공동보도문이 발표됐으나 후반기에는 29회 회담 중 합의문이나 공동보도문이 나온 회담은 13회로 절반 수준으로 떨어졌다. 회담이 열려도 두 번 중 한 번은 성과 없이 종료된 것이다. 이는 남북 간 신뢰가 적어도 그 전보다는 부족

---

107) 2002년 4월 3일 김대중 대통령 특사로 방북해 김정일 위원장을 만나고 돌아온 임동원 특보의 평양방문은 회담의 수준과 성격을 감안해 장관급에 포함시켰다.

108) 2002년 9월 6일부터 8일까지 금강산에서 개최된 제4차 적십자회담의 경우는 차관급회담에 포함시켰다. 물론 서영훈 대한적십자사 총재와 장재언 북한적십자회 중앙위원회 위원장간의 만남으로 통상적으로 보자면 장관급 수준에 해당하나 회담의 성격을 감안할 때 차관급회담으로 보는 것이 적절하다고 판단하였다.

〈표 5-11〉 2001년 남북 당국자회담 현황

분야	명칭	일시 및 장소	회담 대표	합의문
정치	제 5차 장관급회담	9.15~18 서울	홍순영 통일부 장관 vs 김령성 내각 책임참사	○
	제 6차 장관급회담	11.9~14 금강산		×
군사	제 4차 군사실무회담	1.31 판문점	김경덕 준장 vs 유영철 대좌	×
	제 5차 군사실무회담	2.8 판문점		△*
경제	남북 전력협력 실무협의회	2.7~10 평양	유창무 산자부 심의관 vs 오광홍 전기석탄공업성 부상	×
	임진강수해방지 실무협의회	2.21~24 평양	최영철 건교부 국장 vs 박호영 국토환경보호성 국장	×
	제 1차 금강산 관광 활성화 회담	10.3~5 금강산	조명균 통일부 국장 vs 김택룡 내각 사무국부장	×
인도	제 3차 적십자회담	1.29~31 금강산	박기륜 대한적십자사 사무총장 vs 최승철 조선적십자회 상무위원	○

* 제 5차 군사실무회담에서 경의선 복구 관련 남북 관리구역 세부사항에 합의하고, 합의문을 채택하고자 했으나 북한 측의 거부로 실패.

자료: 통일부, 《2002 통일백서》(통일부, 2002) 참조.

했음을 보여주는 계량적 증거다.

이는 북측의 소극적 태도와 남측의 조급증 탓이었다. 부시 행정부의 등장과 9 · 11 테러로 인한 미국의 대북정책의 변화, 제 2차 연평해전의 발발로 인한 남북관계 급랭, 제 2차 북핵 위기 등이 복합적으로 작용하면서 북한의 유화적 태도는 강경으로 선회했고, 김대중 정권은 햇볕정책의 성과를 위해 회담 자체에 집착하는 태도를 보였기 때문이다. 이로 인해 당국자 간 회담은 자주 연기됐고, 열렸다고 해도 무의미한 공방만 계속됐다.

장관급회담만 해도 6 · 15 공동선언의 후속조치를 이행하기 위해 2001년 2차례, 2002년 3차례 등 총 5차례가 개최됐다. 당초 2001년 3월에 개최될 예정이었던 5차 장관급회담은 3월 13일 북한의 일방적 연기

〈표 5-12〉 2002년 남북 당국자회담 현황

분야	명칭	일시 및 장소	회담 대표	합의문
종합	제 1차 특사 방북	4.3~6, 방북	임동원 외교안보통일 특보	○
	제 2차 특사 방북	2003.1.27.~29 방북	임동원 특사	×
정치	제 7차 장관급회담	8.12~14, 서울	정세현 통일부 장관 vs 김령성 내각 책임참사	○
	제 8차 장관급회담	10.19~23, 평양*		○
	제 9차 장관급회담	2003.1.21.~24 서울		○
군사	제 6차 군사실무회담	9.14 판문점	김경덕 준장 vs 유영철 대좌	○
	제 7차 군사실무회담	9.17 판문점		
경제	제 2차 남북 경추위 회의	8.27~30 서울	윤진식 재경부 차관 vs 박창련 국가계획위원회 제 1부 위원장	○
	제 3차 남북 경추위 회의	11.6~9 평양		○
	제 2차 금강산 관광 활성화 회담	9.10~12 금강산	조명균 통일부 국장 vs 김택룡 내각 사무국부장	×
	남북철도·도로연결 실무협의회	9.13~17, 금강산	조명균 통일부 교류협력국장 vs 박정성 철도성 대외철도협조국장	○
		2003.1.22.~25 평양		○
	개성공단건설실무 협의회	10.30~11.2 평양	강교식 건교부 국토정책국장 vs 최현구 삼천리총회사 총사장	○
	임진강수해방지실무 협의회	10.30~11.2 평양	김창세 건교부 수자원국장 vs 김병칠 국토환경보호성 국장	×
	경제협력제도실무 협의회	12.11~13 서울	김성진 재경부 경제협력국장 vs 김춘근 민경련 서기장	×
인도	제 4차 적십자회담	9.6~8 금강산	서영훈 대한적십자사 총재 vs 장재언 북한적십자회 위원장	○

* 21일 김영남 최고인민위원회 상임위원장 면담.

자료: 《2003 통일백서》(통일부, 2003).

통보로 6개월이나 지난 9월 15일부터 18일까지 서울에서 열렸다. 이 회담에서 남북은 제 4차 이산가족방문단 교환, 금강산 관광 활성화를 위한 당국간 회담, 경제협력추진위원회 개최 등, 경협분야 9개항을 포함한 총 13개항에 합의하고, 이를 공동보도문으로 발표했다.

그러나 10월 12일 북한은 조평통 대변인 명의로 5차 장관급회담에서 합의했던 이산가족상봉단 및 태권도 시범단의 남한 파견을 연기하겠다고 발표했다.[109] 그럼에도 북한은 기타 당국회담은 예정대로 진행하겠다고 밝혔으나, 제 6차 장관급회담, 남북 경제협력추진위원회 제 2차 회의, 그리고 제 2차 금강산 관광 관련 당국자회담 등의 장소를 금강산 지역으로 한정시켜 버림으로써 이에 반발하는 한국과 마찰을 빚었다.

우여곡절 끝에 제 6차 남북 장관급 회담이 11월 9일 금강산에서 열렸다. 이 자리에서 북측은 남측이 미국의 9・11 테러 사태에 따라 취한 비상경계조치의 조기 해제를 요구하고, 남북 경제협력추진위원회 제 2차 회의장소를 또 다시 금강산으로 고집함에 따라 회담은 성과 없이 결렬되고 말았다. 북한은 12월 17일 조평통 대변인 담화를 통해 남한이 전환적 조치를 취할 경우 회담을 재개할 용의가 있음을 밝혔다.[110] 이에 한국은 12월 20일 통일부 대변인 성명을 통해 무조건 남북대화 호응을 주장하는 등 남북 간 대화재개 분위기가 모색되었지만,[111] 2002년 상반기까지 남북대화는 소강상태를 면하지 못했다. 이를 타개하기 위해 김대중 정권은 2002년 4월 임동원 외교안보통일특보를 평양에 보내 남북대화의 재개와 지속적인 남북 간 협력을 촉구했으나 북측의 소극적인 태도로 남북 당국자 간 대화는 계속되지 못했다.[112]

109) 조선일보, 2001년 10월 13일.
110) 로동신문, 2001년 12월 18일.
111) 통일부 홈페이지, www.unikorea.go.kr(검색일: 2008년 1월 23일).
112) 통일부, 앞의 책(2003), pp. 80~81 참조.

제 6차 장관급회담 이후 6개월, 제 2차 연평 해전 이후 1개월여 만에 열린 제 7차 장관급회담에서 철도·도로 연결 실천 등 10개항의 합의사항을 발표했고, 2차 북핵 위기 발발 직후 개최된 제 8차 장관급회담에서는 핵문제를 비롯해 화해·협력의 이행 및 제도화 문제 등에 협의하고 8개항의 합의사항을 발표했다. 2003년 1월 21일 서울에서 진행된 제 9차 장관급회담에서는 북핵문제의 평화적 해결 노력, 교류협력사업의 계속 추진 및 차기 회담 일정 등에 합의하고 공동보도문까지 발표했다.[113] 그럼에도 불구하고 합의내용은 주로 경제 분야의 사업과 관련되거나, 향후 회담 일정에 관한 수준 정도였다. 회담의 결과물로 공동보도문이 나오기는 했지만 북측이 합의한 내용을 임의로 변경하는 무책임한 태도를 보여 진정성을 놓고 끊임없이 의문이 제기됐다.

차관급회담은 남북 경제협력추진위 회의가 주종을 이뤘다. 제 2차 회의는 2002년 8월 27일 서울에서 열렸다. 남북은 철도·도로 연결, 개성공단 건설, 임진강 수해방지, 임남댐 공동조사 등에 관한 8개항의 합의문을 서명·교환하고, '남북 간 식량차관제공에 관한 합의서'를 채택했다. 제 3차 회의는 2002년 11월 6일 평양에서 개최돼 남북은 철도·도로 연결, 개성공단 건설, 해운협력 실무접촉 및 경제협력제도실무협의회 개최와 남북 경추위 제 4차 회의를 2003년 2월 초 서울에서 갖기로 하는 등 6개항에 합의했다.[114]

이와 함께 제 4차 적십자회담이 2002년 9월 6일 금강산에서 개최됐다. 이 회담은 사상 처음으로 남북 적십자 최고책임자들이 만나 이산가족 문제의 근본적인 해결방안에 대해 논의했다는 점에서 의의가 컸다. 남북은 이산가족면회소 설치 및 소식을 알 수 없는 사람들의 생사·주소확인 등에 대해 원칙적으로 합의했다.

---

113) 위의 책, pp. 90~99 참조.

114) 위의 책, pp. 110~115 참조.

10월 들어 제 2차 북핵 위기가 발발하자 김대중 정권은 2003년 1월 27일 임동원 특사를 다시 평양에 파견했다.[115] 임동원 특사는 북한의 NPT 탈퇴 선언의 철회, 핵동결 해제조치 원상복구, 우라늄 농축 의혹의 해명과 이의 폐기를 북측에 종용하고, 이를 통해 미국과의 대화에 나서고 국제사회의 평화적 북핵 해결노력에 호응할 것을 촉구했으나,[116] 이렇다 할 성과를 거두지 못하면서 김대중 정권의 대북 화해 · 협력 노력, 곧 햇볕정책은 급격히 퇴조하기 시작한다.[117]

(2) 민간 차원: 교류·협력의 정체(停滯)

이 시기에 민간 차원의 교류 · 협력은 정부 차원과는 달리 완만한 수준으로 증가했으나 이전 시기에 비해 큰 진전을 이뤘다고 평가하기는 어렵다. 인적 · 경제적 · 사회문화적 교류협력과 대북지원 분야 및 이산가족 상봉 행사를 통한 인도주의적 교류 · 협력은 중반기의 탄력을 바탕으로 전년 대비 소폭 증가했으나. 전술한 것처럼 남북 간 신뢰 유지에 악재가 될 사건들이 복합적으로 터져 나오면서 증가세를 더디게 만들었다.

인적 교류는 〈표 5-3〉이 보여주는 것처럼 중반기에 비해 증가했다.

---

115) 2003년의 방북에서는 김정일 위원장과의 면담이 성사되지 못하였고, 별다른 성과를 얻지 못한 채 돌아왔으므로 회담의 수준이나 성격을 감안할 때 차관급으로 분류하는 것이 적절하다고 판단했다.

116) 통일부, 앞의 책(2003), pp.82~84 참조.

117) 김대중 정권 후반기라 할 수 있는 이 시기에 정부 차원의 회담(횟수와 내용)을 통해 남북 간 신뢰의 수준을 계량화 해보면 1~5 척도 중, 장관급회담 3.0, 차관급회담 3.4, 실무회담 2.5로 전반기나 중반기에 비해 훨씬 떨어지는 것으로 나온다.

〈표 5-13〉 2000~2002 남북 왕래현황

단위: 건/명

연도	구분	신청	승인	성사
2000	북한방문	865(8,070)	845(7,737)	804(7,280)
	남한방문	10(706)	10(706)	10(706)
2001	북한방문	786(9,148)	737(8,805)	698(8,551)
	남한방문	5(191)	5(191)	5(191)
2002	북한방문	802(12,502)	774(12,979)	753(12,825)
	남한방문	13(1,120)	13(1,120)	13(1,120)

자료: 통일부(2003), p.221 도표 참조.

〈표 5-14〉 금강산 관광객 현황

연도	1998	1999	2000	2001	2002
관광객 수(명)	10,554	148,074	213,009	57,879	84,727

자료: 통일부 홈페이지(검색일: 2000년 1월 21일) 참조.

2002년 한 해에만 남한 주민 12,825명이 북한을 방문했는데, 이는 2001년 8,551명에 비해서 약 1.5%, 2000년 7,280명에 비해 약 배 정도 늘어난 숫자다. 북한 주민의 남한방문은 2001년의 경우 2000년의 27% 수준으로 감소했다. 이는 2001년 당국자회담의 부진으로 인해 회담에 참가하기 위해 남한을 방문한 북한 당국자들의 수도 그만큼 줄었기 때문이다. 그러다가 2002년에 와서 다시 증가세로 돌아서게 되는데, 이는 2002년 들어 남북 간 사회 문화 분야에서의 교류협력이 증대됐기 때문이다.

〈표 5-13〉은 금강산 관광객을 제외한 수치로 여기에 금강산 관광객을 포함시키면 〈표 5-14〉에서처럼 남북 간 인적 왕래의 규모가 대폭 줄어들었음을 알 수 있다. 금강산 관광객 수가 2000년 월 평균 15,000명 수준에서 2001년 3,000명 수준으로 줄어든 이유는 단조로운 관광일정과 편의시설의 부족, 사업자인 현대 측의 적자 누적 등이 주원인으로 지적

〈표 5-15〉 2000~2002 남북 교역현황

단위: 건/품목/천 달러

연도	반입			반출			합계		
	건수	품목수	금액	건수	품목수	금액	건수	품목수	금액
2000	3,952	203	152,373	3,442	505	272,775	7,394	647	425,148
2001	4,720	200	176,170	3,034	490	226,787	7,754	545	402,957
2002	5,023	202	271,575	3,773	493	370,155	8,796	568	641,730

자료: 통일부 홈페이지(검색일: 2000년 1월 21일) 참조.

됐다.[118] 인적 왕래의 감소 또한 햇볕정책의 퇴조를 보여주는 현상에 다름 아니었다.

남북한 교역규모는 2001년에는 국내경기의 침체 및 남북 간 운송 여건의 어려움 등으로 2000년에 비해 소폭 감소하였으나 전체 교역금액은 2년 연속 4억 달러 수준을 유지했다. 2002년에는 거래성 교역의 꾸준한 증가세와 함께 비(非)거래성 교역인 대북 식량차관, 철도·도로 연결공사 관련 자재·장비 지원 등에 따라 남북 교역액이 사상 처음으로 6억 달러를 돌파했다(〈표 5-15〉).[119] 남북 경제협력사업은 2000년 비해 6개 기업이 협력사업자로 승인을 받았고, 그중 5개 사업이 협력사업으로 승인을 받았다. 2002년에는 3개 기업이 협력사업자 승인을 받았고, 그중 1개 사업이 협력사업으로 승인을 받았다.

사회, 문화적 교류·협력은 1998년 3건에 불과하던 것이 1998년 이후 28건으로 증가했고, 내용도 문화예술·체육·학술·언론출판·종교 등 광범위한 분야로 확대됐다. 특히 남북 정상회담 이후에는 남한 주민의 방북(訪北) 일변도에서 벗어나 북한 주민의 방남(訪南)이 늘어나면서 제한적이나마 쌍방향 교류가 성사되기도 했다.

학술분야에서는 평양정보과학기술대 건립 사업이 추진됐고, 체육

118) 통일부, 앞의 책(2003), p. 181.
119) 위의 책, p. 196.

〈표 5-16〉 2000~2002년 대북지원 현황

단위: 만 달러

연도	정부	민간	합계
2000	7,863	3,513	11,376
2001	7,045	6,494	13,539
2002	8,375	5,117	13,492

자료: 통일부(2003), p.277과 p.287의 도표.

분야에서는 우방커뮤니케이션이 주최한 제 2회 금강산 자동차 질주 경기대회 등이 개최됐다. 문화·예술 분야에서는 춘향전 합동공연, 패션쇼, 공동 사진전 등이 열렸고, 언론 출판 분야에서는 문화방송(MBC)과 한국방송공사(KBS)가 각각 방북하여 프로그램을 제작했다. 2002년에는 남북 통일축구경기대회, 태권도 시범단 교환 공연, 부산아시아경기대회[120] 등 체육행사와 민간 차원의 8·15 남북 공동행사에 북한이 참여했다. 또한 금강산 가극단의 한국 공연, 남북 교향악단 합동공연, 3D 애니메이션 공동제작, 6·15 및 8·15 남북 공동행사 등이 줄을 이었다. 그러나 2001년 8·15 남북 공동행사 때 일부 인사의 돌출 행동과 이로 인한 남측 내부의 갈등이 들어나면서 햇볕정책에 흠집을 내기도 했다.

인도주의적 대북지원도 활발했다. 정부 차원의 지원은 2001년에 7,045만 달러로 2000년의 7,863만 달러에 비해 조금 줄었으나 2002년에 다시 8,375만 달러로 늘어나면서 증가세로 돌아섰다. 민간 차원의 대북지원은 2001년에 6,494만 달러와 2002년에 5,117만 달러로 2000년 3,513만 달러에 비해 대폭 늘어났다. 지원 내역은 의료, 의류, 농기계, 비료, 식량, 가축, 사료 등이 주를 이뤘다. 인도적 대북지원은 북한주민의 생활고를 덜어주고 동포애를 전달함으로써 장기적으로 민족공동

120) 제 14회 부산아시아경기대회(9월 29일~10월 14일)에 북한은 선수단과 응원단 모두 765명을 파견했다.

〈표 5-17〉 이산가족 상봉현황

	1차	2차	3차	4차	5차
시기	2000.8.15~18	2000.11.30~12.2	2001.2.26~28	2002.4.28~5.3	2002.9.13~18
인원	1,170명	1,220명	1,240명	849명	875명
장소	서울·평양	서울·평양	서울·평양	금강산	금강산

자료: 통일부(2003), p.256 도표.

체 회복에 기여한다는 점에서 그 의의가 자못 컸다(〈표 5-16〉).[121)]

끝으로 이 시기에 총 3차례의 당국 차원의 이산가족 상봉행사가 있었고, 이를 통해 3,000여 명의 이산가족이 상봉의 기회를 가졌다. 이 밖에도 제3국 등지에서 이산가족의 생사확인, 서신교환, 상봉지원 등이 꾸준히 계속됐다. 이산가족 상봉은 남북 간 신뢰를 보여주는 대표적인 민간 차원의 교류협력이었다(〈표 5-17〉).

이 시기에 민간 차원의 교류·협력은 큰 진전도, 큰 위축도 없이 중간 수준을 유지해 나간다. 전반기처럼 당국자회담의 부진을 민간 차원의 교류·협력이 견인하거나, 중반기처럼 당국자회담에 연동돼 시너지 효과를 내는 데까지는 미치지 못한 것이다.[122)]

(3) 북한 2002년 7·1 경제관리개선 조치

이 시기 북한체제의 변화는 대내적 차원의 실용주의 노선 채택과 대외적 차원의 북일(北日)관계 개선 등을 중심으로 살펴 볼 수 있다.[123)]

---

121) 통일부, 앞의 책(2003), p.270.

122) 이 시기에 교류·협력이 성격과 횟수, 내용 등을 종합해 1~5척도 계량화한 남북 간 신뢰 수준은 인적교류 3.3, 경제교류 2.5, 대북 인도적 지원 2.5, 이산가족 상봉 2.5점으로 중반기에 비해 많이 떨어진 중간 수준으로 나타난다.

123) 통일부, 앞의 책(2003), pp.51~61 참조.

대내적으로 북한은 남북 정상회담을 비롯한 각종 회담 개최와 이산가족 상봉, 경의선 철도·도로 연결, 금강산 관광 등 햇볕정책에 기초한 김대중 정권의 제반 남북사업에 적극 호응했다. 2001년 신년 공동사설에서는 "새 시대에 맞게 모든 문제를 새로운 관점과 새로운 높이에서 풀어나갈 것"을 강조하고, 2002년 공동사설에서도 "낡은 틀, 고정 격식화된 재래식 방법에서 벗어나 모든 문제를 혁신적 안목에서 보고 통이 크게 일판을 전개할 것"을 촉구하는 등 실용주의 노선의 확대를 통한 경제 재건 노력을 강조했다.[124]

앞에서도 언급했지만 2002년 7월 1일 7·1 경제관리개선조치를 전격적으로 도입, 배급제를 단계적으로 축소하고 기업의 자율 경영권을 확대하는 등 비록 제한적이나마 시장경제 메커니즘을 도입하는 방향으로 경제운영방식의 수정을 모색했다.[125] 또한 신의주, 금강산, 개성 지역 등에 대한 특구 지정을 통해서 금융 및 무역, 관광, 경공업을 육성하고 외국 자본유치를 통해 경제회복을 시도하는 등의 대내적으로 변화를 꾀했다. 그러나 북한의 이런 변화 움직임은 기본적으로 체제유지와 정권유지를 위한 고육책의 한계를 여전히 벗어나지 못했다. 흔히 말하듯 모기장을 치고 단계적으로 개혁·개방을 진행하려는 것에 불과했다.

대외적 차원의 변화는 북일관계 개선 움직임을 들 수 있다. 2002년 4월 북일 적십자회담과 외무성 국장급 회담을 거쳐 2002년 9월 고이즈미 일본 총리가 북한을 방문하여 김정일 국방위원장과 정상회담을 가졌다. 정상회담에서 합의한 '평양선언'에서 북한 측은 일본인 납치사건을 시인, 사과했고, 일본 측은 과거 식민지배에 대한 사과와 경협방식에 의한 대북 경제지원 용의를 표명했다. 그러나 일본인 납치사건에 대한

---

124) 로동신문, 2001년 1월 1일; 로동신문, 2002년 1월 1일.

125) 조경근 외, 《새로운 북한정치의 이해》(부산: 경성대 출판부, 2007), pp. 442~454.

일본 내 여론 악화와 2차 북핵 위기에 대한 일본 정부의 강경 입장으로 2002년 10월에 개최된 제 12차 북일 수교협상이 별다른 성과 없이 끝나고, 11월로 예정된 안보협의회마저 불발되면서 북일관계는 다시 후퇴한다.[126]

북미관계의 악화는 이보다 더욱 심각했다. 2001년 새로 등장한 부시 행정부의 대북 강경책으로 악화 일로를 걷던 북미관계는 급기야 2002년 10월 2차 북핵 위기로 사실상 대화 전면 중단 상태에 빠지고 만다. 이처럼 후반기 햇볕정책의 실효성은 ① 대북정책을 둘러싼 한미 간 이견과 갈등, 삐걱거린 공조, ② 남북 당국자회담의 부진과 교류·협력의 정체, ③ 북한의 제한적인 개혁·개방 모색 등이 맞물리면서 현저히 떨어진다.

(4) 떨어진 남북 간 신뢰도

이 시기에 햇볕정책의 실효성에 영향을 주는 첫 번째 변수인 남북 간 신뢰(*confidence*)는 중반기와는 매우 대조적으로 정부 차원과 민간 차원에서 모두 하락했다. 특히 정부 차원에서는 2001년 들어서면서 당국자회담의 횟수가 점차 줄어드는 양상을 보여줄 뿐만 아니라 회담에서의 합의와 합의사항 이행 수준 역시 낮게 나타난다(〈그림 5-10〉).

민간 차원의 교류·협력 분야가 전반기와 중반기의 수준을 유지하면서 정부 차원의 부진함을 만회해주지만 이 역시 전반적으로 그 이전 시기보다 낮았다. 그 이유는 앞에서도 설명했지만 대북 강경 입장을 고수한 부시 행정부의 등장 탓이 가장 컸다.

부시 행정부는 출범과 함께 ABC(*Anything But Clinton*)란 표현에서

126) 통일부, 앞의 책(2003), p. 59.

〈그림 5-10〉 남북 간 신뢰도

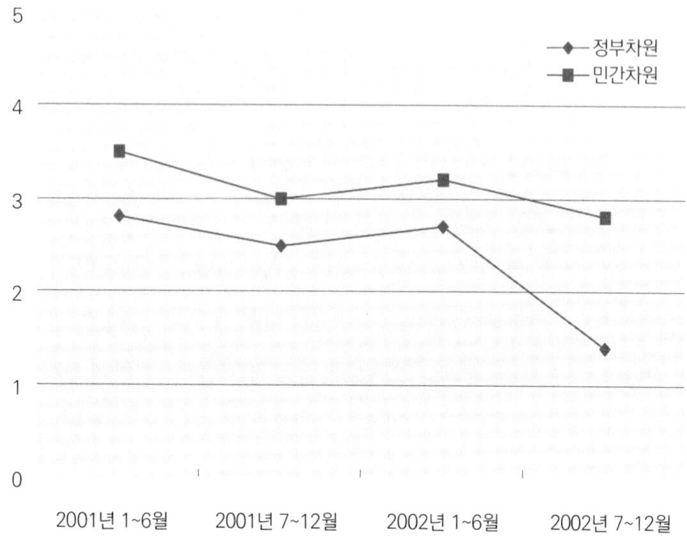

드러나듯이 클린턴 행정부의 모든 정책을 유보하게 되는데, 이것이 북미관계와 남북관계에 동시에 영향을 미치면서 결과적으로 남북 간 신뢰의 수준도 급격히 하락하게 된 것이다. 클린턴 행정부 때만 해도 높았던 햇볕정책의 양립 가능성(*compatibility*)이 흔들리면서 김대중 정권은 대북 이니셔티브를 상실하게 되고, 북한의 김정일 국방위원장은 대미(對美) 대결 기조로 돌아설 수밖에 없게 되면서 남북관계를 따뜻하게 녹여줄 것으로 기대됐던 햇볕정책의 기저가 순식간에 흔들려버린 것이다. 햇볕이 사라진 공간으로 2002년 6월 제 2차 연평 해전과 10월 제 2차 북핵 위기가 밀고 들어오면서 한반도는 다시 긴장과 대결 국면으로 빠져들게 된다. 적어도 햇볕론자들의 눈에는 그렇게 보였다.

하지만 앞에서도 누누이 강조했지만 반햇볕론자들의 눈에는 이제야 비로소 남북관계가 정상을 찾는 것처럼 보였다. 일방적 퍼주기, 대북 저자세, 김정일의 위장 평화공세 놀음에 춤을 추던 김대중 시대가 가고 한반도에 비로소 원칙이 살아 숨 쉬는 대북정책을 펼 기회가 오고 있다고 그들은 믿었다. 그러나 유감스럽게도 이런 인식은 김대중 정권의 햇볕정책을 계승한 노무현 정권의 탄생으로 물거품이 된다. 그들은 자신들의 이런 신념이 대북정책에 투사될 때까지 5년을 더 기다려야 했다. 이명박 정권의 탄생 때까지 말이다.

3) 식어가는 여론: 금가는 국내적 합의

한미공조가 삐걱거리면서 남북관계에서도 긴장과 대결 분위기가 감지되자 햇볕정책의 실효성을 받쳐주던 세 번째 변수, '국내적 합의'에도 금이 가기 시작한다. 햇볕정책의 성과, 그것이 비록 외양적인 것이었다고 해도 성과가 있었을 때는 국민 다수가 지지했지만 그렇지 못하자 여론 또한 식기 시작한 것이다. 비단 햇볕정책뿐이겠는가. 어떤 정책이든 의도했던 바를 이루지 못하면 여론은 등을 돌리게 마련이다.

남북 정상회담을 전후해 국민 절대 다수의 지지를 받았던 햇볕정책을 두고서도 회의와 비판의 목소리가 본격적으로 드러나기 시작한 것이다. 싸늘하게 식은 여론은 김대중 정권으로 하여금 집권 초, 중반기처럼 강력하고 일관된 대북 화해·협력정책을 밀어붙이기 어렵게 만들었다. 이는 남북관계에도 영향을 미쳐 북한으로 하여금 회의와 불만을 갖게 했고, 한미 공조도 삐걱거리게 했다. 3C가 서로 상처를 주는 악순환의 고리로 빠져든 것이다.

(1) 여론조사로 드러난 국민의 지지 하락

이 시기에 햇볕정책에 대한 국민의 지지도(여론)는 집권 초기나, 중반기에 비해 크게 떨어진다(〈표 5-18〉). 조사 시점과 기관에 따라 20%에서 30% 이상 차이를 보이기도 하나 김대중 정권 임기가 끝나는 시점이 다가오면서 큰 폭으로 하락한다. 정부 측 조사에 따르면 2001년 1~6월만 해도 76.7%였던 지지율이 퇴임 무렵인 2003년 1~2월에는 63.9%로 내려간다. 보수언론인 중앙일보의 조사에선 2001년 12월 59.9%에서 시작된 지지율이 2003년 2월 15일 조사에서는 35.7%로 25% 가까이 하락한다. 상대적으로 김대중 정권에 우호적이었던 한겨레신문 조사에서도 2001년 5월 70%이던 지지율이 2002년 9월에 와서는 60%로 떨어진다. 보수, 진보, 좌, 우를 막론하고 햇볕정책에 대한 여론조사의 지지율은 하락 일변도였다.

이는 어떤 정권이든 퇴임이 가까워올수록 피할 수 없는 현상이기는 했지만 문제는 하락의 폭이 너무 컸다는 데 있었다. 그 이유는 무엇일까. 앞에서도 언급했지만 한미공조의 부조화, 북미관계의 대결화, 남북 간 신뢰의 손상 등이 복합적, 연쇄적으로 작용하면서 국내적으로도 김대중 정권의 햇볕정책에 대한 지지 이탈이 본격화됐기 때문이다. 이를 결정적이고 상징적으로 보여준 사건이 2001년 평양 8·15 민족통일대축전에서 남측 참석자들이 보여준 일련의 친북(親北) 돌출 언행이다. 이 사건은 참된 남북관계 개선과 효과적인 대북정책의 수립 및 집행을 위해서는 우리 사회의 구성원 모두가 어떤 자세와 태도를 견지해야 하는가에 대해 두고두고 잊을 수 없는 교훈을 남겼다.

당시 남측 대표단 337명(기자단 26명 포함) 중 일부가 김일성 생가로 알려진 만경대를 방문해 방명록에 '만경대 정신 이어받아 통일 위업 이룩하자', '훌륭한 장군님'과 같은 문구와 서명을 남겼고, 심지어는 김일

〈표 5-18〉 후반기 여론조사에 나타난 햇볕정책 지지율

구분		2001.1~6	2001.7~12	2002.1~6	2002.7~12	2003.1~2	평균
정부	통일부	76.7% (6.21)	76.8% (9.24)	73.5% (4.11)	-	63.9% (1.1)	72.7%
보수	조선	33.9% (6.8)	-	73.0% (6.16)	38.5% (8.8)	27.8% (2.20)	43.3%
	중앙	-	59.9% (12.17)	52.2% (1.26)	51.8% (9.19)	35.7% (2.15)	49.9%
진보	한겨레, 경향	70.5% (5.15)	*64.0% (10.17)	-	60.0% (9.26)	-	64.8%
합계		60.3%	66.9%	66.2%	50.1%	42.5%	57.6%

* 경향신문 여론조사 결과.
자료: 박선원(2002), p.8 〈표-1〉; 한국언론재단 홈페이지, www.kinds.or.kr(검색일: 2008년 2월 20일); 통일연구원 홈페이지, www.kinu.or.kr(검색일: 2008년 2월 21일); 조선일보 홈페이지, www.chosun.com(검색일: 2008년 2월 21일) 등 참조.

성 밀랍실에서 큰절을 올리고 눈물을 흘렸다. 이와 같은 소식에 남한의 보수언론과 다수 국민은 분노했고, 결국 방북단 중 7명이 구속됐다. 야당인 한나라당은 이를 '반국가적 광란극'이라고 규정했으니 보수세력의 반발이 어떠했는지는 짐작할 수 있다.

이로 인해 임동원 통일부 장관 해임건의안이 국회에서 통과(9월 3일)되고 김대중 정권의 기반이었던 김대중-김종필(DJP) 연합까지 와해되기에 이른다. 불안한 좌우 동거로 비유됐던 DJP연합(공동정권)이 3년 8개월 만에 붕괴되면서 김대중 대통령의 지지기반도 흔들리게 됐고, 이는 햇볕정책에 대한 지지 이탈 가속화로 이어졌던 것이다. 당시 JP는 기자회견을 갖고 "햇볕정책에 대한 총체적 실패 책임과 8·15 남북공동행사에서의 돌출행동과 관련 방북 승인에 대한 책임을 지고 (임동원 장관은) 자진 사퇴하라"면서 "임 장관이 자진 사퇴하면 모든 것이 순조롭게 풀릴 것"이라고 김대중 대통령을 압박했다.[127] 그러나 김대중 대통령

127) 임동원 당시 통일부 장관은 자신의 회고록에서 "JP는 2002년 대선을 앞두고 대권에 대한 야심을 키워왔고, 이와 같은 JP 대망론이 자신의 해임 관

은 듣지 않았다. 그는 햇볕정책의 전도사 격인 임동원 장관을 버리기보다는 차라리 DJP 공동정권을 깨는 쪽을 선택했던 것이다.128) 햇볕정책에 대한 김대중 대통령의 집착을 보여주는 단적인 예가 아닐 수 없었다.

그가 그렇게 지키고 싶어 했던 햇볕정책은 그러나 나타난 것처럼 퇴임이 가까워오면서 국내적 합의(*consensus*)의 면에서 더욱 수세에 몰리게 된다. 퇴임 7개월여를 남겨놓은 2002년 7월에서 12월까지의 여론조사 결과를 보면 언필칭 진보언론으로 김대중 정권과 햇볕정책을 가장 적극적으로 지지했던 한겨레신문마저도 지지율이 60%로 떨어진다. 조선일보는 더 말할 것도 없이 38.5%, 중아일보는 51.8%로 나타난다. 조선일보의 여론조사가 불과 2개월 전에 비해 크게 떨어진 것은 제 2차 연평 해전으로 북한에 대한 우리 사회 보수층의 반발이 그대로 반영된 탓으로 보인다.129)

해가 바뀌어 퇴임을 코앞에 둔 2003년 1~2월에도 정부 측 여론조사 결과는 63.9%로 후반기 앞선 네 기간의 평균인 74%보다 10%가량 떨어진 것으로 나온다. 조선일보와 중앙일보의 여론조사는 각각 27.8%와 35.7%를 기록하며 정부 측 조사보다 무려 배나 하락했다. 이는 6개월 전 두 신문사의 자체 조사 결과보다도 10~15% 정도 낮은 것이었다. 이는 국민 10명 중 7~8명은 햇볕정책을 지지하지 않는다는 것으로

철과 DJP연합 붕괴의 직접적인 한 원인이었다"고 주장했다. 임동원, 앞의 책(2008), pp. 564~568.

128) 김대중 대통령은 당시의 심정을 자신의 자서전에서 이렇게 적었다. "야당의 공세가 갈수록 거셌지만 통일일꾼(임동원)을 교체할 수는 없었다. … 그를 경질하면 나라 안팎에서 햇볕정책의 기조가 흔들린다는 인상을 줄 우려가 있었다. 통일정책의 후퇴라는 신호로 해석할 수 있었다. 정치상황이 어렵다고 남북문제를 양보할 수 없었다. 임장관은 한반도의 미래를 위해 필요한 인재였다", 김대중, 앞의 책(2010), pp. 436~437.

129) 이 기간의 햇볕정책에 대한 여론조사의 지지율은 평균 50.1%이고 이를 1~5 척도에 의해 점수화하면 2.7점으로 나온다.

전반기에 국민의 7명, 중반기에 국민의 9명이 각각 지지했던 것과는 너무 대조적이었다.

이토록 지지율이 추락한 것은 2002년 12월 대선에서 당선된 노무현 후보가 취임 준비과정에서 남북 정상회담 대가로 북한에 돈을 줬다는 의혹, 이른바 '대북송금의혹사건'에 대해 특별검사를 통해 조사하겠다는 뜻을 밝히면서 이 문제가 이슈화된 것도 영향을 미쳤다. 노무현 당선자 측이 이 문제로 자신을 압박해오자 김대중 대통령은 퇴임 10일 전이던 2003년 2월 14일 대국민 담화를 통해 대북송금 문제에 대한 자신의 입장을 밝힌다. "현대가 북한에 준 돈(4억 달러)의 대가로 북측으로부터 철도, 전력, 통신, 관광, 개성공단 등 7개 사업권을 얻었음"을 강조하면서 "남북관계의 이중성과 북한의 폐쇄성 때문에 현대와 북한 측과의 거래가 법의 테두리 밖에서 진행될 수밖에 없었음을 최대한 아량으로 이해해줄 것"을 촉구했다.[130] 그럼에도 불구하고 대북송금 의혹을 둘러싼 특검 조사는 강행됐고 결국, 그와 정권을 함께 했던 박지원 대통령비서실장, 이근영 금융감독위원장, 이기호 경제수석 등이 구속됐다. 김대중 대통령은 뒷날 자서전에서 당시 노무현 대통령에 대한 서운한 심정을 털어놓았지만[131] 햇볕정책에 대한 국민의 인식은 바뀌었

---

130) 동아일보, 2003년 2월 15일자.

131) 김대중 대통령의 회고다. "국민의 정부가 1억 달러를 북에 지원하려 한 것은 사실이었다. 잘사는 형이 가난한 동생을 찾아가는데 빈손으로는 갈 수 없는 것 아닌가. 하지만 법적인 문제가 있어서 현대를 통해 세공했다. 현대는 1억 달러에 대한 또 다른 대가를 북으로부터 얻었다. 현대가 4억 달러를 북에 송금하기로 합의했다는 사실을 보고받고 화를 냈지만 4억 달러의 대가로 돌아오는 7가지 사업 내용을 보니 수긍이 갔다. 나는 수에즈 운하 주식을 몰래 사들여 동방항로를 확보한 디즈레일리(Benjamin Disraeli) 영국 총리가 생각났다. … 노무현 대통령은 나와 국민의 정부 대북 일꾼들을 의심했다. 그런 노 대통령을 당시로서는 이해하기 힘들었다. 또 민주당 지도부의 특검 방침에 대한 침묵도 이해하기 힘들었다. …", 김대중, 앞의 책(2010), pp. 528~529.

고 지지율도 떨어질 수밖에 없었다. 김대중으로서는 무엇보다 "남북 정상회담을 돈으로 샀다"는 일각의 냉소어린 비난이 견디기 어려웠을 것이다.[132]

(2) 보수 언론의 비판적 태도

이 시기에 주요 언론의 논조도 전반기의 비판적 분위기와 중반기의 중립적 분위기에서 벗어나 대체로 비판적 태도를 보인다. 특히 〈표 5-19〉에 나타나듯이 김대중 정권의 임기 만료가 가까워올수록 그 강도가 거세진다. 2002년 6월 의 제 2차 연평해전과 10월의 제 2차 북핵 위기가 발발하자 보수언론은 일제히 한 목소리로 '햇볕정책의 결과가 대남 도발과 핵무기 개발이냐'는 논조를 편다. 해가 바뀌면서 대북송금 특검 조사 결과까지 더해지자 남북문제와 관련해 김대중 정권의 도덕성까지 문제 삼을 정도였다.

좀더 구체적으로 살펴보면 2001년 3월 6일 김대중 대통령의 방미로 이루어진 한미 정상회담에서 'ABC 정책'(*Anything But Clinton*)을 앞세운 부시 행정부와의 대북 입장 차이를 확인한 김대중 정권은 햇볕정책이 중대한 고비를 만나게 됐음을 직감하게 된다.[133] 물론 미국도 공식적으로는 "남북한 화해·협력이 한반도 평화와 동북아 안정에 기여한다"고 하면서 이를 이끌어 온 김대중 대통령의 역할과 햇볕정책을 지지하는 성명을 발표하기는 했다.[134] 그러나 이는 원론 수준의 언급에 지나

---

132) 이 시기에 각종 여론조사 수치를 계산해본 국내적 합의의 수준은 1~5점 척도상 2.7점으로 나타난다.

133) 박영만, "미 클린턴 행정부의 대북 '포용정책' 연구: 2005년 시점에서의 분석과 평가"(건국대 대학원 박사학위논문, 2005), pp. 51~54 참조.

134) Joint Statement by U.S. President George W. Bush and Kim Dae-Jung(March 7, 2001).

〈표 5-19〉 후반부 4대 일간지 논조 분석

사건	신문사	제목/날짜	논조	점수
한미정상 회담	조선	DJ의 대북정책 어떻게 되나(2001.3.10)	소극비판	2점
	중앙	한미정상회담 이후(3.14)	소극비판	2점
	동아	DJ의 미국설득 잘될까(3.6)	중립	3점
	한겨레	한미정상회담의 '총론' 합의와 과제(3.9)	소극지지	4점
8·15 방북단 논란	조선	대한민국 망신시킨 '통일축전'(8.17)	적극비판	1점
	중앙	평양축전 파행, 정부책임(8.18)	소극비판	2점
	동아	'통일축전' 그럴 줄 몰랐는가(8.16)	적극비판	1점
	한겨레	방북인사 보안법 적용은 지나치다(8.18)	중립	3점
남북 장관급회담	조선	남북회담 '꿩먹고 알먹고'는 없다(9.8)	적극비판	1점
	중앙	그래도 햇볕정책이다(9.5)	소극지지	4점
	동아	북이 진실로 대화를 원한다면(9.4)	소극비판	2점
	한겨레	미국테러와 남북 장관급회담(9.5)	소극지지	4점
부시의 '악의 축' 발언	조선	부시의 대북경고와 한미 조율(2002.1.31)	소극비판	2점
	동아	미국의 대북불신 뿌리 깊은데(1.30)	중립	3점
	중앙	대북정책 조급증 버려야(1.31)	중립	3점
	한겨레	한반도 평화 위협하는 부시연설(2.1)	소극지지	4점
임동원 특보의 방북	조선	임 특사 무엇을 가져왔나(4.6)	소극비판	2점
	동아	남북한 합의, 실천이 중요하다(4.6)	중립	3점
	중앙	북한 이제 마지막 기회다(4.7)	중립	3점
	한겨레	한반도에 햇볕 다시 들려나(4.6)	소극지지	4점
제 2차 연평해전	조선	'DJ 햇볕' 이제는 뭐라고 할 작정인가(7.1)	적극비판	1점
	중앙	DJ의 실망스런 대북자세(7.3)	적극비판	1점
	동아	'남측 책임론' 무책임하다(7.3)	적극비판	1점
	한겨레	무모하고 무책임한 강경론(7.5)	중립	3점
제 2차 북핵 위기	조선	북 '핵기만'이 몰고온 한반도 위기(10.10)	적극비판	1점
	중앙	뒤통수 맞은 햇볕정책(10.18)	적극비판	1점
	동아	북핵, 한미 시각차 심각하다(10.20)	적극비판	1점
	한겨레	북한의 핵 개발 시인과 한반도 미래(10.18)	중립	3점
대북송금 관련 의혹	조선	'대북뒷돈' 이렇게 넘어갈 수 없다(2003.2.18)	적극비판	1점
	중앙	왜 DJ가 밝혀야 하는가(2.14)	적극비판	1점
	동아	정부-현대 더 이상 국민 우롱하지 마라(2.16)	적극비판	1점
	한겨레	특검법안 재협상 촉구한다(3.1)	중립	3점

자료: 조선·중앙·동아일보, 한겨레신문 홈페이지(검색일: 2008년 3월 14일) 참조.

지 않았다. 이와는 별도로 부시 대통령과 백악관 고위관리들은 북한에 대한 부정적 인식을 내비치며 엄격한 상호주의와 핵 개발 의혹에 대한 철저한 검증 원칙을 강조했던 것이다.[135]

이런 상황 속에서 주요 언론들도 한미관계는 물론 남북관계, 북미관계 등에 관해 비판적이면서 동시에 경계를 촉구하는 논평들을 쏟아내기 시작했다. 특히 보수언론의 경우는 남북 정상회담 이후 급진전되었던 남북관계에 속도 조절이 필요하다는 이른바 '속도조절론'을 근거로 제동을 걸었다.[136] 이와 같은 제동은 한미정상회담 이후 한미 간 대북 인식에서의 뚜렷한 불일치가 드러나자 더욱 강해지는 양상을 보였다. 〈표 5-9〉에 나타난 것처럼 한미정상회담 이후 햇볕정책과 관련해 조선·중앙일보는 소극적 비판, 동아일보는 중립적 자세를 유지한다. 특히 조선·중앙일보는 "그동안의 햇볕정책은 대북 유화정책으로 북한의 변화보다는 김정일 정권을 유지하는 데 기여한 바가 더 크며 따라서 앞으로는 미국과의 공동보조를 바탕으로 엄격한 상호주의 원칙을 적용해 나갈 필요가 있다"는 논조를 보였다.

이어 8·15 평양 통일대축전 방북단 논란과 제 5차 남북 장관급회담 개최(9월)에 대한 보수언론의 논조는 언론사별로 조금씩 달랐다. 8·15 축전 방문단들의 돌출행동에 대해서는 대체로 "김일성을 찬양함으로써 대한민국의 정체성을 부정한 사건"이라며 비판적이고 부정적인 반응을 보였지만,[137] 제 5차 장관급회담에 대해서는 입장이 조금씩 갈렸다. 이는 북측이 3월 13일 조평통 담화를 통해 회담을 연기하겠다고 일방 통보한 후 6개월여 만에 재개된 회담으로 9·11 테러 여파에도 불구하고 남북한이 만났다는 점을 평가했기 때문이다. 중앙일보는 남북

135) 박종철, 앞의 책(2002), p. 54.

136) 동아일보, 2000년 12월 14일, 2001년 1월 1일; 문화일보, 2001년 2월 8일.

137) 언론재단 홈페이지, www.kinds.or.kr(검색일: 2008년 3월 16일).

관계의 진전을 기대하는 논조를 펴기도 했다.

그러나 2002년 연두교서를 통해 터져 나온 부시 대통령의 '악의 축' 발언은 2001년 이후 중단되었던 북미관계의 골을 더 깊게 만들었다.[138] 그해 2월 서울을 방문한 부시 대통령은 경기 북부의 도라산을 둘러본 후 "북한 정권과 인민을 분리시키겠다"는 취지의 연설로 북한을 자극까지 했다.[139] 이런 상황에서 한국의 역량만으로는 북미관계의 골을 메울 수 없을 지경에 이르렀고, 이는 남북관계에도 영향을 미쳐 제 6차 장관급회담이 결렬된 후 접촉다운 접촉 한번 없는 긴 소강상태에 빠지게 된다.

여기에 돌파구를 마련한 것이 4월 3일 임동원 특사의 방북이었다. 임 특사는 평양에서 이산가족 방문단 교환 사업의 일정과 장소, 경협 추진을 위한 각종 회담 일정, 그리고 이미 합의된 철도·도로 연결 외에 동해선 철도 및 도로의 조속 연결 등에 합의했다. 이를 계기로 중단됐던 민간 차원의 교류·협력이 재개되고, 이산가족 상봉(금강산)도 이뤄지는 등 남북관계가 일시나마 회복될 조짐을 보인다.

그러나 남북관계가 얼마가지 못해 다시 삐걱대기 시작한다. 4월 18일 미국을 방문한 최성홍 장관이 워싱턴 포스트 지 논설위원들과의 간담회에서 "때로는 북한이 대화에 나오도록 하기 위해 '큰 채찍'(*big stick*)이 필요하다"고 한 발언과,[140] 금강산댐의 안전도에 관한 남측의 논란에 대해 북측이 시비를 걸고 나선 것이다. 그러던 중 월드컵 열기가 한창 뜨겁던 2002년 6월 29일 서해 북방한계선(NLL)에서 다시 남북한이

138) 유명환, "국제질서의 재편과 한미관계: 부시 대통령의 '악의 축' 발언과 한반도문제", 〈외교〉, 제 61호(한국외교협회, 2004), pp. 5~6 참조; 임을출, "한반도를 강타한 막말", 〈한겨레 21〉, 통권 396호(한겨레신문사, 2002년 2월), pp. 34~35 참조.

139) 경향신문, 2002년 2월 20일.

140) 서울신문, 2002년 4월 25일.

교전을 벌인 제2차 연평해전이 발발한다. 북한군의 기습공격으로 시작된 전투에서 남측 고속정이 침몰하고, 장병 6명이 전사하고 19명이 부상하는 참사가 터지고 만 것이다.[141] 이로 인해 국내적으로는 반북 정서와 대북 적개심이 팽배해졌고, 미국은 대북 특사 파견 방침을 철회하면서 북미관계와 남북관계 모두 접점을 찾기 힘들 만큼 꼬이기 시작한다. 더욱이 같은 해 10월 불거진 제2차 북핵 위기는 한반도와 동북아를 감쌌던 몇 년간의 화해·협력 분위기를 일순간 급랭시킨다. 김대중 정권의 햇볕정책으로는 국면을 다시 화해·협력으로 바꿔놓기 힘든 상황이 돼버린 것이다. 언론의 논조도 더욱 비판적이 될 수밖에 없었다. 햇볕정책의 근본 취지에 대해선 언제나 찬성과 지지 입장을 밝혔던 한겨레신문마저 중립적인 입장으로 선회할 정도였다.[142] 여기에다 대북 송금의혹 사건까지 겹치면서 김대중 정권과 그 지지자들에게 이데올로기나 다름없었던 햇볕정책은 이제 그 반대파들에 의해 국론 분열의 주범으로 몰릴 수 있는 처지로 전락하기 시작한 것이다.

(3) '국내적 합의' 수준의 분석

이 시기에 햇볕정책의 실효성에 영향을 주는 두 번째 변수인 '국내적 합의'(*consensus*)는 〈그림 5-11〉에서 보듯이 전반기의 '점증'이나 중반기의 '극대화' 양상과는 전혀 다르게 나타난다. 2002년 후반으로 갈수록 점점 하락하는 모습을 보인다. 이 시기는 햇볕정책에 악재라고 할 수 있는 각종 사건들, 즉 미국의 대북정책 변화와 한미 간 인식의 차이, 김

141) 홍익표, 《서해교전과 NLL에 관한 두 가지 진실》(국정홍보처, 2007).

142) 이 시기에 햇볕정책에 대한 언론의 지지도는 김대중 정권 5년여를 통해 가장 낮았고, 이를 기초로 계산한 국내적 합의의 수준도 1.5점으로 역시 최하를 기록했다.

〈그림 5-11〉 국내적 합의도

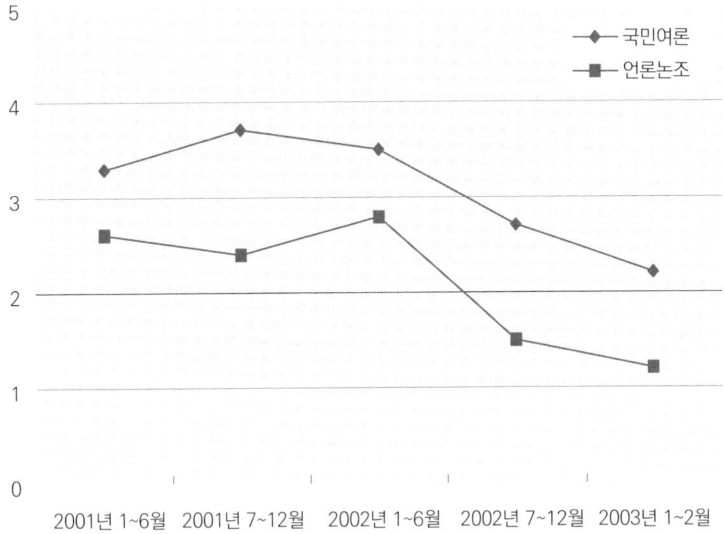

대중 정권의 국정 지지도 하락, 대북 퍼주기와 주적(主敵) 논란 등의 남남갈등, 제 2차 연평해전 및 2차 북핵 위기의 발발에다가 대북송금의혹까지 복합적으로 터져 나오면서 남북관계, 북미관계, 한미관계에 모두 부정적 영향을 미치게 되고 결국 햇볕정책에 대한 합의의 수준도 급속히 떨어지게 된다.

특히 미국의 부시 행정부의 등장 이후 대북정책에 한미 간 이견으로 인한 갈등이 보수세력들을 결집시키면서 국내적으로 보수 대 진보, 한미공조 대 민족공조 간의 대립과 분열이 심화된다. 보수언론과 거대 야당인 한나라당은 김대중 정권의 햇볕정책을 대북 퍼주기로 몰고 가면서 이를 둘러싼 논란이 남남갈등으로까지 번지게 된다. 이와 함께 터져나온 주적(主敵) 논란과 국가보안법 개폐문제 등은 햇볕정책 반대파에겐 공격의 좋은 소재가 된다. 보수적 성향을 가진 다수 국민이 햇볕정책에 대한 지지를 거두어들이거나 기존의 반대 입장을 더 굳히게 만드는 촉매제로 작용한 것이다.

더욱이 김대중 정권 말기에 연일 신문 1면을 장식한 각종 측근 비리와 부정부패 연루 의혹 등으로 평화적·수평적 정권 교체를 이룩한 정권의 도덕성이 치명상을 입게 되면서 국민은 김대중 정권에 등을 돌린다. 이와 함께 햇볕정책에 대한 국민의 지지율은 최저점까지 떨어지면서, 한때나마 국민의 합의에 기반을 둔 대북정책으로서의 햇볕정책은 이제 그 정체성마저 위협받게 된다.

4) 3C의 하락과 연계성의 균열: 선도(先導) 변수는?

이처럼 김대중 정권 후반기의 햇볕정책은 3C, 곧 국제적 양립성(*compatibility*), 남북 간 신뢰(*confidence*), 국내적 합의(*consensus*)가 한꺼번에 무너지면서 그 실효성도 급격히 떨어지고 만다(〈그림 5-12〉). 그렇다면 여기서 갖게 되는 의문은 과연 3C 중 어떤 변수가 먼저 이런 급락을 추동했느냐가 될 것이다. 이 의문은 남북문제에 대한 인식과 해결 노력에 있어서 대단히 중요하다. 먼저 원론적인 관점에서 정리해보자.

만약 '국제적 양립성'이 급락을 선도(先導)했다고 본다면 대북정책의 수립과 집행에 있어서 가장 중요한 요인을 미국과의 관계, 곧 한미공조로 보는 견해와 일치한다. 남북, 곧 우리 민족끼리 아무리 발버둥을 쳐봐야 주변 강대국들—특히 남한으로선 미국—이 움직여주지 않는 한 통일은커녕 남북관계 개선도 기대할 수 없다는 논리로 귀결되기 때문이다. 쉽게 말해 남북문제는 이미 국제화됐고, 따라서 국제화의 으뜸 당사국인 미국과 중국—김대중 정권 때는 미국—의 동의와 협조 없이는 남북문제의 근본적 해결은 어렵다는 것이다. 국제적 노력을 강조하기 때문에 이런 주장에 기대는 사람들은 '동맹파' 또는 '국제파'로 불러도 무리가 없을 것이다.

'동맹파'는 주변 국가들과의 관계, 특히 미국과의 관계를 중요시하기

〈그림 5-12〉 3C의 다차원적 연계성의 균열

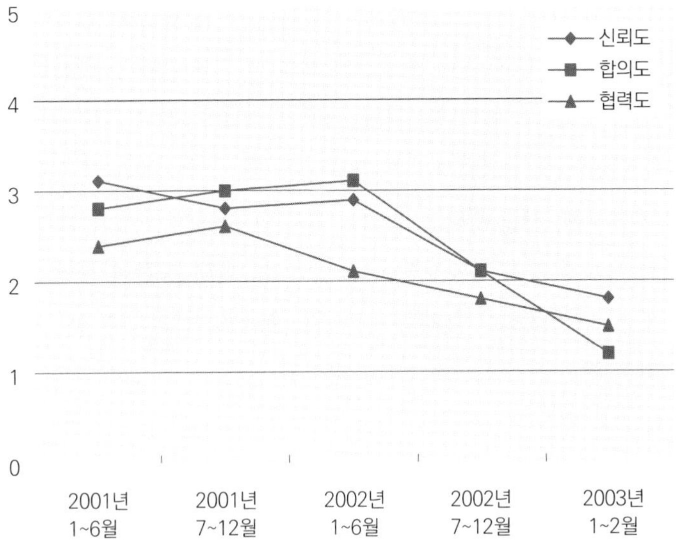

때문에 대북정책을 추진하면서도 미국과의 공조를 최우선적인 고려요인으로 본다. 미국의 이해와 지원 하에 북한을 다루는 것이 최선이며, 그렇지 않을 경우 어떤 대북정책도 진정한 효과를 기대하기 어렵다고 믿는다. 미국과의 공조가 깨질 경우 북한과의 관계 개선 노력을 중단하거나 잠시 유보하는 것이 더 현책이라고 생각한다. 이런 인식을 가치판단의 잣대로 잴 수는 없다. 좌파(진보) 진영에선 "친미적이고 반(反)민족적인 행태"라고 비난하겠지만 이들은 자신들의 노선과 정책이 한반도를 둘러싼 국제체제의 속성에 비춰 가장 현실정합적인 방책이라고 주장한다. 이들은 말하자면 철저한 정치적 현실주의(*political realism*)와 국제체제이론(*international system theory*)의 토대 위에 서 있다고 할 수 있다.[143]

143) 국제체제이론(*international system theory*)의 입장에 서면 한반도를 중심으로 미·일·중·러 4강이 경합하는 체제는 '동북아의 소지역적 국제체제'가

반면 '남북 간 신뢰'를 선도 변수로 본다면 남북문제에서 자주적 해결의 가능성을 믿고 지지하는 쪽으로 귀결된다. 중요한 것은 남북, 곧 우리 민족이므로, 민족끼리 한반도문제를 해결하겠다는 의지만 있다면 군이 미국 같은 외세에 의존할 필요도 불러들일 필요도 없다는 인식과 신념에 맞닿아 있다. 국제적 노력보다 민족의 의지와 노력을 더 우선시한다는 점에서 '자주파'라고 불러도 무방할 것이다.144) 이런 입장에 서면 북한과의 대화가 무엇보다 중요해진다. 설령 북한이 무리한 요구를 하더라도, 남북대화를 깨서는 안 된다. 북한의 진의가 의심스럽더라도 일단 믿고 대화를 계속해야 한다. 대화를 통해, 또는 교류·협력을 통해

되고, 체제의 주요 행동역(*major actor*)이 되지 못하는 남한과 북한은 일종의 하위 행동역(*sub actor*)로서 주요 행동역들(미·일·중·러)이 설정한 체제 유지의 틀 안에서 생존해야 한다. 따라서 미·일·중·러 4강이 이 체제의 타파나 급격한 변화를 원하지 않는 한, 남북이 할 수 있는 일은 극히 제한적일 수밖에 없다. 남북이 통일을 놓고 아무리 의기투합해도(민족적 열망이 아무리 뜨거워도) 남북 간의 합의만으로 통일이 될 수는 없다는 얘기다. 통일보다는 주어진 틀 안에서 남북이 서로 윈-윈 할 수 있는 길을 찾는 것이 현책인데, 그것이 곧 평화공존이고 교류 협력이다. 그렇다면 통일은 영원히 불가능한가. 그렇지는 않다. 점진적으로 조금씩 관계를 개선해나가다 보면 언젠가는 통일의 길도 열린다고 믿는다. 그것이 급격한 통일을 추구하다가 '동북아의 소지역적 체제' 자체가 깨어져서 전쟁이라는 비극을 다시 겪는 것보다 낫다는 것이다. 한반도 상황을 체제이론으로 명쾌하게 설명한 학자는 고려대 정치외교학과 이호재 교수(2009년 작고)로 그는 1970년대 중반에 모톤 캐플란의 국제체제이론을 한반도에 적용해 한국외교의 나아갈 방향을 명쾌하게 밝힌 바 있다. 이호재, 《한국외교정책의 이상과 현실-이승만 외교의 성공과 실패》(법문사, 제6판, 2000) 참고.

144) 2003년 노무현 정권 들어서서 새삼 동맹파와 자주파 간에 갈등이 격화되는 것처럼 보이기도 했다. 햇볕정책을 계승했다는 노무현 정권은 대통령과 그의 주변 인사들부터 '동맹보다는 민족 우선'이라는 인식을 서슴없이 드러냈고, 그런 맥락에서 전시작전통제권을 2012년까지 한국군이 돌려받기로 합의하기도 했다. 전시작전통제권은 그러나 이명박 정권이 들어서면서 2015년으로 환수시기가 3년 더 늦춰졌다.

남북 간에 신뢰 — 앞에서 언급한 의사신뢰(擬似信賴 · *pseudo confidence*) 일지라도 — 를 조성해나가야 한다고 믿는다. 우리 사회의 이른바 진보(좌파)의 대북관이 바로 이와 같다. 극단적으로 말하면 북한의 '민족끼리'도 같은 논리의 연장이다.[145)]

끝으로 '국내적 합의'를 선도 변수로 본다면 어떤 면에서 최악의 상황이라고 할 수 있다. '국제적 양립성', '남북 간 신뢰', 어느 것 하나 제대로 갖추지 못한 상태에서 '국내적 합의'만 강조해서는 의미가 없다. 국민적 합의가 없다고 해서, 또는 불완전하다고 해서 대북정책도 한미공조도 모두 유보하고 합의가 이뤄질 때까지 기다릴 것인가. 이건 마치 구더기 무서워서 장 못 담는 격이다. 한미공조도 웬만큼 되고, 남북 간에 '의사신뢰'일망정 어느 정도 신뢰도 생겼는데도 국내적으로 합의가 이뤄지지 않아 북한과의 대화도 중단하고, 어떤 대북정책도 펴지 못한다면 어처구니없는 일이 아닐 수 없다. 대북정책을 추진하다보면 어떤 정책도 완벽할 수는 없는 법이고, 따라서 다소의 갈등과 마찰, 분열은 불가피하게 마련이다. 이를 극복해나가는 것이 진정으로 남북관계 개선을 원하는 책임 있는 정부의 모습이고 역할이다.

---

145) 북한의 '민족끼리', 곧 '민족공조'는 1990년대 들어서면서 한국 정부가 대북정책에 있어서 '한미공조'를 강조하자에 이에 대한 대응논리, 더 정확히 말하면 대응 구호(對句)로 북이 제시한 것이다.

06 햇볕과 반(反)햇볕의 수렴 (1)
이론의 관점

우리는 앞에서 역대 정권의 대북정책이 진화한 과정을 살펴보았다. 크게 보면 그것은 냉전기의 대결적 정책에서 탈냉전의 공존, 화해, 협력의 정책으로 변화, 발전한 긴 과정이었다. 햇볕정책도 그러한 진화의 산물일 뿐이다. 김대중 대통령에 의해 '햇볕정책'이란, 두고두고 논란의 소지가 된 이름을 부여받았을 뿐이지 어느 날 갑자기 하늘에서 떨어진 것도 아니고, 기막힌 천재가 있어서 독창적으로 고안해낸 것도 아니다. 60년이 넘는 남북관계사 자체가 곧 화해·협력 추구의 역사였고, 포용의 역사였으며, 햇볕의 역사였다. 누군들 화해와 협력을 통해 남북관계를 개선하고 평화통일을 이루자는 데 반대할 수 있었겠는가. 전쟁을 하자고 나선 정권도 지도자도 없었다.

이승만 정권의 북진통일(北進統一) 주장을 대결 정책의 실례로 들기도 하지만 엄밀히 말하면 그것은 공갈정책(*bluffing policy*)이었다. 남한만의 단독정부 수립으로 분단의 책임을 뒤집어쓰게 된 이승만으로선 이런 식으로라도 통일의지를 과시해 그때까지도 북한과의 협상을 주장했던 정적(政敵)들의 요구에 대항해야 할 필요가 있었던 것이다.[1] 이후 장면, 박정희, 전두환, 노태우, 김영삼, 그리고 김대중, 노무현, 이명박에 이르기까지 대북정책의 기조는 언제나 화해·협력을 통한 포용이었다. 물론 추진 방법에 있어서 강온(强穩)과 완급(緩急)의 차이가 있긴 했으나 본질은 같았다. 이는 정권을 떠나 대한민국 국민이라면 모두가 수긍하고 동의하는 보편적 목표이자 이상이었다. 김대중 대통령만 그런 생각을 가졌던 게 아니라는 얘기다.

그렇다면 햇볕정책을 놓고 지지하는 세력과 반대하는 세력으로 편이 갈려 격렬하게 싸울 이유가 없다. 어느 쪽도 전쟁을 하자는 것도 아니고, 당장 통일을 하자는 것도 아니지 않는가. 화해하고 협력하면서 점진적으로 관계를 개선해나가면 언젠가는 통일의 문이 열리라고 믿을 뿐이다. 그런데도 왜 싸우는가. 싸우기보다 서로가 한마음 한뜻으로 대북(對北)정책을 세우고 실천하는 일에 매진해야 옳은 것 아닌가. 마땅히 그렇게 되어야 하고 또 되는 것이 순리다. 곁가지나 다름없는 소소한 문제들을 과감히 쳐내버리고 이쪽도 저쪽도 다를 게 없는 본질로 돌아가서 지혜를 모으고 생각을 모아야 한다. 양쪽의 견해는 반드시 수렴되어야 하고, 또 얼마든지 수렴이 가능하다. 그렇지 않고서는 다분히 감정적이고 정쟁적인 논쟁만 벌이다가 보수든 진보든, 우든 좌든 아까운 시간만 뺏기고 소중한 기회만 놓치고 말 것이다. 그런 연후엔 백 가지 대북정책이 무슨 소용이 있겠는가.

---

1) 이호재, 《한국외교정책의 이상과 현실 — 이승만 외교와 미국정책의 반성》(법문사, 제6판, 2000), pp. 423~435. 이호재는 이 책에서 이승만의 북진통일론을 일종의 공갈정책으로 본다. 실제로는 전쟁을 할 의지도 능력도 없으면서 공갈을 침으로써 미국이 그에게 무기를 공급해줄 때까지 북한을 저지할 시간을 얻고자 했다는 것이다. 이승만은 이 공갈정책으로 인해 그에게 비판적인 세력으로부터 '북한의 남침(6·25전쟁 발발)을 유발한 책임이' 있다는 공격에 두고두고 시달려야 했다.

1. 국제정치학의 정치적 현실주의

조금 지루하겠지만 먼저의 이론의 영역에서 톺아보자. 대북정책을 국제정치학의 이론이라는 잣대로 비교 평가하는 작업이 쉬운 일은 아니다. 어떤 이론이든 보편성에 한계가 있기 마련인데다가, 대체로 국제정치학 이론이라는 것이 서구 중심적이어서 한국적 현실에 그대로 적용하기에는 무리가 없지 않다. 그럼에도 이런 시도는 우리의 대북정책을 보다 객관적으로 바라볼 수 있게 해준다.

거시적 차원에서 설명하자면 햇볕이나 반(反)햇볕이나 모두 정치적 현실주의(*political realism*)에 기초한 대북정책이다.[2] 좀더 정확히 말하면 신현실주의 또는 구조적 현실주의의 범주에 포함시킬 수 있다. 양자 모두 절대적 이익보다는 상대적 이익을 더 중요시하고 한반도가 놓인 동북아체제의 구조적 속성을 정책결정과 집행의 기반으로 삼기 때문이다. 햇볕도 반햇볕도 현실주의 대북정책임을 분명히 알아야 수렴의 길이 보인다.

국제정치에서 현실주의란 무엇인가. 멀게는 고대의 투키디데스(Thucydides, 471~400 B.C.)로부터 마키아벨리(Nicolo Machiavelli, 1467~1527) 토머스 홉스(Thomas Hobbes, 1588~1679)를 거쳐, 가까이로는 제 2차 세계대전을 전후해 에드워드 카(Edward. H. Carr, 1892~1982)와

---

2) 일단의 학자들은 햇볕정책을 신자유주의적 정책으로 본다. 협력과 상호의존을 강조한다는 점에서 그러한 것 같다. 그러나 햇볕정책이야말로 '구조의 산물'이라는 것이 필자의 생각이다. 김근식의 지적처럼 분단의 평화적 관리와 통일이라는 한반도의 이중적 상황에 부합하는 현실주의 정책이라고 보는 것이다. 김근식, "김대중 정부의 햇볕정책: 회고와 전망", 〈한국과 국제정치〉, 제 18권 제 2호 통권 37호(경남대 극동문제연구소, 2002), p. 105.

한스 모겐소(Hans J. Morgenthau, 1904~1980), 그리고 케네스 왈츠(Kenneth Waltz)에 이르기까지 담론과 정책의 영역에서 국제정치 현상을 설명하는 중심 사조(思潮), 또는 주류이론으로 자리 잡은 게 현실주의다.

현실주의는 국가 간의 관계, 그리고 이들의 총합으로서의 국제사회(체제)를 도덕이나 이상(理想)의 눈으로 보지 말고 인간의 이기심과 개별 국가들의 권력 추구(*the struggle for power*)라는 현실의 눈으로 보라는 것이다. 좀더 쉽게 얘기하면 누군가가 국제정치 현상을 마키아벨리의 눈으로 본다면 그는 현실주의자다.[3]

현실주의는 한마디로 인간의 본성은 도덕적이지도 않고 착하지도 않는다는 대전제에 출발한다. 그렇게 이기적인 인간들이 모여 국가를 이루고, 그런 국가들이 모여 국제사회를 이루었으므로 국제사회는 기본적으로 무정부상태이며 따라서 만인의 만인에 대한 투쟁 상태처럼 늘 갈등하고 싸울 수밖에 없다는 것이다. 그런 속에서 국가는 '힘(*power*)으로 정의되는 국가이익(*national interests*)'을 추구할 수밖에 없다. 힘의 획득은 너무도 자연스런 국가의 목표가 된다. 현실주의는 국가 간의 관계나 국제사회의 질서가 어떤 도덕적 명분이나 윤리, 유토피아적 열망 등에 의해서 규율 될 수 있다는 것을 믿지 않는다.

현실주의의 대부는 단연 한스 모겐소다. 그가 1948년 처음 써낸 '국가들 간의 권력투쟁'(*Politics Among Nations*)은 현실주의 국제정치학의 교과서로 이미 고전의 반열에 올라있다. 그는 이 책에서 저 유명한 현실주의 6개 원칙을 제시하는데 오늘날까지도 국제정치 연구나 정책결정자

3) 마키아벨리가 아닌 제1차 세계대전 직후 국제연맹(The League of Nations) 창설을 주도했던 민족자결주의자 우드로 윌슨(제28대 미국대통령)의 눈으로 국제정치를 본다면 그는 현실주의자와 대칭점에 서는 이상주의자다. 이 두 사조 간의 논쟁, 곧 현실주의와 이상주의 간의 논쟁이 국제정치학에서의 제1차 대논쟁이다.

들에게는 금과옥조가 돼 있다.[4] 모겐소의 현실주의(고전적 현실주의)는 1950, 60년대의 미-소 냉전 아래서 미국의 외교정책을 이론적으로 뒷받침해줬다는 지적을 받았다. 소련과 대결해야 했던 미국이 '힘을 통한 평화' 정책을 추구할 수 있는 명분을 주었고, 이 정책은 결국 1980년대 말 소련의 붕괴로 이어지면서 미국에 일대 승리를 안겨줬다는 것이다.

모겐소의 현실주의는 케네스 왈츠에 의해 신(新)현실주의(*neo-realism*)로 분화, 발전한다. 신현실주의는 왈츠의 영향을 받아 구조적 현실주의(*structural realism*)로 불리기도 하는데 국제정치 현상을 설명하는 데에는 개인의 본성이나 국가의 특성보다도 국제체제(*international system*)라는 '구조'가 더 적실성이 있다고 믿는다. 국가 간의 갈등(전쟁)만 하더라도 모겐소를 위시한 이른바 고전적 현실주의자들이 주장하는 것처럼 개인과 국가의 이기적 속성 때문만은 아니고, 그 국가들이 속한 국제체제라고 하는 구조의 성격에 의해서 발생한다는 주장을 편다. 국가의 목적도 고전적 현실주의자들에게는 힘(*power*)의 획득이지만 신현실주의자에게는 생존(*survival*)이다. 힘은 목적(생존)을 위한 수단일 뿐이다.

신현실주의의 태두 격인 왈츠는 1979년 자신의 기념비적인 저서 '국

---

4) Hans J. Morgenthau, *Politics Among Nations: The Struggle for Power and Peace*, 5th edition (New York: Alfred Knopf, 1973), pp. 4~15. 한스 모겐소는 국제정치에서의 현실주의(정치적 현실주의)의 6개 원칙을 다음과 같이 제시했다. ① 모든 정치현상은 인간의 본성에 기초한 객관적인 법칙의 지배를 받는다, ② 국제정치 현상을 이해하는 핵심지표는 힘(*power*)으로 정의되는 이익(국가이익-*national interests*)이라는 개념이다, ③ (그렇다고) 힘으로 정의되는 '이익'이라는 개념이 고정불변이라는 뜻은 아니다, ④ 정치적 현실주의라고 해서 정치적 행위의 도덕적 중요성을 모르는 것은 아니다, ⑤ 정치적 현실주의는 한 국가의 도덕적 열망과 세계를 지배하는 도덕적 법칙들을 동일시하지 않는다, ⑥ 정치적 현실주의와 다른 사조(思潮-이상주의 도덕주의 등등)들과의 차이점은 실제적이고 또한 깊다.

제정치이론'(*Theories of International Relations*)[5]을 통해 '국가들의 전체 체제(구조)가, 그 국가들의 상호작용에 어떻게 영향을 미치는가'(*how the overall system of states affect the ways states interact*)에 관한 현실주의자들의 생각들을 모아서 명료화했다. 그에 따르면 국제정치 현상(전쟁과 평화)의 원인들을 규명하기 위해 한 개인이나 국가 수준에서 답을 찾으려고 몰두하는 것은 환원주의(還元 · *reductionist*)로 한계가 있다. 따라서 국제적 수준(*international level*)에서 작용하는 원인들을 살펴보아야 하며 이런 이론이 곧 (환원주의가 아닌) 체계론(*systemic*)이다. 구조는 다시 그 체제를 규율하는 원칙(무정부적인가, 아니면 위계질서적인가), 단위 국가들 간에 기능의 특화, 그리고 능력의 배분이라는 3가지 관점에서 정의된다.[6]

미어샤이머에 따르면 왈츠의 신현실주의는 5가지의 가정 위에 서 있다. 첫째, 국제정치에서는 강대국들이 주요 행위자들(*main actors*)인데 이들 국가들은 무정부적 체제(*anarchic system*)에서 활동한다. 둘째, 모든 국가들은 많고 적음의 차이가 있긴 하지만 저마다 주변국들에 해(害)를 끼칠 수 있는 군사적 공격능력을 갖고 있다. 셋째, 이 체제 안에서는 어떤 국가도 다른 국가의 의도에 대해서 확신할 수가 없다. 넷째, 모든 국가의 목적은 생존이다. 다섯째, 국가들은 모두 합리적으로 사고하고 행동한다.[7]

---

5) 존 미어샤이머(John Mearsheimer)는 왈츠의 저서 *Theories of International Politics*를 구조적 현실주의의 기초 교과서로 지난 50년 동안 국제관계 분야에서 나온 책 중에서 아마도 가장 영향력 있는 책일 것이라고 평가했다. John Mearsheimer, "Structural Realism", *International Relations Theories-Discipline and Diversity*, 2nd edition, Tim Dunne, Milja Kurki and Steve Smith(NY: Oxford Univ. Press, 2010), p. 82.

6) Kenneth N. Waltz, *Theories of International Politics*(Long Grove, Illinois: Waveland Press INC, 2010), p. 18, pp. 100~101.

7) John J. Mearsheimer, "Structural Realism", 앞의 책(2010), pp. 79~80

미어샤이머는 현실주의를 다시 인간본성 현실주의(*Human Nature Realism*), 방어적 현실주의(*Defensive realism*), 공격적 현실주의(*Offensive Realism*)로 나누고 자신은 인간본성 현실주의자인 모겐소와 방어적 현실주의자인 왈츠의 주장을 섞은 '공격적 현실주의자'라고 자임한다. 즉, 국가가 세력경쟁을 하는 원인으로는 왈츠의 주장처럼 체제의 구조로 보지만, 국가가 얼마까지 힘(*power*)을 원하느냐 하는 문제는 모겐소처럼 국가는 헤게모니가 궁극적 목적이기 때문에 가능한 파워를 극대화한다고 보았다.[8)]

여기서 방어적 현실주의는 국가이익의 관점에서 이른바 절대적(*absolute gains*)을 추구하고, 공격적 현실주의는 상대적 이익(*relative gains*)을 추구하는 것으로 다시 나뉜다. 방어적 현실주의는 주어진 국제체제 안에서 어떤 국가도 힘(*power*)을 늘리고 싶은 욕구가 있다는 것을 인정한다. 그러나 힘을 늘리는 순간, 상대 국가들도 힘을 늘리거나 아니면 동맹을 결성해서 맞서기 때문에 오히려 자신의 안보는 더 불안해진다는 것을 안다. 따라서 필요한 만큼의 힘(절대적 이익)을 추구하는 것이 더 현명하다고 생각한다. 반면 공격적 현실주의는 힘을 늘릴 수 있을 때 늘려야 한다고 생각한다. 상대 국가들이 동맹을 맺는다고 하지만 동맹이란 것이 완벽할 수가 없는데다, 그들 사이에서도 동맹의 의무는 서로 떠넘긴 채 자신은 곁에서 방관만 하려고 드는 경우도 있어서 공격적 현실주의는 이런 틈새를 이용할 기회가 더 많이 생긴다는 것이다.

현실주의에 대한 비판도 거세다. 모겐소에서부터 왈츠에 이르기까지 현실주의는 ① 국가(*nation-state*)만이 국제정치 연구의 유일한 기본

---

8) John J. Mearsheimer, *The Tragedy of Great Power Politics*(New York: W. W. Norton & Company, 2001), chapter one. 현인택, "탈냉전의 현실주의, 비관론, 그리고 동아시아", 우암평화연구원 편, 앞의 책(2003), p. 131에서 재인용.

단위(*unit*)는 아니다, ② 국가가 항상 합리적으로 사고하고 행동하는 것도 아니다, ③ 국제사회라고 반드시 무정부 상태에 있는 것은 아니다, ④ 전쟁이 언제 일어날지 예측하지 못한다, ⑤ 과거로부터 도출된 개념들에 지나치게 집착한다, ⑥ 힘(*power*)이라는 개념이 모호하다, ⑦ 세력균형(*balance of power*)이라는 개념이 너무 많은 의미를 내포하고 있어서 정확한 정의가 어렵다는 등의 비판을 받았다.[9)]

가장 치명적인 비판은 1980년대 후반에 급격히 진행된 미소(美蘇) 간의 양극적 냉전체제의 해체를 전혀 예측하지 못했다는 데에 모아진다. 현인택은 냉전에서 탈냉전으로의 평화로운 변화를 현실주의가 예측하지 못한 실패는 2가지 주장에서 두드러진다고 지적한다. 하나는 왈츠가 주장한 것처럼 국제체제의 변화는 국가 간의 능력배분의 변화, 특히 군사적 능력의 변화로 인해 일어난다고 했는데 탈냉전은 그러한 변화 없이 일어났다는 것이다. 다른 하나는 길핀(Robert Gilpin) 같은 학자가 국가 간의 힘의 변화가 일어날 때는 도전하는 세력이나 기존 세력에 의해서 헤게모니 전쟁이 발발할 가능성이 있다고 했지만 그런 전쟁은 없었다는 것이다.[10)]

이처럼 여러 갈래의 비판에도 불구하고 현실주의는 여전히 국제정치 현상을 설명하는 주류이론으로서의 지위를 잃지 않고 있다. 국제정치 학계의 대논쟁[11)]들에서 보듯 현실주의가 논쟁의 중심에 있었고, 여타의 대안적 시각들은 현실주의를 축으로 자체의 논리를 전개했다. 이는

---

9) 현실주의에 대한 비판은 James E. Dougherty, Robert L. Pfaltzgraff, Jr., *Contending Theories of International Relations-A Comprehensive Survey*(Harper & Row, Publishers, Inc. : New York) (2nd edition), pp. 124~126 참조.

10) 현인택, 우암평화연구원 편, 앞의 책(2003), pp. 118~119

11) 국제정치학계에서의 '대논쟁'은 제 1차 현실주의와 이상주의, 제 2차 현실주의(전통주의)와 행태주의, 제 3차 현실주의와 글로벌리즘 간의 논쟁을 말한다.

현실주의가 여전히 국제관계이론의 중심적 지위를 유지하고 있음을 의미한다.[12] 현인택은 현실주의에 대한 비판에도 불구하고 현실주의만큼 현실 정책에 있어서 가이드라인을 제시하는 패러다임도 없다고 지적한다. 현실주의의 대안적 패러다임 가운데 오로지 신자유주의적 패러다임의 일부 정도가 현실세계를 진단하고 처방을 내리는 데 유용할 뿐이라는 것이다.[13]

미어샤이머는 1990년대 많은 학자들이 하나 같이 "세계는 급속히 더 평화적으로 바뀌고 있으며, 따라서 '현실주의는 죽었다'"고 말하지만 현실주의는 건재하다고 지적하면서 그 이유로 국제정치에서 '국가'라는 기본단위는 여전히 살아있고, 군사력도 변함없이 중요하며, 이란과 북한과 같은 불량국가들의 존재와 핵 확산 우려로 세계는 아직도 위험한 곳이라는 이유를 들었다. 그는 특히 2001년 미국의 9・11 사태로 현실주의는 '화려하게 부활'(*a stunning comeback*) 했다고 지적했다.[14]

박건영도 "국제관계이론의 역사와 계보를 서술하고 각 이론의 부침의 역사적 배경을 드러내려 한" 과정에서 발견한 "가장 두드러진 경향성은 이론의 역사가 주로 현실주의에 대한 비판과 응전으로 이루어졌고, 수많은 논쟁에도 불구하고 현실주의가 아직도 지배적 위치를 차지하고 있다는 사실이다"라고 술회했다. "국가라는 단일체적 행위자가 국가이익을 극대화하는 방향으로 행동한다는 간단한 기본전제가 국제현상을 상식적 수준에서 이해하는 데 부합할 뿐 아니라 직관적 설득력을 갖는다"는 것이다.[15]

---

12) 진장철, "냉전과 신현실주의: 왈츠의 구조이론을 중심으로", 우암평화연구원 편, 앞의 책(2003), p. 113.

13) 현인택, 우암평화연구원 편, 앞의 책(2003), p. 148.

14) John Mearsheimer(2010), "Structural Realism", 앞의 책, p. 92.

15) 박건영, "국제관계이론의 역사와 계보", 《현대 국제관계이론과 한국》, 우철구・박건영 편(사회평론, 2004년), pp. 70~71. 박건영은 이 논문에서

2. 대북정책의 토대로서의 한국적 현실주의

현실주의에 대해서는 이 밖에도 언급할 부분들이 많지만 이쯤에서 줄이는 것이 좋을 듯싶다. 이 글을 쓰는 목적이 현실주의 자체를 천착하는 데 있지 않고 현실주의라는 잣대를 통해 햇볕정책과 반햇볕정책을 견주어보고 수렴의 가능성을 짚어보자는 데 있기 때문이다. 앞장에서 충분히 설명한 대로 햇볕정책에 대한 기초지식은 이 정도면 충분하다. 그렇다면 정말 중요한 작업은 다음 단계다. 어떻게 해야 '현실주의'라는 렌즈를 통해 우리가 보고 싶어 하는 것들을 한층 명료하게 볼 수 있을 것인가에 대한 답을 얻어야 하기 때문이다.

주제 넘는 얘기일지 모르나 김대중 정권 출범 이래 햇볕정책에 관한 많은 연구물들을 대하면서 솔직히 갈증 비슷한 것을 느꼈다. 특정 이론이나 모델을 통해 햇볕정책을 조명, 분석했다는 많은 연구물들이 있었지만, 해당 이론이나 모델을 구체적인 현실 속에서 종으로 횡으로 녹여서, 해당 사례(*case*)도 증명하고 이론의 현실정합성(적실성)도 확인해 준 그런 연구들은 거의 없었기 때문이다. 서론 부분에 이론이나 모델을 한 줄 걸쳐놓고, 본론에선 이와 별 관련도 없는 역사적 사실이나 사건의 경위만을 연대기 식으로 기술한 저작물들이 의외로 많았던 것이다. 이론과 그 이론을 통해 분석하려는 연구대상(구체적 현실)이 화학적으

"Alker, Jr. 와 Biersteker가 영어로 발간되는 저널들에 실린 논문들을 조사해 본 결과 현실주의 관점에 기초한 것들이 전체의 3분의 2나 됐다"고 밝히고 있다. Hayward R. Jr. and Thomas J. Biersteker, "The Dialectics of World Order: Notes for a Future Archeologist of International Savoir Faire", *International Studies Quarterly*, Vol. 28(1984), 박건영 위 논문에서 재인용.

로 결합되지 않고 따로따로였던 셈이다.

물론 우리가 이론이나 모델로 알고 있는 것들이 사실은 구체적 방법론이나 이론이 아니고 하나의 사조(思潮), 철학, 경향(트렌드)일 경우가 많은 데도 이를 무리하게 현실에, 그것도 한국적 현실에 적용하려다 보니 이런 일이 벌어지곤 했을 것이다. 필자 역시 학부생이었던 1970년대 초, 행태주의(*Behaviorism*) 바람이 거세게 불었을 때 비슷한 실수를 한 경험이 있다. 행태주의는 인간의 행동과학에 기초한 — 행동과학을 빌려온 — 사회현상의 과학적, 계량적 연구의 한 '경향'이나 '사조'일 뿐이며, 그 자체가 구체적인 세부이론이나 모델은 아니라는 사실을 미처 깨닫지 못했던 탓이다.

현실주의도 마찬가지다. 크게 보면 그 자체로는 사회현상과 정치, 국제간의 관계를 현실의 눈으로 보려는 일종의 사유(思惟)의 틀이고, 철학이며, 사조일뿐이다. 이것들이 시대를 거치면서 좀더 정제되고 분화됐으며, 그 과정에서 여러 가지 주장과 개념이 탄생했고, 이 중 어떤 것들은 세부이론의 수준까지 발전했던 것이다. 이는 현실주의가 앞에서 지적한 대로 신현실주의로, 신현실주의는 다시 공격적 신현실주의, 방어적 신현실주의, 비구조적 현실주의, 신고전주의 현실주의(*neo-classical realism*)[16] 등 여러 갈래로 분화된 데서도 드러난다. 결국 오늘날 현실주의는 보편적인 핵심 가치와 개념이 손상되지 않는 범위 안에서, 주어진 시대와 환경에 맞게 변용되었다고 할 수 있다.

---

16) 신고전주의적 현실주의(*neoclassical realism*)는 국제체제의 구조를 중요시하는 구조적 신현실주의를 고전적인 개별단위 수준에서의 분석(*a unit-level analysis*)을 통해 보완하려는 학파를 말한다. Waltz와 단절하려는 경향을 보인 William C. Wohlforth(1993), Schweller(1998), Zakaria(1998)와 같은 학자들의 최근 연구물을 '신고전주의적 현실주의' 또는 '후기 고전주의적 현실주의'라고 부른다. Chris Brown & Kirsten Ainley, *Understanding International Relations*(London: Palgrave Macmillan, 2009), p. 45.

오재완의 지적이 이를 뒷받침한다. 그는 "정치적 현실주의는 시간적·공간적 제약을 넘어서는 보편적이고 일반적인 요소를 가지고 있는 한편, 시간과 공간의 제약에 따라 특수성, 다양성을 나타내면서 생성 발전 변용되었다"고 말한다. "엄격한 의미에서 하나의 현실주의란 존재하지 않는다. 여러 가지의 정치적 현실주의가 시대에 따라, 지역에 따라, 개별 사상가나 이론가 그리고 정책결정자에 따라 다양하고 다채롭게 생성·발전됐던 것이다.··· 따라서 정치적 현실주의에 대한 이해는 이론과 역사의 양 측면에서 동시적 종합적으로 이뤄져야 한다"는 것이다.17)

윌리엄 윌포츠(William Wohlfortz)도 현실주의 이론을 구체적인 외교정책에 적용할 때 주의해야 할 점들에 대해 같은 주장을 편다. 일반이론을 지향하는 현실주의의 '보편성'과 해당 외교정책의 '특수성' 사이에서 균형을 잡아야 한다는 것이다. 현실주의 이론이라고 해서 어떤 정책, 어떤 환경에도 마구잡이로 적용해서는 안 되며, 주어진 조건에 부합되는지 여부를 먼저 면밀히 살펴야 한다는 얘기다. 그는 구체적 현실 속에서 주어지는 이런 조건들을 '범위 조건'(*scope conditions*)이라고 이름 짓고, '범위 조건'에 대한 신중한 고려 없이 현실주의 이론을 들먹였다가 실패한 경우들을 적시했다.

단적인 예가 공격적 현실주의자인 미어샤이머(Mearsheimer)의 오류다. 그는 1989년, "미소(美蘇) 냉전이 종식되면 유럽에선 주요 국가 간 전쟁 가능성이 오히려 높아질 것이므로 서방(西方)으로선 냉전체제를 유지하는 것이 그들의 이익에 더 부합될 것"이라면서 "따라서 동구(東歐)에 상당한 군사력을 배치해 두고 있는 강력한 소련의 존재를 계속 지지해야 한다"고 주장했다. 미어샤이머는 '다극체제가 양극체제보다 전쟁이 일어날 가능성이 더 높다'는 현실주의 이론을 유럽에 적용한 것이

---

17) 오재완, "한국의 정치적 현실주의의 이론적 논의와 정책 적용", 우암평화연구원 편, 앞의 책(2003), p. 331.

지만, 유럽은 역외(域外)에 미국이라는 강력한 국가가 버티고 있고, 유럽연합(EU)이라는 통합기구가 존재한다는 사실들(*scope conditions*)을 고려하지 않은 것 같다고 월포츠는 비판했다.[18]

그렇다면 우리가 해야 할 작업은 분명해진다. 햇볕과 반햇볕을 포함해 우리의 대북정책이 딛고 섰거나, 서야 할 한국적 현실주의의 토대를 구축하는 일이다. 보다 구체적으로 말하면 다음 질문들에 대한 답을 구하는 일이 될 것이다. 우리의 대북정책에서 현실주의란 과연 무엇인가. 그것이 구체적인 대북정책에 대한 설명과 평가의 준거(準據), 그리고 향후 대북정책의 전개에 유용한 지침이 될 수 있는가. 그 안에는 어떤 내용을 담아야 하는가. 햇볕과 반햇볕 중 과연 어느 쪽이 더 현실주의에 부합하는가.

한국적 현실주의 역시 많은 현실주의 학자들이 그렇게 했듯이 역사적 사실과 경험으로부터 유추되어야 한다. 건국에서 오늘에 이르기까지 대북정책의 변모와 진화 과정을 톺아봄으로써 한국적 현실주의의 철학, 가치, 연구방법 등을 찾아내야 한다는 얘기다. 앞에서도 언급했지만 유감스럽게도 이 부분에 대해선 명확하게 정립된 이론이나 학파가 아직 없다. 학자들마다 서구(西歐)의 현실주의를 원용해서 이를 한국의 현실에 적용하는 정도에 그치고 있다. 이런 한계와 문제점은 2002년 전재성과 박건영이 내놓은 '국제관계이론의 한국적 수용과 대안적 접근'이란 주목할 만한 논문에서 잘 드러난다.[19]

두 사람은 "한국은 한국의 국제관계이론을 가지고 있는가?"라는 다분히 도발적인 문제 제기로 시작되는 이 논문에서 "만약 한국의 국제정치

---

18) William Wohlforth, "Realism and foreign policy" in Steve Smith, Amelia Hadfield, Tim Dunne(ed.), *Foreign Policy-Theories · Actors · Cases*(New York: Oxford university press, 2008), pp. 38~45.

19) 전재성 · 박건영, "국제관계이론의 한국적 수용과 대안적 접근", 〈국제정치논총〉, 제42집 4호, 2002년.

학자들이 서구의 설명이론을 수입하면서, 그 근저에 깔려있는 서구 혹은 미국 중심적 가치관을 암암리에 무비판적으로 수용하거나, 이를 바탕으로 한국적 현실을 설명한다면, 한국의 입장에서 특수하고도 보편적인 규범구조를 창출하지 못한 채, 비주체적인 입장에서 연구주제와 문제를 설정하고 분석하는 일이 될 것"[20] 이라고 주의를 촉구한다. 줄여서 말하면 한국은 한국의 특수한 현실을 설명할 수 있으면서 동시에 국제관계이론으로서의 보편성도 갖는 한국적 국제관계이론을 모색해야 한다는 얘기다. 그런 국제관계이론은 어떤 조건을 가져야 하는가. 첫째, 한국의 입장에서의 규범적 가치적 문제의식을 담고 있어야 하고, 둘째, 한국을 설명하는 이론이어야 하며, 셋째, 한국의 역사에서 도출된 이론이어야 하고, 넷째, 한국의 미래를 예측할 수 있어야 한다는 것이다.[21]

국제정치학도라면 응당 가져야 할 문제의식이라고 하지 않을 수 없다. 앞에서 잠깐 언급했지만 서구 이론에 대한 우리의 수용(受容), 또는 적용(適用) 자세가 그동안 '서구 이론 + 한국적 현실' 형태의 순차적 나열 차원에서 벗어나지 못했던 것도 따지고 보면 한국적 국제관계이론의 부재(不在) 때문이었다고 할 수 있다. 필자가 '햇볕'과 '반햇볕'을 아우르는 대북정책의 철학적, 방법론적 토대를 한국적 현실주의에서 찾고자 하는 것도 그래서다. 한국의 대외(對外) 행태, 특히 대북(對北) 정책을 '한국적 현실주의'라는 변용된, 더 정확히 말하면 한국적 틀이나 잣대, 또는 이론(理論) 위에 올려놓고 보자는 것이다. 그래야 햇볕과 반햇볕을 적실성 있게 교량해보고, 양자가 수렴할 수 있는 길도 찾아볼 수 있다는 얘기다.

쉽지 않은 작업이지만 그 실마리를 이호재로부터 풀어보자. 정확히

20) 위의 논문, p. 18.

21) 위의 논문, pp. 20~21.

말하면 '풀어야 한다'는 표현이 더 적합할 것이다. 이호재는 일찍이 혹독한 미소 냉전체제 아래서 국제정치이론의 한국적 적용에 처음 관심을 가졌던 몇 안 되는 학자 중 한 사람이기 때문이다. 그는 1960년대 말 한 권의 저서로 학계에 큰 충격을 줬다. 《한국외교정책의 이상과 현실》[22] 이란 제목의 이 책은 한스 모겐소의 현실주의를 기초로 하고, 국제정치체제(*international political system*) 연구자인 미국 시카고대학의 모톤 캐플란(Morton A. Kaplan)의 국제체제 모델[23] 을 방법론으로 삼아, 1945년 해방에서 1953년 6·25 전쟁 휴전에 이르기까지 이승만의 외교정책을 입체적으로 분석한 역저다.

이호재는 이 책에서 캐플란의 모델을 적용해 남한과 북한, 미국, 중국, 일본, 러시아 5개국을 주요 행위자(*actor*)로 하는 '소지역적 국제정치체제'를 설정하고, 이 체제가 해방 후부터 오늘날까지 어떻게 변했으며, 그 과정에서 소속된 행위자(*actor*·국가)들은 그때그때 체제의 유지와 생존을 위해 어떻게 움직였는지를 살피고 있다.

이호재의 분류에 따르면 한반도를 중심으로 한 '소지역적 국제체제'는 ① 중국 1제국 지배체제, ② 중국(청·淸)·일본·러시아 간 불완전 세력균형제체, ③ 일본 1제국 지배체제, ④ 미·소 양극체제 하의 2개 한국 대결체제, ⑤ 4강체제 하의 남북 평화공존체제, ⑥ 한반도 중립화체제, ⑦ 동북아 5개국 체제, ⑧ 동북아 연방체제 등 8개로 나뉜

---

22) 이호재, 《한국외교정책의 이상과 현실 — 이승만 외교와 미국 1945~1953》(법문사, 초판, 1969). 이 책은 2000년 6판을 냈는데 제목은 《한국외교정책의 이상과 현실 — 이승만 외교와 미국정책의 반성》으로 조금 바뀌었다.

23) Morton A. Kaplan, *System and Process in International Politics* (New York: John Wiley & Sons Co., 1957), pp. 21~53. 캐플란은 이 책에서 국제체제를 1. Balance of Power 체제, 2. Loose Bi-polar 체제, 3. Tight Bi-Polar 체제, 4. Universal 체제, 5. Hierarchical 체제, 6. Unit-Veto 체제로 나누고 각 체제마다 체제의 유지와 존속을 위해 소속 국가들이 지켜야 할 기본 행동률(*essential rules*)을 제시했다.

다.[24] 이 중 우리의 현실에 가장 잘 들어맞는 체제는 ④와 ⑤다. 건국에서 탈냉전의 바람이 거셌던 1980년대까지의 '미·소 양극체제 하의 2개 한국 대결체제'와 탈냉전의 1990년대에서 오늘에 이르기까지의 '4강체제 하의 남북 평화공존체제'가 분단 이후 한반도를 중심으로 한 소지역적 국제체제의 특성을 가장 잘 드러냈다는 것이다.[25]

이호재는 이 두 체제 자체가 미국의 현실주의 외교정책의 산물이라고 본다. "미국의 한국전쟁 참전 결정, 그러나 한국전쟁을 제한전쟁으로 관리한 것, 중공군의 참전에도 불구하고 전쟁개입 목적을 냉철하게 지켜 한반도 통일을 추구하지 않고 휴전조약(협정)과 한미상호방위조약을 성사시켜 분단체제를 안정시킨 것"은 동서 냉전의 격화와 함께 성숙되어 갔던 미국의 현실주의 외교정책과 사고(思考)의 결과였다는 것이다.[26] 이런 맥락에서 보면 남북관계(대북정책)를 포함한 한반도문제는 이론, 현실 어느 쪽에서도 현실주의의 틀로 접근하는 게 자연스런 귀결이자 당위라고 할 수 있다.

정천구도 한반도를 중심으로 한 동북아 소지역적 국제체제는 "유럽과는 달리 역사적으로 어떤 의미 있는 규범도 형성된 적이 없는, 현실주의에서 말하는 국제적 무정부 상태에 있다"면서 "남북한은 각각 자유민주주의체제와 공산주의체제를 모델로 하는 상극적 체제를 발전시켰다. 남북한은 동족상잔의 참혹한 6·25 전쟁을 경험하고 50년 이상의

24) 이호재, 《한국외교정책의 이상과 현실 — 이승만 외교와 미국정책의 반성》(법문사, 제6판, 2000), p. 40.

25) 이 두 체제가 우리가 처한 현실(現實)이라면 '한반도 중립화체제'나, 한국이 미·일·중·러와 같은 위상을 갖게 되는 '동북아 5개국체제', 그리고 이 5개국이 유럽연합(EU)처럼 지역통합을 이루게 되는 '동북아연방체제'는 일종의 이상(理想)이라고 할 수 있을 것이다.

26) 이호재, "제2차 세계대전 전후기의 정치적 현실주의", 우암평화연구원 편, 앞의 책(2003), p. 87.

대결과 불신의 시대를 살았다. 남북한의 관계에서는 권력과 안전이 일차적 중요성을 가지며 보편적 도덕이 적용되기 어렵다는 점에서 현실주의 주장에 매우 가깝다고 할 수 있다"고 지적한다.[27)]

27) 정천구, "한반도 통일의 이론과 현실-무력통일론에서 햇볕정책까지", 한국통일전략학회, 〈통일전략〉, 창간호(2001년 12월), pp. 378~379.

3. 한국적 현실주의의 구성요소

1) '좋은 분단'에 대한 합의

그렇다면 오늘날 우리에게 가장 적실성이 있는 현실주의적 대북정책의 내용은 어떠한 것들이어야 하는가. 가장 중요한 것은 이호재의 표현을 빌리자면 '나쁜 통일'보다 '좋은 분단'이 낫다는 대원칙이다.[28] 오늘날 한국사회에서 이 원칙에 반대하는 사람은 아마 없을 것이다. 물론 소수의 급진세력이 통일을 당면 과제로 내걸고는 있으나 바로 그들부터가 당장 통일이 될 것이라고 믿지 않고 있다는 것쯤은 누구나 안다. 전쟁을 해서라도 통일을 하자고? 6·25 전쟁의 참화를 겪은 한국인이 그런 주장을 한다면 그는 정상적인 한국인이라고 하기 어렵다. 그런 생각을 가진 사람이 가장 반통일적이고 반민족적이다. 통일을 원하지 않는 사람이 어디에 있겠는가. 그러나 그것은 우리가 점진적으로 단계적으로 성취해나가야 할 희망이자 목표일 뿐이다. 통일지상주의에 빠져 다시 전화(戰火)에 휩싸이게 되면 남한이건 북한이건 존재 자체가 사라져버릴 수 있다. 통일을 지향하되 그 통일은 평화적이고 점진적이어야 한다.

이 점에 있어서는 이른바 보수건 진보건, 좌건 우건 큰 차이가 없다.

---

28) 필자의 은사이기도 한 이호재 교수는 1974년 당시 학부생들을 상대로 한 강의에서 정치적 현실주의(*political realism*)에 기초해 '좋은 분단'과 '나쁜 통일'이란 쉽고 명쾌한 개념으로 분단의 평화적 관리가 얼마나 중요한 가를 역설했다. 이후 '좋은 분단'과 '나쁜 통일'은 고려대 정치외교학과 출신들로 구성된 안암학파에 관한 한 한반도문제를 인식하고 설명하는 중요한 틀의 하나로 기능했다.

넓게 보아 진보진영에 속하는 이종석도 "사실 통일 상태를 '실현', '미실현'의 이분법적으로 나누어 보기는 어렵다"면서, 이상우의 표현을 빌려 "오히려 우리는 통일을 (이러한) 이분법적 개념이 아니라 '몇 % 달성되었다'는 식의 '연속변량적 개념'으로 파악하는 것이 더 합리적이라고 지적한다.[29]

통일을 긴 과정(*process*)으로 보고 그 과정을 조금씩 밟아나가는 상태에 의미를 두는 것이 통일에 대한 보다 현실적인 인식이라고 본 것이다.

물론 1980년대 말 동구 사회주의권이 몰락하고, 이어 1990년대 중반 북한이 잇단 홍수와 기아[30]로 곤경에 빠지면서 미국과 한국 양쪽에서 '북한 조기붕괴론'과 '남한에 의한 북한 흡수통일론'[31]이 대두되기도 했

---

29) 이종석, "남북한 정치통합 연구의 현황과 과제", 세종연구소 편, 《대외정책과 국민통합-한국 중국 러시아》(세종연구소, 1998), p. 216.

30) 1995년부터 1997년까지 3년간 북한 전역에서 기아나 이와 관련된 원인으로 사망한 주민은 전체인구 2,300만 명의 10% 정도인 210만 명에 달할 수도 있다는 외신 보도가 나올 정도였다. 로스앤젤레스 타임스, 1999년 7월 24일자, 1999년 7월 25일, 연합뉴스에서 재인용. 1995년 7~8월 홍수로 북한 국토의 75%가 피해를 입었다는 유엔조사단의 보고도 나왔다. 조선일보, 1995년 9월 13일자.

31) 우리사회의 남북관계 담론사(史)에서 '흡수통일'이란 말처럼 수수께끼 같은 용어도 없다. 흡수통일이란 말을 누가 처음 썼는지, 어떤 경위로 보통명사가 됐는지 지금도 분명치 않기 때문이다. 필자의 생각으로는 1991년 1월 1일 김일성 신년사가 그 단초라고 생각한다. 김일성은 이 신년사에서 "북과 남에 서로 다른 두 제도가 존재하는 우리나라의 실정에서 조국통일은 누가 누구를 먹거나, 누구에게 먹히우지 않는 원칙에서 하나의 민족, 하나의 국가, 두 개의 제도, 두 개의 정부에 기초한 연방제 방식으로 실현되어야 한다"고 했다. 여기서 나온 '누가 누구를 먹거나, 누구에게 먹히우지 않는 원칙'이란 말을 놓고 '김일성이 남한에 의한 흡수통일을 두려워하고 있구나' 하는 생각들을 가지게 됐고, 이런 생각들이 '흡수통일'이란 말로 응축됐다고 보기 때문이다. 여기에다 1980년대 말과 1990년대 초, 동구 공산권의 몰락과 해체까지 겹쳐지면서 흡수통일이란 말이 일반화됐을 것이다. 1991년 1월 1일, 조선중앙통신 등 북한 언론매체 모니터 기록.

다. 1993년 2월 출범한 김영삼 정권 아래서 특히 그러했다. 북한이 곧 무너진다면 남한으로 흡수되는 길밖에는 없다고 봤던 것이다. 1994년 미국의 빌 클린턴 정부가 북한에 2기의 경수로를 지어주기로 하고 그해 10월 북한과 '제네바 기본합의'를 체결한 것도 '경수로가 완공되기 전에 북한의 김정일 체제가 먼저 붕괴되리라'는 암묵적인 기대와 관측 때문이었다.[32)]

그러나 북한은 아사자와 탈북자가 속출하는 참담한 상황 속에서도 이를 이겨냈을 뿐 아니라, 끝내 핵 개발로까지 나아가는 데 성공했다. 이로 인해 서방은 물론 한국조차도 북한에 대한 무지와 자기중심적 해석의 무모함에 다시 한 번 뼈아픈 자괴심을 느껴야 했다. 이에 대해 이종석은 "1989년 동독 붕괴로 인한 독일 통일은 우리사회에 북한 조기붕괴론과 그에 따른 흡수통일론을 광범위하게 유포시켰다"고 지적하고, "이러한 논의는 대체로 동독과 북한의 차이나 남한과 서독의 차이, 그리고 동서독관계와 남북관계의 차이 등에 대한 면밀한 검토 없이 주로 사회주의권의 몰락과 독일경험에 바탕을 둔 직관(直觀)에 따라 전개됐다"고 비판했다.[33)]

---

32) 당시 미국이 40억 달러라는 엄청난 비용이 드는 대북 경수로 건설에 흔쾌히 동의한 것은 경수로가 완공되기 전에, 그러니까 짧게는 5년 이내, 길게는 10년 이내에 북한체제가 붕괴할 것이라는 전망에 따른 것이었다. 당시 필자는 동아일보 워싱턴 특파원(1994~1998년)으로 근무하면서, 미 조야의 이런 분위기를 피부로 느낄 수 있었다. 누구도 공개적으로 말하지는 않았지만 김정일의 북한체제가 오래가지 못할 것이라고 믿었다. 북한 조기붕괴론에 대해서는 Selig. S. Harrison, *Korean Endgame: a Strategy for Reunification and U.S. Disengagement*(Princeton Univ. Press, 2002), pp. 4~5 참조.

33) 이종석, 앞의 책(1998), pp. 219~220. 이종석은 이 논문에서 남북한 양 체제의 개혁을 통한 통일을 주장하는 민중적 통일론에 대해서도 "통일의 방향과 관련해서 인식론적으로 경청할 필요가 있는 당위적 제안"이라면서도 "하지만 통일과정이 진행되고 있는 현실에서 이러한 주장이 적용될 여지는 그리 많아 보이지 않는다. 특히 이 주장은 남북한 양 체제의 개혁을 전제로 했

1990년대 초, 더 정확히 말하면 김영삼 정권에서 잠시 반짝했던 흡수통일론이 담론이나 정책의 영역에서 곧 생명력을 잃었음에도 불구하고 이른바 진보 좌파는 흡수통일론을 보수우파의 '반민족적 통일론', '음험한 통일론' 등으로 낙인찍고 공격을 멈추지 않았다. 김영삼 정권 시절이던 1995년, 진보진영의 대표적 지식인이라고 할 수 있는 최장집은 "냉전의 해체는 남북한 대결구조를 보다 협력적이고 평화적인 구조로 전환시킬 수 있고 통일을 이룰 수 있는 가능성의 공간을 넓혔다"고 지적하면서, 그럼에도 불구하고 "남한의 보수세력들이 힘의 우위를 배경으로 하는 강경한 대결정책을 통하여 북한을 힘으로 굴복시켜 남한체제를 북한으로 확대하는 방법을 통한 통일정책에 커다란 유혹을 느끼게 만들 것"[34] 이라고 우려했다. 그의 말을 좀더 인용해보자.

> 탈냉전의 상황은 그때(6·25 전쟁 때)와 정반대가 되었다. 현재 남한의 강경론자들은 흡수통일모델에 커다란 유혹을 느끼면서 현재의 유리한 호기를 북한에 대해 확실한 힘의 우위를 확보하는 계기로 삼고자 한다. 이러한 방향은 어떤 형태로든 대결과 긴장과 가장 나쁘게는 어떤 형태의 무력충돌을 가져올 가능성을 내포한다.[35]

그는 '남한의 강경론자들이 흡수통일모델에 커다란 유혹을 느낄 것'이라고 했는데 어떤 근거로 이런 주장을 하게 됐는지는 밝히지 않았다. 비단 그뿐이 아니다. 그가 이 논문을 발표했던 때나 지금이나 이른바 진보를 자처하는 우리 사회의 지식인들은 한결같이 분명한 근거도 없

다는 점에서 매우 완고한 전제론적(前提論的) 통합논의라고 비판했다.

34) 최장집, "한반도 통일의 내외적 조건과 전망—남한으로부터의 한 역사적 시각에서", 김재한 외, 《한국 정치외교의 이념과 논제》(한림과학원총서 32, 소화, 1995) pp. 283~284.

35) 위의 논문, p. 290.

이 이와 같은 주장을 편다. 보수우파는 힘의 우위를 통해 북한을 흡수하려는 흡수통일론자라는 것이다. 근거가 있느냐고 물으면 '보수우파들이 공개적으로 그렇게 말은 안 하지만 마음속으로는 그런 생각을 갖고 있다'는 식으로 대답하기 일쑤다. 참으로 이해하기 어려운 태도다.

극소수인 일부 극우단체들의 '타도하자 김정일 도당'과 같은 구호로부터 그런 인상을 받았는지 모르나 필자가 알기로 제대로 된 보수우파 중에 흡수통일론자를 자처하는 사람은 없다. 정부 내의 정책결정자들은 물론이고, 오피니언리더 층은 더욱 그렇다. 누구도 자신을 흡수통일론자라고 생각하지 않는다.

이종석은 우리 사회의 많은 연구자들이 남한에 의한 북한의 흡수통일을 전제로 하되, 다만 그 시기를 단기적으로 보면 '흡수통일'이라고 칭하고, 장기적으로 보면 '점진적 통일론' 혹은 '북한 변화론'인데, 후자를 엄밀히 규정하면 '점진적 흡수통일론'이라고 할 수 있을 것이라는 주장을 편다.[36] 황병덕도 "남북한이 논리적으로 자본주의와 사회주의 간의 체제 모순을 해결할 수 있는 제3체제를 기반으로 하는 한 합의통일을 달성한다는 것은 실질적으로 불가능하기 때문에, 통일 후 체제형태가 자본주의 체제로 귀결되는 흡수통일 방식일 수밖에 없다"[37] 고 주장한다. 납득하기 어려운 논리다.

'북한 변화론'이 흡수통일이라면, 그래서 진보 좌파가 주장하듯이 극력 피해야 할 통일론이라면 대체 어떻게 하자는 얘기인가. 북한의 변화 없이 남북관계 개선을 위해 우리가 할 수 있는 일이 과연 있기나 한가. 황병덕의 주장처럼 통일 후 체제가 결과적으로 그렇게 될 수도 있겠지만, 그것은 처음부터 흡수하려는 의도 하에 추진되는 통일론과는 다르

---

36) 이종석, 세종연구소 편, 앞의 책(1998), p. 226.

37) 황병덕, "남북한의 정치이념과 통일이념의 모색", 〈통일경제〉, 1995년 3월호, 현대경제사회연구원, 1995, p. 88.

다. 오랜 시간, 아마도 몇 십 년이 지나 결과적으로 흡수통일 식(式)이 돼버렸다고 해서 그 과정을 지지했거나 참여했던 사람들까지 모두 흡수통일론자라고 부른다면 우리 사회에서 흡수통일론자가 아닌 사람은 한 사람도 없을 것이다. 멀리 갈 것도 없다. 진보 좌파가 금과옥조처럼 여기는 햇볕정책이 가장 대표적인 흡수통일론이 될 것이다. 실제로 현인택은 2006년 봄, 필자가 출석한 대학원 수업에서 "햇볕정책이야말로 북한의 입장에선 가장 잔인한 흡수통일론"이라고 지적한 바 있다. 북한이 햇볕정책이란 말에 격렬하게 반발하는 것도 그 때문이라는 것이다.

필자는 노태우 정권 때이던 1989년 외교부와 통일부 출입기자로 일했고, 그 후로도 20년이 넘게 이 분야에 대해 나름대로 — 부끄럽지만 언론인 수준에서 — 관심을 가져왔지만 보수우파로 분류되는 인사들 중에서 흡수통일을 주장하는 사람을 만난 적이 없다. 속마음이야 어떻게 알겠는가마는 적어도 그들은 공개적으로나 공식적으로나 흡수통일론을 입에 올린 적이 없다. 믿기지 않는다면 전두환, 노태우, 김영삼 대통령과 이들 밑에서 외교부, 통일부, 국방부 장관 등을 지낸 고위관리들, 그리고 당시 여당의 주요 정치인들과 우파 지식인들의 어록이나 관련 기사들을 찾아보기 바란다. 흡수통일이란 단어조차 찾기 어려울 것이다. 그들을 가리켜 흡수통일론자라고 한다면 아마 심한 모욕으로 받아들일 것이다.

왜냐하면 그들 역시 흡수통일이란 말 자체에 내포된 자극성, 위험성, 폭발성을 모르지 않기 때문이다. 설령 남북관계 개선 노력의 끝, 어딘가에서 흡수통일식의 통일이 이뤄질 수 있을지는 몰라도 지금 당장은 지난(至難)하기 그지없는 일인데도, 공연히 흡수 운운하는 것은 눈앞의 남북관계는 물론 먼 훗날의 통일에도 전혀 도움이 되지 않는다는 것을 누구보다도 잘 알기 때문이다. 국정을 책임질 위치에 있었던 기간이 상대적으로 더 길었고, 대북 정보와 지식, 경륜 면에서 좌파보다 월등히 앞서있다고 믿는 그들이기에 흡수통일을 들먹이는 것이 얼마나 무모하고 무익한 것인지를 안다.

그런데도 그들은 흡수통일론자가 돼 있다. 더 정확하게 말하면 자신들의 의사와는 아무런 관계도 없이 흡수통일론자로 만들어져 있다. 누구에 의해? 진보를 자처하는 사람들에 의해서다. 진보 좌파는 존재하지도 않는 흡수통일론자를 만들어놓고 이 유령을 상대로 끈질기게 공격했다. 1980년대 개발 붐이 한창일 때, 서울 강남의 땅 부자들을 불문곡직하고 '졸부'로 만들어놓고 매일 공격하던 것과 조금도 다르지 않다. 정말 '졸부'라는 사람들이 있는가, 그들의 실체는 뭔가 따위는 중요하지 않았다. '졸부'라는 유령을 내세워 서민들의 분노가 그리로 쏠리게만 하면 됐던 것이다.

흡수통일론이라는 유령 또한 그러하다. 가장 비근한 예가 김대중 대통령의 '흡수통일 배제' 선언이다. 앞장에서 이미 밝혔듯이 김대중 대통령은 1998년 2월 취임과 함께 대북정책의 3대 원칙으로 ① 무력도발 불용, ② 흡수통일 배제, ③ 화해와 협력의 추구를 선언했다. '흡수통일 배제'라니? 도대체 누가 흡수통일을 추진했다는 말인가. 김영삼 정권도 아니면 노태우 정권도 적어도 탈냉전 이후엔 어떤 정권도 흡수통일을 추진한 적이 없다. 김대중 대통령의 이 한마디로 전두환, 노태우, 김영삼 정권은 졸지에 흡수통일을 추진한 무모하고 대결적인 정권이 돼버렸다. 김대중 정권은 남북 간 대화와 타협, 동의(同意)와 공감에 기초해 통일을 추진하는 온건하고 합리적인 정권인 데 반해 전두환, 노태우, 김영삼 정권은 힘의 우위를 바탕으로 북한을 흡수해서 통일하려는 대결주의자, 냉전주의자, 모험주의자로 만들어버린 것이다. 김대중 대통령은 '흡수통일 배제 선언'으로 북한의 마음을 얻어 역사적인 남북 정상회담도 하고 노벨평화상도 받았는지 모르지만 이 땅의 보수 정권은 하루아침에 냉전의 잔재세력이 되고 말았다. 그런데도 당시 야당이었던 한나라당은 반론다운 반론 한 번 펴지 못했다.

어떻게 해서 남북 기본합의서(1992년)까지 만들어낸 보수우파세력이 이렇게 철저히 당할 수 있었는지는 지금도 의문이다. 남북 기본서합의가 뭔가. 남북관계 개선에 관한 거의 완벽한 장전(章典)이 기본합의서다. 그 안에는 남북관계를 어떻게 풀어나갈지에 대한 모든 것, 화해와 불가침, 그리고 교류·협력에 관한 제반 원칙과 액션플랜이 다 들어있다.[38] 건국 이후 가장 포괄적이고 체계적이라는 남북 기본합의서를 만든 보수우파세력이 김대중 대통령의 '흡수통일 배제' 선언 한마디에 흡수통일론자가 되고 말았으니 이를 어떻게 설명해야 할까. 남북관계 개선에 대한 김대중 대통령의 집념에 찬사를 보내야 하나, 아니면 구호와 인식(認識·*perception*)의 선점에 능하고, '외곽을 때린다'는 평을 들을 만큼 출중했던 그의 정치적 역량에 탄복을 해야 하나. 이종석과 황병덕의 논리로 보면 가장 대표적 흡수통일론자인 김대중 대통령이 햇볕정책으로 포장된 흡수통일론으로 남북 정상회담을 하고 노벨상까지 받았으니 아이러니가 아닐 수 없다.

얘기가 좀 길어졌지만 '모든 통일은 선(善)이다'고 했던 고 장준하(1918~1975)의 말은 수사(修辭)로서는 아름다울지 몰라도 현실과는 맞지 않는 말이다. 양성철은 역설적으로 이런 통일 지상주의자들이야말로 통일에 대한 최대의 장애이자 적(敵)이라고 일갈한다. 1948년 이래 한반도에는 남한과 북한이라는 2개의 국가가 현실로 존재했음에도 불구하고 이를 인정하려들지 않는 사람들, 곧 '이국시대(二國時代)의 일

---

38) 남북 기본합의서에 대해서는 이 책 제2장 2절 노태우 시대: 남북관계의 기본 틀과 화해·협력의 기반 마련 참조. 김대중 대통령의 3단계 통일론도 1990년대 중반 아태평화위원회를 통해 좀더 체계화하는 과정에서 남북 기본합의서를 많이 참고했다는 것이 정설이다. 김대중이 자신의 통일방안을 다듬어가는 과정에서 '연방제'를 '연합제'로 바꾼 것과 같은 맥락이라고 할 수 있다.

국주의자(一國主義者)들'이 분단 극복에 아무런 실효를 거두지 못한 것이 사실이고 보면, "이러한 비현실적 일국주의자들이야말로 한반도 분단을 항구화하고 민족의 분열을 획책하는 적대적 대치현상을 낳은 장본인"이라는 것이다.[39]

그렇다고 진보 또는 좌파의 통일론을 모두 이런 식으로 몰아가는 것도 옳은 접근은 아니다. 보수우파라고 해서 반드시 흡수통일론자가 아니듯이 진보 좌파라고 해서 반드시 통일지상주의자도 아닌 것이다. 예를 하나 들어보자. 1989년 3월 25일 정부의 반대를 무릅쓰고 평양을 방문한 문익환 목사는 도착성명을 통해 다음과 같이 말했다.

> 1988년이 저물어가는 섣달 그믐날 밤 저는 명상에 잠겨 있다가 불현듯이 평양 길을 떠나는 환상을 그리면서 서울 남대문정거장을 찾아가 표 파는 사람에게 무턱대고 평양 가는 기차표를 팔아달라고 떼를 쓰는 장면을 묘사하는 시를 썼습니다. … 김일성 주석과 더불어 서로가 민족의 일원으로서 뜨겁게 부둥켜안고 민족의 빛나는 미래에 대하여 아름다운 꿈을 이야기한다는 것, 이것의 상징적인 뜻을 생각하는 것뿐만으로 저는 기쁨과 가슴의 고동을 억누를 수가 없습니다.[40]

문익환 목사가 여기서 말하는 꿈은 당연히 통일이다. 누구나 꿈을 꾸는 것은 자유다. 그러나 그 꿈은 꿈일 뿐이다. 문익환이 김정일을 만나서 뜨겁게 포옹했다고 해서 통일이 되는 것은 아니다. 진보, 좌파 진영 중에서도 극소수 극단주의자들이 갖는 몽상에 다름 아니다. 엄밀히 말하면 보편적인 담론이나 정책의 영역에서 거론할 가치조차 없는 말 그

39) 양성철, "남북 통일과업의 10대 모순", 《양성철 논집 III 통일-우리도 분단을 극복할 수 있다》(서울프레스, 1999), pp. 386~387

40) 양성철, "남북 통일과업의 다섯 가지 신화", 〈신동아〉, 1989년 5월호(동아일보, 1989), 양성철, 위의 책(1999)에서 재인용, p. 339.

대로 꿈같은 얘기일 뿐이다. 그런데도 진보 좌파를 싸잡아서 이와 유사한 통일지상주의자, 근본주의자라고 낙인을 찍는다면 과연 누가 수긍하겠는가. 그것은 보수우파를 근거 없이 흡수통일론자라고 몰아가는 것과 하등 다를 바가 없는 것이다.

다시 최장집으로 돌아가자. 그는 자신의 글에서 바람직한 통일에 대한 자신의 견해를 밝혔다. 명쾌하고 논리적이며 현실감각까지 갖춘 탁견이 아닐 수 없어서 원문을 그대로 인용해본다. 누구든 주의 깊게 읽고 그것이 통일문제를 떠나 우리사회의 대북정책 담론에 부여하는 의미를 톺아봤으면 한다.

> … 통일은 공동결정의 원칙, 이질성을 포용하는 평화공존의 원칙 위에서 이루어지지 않으면 안 된다. 그것은 동질적인 사회로 통합하는 과정이 아니라 이질성이 공존할 수 있는 사회를 창출하는 것을 의미한다. 이러한 방법의 통일은 독일처럼 어느 날 일거에 체제를 격변적으로 바꾸어 통일하는 단절적 통일이 아니라, 두 체제가 긴 시간에 걸쳐 점진적 방법을 통하여 극단적으로 상이한 성격을 가진 두 체제를 상호간 기능적으로 결합, 수렴시키면서 통일을 이루어나가는 방법이다. 즉, 그것은 한 단계에서 다른 한 단계로 단계적으로 이행하는 장기간의 연속적 통일방법이 아닐 수 없다. 이는 통일에 이르는 오랫동안의 공존적 평화체제의 유지를 상정하는 것은 물론이다. 즉, 평화적 분단체제의 지속을 의미한다.[41]

영리한 독자라면 쉽게 이해했겠지만 문제의 핵심은 최장집의 이와 같은 통일론(남북관계 개선론)이 바로 보수우파의 통일론, 그 자체라는 것이다. 단 한 줄도 보수우파의 통일론과 배치되지 않는다. 그가 강조한 '이질성이 공존할 수 있는 사회'부터 그렇다. 함석헌은 "해방이 도둑같

---

41) 최장집, 앞의 논문, 김재한 외, 앞의 책(1995), p. 289.

이 왔다"고 했는데, 통일이 '도둑처럼 찾아오는 경우는[42] 말할 것도 없고 설령 오랜 시간이 걸려 통일이 된다고 해도 통일된 한반도는 이질성이 공존할 수밖에 없는 사회다. 극도로 상이한 체제로 출발했고, 전쟁을 포함해 셀 수 없이 많은 갈등과 충돌의 경험을 가진 두 체제가 통일이 될 경우 그 이질성이 쉽게 가시겠는가. 그 역시 점진적, 단계적으로 해소되어야 한다. 보수우파라고 해서 무슨 뾰족한 수가 있을 리 없을 뿐 아니라 달리 생각할 이유도 없다. '평화적 분단체제의 지속'은 더 논할 것도 없다. 박정희 정권의 7·4 공동성명에서부터 전두환, 노태우, 김영삼 정권에 이르기까지 보수우파 정권의 통일론과 남북관계 개선의 원칙과 방법이 바로 그러했다. 어느 정권치고 이와 본질적으로 다른 통일론을 얘기한 적이 없고, 이와 다른 남북관계 개선책을 거론한 적이 없다.[43] 앞서 언급한 이호재만 하더라도 이미 1970년대 초에 "'나쁜 통일'보다는 '좋은 분단'이 낫다"고 선언했다. 나쁜 통일이란 무엇이며, 좋은 분단이란 또 무엇인가. 최장집이 여기서 말하는 그런 통일론, 그런 통일과정(남북관계 개선 과정)이 곧 나쁜 통일을 지양하는 좋은 분단인 것이다.

그런데도 왜 우리 사회는 대북정책을 놓고 진보와 보수가 마치 전혀 다른 세계에서 다른 사고(思考)와 다른 말을 하며 사는 것처럼 갈라져 있는 것인가. 마땅히 수렴되어야 하고 수렴될 수 있는 사안을 놓고 서로 고집을 부리며 평행선을 달리는 이유는 무엇인가. 이 점에 대해서는 뒤에 다시 얘기하겠지만 여기서 한 가지는 분명해졌다. 진보건 보수건

---

42) 함석헌은 자신의 저서 《뜻으로 본 한국역사》(한길사, 2006)에서 1945년 해방이 '도둑같이' 왔다고 주장했다. 전혀 준비가 안 된 상태에서 해방이 와 혼란만 가중됐던 당시 상황을 개탄한 것이다. 통일도 그의 말처럼 '도둑같이' 올 수 가 있다. 예고하고 오는 게 아니라 급작스럽게 온다는 뜻이다.

43) 역대 정권의 통일정책에 대해서는 이 책의 제2장 대북정책의 진화: 수렴의 뿌리 참조.

좌파건 우파건 햇볕이건 반(反)햇볕이건, 통일은 점진적, 단계적으로 될 수밖에 없다는 것이고, 그 과정으로서의 남북관계 개선도 역시 점진적, 단계적으로 이뤄질 수밖에 없다는 데 대해 이견(異見)이 없다는 것이다. 따라서 대북정책에 있어서의 한국적 현실주의의 첫 번째 대전제(대원칙)는 분명해졌다. 점진적, 단계적 통일과 점진적, 단계적 남북관계 개선이 바로 그것이다. 어떤 이론, 어떤 수사(修辭)를 동원하더라도 그것이 국제정치, 또는 국제정치학의 보편성에 비춰본 한국적 현실주의의 근본이자 핵심 내용임을 임을 부인할 수 없을 것이다.

2) '상황의 이중성'에 대한 인정

대북정책에서의 한국적 현실주의의 두 번째 축(軸)은 '상황의 이중성이다. 분단된 현실에서 우리는 일면 북한과 대치해야 하고, 일면 대화도 해야 하는 이중적 상황에 놓여있다는 뜻이다. 이홍구가 통일부 장관 시절이던 1988년 처음 쓴 것으로 알려진 이 말처럼 우리의 현실을 적나라하게 설명해주는 말도 없다.[44] 한 차례의 전쟁을 겪기도 했지만 지금 이 순간도 휴전선을 사이에 두고 남과 북은 고도의 살상무기와 수십만 병력을 배치해놓고 일분일초도 긴장을 늦추지 않고 있다. 이런 극한 대치상황에서 우리는 어떤 형태로든 대비하지 않을 수 없다. 전쟁억지, 곧 국가안보를 최우선의 가치로 삼을 수밖에 없다는 얘기다.

남북관계는 전형적인 안보 딜레마(*security dilemma*) 상황 속에 놓여 있다. A라는 국가가 자국의 안전을 위해 군사력 증강과 같은 안보조치

44) 이홍구는 노태우, 김영삼 정권에서 통일부 장관을 지냈는데 '상황의 이중성' 이란 말을 처음 쓴 것은 노태우 정권 때로 장관 취임 초인 1988년이었다. 당시 재임기간은 1988년 2월부터 1990년 3월까지였다.

를 취하면, 상대 국가 또는 국가군(群)인 B는 이를 자신의 안보에 대한 위협으로 받아들이고 보호조치를 취하게 된다. 이에 A는 다시 'B를 위험한 상대로 본 최초의 내 판단이 옳았다'고 확신하면서 모종의 조치를 취하게 되고, B도 이에 맞대응함으로써 양 측은 가공(架空)의 공포와 '불필요한 국방'의 악순환(*a spiral of illusory fears and 'unnecessary defences'*) 속에 빠지게 된다.[45] 안보를 강화하기 위한 조치가 오히려 안보를 위태롭게 할 수 있다는 점에서 딜레마인데 냉전시대, 미소(美蘇) 간 군비경쟁(*arms race*)이 대표적인 예다. 남북 간 군사력 증강 경쟁 또한 같다.

일찍이 허버트 버터필드(Herbert Butterfield)는 국제사회의 무정부적(無政府的 · *anarchic*) 속성으로 인해 국가 간에 협력이 어렵다는 점을 지적하면서 이를 '홉스주의적 공포'(*Hobbesian fear*) 때문이라고 표현했다. 부연하면 이렇다. 한 방 안에 두 남자가 있다. 그들은 아주 적대적인 관계다. 그들 각각 권총을 갖고 있다. 어쩌면 두 사람은 함께 권총을 창밖으로 던져버리고 싶어 할지도 모른다. 그렇게 하는 편이 서로에게 이익이 되기 때문이다. 그러나 그들은 그렇게 하지 못한다. 상대를 믿을 수 없기 때문이다. 내가 권총을 창밖으로 던져버렸는데 상대방이 그대로 총을 갖고 있다면 어떻게 될 것인가 하는 두려움 때문이다.[46] 남북관계도 마찬가지다. 가장 좋은 선택은 남북이 동시에 권총을 창밖으로 던져버리는 것이지만 그렇게 할 수 없다는 것을 안다. 서로에 대한 묵은 불신 탓이다.

'안보 딜레마'는 게임이론에서 흔히 '죄수의 딜레마(*the prisoner's dilemma*) 게임'으로 설명이 된다. 격리돼 수감된 A, B 두 죄수가 마음속

---

45) Glenn H. Snyder, *Alliance Politics*(Ithaca, NY: Cornell University Press 1997), p. 17.

46) Herbert Butterfield, *Christianity and History*(London: Allen & Unwin 1949), pp. 89~90.

으로 서로를 믿고 협력해서 범죄사실을 실토하지 않으면 보다 적은 형을 받음으로써 둘 다 이익이 되는 결과를 얻는다. 그러나 서로를 믿을 수가 없다. A는 실토하지 않았는데 B가 실토를 하게 되면 A는 가중처벌을 받게 되고 B는 정상참작으로 풀려난다. 반대의 경우도 마찬가지다. 두 죄수에게 가장 좋은 선택은 서로 실토를 안 하는 것이지만, 상대가 실토하고 내가 안 하면 받게 될 가중처벌이 두려워, 다시 말해 상대를 믿을 수가 없어서 일단은 실토를 하고 보는 것이다. 군비경쟁이 대표적인 '죄수의 딜레마 게임'이다. 서로 군비를 증강하지 않으면 각자에게 경제적으로 이익이 될 텐데도 상대를 믿을 수가 없어서 일단은 군비를 증강하고 보는 것이다. 그러한 군비증강은 어떻게 되는가, 자국의 안보를 증대시키기는커녕 오히려 약화시킨다. 상대방도 같은 논리에 따라 군비증강에 나설 것이기 때문이다. 이것이 곧 안보 딜레마다.[47]

남북 간 안보 딜레마를 앞에서 설명한 신현실주의의 관점에서 본다면 남북한 어느 한 쪽은 '방어적 신현실주의'(*defensive neo-realism*) 입장에, 다른 한 쪽은 미어샤이머가 주창하는 '공격적 현실주의'(*offensive neo-realism*) 입장이라고 할 수 있다. 흔히 공격적 신현실주의는 힘의 극대화를 추구하고, 방어적 현실주의는 안보의 극대화를 추구한다고 여겨진다. 전자가 국제질서의 무정부적(無政府的) 속성에 대한 신념을 기초로 국가란 모름지기 상대 국가를 압도할 수 있는 힘을 가져야 한다고

47) 대북정책을 설명하는 이론적 틀로서 게임이론만큼 자주 치용되어온 이론도 없다. '죄수의 딜레마 게임'도 그중 하나다. 게임이론이 남북관계라는 특수한 현실, 특히 합리성과는 거리가 먼 북한의 행태를 어느 정도 적실성 있게 설명해줄 수 있을지는 여전히 의문이지만 복잡한 현실을 마치 수학공식처럼 간명하게 정리해줌으로써 문제의 핵심을 드러내 보여준다는 장점이 있는 것은 분명하다. 게임이론의 국제정치적 현실에 대한 적용에 대해서는 Arther A. Stein, "Coordination and Collaboration: Regimes in an Anarchic World", in Stephen D. Krasner, ed., *International Regimes*(Ithaca: Cornell University Press, 1983), pp. 115~140 참조.

믿는 데 반해 후자는 적정선 이상을 넘는 힘의 추구는 상대 국가를 자극해 오히려 안보불안을 가중시키기 때문에 방어에 필요한 수준, 다시 말해 안보를 충족시키는 선에서 힘을 보유하면 된다고 믿는다.[48] 이런 점에서 왈츠(Waltz)는 '방어적 신현실주의자'로 분류되기도 한다.

문제는 남북 중 어느 쪽이 방어적, 또는 공격적 신현실주의냐에 있다. 남북 간에 좀처럼 그칠 줄 모르는 군비경쟁의 실상을 보면 양측이 모두 공격적 신현실주의자로 볼 수도 있겠지만, 보는 관점에 따라서는 남북 중 어느 한 쪽이 이에 더 가까울 수도 있을 것이다. 1970년대 초반까지만 해도 북한의 행보는 이렇게 볼 수도 있겠지만, 1970년대 중반이후 남북 간 국력의 격차가 역전되면서 북한이 오히려 남한에 먹힐지도 모른다고 우려하는 상황에선 반드시 그렇게 볼 수도 없을 것이다. 1980년대 이후 분출하는 남한의 힘 앞에서 북한이 추구한 것은 그 현란한 구호와 수사(修辭)에도 불구하고 '안보의 극대화'였다고 보면 오늘의 북한은 오히려 방어적 신현실주의 입장을 견지한다고 할 수도 있다. 북한의 핵무기 개발은 이런 처지에서 벗어나기 위한 방편일 것이다. 그러나 핵개발까지 고려한다면 북한은 여전히 공격적 신현실주의라고 보는 게 더 사실에 가까운 것이 아닌가 싶다.

어떤 경우든 구조적 현실주의의 입장에 서면 국가는 이른바 '절대적 이익'(*absolute gains*)보다 '상대적 이익'(*relative gains*)에 더 관심을 가질 수밖에 없다. 내가 얼마를 갖느냐보다 상대방이 얼마를 갖느냐를 더 중요하게 여긴다는 얘기다. 내가 아무리 많은 이익을 가졌다고 해도 상대방이 나보다 더 많은 이익을 누린다면, 그는 초과된 이익을 이용해 나에게 위해를 가하거나 영향을 미침으로써 양국관계는 물론 양국관계가

---

48) William Wohlforth, "Realism and Foreign Policy", *Foreign Policy-Theories · Actors · Cases* (Oxford University 2008) edited by Steve Smith, Amelia Hadfield Tim Dunne, p. 35.

속한 국제구조까지 바꾸려들 것이기 때문에 그런 상황은 어떻게든 피해야 한다는 것이다. 남북관계도 1948년 건국 이후 오늘까지 60년이 넘도록 남북 양측이, 또는 둘 중 어느 한 쪽이 절대적 이익보다는 상대적 이익을 추구하기 위해 애를 써온 관계라고 할 수 있다.

물론 로버트 파월(Robert Powell)은 절대적 이익이나 상대적 이익을 추구하는 국가들 간에 본질적으로 차이가 없다는 주장을 편다. 국가가 어떤 이익을 추구하느냐는 그 국가의 특성이나 국제구조의 문제가 아니라, 그 국가가 당면한 주변의 제약요인에 따라 결정된다는 것이다. 전쟁을 하게 될 경우 그 비용이 전쟁을 통해 얻게 될 이익에 비하여 상대적으로 적을 경우 국제적(국가간) 협조보다는 전쟁을 선택하고(구조적 신현실주의), 반대로 전쟁비용이 이익보다 훨씬 크다면 협조를 선택하게 된다(신자유주의적 제도주의)는 것이다.[49]

신진은 파월의 이런 주장을 바탕에 깔면서 한 국가가 다른 국가와의 관계에서 협력(절대적 이익)을 선택하느냐, 갈등(상대적 이익)을 선택하느냐는 결국 국가의 생존과 국가이익에 따라서 결정된다고 보았다. 생존을 위협받지 않는 국가는 다른 국가(국제사회)와의 협력을 통해 절대적 이익을 추구하려 들지만, 생존을 위협받는 국가는 상대적 이익을 추구함으로써 협력을 거부하게 된다는 것이다. 신진은 김대중 정권의 햇볕정책은 '생존에 자신감을 가진 남한이 북한과의 협력을 통해 절대적 이익을 도모하려 했지만, 생존에 위협을 느낀 북한은 상대적 이익을 추구해 협력을 거부함으로써 남북관계 개선이나 북한의 변화 유도에 한계를 드러낸 정책'으로 규정했다. 그럼에도 김대중 정권은 북한에 대한

---

49) Robert Powell, "Absolute and Relative Gains in International Relations Theory", *The American Political Science Review* Vol. 85, Issue 4 (December, 1991), pp. 1303~1320. 신진(2003), "김대중 정부의 햇볕정책과 구조적 한계", 〈국제정치논총〉, 제 43집 1호, pp. 297~298에서 재인용.

협력(지원)을 중단하지 않음으로써 햇볕정책의 이런 한계를 인정하지 않았을 뿐만 아니라, (북한의 핵 개발 허용 등으로) 미래의 우리 안보에 대한 취약한 면을 노정시켰다는 것이다.[50)]

현실주의자든 신현실주의자든, 국제사회의 무정부(*anarchic*) 상태에선 국가라면 절대적 이익보다 상대적 이익을 더 중요하게 여긴다고 믿는다. 왈츠는 통상(通商)을 예로 들면서 "관세장벽을 낮추면 (지금 당장은) 몇몇 국가들이 이익을 보지만 장기적으로는 모든 국가들이 이익(절대적 이익)을 보게 된다"고 지적하면서 "그러나 무정부 상태에선 이런 절대적 이익보다 상대적 이익이 더 중요해진다"고 주장했다. 순수한 경제의 영역에서도 이럴진대 국가 간 정치권력의 영역에선 이런 선호가 더 분명해진다는 것이다.[51)]

여기서 장 자크 루소(Jean Jacques Rousseau)의 사슴사냥(*Stag Hunt*)의 우화를 언급하지 않을 수 없다. 왈츠가 국제사회의 무정부적 속성을 강조하기 위해서 루소의 불평등 기원론(*A Discourse on the Origin of Inequality*)에서 빌려와 소개하고 있는 이 우화는 신현실주의의 사유적 기초가 된다. 왈츠는 이 우화가 "정부의 창설의 출발점이자, 국제관계에서 발생하는 갈등을 설명하는 토대를 포함하고 있다"고 강조한다. 이를 왈츠의 말에 충실하게 풀어서 설명해보자.[52)]

자연 상태에서 배고픔으로 고통을 겪고 있는 5명의 사람이 우연히 만났다고 가정하자. 이들은 의사소통이 가능하다. 이들이 사슴을 잡는다

---

50) 신진(2003), 위의 논문, pp. 298~310.

51) Kenneth Waltz, *Man, the State, and War*(New York: Columbia University Press 1959), p. 198

52) Jean Jacques Rousseau, "A Discourse on the Origin of Inequality", *In The Social Contract and Discourses* translated by G. D. H. Cole(New York: E. P. Dutton dan Co., 1950), pp. 235~238. Kenneth Waltz, *Man, the State, and War*, pp. 167~171에서 재인용.

면 사슴고기의 5분의 1씩을 차지하게 될 것이므로 배고픔의 고통을 해결할 수 있다. 따라서 이들은 사슴을 몰아서 함정에 빠뜨려 잡기로 하는 데 동의한다. 그러나 이들 중 한 사람이 마침 자신의 옆을 지나가는 산토끼 한 마리를 보게 된다. 그는 (다른 사람들과의 약속을 저버리고) 이 토끼를 잡는다. 그 바람에 포위망은 무너지고 사슴은 달아나버린다. 전체의 이익보다 자신의 눈앞의 이익을 우선했던 것이다. 그는 왜 그렇게 했는가. 그의 이성(理性· *reason*)은 약속을 지키는 것이 장기적으로는 그에게 이익이 될 것이라고 말한다. 그러나 그 이성은 또한 그에게 '네가 토끼를 잡지 않으면 네 옆에 있는 사람이 잡게 될 것이며, 약속을 지키려 한 너의 어리석음 때문에 너에게 남겨진 것은 배고픔밖에 없다'고 속삭인다. 따라서 그는 장기적 이익보다 눈앞의 이익을 취하게 된다.

루소는 그렇다고 토끼를 잡은 사람을 비이성적, 비합리적이라고 보지는 않는다. 인간사회의 갈등은 원천은 '사람들의 마음'에 있다기보다는 사람들이 모여서 이룬 '사회적 활동의 본질'에 있으며, 국제사회도 이와 같다고 봤다. 한 인간의 이기적인 행위가 그 인간의 품성 때문만은 아니고 그가 속한 사회 속에서 주어지는 선택(토끼를 잡느냐, 사슴을 포위하느냐)의 결과일 수 있듯이, 한 국가의 이기적인 행위도 그 국가의 성격의 문제만이 아니라 그 국가가 속한 국제관계(구조) 속에서 부딪히는 선택(협력하느냐 따로 노느냐)의 결과일 수 있다는 것이다.[53]

---

53) '사슴 사냥'의 우화는 북한 핵문제를 설명하는 준거 틀이 될 수 있다고 본다. 한국, 미국, 중국, 일본, 러시아 5개국이 모두 힘을 합쳐 북한으로 하여금 핵을 포기하는 것이 장·단기적으로 모두에게 이익이 되지만 5개국의 입장과 목적이 반드시 같다고 할 수 없다. 특히 중국은 북핵 문제에 대해서 생각이 나머지 4개국과 다르다. 따라서 북핵을 드러내놓고 용인하지는 않는다 하더라도 북한이 빠져나가거나 기댈 수 있는 구멍을 만들어줌으로써 사슴 사냥에서 루소가 말한 '토끼잡이'(*hare snatcher*)의 역할을 하고 있는 것은 아닌지 의문이다. 이 문제에 대해서는 별도의 치밀한 설명이 필요할 것으로 보이나 여기서 다룰 주제는 아니다.

남북관계가 전형적인 '안보 딜레마' 속에 있고, 양측이 크게 보아 저마다 '상대적 이익' 추구에 몰두하고 있다고 해서, 그럼 항상 대결 상태로만 있어야 하는가. 안보에 절대적인 가치를 두고 국방력 증강에만 온힘을 쏟아야 하는가. 그렇지는 않다. 역설적으로 '안보 딜레마' 속에 있기 때문에 이를 벗어나기 위해서라도 대화를 해야 한다. 대화는 남북 모두 갈수록 과중해지는 안보 부담을 덜 수 있는 가장 합리적이고 건설적인 방법이다. 안보가 중요한 만큼 대화도 중요하다. 대결하되 대화하고, 대화하되 대결의 자세를 늦출 수 없는 것이 분단된 남북한의 숙명이다. 그것이 분단된 남북한이 처한 '상황의 이중성'이다.

이 부분에 대해서도 역시 보수와 진보, 또는 우파와 좌파, 햇볕과 반(反)햇볕 간에 기본적으로 인식의 차이가 없다. 앞서 역대 정권의 대북정책을 일별하면서 살펴봤듯이 초기 이승만, 장면 정권을 제외하곤 모든 정권이 북한과의 대화를 시도했고, 그 채널을 유지하려고 노력했다. 보수라고 안보만 강조한 것도 아니고 진보라고 해서 대화만을 강조한 것도 아니다. 김대중 정권이 햇볕정책을 펴면서 제시한 대북정책의 3원칙 중 첫 번째가 '북한의 무력도발 불용'이었다. 김대중 대통령 자신부터가 한미동맹에 기초한 튼튼한 대북 억지체제 유지를 누구보다도 강조했다. 햇볕정책의 전도사 역할을 했던 당시 임동원 통일부 장관도 햇볕정책이 결코 약한 정책이 아니며, 강력한 대북 억지력에 의해 뒷받침된 강한 정책임을 분명히 했다.[54] 마찬가지로 보수가 안보만 강조했다면 노태우 정권에서 '남북 기본합의서'라는 남북관계 개선을 위한 대장전이 나올 수 없었을 것이다. 결국 좌건, 우건 안보와 대화의 이중성, 곧 '상황의 이중성'을 인정하고 그 토대 위에서 정책을 폈던 것이다.

여기서 '대화'란 곧 교류 · 협력까지 포함한 비폭력적 관계개선 노력을

---

54) 김대중 대통령은 햇볕정책 3원칙으로 ① 무력도발 불용, ② 흡수통일 배제, ③ 화해 · 협력 추구를 들었는데 '무력도발 불용'을 맨 앞에 뒀다.

의미한다. 굳이 이론적으로 따진다면 자유주의(*liberalism*)나 신자유주의(*neoliberalism*), 또는 신자유주의적 제도주의(*neoliberal institutionalism*)가 사유의 토대가 된다고 할 수 있다. 한국적 현실주의의 한 축으로서의 '상황의 이중성'을 좀더 명확히 이해하기 위해선 국제정치학에서의 자유주의, 특히 신자유주의와 현실주의와의 대비(對比)가 필수적이다. 신자유주의는 현실주의(*Realism*) 또는 신현실주의(*Neorealism*)와 대척점에 위치하고 있어서 '상황의 이중성'을 극명하게 보여주기 때문이다. 더 정확히 말하면 '상황의 이중성'에 이 두 패러다임이 투영돼 있다고 할 수 있다. 앞에서 신현실주의의 관점에서 동전의 앞면, 곧 '안보'를 짚어보았다면 이제는 신자유주의의 관점에서 동전의 뒷면, 곧 '대화'를 짚어볼 때다.

3) 자유주의에 대한 고려

국제정치학에서의 신자유주의는 이상주의(*Idealism*)를 그 원류로 하고 있다. 이상주의란 현실주의와 함께 국제관계현상을 설명하는 2대 패러다임 중의 하나다. 인간의 본성과 진보(*progress*)에 대한 긍정적 인식 위에서, 국가 간에 반드시 갈등만 생기는 것은 아니고 협력이 가능하며, 협력을 통해 현실주의자들이 상정하는 무정부상태(*anarchy*)를 극복할 수 있다고 믿는다. 이상주의자들은 국제기구, 제도, 국제법, 규칙과 같은 것들을 중요시한다. 이런 요소들을 총체적으로 아우르는 국제 레짐(*international regime*)이 무정부적 국제사회에 질서와 이익의 조화, 그리고 평화를 가져다준다는 것이다.[55] 현실주의가 국가 간에 어

55) J Martin Rochester, *Fundamental Principles of International Relations* (Philadelphia: Westview Press, 2010), pp. 19~20. 국제정치학에서의 이상주의는 14세기 이탈리아 시인으로 인간의 보편성을 믿었고 유럽의 통합을

느 한 쪽이 이기면 다른 한 쪽은 지는 제로섬(*zero-sum*) 게임을 상정한다면, 이상주의는 양측이 다 윈-윈 할 수도 있는 포지티브 섬 게임(*positive sum game*)을 상정하고 그 실현이 가능하다고 믿는다.

이상주의는 20세기 들어서서 야심만만하게 추진했던 국제연맹(the League of Nations)이 무용지물이 되고, 제2차 세계대전을 막지도 예측하지도 못함으로써 그 적실성(*relevance*)에 심각한 의문을 낳게 한다. 도대체 법이니, 제도니, 하는 것들로 '영원한 적도 동지도 없다'는 국제사회의 냉혹한 현실을 설명하고 진단한다는 게 말이나 되느냐는 것. 한때 퇴조하는 것처럼 보였던 이상주의는 1970년대와 80년대 들어 '자유주의'라는 바뀐 이름표를 달고 다시 기세를 떨친다. 국제환경이 변한 탓이지만 그렇다고 그 과정까지 여기서 상세히 다룰 필요는 없을 듯하다.

주장했던 알리기에리 단테(Alighieri Dante, 1265~1321)로부터, '국제법의 아버지' 위고 그로티우스(Hugo Grotius, 1583~1645), 국가 간 분쟁을 해결하기 위해 세계법정(World Court)을 꿈꾸었던 에머리 크루스(Emeric Cruce, 1590~1648), 자유무역에 의한 통상의 증가가 국가 간의 전쟁을 막을 것이라고 믿었던 국부론의 저자 애덤 스미스(Adam Smith, 1723~1790), 영구평화론의 임마누엘 칸트(Immanuel Kant, 1724~1804) 등을 통해 그 전통을 이어왔다. 20세기 들어 이상주의는 우드로 윌슨(Woodrow Wilson)에 의해 만개한다. 제1차 세계대전이 끝나던 1918년과 제2차 세계대전이 발발한 1939년 사이에 윌슨을 필두로 많은 이상주의 학자나 관리들은 국제법이나 제도를 통해 전쟁을 막을 수 있다고 믿었고 이런 신념을 행동으로 옮긴다. 국제연맹(the League of Nations)의 창설이 바로 그것이다. 그러나 이상주의자들은 제2차 세계대전을 예측하지도 막지도 못했다. 지나치게 이상적이라고 비판받았던 이상주의는 전후 명맥을 유지하다가 1970년대와 80년대 자유주의(*Liberalism*)라는 대체 이름표(*a substitute label*)를 달고 화려하게 부활한다. 국가 간에 경제적 상호의존도가 심화되고, EU(유럽연합) 같은 초국가적 지역통합기구가 등장하고, 냉전이 종식되면서 국가 간에 협력의 가능성을 믿는 자유주의가 다시 각광을 받게 된 것이다. 이상주의의 발전과정에 대해서는 Louis Rene Beres and Harry Targ, *Reordering the Planet: Constructing Alternative World Future* (Boston: Allyn & Bacon, 1974) 참조.

이름은 '자유주의'이지만, 현실주의의 대전제인 국제사회의 무정부상태를 극복할 수 있다는 신념과 이를 위한 노력이 사유의 출발점을 이룬다는 점에서는 같기 때문이다.

자유주의를 무역, 국가, 국제체제의 레벨(*level*)에서 포괄적으로 크게 3가지 유형으로 나누는 학자들도 있다. 통상 자유주의(*commercial liberalism*) 공화정 자유주의(*republican liberalism*) 제도적 자유주의(*institutional liberalism*)가 그것이다. 통상 자유주의는 자유무역을 통해 국가 간에 상호의존도가 높아지게 되면, 국가 간의 갈등과 갈등 해결을 위한 무력사용(전쟁)을 줄일 수 있다는 것이고, 공화정 자유주의는 국가와 국민 간의 관계에 대한 것으로, 민주주의가 확산되면 정부는 국민에게 더 많은 책임을 지게 되고 경제 · 군부 엘리트들의 파당적 이익은 덜 추구하게 된다는 것이고, 제도적 자유주의는 국제정치체제 또는 구조 속에서 작동하는 것으로, 국제법과 국제제도를 키우고 강화함으로써 국제사회의 무정부상태를 극복하고 안보 딜레마(*security dilemma*)도 완화시킬 수 있다는 것이다.[56]

자유주의를 자유주의적 제도주의(*Liberal institutionalism*), 복합 상호의존론(*Complex interdependence theory*), 민주평화론(*Democratic peace theory*) 등 3개의 이론으로 나누기도 한다.[57] 자유주의적 제도주의는 신자유주의의 다른 이름으로 현실주의의 가정과 전제를 수용하되, 현실주의와는 다른 결론을 내린다. 국가가 국제사회의 유일한 행위단위(*unitary actor*)이며, 어떤 국가도 '안보 딜레마'로부터 자유롭지 못하다는 현실주의의 주장을 받아들이지만 그렇다고 비관적이지는 않다. 대

---

56) Martin Griffiths, Terry O'Callahan, Steven C. Roach, *International Relations: The Key Concepts*, 2nd ed. (NY: Routledge, 2008), p. 190.

57) Paul D'Anieri, *International Politics: Power and Purpose in Global Affairs* Int'l Edition (Boston: Wadsworth, 2012), pp. 52~53.

표적 학자인 로버트 코헤인이 "나는 그들(현실주의자들)의 가정 위에서, (국제정치가) 현실주의의 특징인 비관주의에 따라 반드시 진행되는 것은 아니라는 것을 보여주고 싶다"(*I propose to show, on the basis of their own assumptions, that the characteristic pessimism of realism does not necessarily follow*)고 한 말을 기억할 필요가 있다.[58] 예를 들면 모든 국가가 동시에 군비증강을 중단하면 안보 딜레마도 극복할 수 있다는 것이다. 반드시 비관적일 필요는 없다는 얘기다. 국가가 세력균형(*balance of power*) 체제를 피할 수 없다면, '안정된 세력균형 체제'가 유지되도록 도움으로써 안보는 강화되고, 국가는 경제적 번영 같은 다른 분야에 더 많은 신경을 쓸 수 있다는 것이다.

복합적 상호의존론은 국제사회에서 국가만이 유일한 행위자는 아니며 각종 국제기구와 단체, 초국가적 기업, 개인 등도 주요한 행위자들로 이들 간에 상호의존적 관계도 국제정치를 설명하는 또 하나의 주요한 분석대상이라는 것이다. 예를 들어 국제사회에서 기업은 이윤이라는 동기에 의해 움직이지 안보라는 군사적 동기에 의해 움직이지 않는다. 인도주의 기관이나 단체도 마찬가지다. 이처럼 다양한 행위자들 사이의 비군사적 상호의존관계는 국세사회의 무정부적 특성을 완화시키고 협력과 평화, 공존을 가능케 한다는 것이다. 로버트 코헤인과 조셉 나이(Joseph Nye) 등이 대표적인 학자들이다.

민주평화론은 특정 국가(정부)의 성격이 그 국가가 속한 국제사회를 설명하는 데 중요한 근거가 된다는 전제에서 출발한다. 쉽게 말하면 해당 국가가 자유민주주의 국가이면, 그 국가는 비민주적인 국가보다 더 평화지향적이고, 따라서 자유민주주의 국가들이 많을수록 국제사회도

---

58) Robert O Keohane, *After Hegemony: Cooperation and Discord in the World Political Economy*(Princeton: Princeton University, 1984), p. 67. Paul D'Anieri(2012), p. 52에서 재인용.

그만큼 더 평화적이 된다는 것이다. 왜냐하면 자유민주주의 국가에선 국민이 전쟁을 원하지 않을뿐더러, 전쟁을 억제할 각종 기구와 제도가 존재하고, 특히 독재국가의 지도자들처럼 국민의 관심을 다른 곳으로 쏠리게 하거나 내부 결속을 위해 전쟁을 일으킬 필요를 느끼지 못하기 때문이라는 것이다. 이런 논리의 기초 위에서 민주평화론자들은 자유민주주의 국가끼리는 전쟁을 하지 않는다는 주장을 내놓기도 했다.

마이클 도일(Michael Doyle)은 중세와 근대 초기만 해도 유럽은 국가들 사이의 전쟁터(*the warring cockpits of states*)나 다름없었지만 18세기 말부터 자유주의 국가들(*regimes*)들이 나타나기 시작했고, 처음에는 주저하고 혼란스러웠지만 이들 국가들은 차츰 더 깊어진 (자유주의적) 국내 기반과 더 긴 국제적 경험을 갖게 됨으로써 이들 사이에 평화연대(*a pacific union*)가 확립됐다고 주장했다.[59] 물론 민주평화론에 대한 반론도 만만치 않다. 자유민주주의 국가를 어떻게 정의할 것이냐 하는 기본적인 질문부터, 도일이 말한 '전쟁의 부재'(*the absence of war*)와 이를 증명하기 위해 제시한 각종 통계숫자들이 사실은 별 의미가 없는 사소한 것들이라는 지적까지 제기되었다. 특히 민주평화론은 1990년대 이후 미국의 대(對)중동전쟁에서 보듯이 서구 열강의 국제문제에 대한 개입과 간섭을 정당화해주는 이론이라고 공격받았다.

자유주의를 얘기하면서 또한 '죄수의 딜레마(*the prisoner's dilemma*) 게임' 이론을 빼놓을 수 없다. 앞에서 언급한 현실주의자들이 '죄수의 딜레마 게임'에서 국제체제의 무정부성과 안보 딜레마를 봤다면 자유주의자들은 협력의 가능성을 봤기 때문이다. 로버트 엑셀로드(Robert

59) Michael Doyle, "Kant, Liberal Legacies, and Foreign Affairs", *Philosophy and Public Affairs* Vol. 12, No. 3 and No. 4(Summer and Fall, 1983), pp. 205~235. 참조 Doyle에 따르면 1815년부터 1980년까지 지구촌에서 벌어진 전쟁 중 자유민주주의 국가들끼리의 전쟁은 한 건도 없었다고 한다.

Axelrod)를 비롯한 일단의 학자들은 죄수의 딜레마 게임을 여러 차례 반복해서 하게 되면 두 죄수는 결국 배반(*defect*)보다 협력하게 된다는 것을 계량적으로 입증하려고 했다. 엑셀로드는 심지어 참호전(塹壕戰)이 벌어졌던 제 1차 세계대전 때도 양측의 병사들은 참호 속에서 서로에게 총을 쏘지 않음으로써 — 협력함으로써 — 자신들의 생명을 지켜냈다고 지적했다. 어떻게 이런 일이 가능했을까. 엑셀로드에 따르면 작은 단위부대의 양측 병사들이 참호 속에서 피아 간에 상당 기간 대치하다보면 서로 간에 암묵적으로 '나도 쏘지 않을 테니 너도 쏘지 말라', 다시 말해 '나도 살고 너도 살자'(*live and let live*)라는 교감을 이루게 되고, 이 교감에 따라 서로 총을 쏘지 않게 된 것이라고 설명했다.[60] 개인과 개인은 물론 국가 간의 관계에서도 한 번 보고 마는 사이가 아니라 계속해서 봐야 될 사이라면, 다시 말해 1회성 거래로 끝나는 게 아니고 계속 거래를 해야 할 사이라면 양 국가는 호혜성(*reciprocity*)에 입각해 협력하게 된다는 것이다.

엑셀로드는 이를 실증적으로 증명해보이기 위해 실제로 게임 전문가들과 관계자들 15~63명으로 하여금 자신이 생각하는 최상의 게임전략을 제출토록 한 뒤 2명씩 짝을 이뤄 컴퓨터 시뮬레이션 게임을 토너먼트 방식으로 진행시켰다. 그 결과 최선의 전략, 곧 우승한 전략은 가장 단순한 형태인 TIT FOR TAT이었다. 흔히 '눈에는 눈, 이에는 이'라고 번역되는 이 전략은 맨 처음에는 협력하고 그 다음부터는 상대방이 하는 대로 맞대응하는 게 골자다. 상대방이 배반하면 나도 배반하고, 상대방이 협력하면 나도 협력하는 식이다. 엑셀로드의 2차 토너먼트에서도 역시 TIT FOR TAT이 위너(*winner*)였다.[61]

---

60) Robert Axelrod, *The Evolution of Cooperation*(New York: Basic Books, 1984), p. 21.

61) Robert Axelrod가 두 죄수가 항상 협력하게 되는 경우를 600점 이상으로 놓

엑셀로드는 TIT FOR TAT이 협력의 가능성을 높이는 이유로 선의(*being nice*), 열려있는 도발 가능성(*provocable*), 관대함(*forgiving*), 명확함(*clear*)을 들었지만 가장 중요한 것은 '미래에 대한 고려'(*time perspectives*)라고 지적했다. 거래가 장기간 계속돼 양측 플레이어들이 미래에 대해 함께 신경을 쓰게 될 때 협력의 생성과 유지를 위한 조건들이 무르익는다는 것이다. 협력의 기초는 반드시 신뢰가 아니라 관계의 지속(*The foundation of cooperation is not really trust, but the durability of relationship*)이라는 얘기다.[62]

TIT FOR TAT은 대북정책 연구, 특히 이 책의 주제이기도 한 햇볕정책의 적실성 분석에 자주 활용됐다. 이호재(李虎宰)는 햇볕정책이 이와 대비되는 대북 강경정책에 많은 장점을 가지고 있는 것은 사실이지만 그것이 상호주의에 의해 보완되지 못함으로써 이런 장점을 제대로 살릴 수 없다고 지적한다. 남북 비료회담(1998년 4월)에선 북한의 보상을

고 참가자들을 2명씩 짝을 지어 200~151회 정도 주고받기를 시킨 결과, TIT FOR TAT 전략이 1, 2차에서 각각 504점과 453점을 얻어 1위를 차지했다. 정확히 말하면 TIT FOR TAT 전략을 들고 나온 심리학자 Anatol Rapoport가 우승자가 된 것이다. TIT FOR TAT이 두 죄수 간에 협력할 가능성이 가장 높았다는 얘기다. *Ibid*, pp. 192~205.

61) Robert Axelrod, *The Evolution of Cooperation* (1984), p. 176. Kenneth Oye도 '죄수의 딜레마 게임'이 한 차례에 그치지 않고 여러 차례 되풀이 될 때, 그리고 상호협조(CC, C는 Cooperation으로 협력)를 통해 얻는 보상(*payoff*)이 어느 일방의 배반(CD 또는 DC, D는 Defect로 배반)으로 인해 얻는 보상보다 월등히 크도록 보상체계를 바꿀 때 '죄수의 딜레마 게임'도 협조형(*Harmony*)으로 바뀔 수 있다고 지적한다. Kenneth Oye, "Explaining Cooperation under Anarchy: Hypothesis and Strategies", *World Politics*, pp. 1~22. 게임의 반복과 보상체계의 변화를 통한 협조의 유발에 관해서는 Kenneth Oye, *Cooperation under Anarchy* (Princeton: Princeton University Press, 1986) 참조.

62) 이호재, "대북 '햇볕정책'의 평가와 상호주의 제고방안", 3士논문집 제 50집(2000년 5월), pp. 342~343.

강력하게 주장했지만, 북한 잠수정 동해 침투 사건(1998년 6월)에선 지나치게 관대하게 행동함으로써 — 상호주의를 일관되게 지키지 못함으로써 — 남북 간에 서로 주고받는 실사구시(實事求是)적 관계를 정착시키는 데 기여하지 못했다는 것이며, 이를 바로잡기 위해선 TIT FOR TAT 전략에 기초한 상호주의로 대응해나가야 한다는 것이다.

그러나 노정호와 김용호의 생각은 조금 다른 듯하다. 그들은 김대중 정권의 대북정책(햇볕정책)이 TIT FOR TAT보다는 GRIT(*Graduated Reciprocity in Tension-Reduction*) 전략과 일맥상통하는 점이 있다고 본다. GRIT는 상대방이 협력하든 배반하든 일정기간 협력적인 정책을 되풀이함으로써 신뢰를 형성해나가다가, 협력의 간헐적 중지를 통해 상대방의 배반을 응징함으로써 상대방의 협력을 끌어내는 전략이다. 그들은 TIT FOR TAT에 따른 엄격한 상호주의는 남북관계의 경색을 초래할 수도 있다고 보고, 김대중 정권이 초기에 적극적인 협력의지를 보여주다가 1999년 연평해전 때는 강경한 대응을 통해 북한의 배반을 응징했고, 2002년 서해교전 때는 다시 포용정책으로 돌아선 것은 (엄격한 상호주의에 대한 복안으로서의) GRIT전략의 일환이라는 것이다.63)

어느 경우든 협력과 배반의 이중구조 속에서 최적의 조합을 찾아내야 한다는 것인데 게임이론에 대한 언급은 이 정도면 충분하다고 본다. 이 책의 목적이 게임이론을 천착하는 데 있지 않고 필자가 한국적 현실

---

63) 노정호·김용호, "대북 화해·협력정책과 북한의 변화에 대한 실증적 분석", 〈한국과 국제정치〉, 제 18권 제 3호 통권 제 38호(2002, 가을), pp. 59~60, p. 65. Charles E Osgood이 정립한 GRIT전략은 점차 일방적 협력의 수준을 높여가는 PGRIT(Progressive GRIT)과 협력기간을 간헐적이나마 중지시키는 대신 전체적인 협력기간은 오히려 장기화하는 EGRIT(Extended GRIT)으로 분류되기도 한다. Joshua S. Goldstein and John R. Freeman, *Three-Way Street: Strategic Reciprocity in World Politics* (Chicago: University of Chicago Press, 1990), pp. 29~32. 노정호·김용호의 위 논문에서 재인용.

주의의 한 축으로 제시한 '상황의 이중성'에 대한 게임이론의 자유주의적 함의를 톺아보는 데 있기 때문이다. 바꿔 말하면 '상황의 이중성'을 게임이론만큼 적나라하게 보여주는 게 없다는 얘기다.

앞에서 언급한 것처럼 '죄수의 딜레마 게임'에서 현실주의자들은 국제사회의 무정부성과 안보 딜레마를 보았다면, 자유주의자들은 협력의 가능성을 보았다. 남북관계와 우리의 대북정책도 이와 다를 리 없다. 현실주의자들은 배반(*defect*)을 더 걱정하고 이에 대한 대비를 강조한다면, 자유주의자들은 협력(*cooperation*)을 기대하고, 협력을 위한 환경의 조성을 강조한다. 전자가 '대결'을 걱정하면서 '안보'를 강조하고, 후자가 '협력'을 기대하면서 '대화'를 강조하는 것과 똑같다. 한마디로 남북관계와 우리의 대북정책은 대결과 대화, 또는 안보와 협력이라는 두 날개로 날아가는 새와 같다는 얘기다. 경우에 따라서는 어느 한 쪽 날개에 더 많은 무게가 실리기도 하겠지만 그렇다고 한 쪽 날개로만은 날 수 없다는 것이 우리가 딛고 서야 할 한국적 현실주의의 토대인 것이다.

우(右)건 좌(左)건, 보수건 진보건 이를 부정하는 것은 논의구조 자체를 부정하는 것이나 다를 바 없다. 어떤 정권, 어떤 정파가 대북정책을 수립하고 집행한다고 해도 이 토대에서 벗어날 수 없다. 누구든 게임이론에서의 협력과 배반처럼 현실에서의 '안보'와 '대화', 그 사이를 분주히, 열과 성을 다해, 지혜롭게 오갈 수밖에 없는 것이다. 이것이 대북정책에 대한 한국적 현실주의 본질이다.

4) 기능주의에 대한 합의

끝으로 우리는 대북정책의 한국적 현실주의를 구성하려는 노력 속에 기능주의(*Functionalism*)를 포함시키지 않을 수 없다. 통합이론(*Integration Theory*)의 한 갈래인 기능주의는 앞서 언급한 현실주의나 자유주의와 같은 반열에 놓을 수 있는 어떤 거대이론이나 사조(思潮)는 아니다. 그보다는 훨씬 하위에 있는 일종의 세부이론이라고 할 수 있다. 통합이론에는 기능주의 외에도 칼 도이치(Karl Deutsch)의 커뮤니케이션 이론(*Communication Theory*), 아미타이 에치오니(Amitai Etzioni)의 통합단계론 등이 있다는 사실에서 기능주의가 차지하는 위상이 드러난다.[64] 굳이 따진다면 기능주의는 자유주의 또는 신자유주의 계열로 분류될 수 있다. 국가 간에 갈등이 발생할 소지가 큰 분야보다 상호 협력이 용이한 분야를 찾아서 협력방법을 모색하는 게 주된 관심사이기 때문이다.

기능주의는 데이비드 미트라니(David Mitrany)가 선구자 격이다. 그가 1943년에 펴낸 '작동하는 평화체제'(*A Working Peace System*)가 원전에 해당한다고 할 수 있다.[65] 그는 이 책에서 연방주의(*federalism*)는 제 2

---

64) Karl W. Deutch, *The Nerves of Government*(New York: The Free Press, 1964), Amitai Etzioni, *Political Unification*(New York: Holt, Rinehart, and Winston, 1965) 등 참조. 특히 에치오니는 이 책에서 정치적 공동체(*a political community*)는 구성원들에 대한 효과적인 폭력의 사용과 통제가 가능해야 하고(*an effective control over the use of the means of violences*), 구성원들에게 자원과 보상을 할당하는 데 영향을 미칠 수 있는 정책결정의 중심체(*a center of decision making*)가 있어야 하며, 공동체의 중심으로서 정치적 의식이 있는 다수 시민들의 정치적 동일화(*political identification*)가 있어야 한다고 지적한다. p. 329.

65) David Mitrany, *A Working Peace System: An Argument for the Functional Development of International Organization*(London: Oxford University Press, for the Royal Institute of International Affairs, 1943).

차 세계대전 후 예상되는 새로운 국제질서 — 수많은 신생 독립국가들의 난립으로 더욱 불안정하고 위태로워질 질서 — 속에서 평화를 가능케 할 최상의 프레임워크는 아니라고 보았다. 왜냐하면 연방주의는 민족주의와 이데올로기의 분열적, 파괴적 힘을 극복할 수 없다고 보았기 때문이다. 따라서 대안으로 내놓은 것이 기능주의(*Functional Alternative*)이다.

미트라니에 따르면 국제사회의 평화적 변화는 국가 간의 국경을 변경시킨다고 오는 것이 아니라 국경을 가로질러 취할 수 있고 행할 수 있는 활동을 통해서 온다. 정치나 이념과는 관계가 없는 전문화된 이슈영역, 예를 들면 질병이나 기아, 기상, 환경, 우편, 교통, 건강, 복지, 과학·문화활동 등과 같은 분야를 선별해서, 각국의 전문가들 — 정치가나 외교관이 아닌 테크노크라트들 — 로 하여금 함께 모여 논의하도록 하는 것이 국제평화를 달성하는 가장 실용적인 방법이라는 것이다.

이런 과정의 반복을 통해서 상호협력에 대한 긍정적 믿음이 생기게 되고, 이런 믿음이 점차 다른 분야, 특히 정치적인 분야로도 가지를 쳐서(*ramification*), 결국 국가 간에 통합작업의 기초가 될 수 있다고 본 것이다. 개별 국가는 이 과정에서 더 많은 기능과 권한을 전문화된 국제기구들에 넘기게 되는데, 그러다 보면 상호협력은 더 깊어지고, 상호협력은 다시 경제적 통합으로 발전하고, 경제적 통합은 더 폭넓은 정치적 합의의 기초를 구축할 수 있게 해준다는 것이다.[66)]

남북문제 연구에서 미트라니의 기능주의처럼 큰 영향을 미친 이론도 없을 것이다. 1970년대 초 대학을 다닌 필자 세대만 해도 "남북문제는 쉬운 것부터 풀어야 하며, 쉬운 것이란 곧 정치, 군사 분야가 아닌 경제, 문화와 같은 분야에서 교류 협력을 통해 신뢰를 쌓아가는 것으로

---

66) Robert J. Lieber, *Theory and World Politics*(London·George Allen & Unwin Ltd, 1973), pp. 41~42.

이런 접근방법을 기능주의라 한다"고 배웠기 때문이다. 심지어는 남북문제를 전공하지 않은 학생들도 '기능주의'라는 용어 정도는 알았고, 이것이 긴장과 대결의 남북관계를 화해와 평화로 바꿀 수 있는 가장 현실적이고 유용한 방법이라고 믿었던 것이다.

이렇게 된 데에는 기능주의를 국내에 본격적으로 소개한 구영록(1934~2001) 전 서울대교수의 영향이 지대했다. 구영록은 2000년 펴낸 《한국과 햇볕정책 — 기능주의와 남북관계》라는 저서에서 자신이 기능주의를 한국에 어떻게 소개했는지를 비교적 소상히 밝혔다. 자신이 미국(미시간대학교)에서 국제기구와 국제정치를 전공하고 1968년 봄학기부터 모교인 서울대학교 정치학과에서 기능주의 이론이 주가 되는 정치통합론을 강의하기 시작했는데 이것이 사실상 기능주의가 한국에서 본격적으로 뿌리내리게 된 계기가 됐음을 밝히고 있다.[67] 이 대목은 한 학자의 개인적인 연구이력을 떠나 남북관계 연구사(硏究史)에서 대단히 중요한 함의를 갖는다. 지금도 변함없이 남북관계 담론과 연구영역에서 지배적 사고와 이론으로 작동하고 있는 기능주의가 어떻게

---

67) 구영록, 《한국과 햇볕정책 — 기능주의와 남북한 관계》(법문사, 2000), p. 22. 그는 이 책에서 "그 이후(1968년 첫 강의 이후) 상당한 기간이 경과하고 나서 교과목 개정작업이 있었다. 당시 그 책임자로 새로 부임한 김학준 교수가 지명되었으며 나의 요청에 의하여 정치통합론이 정식교과목으로 채택되었다. 아마도 한국에서 정치통합론이 정식으로 개설되어 강의된 첫 번째 사례일 것으로 기억된다. 정부도 통일원이 설립된 이후 김영선 제2대 통일원 장관(1970~1972)이 주재하는 남북한 관계 소모임을 타워호텔에서 매주 1회 개최하고 있었다. 당시 필자를 포함한 3명의 전문가와 통일원 직원이었던 이영일(전 국민회의/새천년민주당 국회의원) 씨와 최문현(전 통일원 정책실장) 씨가 참여하였던 것으로 기억된다. 이 모임에서는 극한적인 남북의 대립상황을 어떻게 완화시킬 것인가 하는 문제가 주요 주제로 토론되었으며, 그 돌파구를 찾는 데 주력하였다. 당시 그 포럼에서의 토론은 주로 기능주의적 발상에서 남북관계 실마리를 찾아야 한다는 것이 중론이었던 것으로 기억된다"고 밝혔다.

우리 곁으로 오게 됐는지를 알려주고 있기 때문이다.

구 교수가 학원에서는 기능주의를 강의하고, 학원 밖에서는 통일원 실무자들과 기능주의에 기초한 남북관계 개선책을 논의하던 1970년대 초는, 미소(美蘇) 냉전체제가 조금씩 이완되면서 남북 간에도 이에 상응하는 변화의 싹이 돋기 시작하던 때였다. 1970년 8월 15일, 박정희 대통령이 분단 이후 처음으로 정부 차원에서 북한의 실체를 인정하고 북한과 화해·협력할 의사가 있음을 밝힌 8·15 선언이 나왔고, 이어 71년에는 남북이 적십자회담이 뒤따랐고, 그리고 72년 조국통일 3대 원칙(자주·평화·민족)을 천명한 7·4 남북 공동성명이 나옴으로써 남북은 분단 4반세기 만에 마침내 냉전의 그늘에서 벗어나는 첫 발을 뗐던 것이다.

시작도 그러했지만 구영록 교수는 평생을 일관되게 기능주의적 관점에서 대북문제를 풀어나가야 한다고 역설했다. 그의 주장을 추적해보는 것은 남북관계 연구의 현실 정합성 면에서 의미가 적지 않다.

그는 1987년 〈한국과 국제정치〉 봄호에 실린 한 논문에서도 "미트라니 교수는 그의 기능주의 학설에서 통합의 실마리는 계속되는 분쟁점 주위에서 모색하지 말라고 했다"면서 "합의가 쉽게 이루어질 수 있는, 즉 사소하지만 쌍방에 이익을 주는 영역에서 기능적으로 처리하여 그 범위나 협조의 기반을 구축해야 한다"고 거듭 주장했다.

1993년 〈통일문제연구〉 여름호에 실린 "한국의 국가이익과 통일정책"이란 논문에서도 "통일로 가는 길은 특정한 방향이 정해져 있는 것은 아니다. 기능주의적 접근방법을 통하여 남북한이 서로가 정치, 경제, 그리고 사회면에서 수렴의 과정을 거쳐서 비슷한 체제로 변모한다는 것이 혼란과 후유증이 없는 통일의 방법이다. 이 방법만이 서로의 국가이익과 민족이익을 잘 조화시키는 통일로 가는 길일 것"이라고 강조했다.

구 교수는 1997년 6월 베이징에서 열린 한 모임에서도 기조연설을 통해 “거창하고 민감한 사안에 대한 논의는 자칫 긴장과 갈등을 유발하기 쉽다. 서로가 합의할 수 있는 사소한 영역에서 출발하여 가능한 모든 분야로 교류의 망을 확산시킴으로써 우선적으로 화해와 평화의 기반을 더욱 튼튼히 해나가야 한다”고 역설했다.

구 교수는 이런 입장에서 햇볕정책에 대해서도 다분히 긍정적이다. 자신이 일관되게 주장해온 기능주의 이론이 현실에 적용된 한 예로 본 것이다. 구 교수는 “기능주의를 기반으로 하는 햇볕정책이 무모하고 유화적이며 또 위험한 발상이라고 보는 시각에는 문제가 있다”면서 “햇볕정책이 전혀 유화적인 요소나 위험부담이 없다는 것은 아니다. … 폐쇄적이고 전체주의적이며 수령절대주의를 신봉하는 예측불허의 경직된 정권을 상대하는 한 어떠한 정책을 펴더라도 위험부담이 상존한다. … 그렇다고 대북관계에 있어서 햇볕정책 외에 대안이 있는 것은 아니다. 남북관계가 정치적 · 군사적 대립관계로 회귀하는 사태는 바람직하지 못한 것이다. 국가방위와 안보문제의 부담을 떠안고서라도 현실적으로 햇볕정책 외의 대안은 없는 것이다”라고 말하고 있다.[68]

기능주의는 언스트 하스(Ernst Hass)를 필두로 조셉 나이(Joseph Nye), 필립 슈미터(Philippe Schmitter), 레온 린드버그(Leon Lindberg), 로버트 코헤인(Robert Keohane) 등에 의해 이른바 신기능주의(*Neofunctionalism*)로 발전한다. 신기능주의는 학자들마다 주안점이 달라 일률적으로 정의하기는 어렵지만 대략 다음과 같은 몇 가지 공통된 전제 위에서 있다. 우선 미트라니의 전통적 기능주의와는 달리 정치 또는 정치적인 것들의 중요성을 인정한다는 점이다. 아무리 비정치적인 문제부터 다룬다고 해도 그 문제의 궁극적인 해결을 위해서는 정치가 개입될 수밖에 없다고 본 것이다. 정치적인 이슈와 비정치적인 이슈가 구별되리라

68) 위의 책, pp. 26~31.

고 생각했던 전통적 기능주의자들의 생각이 너무 나이브했다는 것이다.

예를 들어 국가 간에 경제적 교류를 하더라도, 어떤 부문부터 할지, 어느 정도의 규모로 할지, 군사용으로 전용하기 쉬운 산업이나 제품까지도 교류를 할 것인지 등에 대해서는 정치적 판단이 개입될 수밖에 없다. 겉으로는 순수한 경제적 또는 인도적 교류와 협력이라고 해도 그 밑바닥에는 정치적 고려가 깔리게 마련이다. 그렇다면 미트라니의 주장과는 달리 정치인(*political entreprneur*)이나 정당, 정부관료 등의 선택과 역할이 중요할 수밖에 없다는 것이다. 특히 북한처럼 정부와 민간 간에 구별이 없거나 모호한 경우에는 더 말할 나위가 없다.

하스에 따르면 미트라니는 기능주의적 통합의 과정을 설명하면 권력(*power*)이라는 요소를 충분히 고려하지 않았다. 그에 따르면 "통합은, 이타적(利他的)이라기보다는 실용적인 이유로 통합을 지지하는 정부와 민간 엘리트들의 작업의 결과로서 진행"된다. 통합에 있어서 결정적인 것은 "처음에는 기술적, 비논쟁적으로 간주되었던 행위자들(국가들)의 목적이 점차 정치화(*gradual politicalization*)되는 것"이다. 따라서 하스는 미트라니와는 달리 기술적 협력이 정치를 우회한다고 보지 않았다. 오히려 기계적인 기능주의의 여러 요구조건들이 새로운 형태의 정치적 행동으로 이어진다고 주장했다.[69)]

신기능주의자들은 또한 파급효과(*spillover effects*)를 당연한 것으로 여기지 않는다. 전통적 기능주의자들이 생각했던 것처럼 한 분야에서의

---

69) Ernst B. Haas and Philippe Schmitter, "Economics and Differential Patterns of Political Integration: Projections about Unity in Latin America", *International Organization*, XVIII(Autumn, 1964), p. 707, Reprinted in International Political Communities(New York: Doubleday, 1966), p. 49. James E. Dougherty, Robert L. Pfaltzgraff, Jr., *Contending Theories of International Relations-A Comprehensive Survey* (Harper & Row, 1981), p. 431에서 재인용.

협력과 통합이 자동적으로 다른 분야로 파급(*spillover*) 되지 않는다는 것이다. 흔히 말하는 것처럼 경제 사회 문화의 영역에서 정치의 영역으로 번져가는 파급효과가 있으려면 각국의 정치와 민간 엘리트들 간에 협조(*collaboration*) 가 있어야 하며, 그런 협조가 가능하려면 다시 이들 사이에 학습(*learning*) 을 통한 사회화(*socialization*) 가 동반되어야 한다고 본다. 파급효과를 주창한 장본인인 하스(Haas) 마저도 1970년 대 중반에 이르러서는 매우 유보적인 태도를 취했다. 당시 유럽공동체(EC) 를 위해 관세동맹이 형성되고 농업정책이 나왔지만 그렇다고 해서 EC의 공동통화정책의 전망까지 밝아지지는 않았다는 것이다. 또한 각국의 정부가 직면한 이슈들이 더욱 복잡해지고 많아졌다고 해서, 그 나라의 정치엘리트들이 초국가적 해법(*supranational solutions*) 을 선택할 개연성도 함께 증가했다고 보기는 어렵다는 것이다. 그래서 하스가 제시한 대안적 개념이 '파편화된 이슈 연계'(*fragmented issue linkage*) 다.[70)]

기능주의, 또는 신기능주의에 대한 언급은 이 정도면 충분할 듯싶다. 애초 이 글의 목적이 기능주의 자체를 다루려는 데 있는 게 아니라, 대북정책에 있어서 이론적 토대가 될 한국적 현실주의를 모색하는 데

---

70) Ernst Haas, "Turbulent Fields and the Theories of Regional Integration", *International Organization*, Vo. 30, No. 2(1976), p. 184. James E. Dougherty, Robert L. Pfaltzgraff, Jr., *Contending Theories of International Relations-A Comprehensive Survey*(Harper & Row, 1981), pp. 435~436에서 재인용. '파편화된 이슈 연계'는 조셉 나이와 로렌스 크라우제(Lawrence B. Krause) 가 제시한 '집단경제안보'(*collective economic security*) 와 같은 개념으로 지역사회, 또는 전체 국제사회에서 다뤄야 할 이슈가 통상, 투자. 환경 , 대양, 국제통화체제, 식량 등 엄청나게 많아짐에 따라 이런 이슈들은 분화된(파편화된) 상태에서 서로 연계될 수밖에 없다는 것이다. 예를 들면 한 국가의 대내외 경제정책은 그 정책이 다른 국가나 국제사회에 미치는 영향이 크기 때문에 국제적 감시와 비판 하에 놓이게 되고, 해당 국가는 그러한 감시와 비판을 수용하게 되는 식으로 연계된다는 뜻이다. 위의 책, p. 437.

있기 때문이다. 엄밀한 의미에서 기능주의는 서구(西歐)처럼 역사, 전통, 문화, 가치체계가 유사한 지역에서는 현실정합성을 갖지만 아시아나 아프리카처럼 그런 기반이 없는 곳에서는 적용에 한계가 있다. 이는 기능주의자들도 인정한 바다. 미트라니의 기능주의가 나온 원래의 배경도 지금 우리가 생각하는 것과는 많이 다르다.

그의 고전적 명저 《작동하는 평화체제》(*A Working Peace System*)[71] 1966년 판을 보면 맨 앞머리에 현실주의의 대가인 한스 모겐소(Hans J. Morgenthau)의 소개문이 실려 있다. 미트라니가 굳이 모겐소의 소개문을 실은 것도 흥미롭지만 이 소개문에는 미트라니의 의도와 생각이 그대로 드러나 있다. 한마디로 1, 2차 세계대전 이후 국제사회는 크게 변했으므로 평화도 새로운 접근법을 통해 이뤄내야 한다는 것이다. 우후죽순 식으로 생겨난 신생 독립국들의 무분별한 민족주의가 곳곳에서 충돌할 위험성이 커진데다가, 핵이라는 상호공멸의 무기까지 나오게 돼, 한층 더 불안정해진 국제사회에서 평화는 결국 기능주의적 접근을 통해서만이 얻어낼 수 있다는 것이다. "민족주의 대 기능주의의 대결 속에서 기능주의적 접근에 문명사회의 미래가 달려있다"는 얘기다.[72]

71) 구영록은 'A Working Peace System'을 '일하는 평화체제'로 번역했다. 이 분야의 선구자인 구 교수는 그 이유를 자신의 저서에서 상세히 밝혔다. "'일하는 평화제체'란 함께 공통의 이익을 위하여 일하는 것을 의미한다. 이것은 말, 즉 구호를 부르짖는 것이 아니라 행동으로 옮기는 것에 강조점을 두고 있는 것이다. … 이 가설에는 인간이 함께 삶으로써 사회가 발전하며, 경찰력에 의존하여서는 평화로운 사회가 유지·발전되기 어렵다는 명제가 깔려있다. 그것은 평화로운 사회는 사람들을 격리시켜서 가능해지는 것이 아니라 활동적으로 함께 모여 일하며 살게 하는 데서 가능해진다는 것을 의미한다." 구영록, 앞의 책(2000), p. 109. 그러나 필자의 소견으로는 '작동하는 평화체제'라고 번역하는 게 더 맞는다고 본다. 미트라니의 이 책을 꼼꼼히 읽어보면 '일하는 평화체제'보다는 '작동하는 평화체제'로 해석해야 의미가 통하는 대목들이 많다.

72) David Mitrany, 앞의 책(1943), p. 11.

다분히 서구(西歐) 우월적 인식을 반영하는 이 글을 통해 우리는 기능주의가 등장하게 된 배경을 좀더 분명히 알 수 있다. 기능주의가 정교화(*elaborate*)되는 과정도 유럽석탄철강공동체(ECSC · 1950년 5월 출범)로부터 시작돼 EC, EU로 발전하게 되는 유럽통합의 과정과 일치한다. 유럽통합이 속도를 낼 때면 기능주의도 통합의 한 이론(방법론)으로서 각광을 받았지만, 1980년대와 1990년대처럼 통합의 속도가 떨어지게 되면 덜 매력적인 것으로 받아들여지곤 했던 것이다.[73] 따라서 이런 기능주의를 분단된 남북관계에 그대로 적용시키는 것은 문제가 없지 않은 것이다.

그럼에도 기능주의는 적어도 1970년대 탈냉전 이후에는 우리 사회의 남북문제의 담론과 연구, 그리고 정부의 대북정책 수립에 있어서 가장 널리 적용되는 준거의 틀, 또는 이론이나 모델이 돼버렸다.[74] 정천구

---

73) Martin Griffiths, Terry O'Callaghan, Steven C. Roach, *International Relations-The Key Concepts*, 2nd Edition(London & New York: Routledge, 2008), p. 120.

74) 한 예를 들어보자. 탈냉전의 신호탄 격인 1972년 '7 · 4 남북 공동성명' 직후, 우재승(당시 중앙대 교수)은 "기능주의 이론과 남북 재통합"(嶺大 통일문제 연구 제3집 1972)이란 논문에서 Mitrany, Haas, Nye 등의 기능주의 이론을 소개하면서 "남북 간에 일단 대화가 시작됐으므로 이제부터 기능주의 운동법칙이 활기를 띠어 작용하기 시작할 것"이라고 내다보고, 기능주의가 남북관계 개선에 어떻게 적용되는 게 가장 효과적인가에 대한 견해를 피력하고 있다. 그로부터 40여 년이 지난 지금에도 기능주의, 그것도 Mitrany의 기능주의와, Haas의 신기능주의가 여전히 남북관계 연구의 주된 이론적 기초와 모델이 되고 있다. 이를 준거의 틀로 삼아 쓴 논문들은 일일이 열거하기 힘들 정도다. 대학원의 석사, 박사학위 논문이 특히 그렇다. 그중 하나가 김창희의 석사학위논문 "김대중 정부의 햇볕정책에 관한 연구"(전남대 교육대학원 일반사회전공, 2005), 같은 제목의 김미덕의 석사학위 논문(한국교원대 교육대학원 윤리교육전공, 2007) 등이다. 보기 드물게 남북 도시간 교류 협력을 신기능주의 관점에서 모색한 경우도 있다. 김태효는 "햇볕정책기 대북 교류협력 사업의 회고와 향후 서울-평양 협력방안의 모색: 정

에 따르면 "한국 정부의 통일정책은 1970년 8월 15일 박정희 대통령의 '평화통일구상선언' 이후 전두환 정권의 '민족화합민주통일방안'과 노태우 정권의 '한민족공동체통일방안'을 거쳐 오늘날 김대중 정권의 대북 햇볕정책에 이르고 있으나 그 이론적 바탕은 기능주의 통합론이라고 할 수 있다"는 것이다.[75] 왜 이런 현상이 벌어진 것일까.

구영록은 햇볕정책을 예로 들면서 "기능주의적 발상이 핵심적 위치를 차지하고 있는 햇볕정책은 동서독의 경우보다 훨씬 가혹한 여건 속에서 추진되고 있다. … 매우 어려운 현실을 무릅쓰고 전통적인 기능주의 이론과 같은 정경분리 원칙을 고수하면서 실험무대에 오르게 된 것이다. 정경분리 원칙은 EEC의 발전과정에서도 일관성 있게 고수되지 못한 정책이었다. 이러한 맥락에서 본다면 한국의 햇볕정책은 그 구체적인 응용과정에서 한국적인 요소가 가미되어 기능주의 이론의 일반적 요소와 한국의 토착적인 요소가 혼재하고 있다고 할 수 있다"고 설명했다.[76] 유럽통합의 경험에서 추출된 기능주의에 한국적 요소가 가미돼 한국화되었고, 이처럼 혼재된 — 한국화된 — 기능주의가 햇볕정책을 통해 구현됐다는 것이다.

그렇다면 한국화 된 기능주의 요소와 특질은 무엇인가. 필자는 "남북관계는 쉬운 것부터 풀어야 한다"는 인식이 바로 그것이라고 본다. 미트라니가 그랬던 것처럼 남북도 비정치적인 경협이나 문화교류 등 쉬

치성의 최소화를 중심으로"(한국정치외교사논총 제28집 1호 2006년 8월)이란 논문에서 서울-평양과 같은 지자체 레벨에서의 교류 협력과 그 확대방안도 "기능주의 견해와 동일한 논리를 표방하지만 정치적 결단에 의한 교류분야의 선택과 체계적 실천전략의 필요성을 강조하는 신기능주의 접근이… 그 취지에 보다 부합한다고 할 수 있다"고 지적했다. 기능주의 범용성을 거듭 확인케 하는 사례의 하나가 아닐 수 없다.

75) 정천구, "한반도 통일의 이론과 현실-무력통일론에서 햇볕정책까지", 〈통일전략〉, 제1권 창간호(한국통일전략학회, 2001년 12월), p.384.

76) 구영록, 앞의 책(2003), p.30.

운 분야에서부터 접촉을 넓혀나가는 것이 분단 하에서 남북이 선택할 수 있는 가장 현실적이고 합리적인 관계 개선책이라는 인식을 갖게 된 것이다. 바꿔 말하면 기능주의의 방법론적 요소에 대한 국민적 합의가 한국적 기능주의의 특질이 되어버린 것이다. 미트라니의 전통적 기능주의를 준거의 틀로 삼던, 아니면 정치적 요소의 중요성이 추가된 하스의 신기능주의를 모델로 삼던, '남북 간에 할 수 있는 일부터 하자', '어려운 일들은 뒤로 미루고 우선 쉬운 일부터 해나가자'는 국민적 합의와 이에 상응하는 정책과 전략의 수립과 집행이 1970년대 이후 한국적 기능주의의 특질이라고 할 수 있는 것이다.

그런데 이런 인식은 이른바 종북파(從北派)나 주사파와 같은 소수의 극단론자들을 제외하면 좌(左)건, 우(右)건, 차이가 없다. 앞에서도 누누이 설명했지만 이승만 정권을 뺀 역대 정권들도 '대북정책은 쉬운 것부터 풀어야 한다'는 기능주의적 입장에서 벗어나지 않았다. 쉬운 것부터 풀어야 한다는 한국적 기능주의는 정권에 따라 다소의 부침이 있긴 했어도 일관되게 우리의 대북정책을 규율하는 원칙이나 이론, 방법론이 되었고, 마침내 김대중 정권에 이르러서 남북 정상회담이라는 역사적 결실로 나타난 것이다. 구영록은 햇볕정책의 산물인 남북 정상회담을 "전통주의적인 기능주의적 틀에서 신기능주의적 발상으로 옮아가가는 과정에서 발생한 대사건"으로 보았다. "정경분리 원칙 하에서 추진된 민간영역의 경제교류와 협력정책에 신기능주의적 발상인 정치가 가세하고 양자가 결합함으로써 가능해졌다"는 것이다.[77]

앞에서 필자는 햇볕이든, 반(反)햇볕이든 궁극적인 목적은 남북관계 개선에 있다고 지적했다. 역대 정권 대다수가 분단국가의 숙명인 '상황의 이중성' 속에서 '대결(안보)'과 '대화(협력)', 바꿔 말하면 '현실주의'

---

77) 위의 책, p. 3.

와 '자유주의'의 사이를 간단없이 오가면서도 어떻게든 남북관계를 개선해보려고 애썼다는 사실은 다르지 않다고 지적했다. 그 부단한 노력 속에서 양측은 한결같이 남북관계 개선은 '쉬운 것부터 풀어가야 한다'는 기능주의 원칙을 고수했던 것이다. 극소수의 급진세력들을 제외한다면 햇볕도, 반햇볕도 따라서 이론으로든, 방법론으로든 남북관계 연구에서 기능주의는 뺄 수 없는 한 축인 것이다.

그렇다면 이제는 이 장(章)의 목적인 남북관계와 대북정책 연구에 있어서 한국적 현실주의 — 엄밀히 말하면 한국적 이론 또는 담론 — 의 윤곽을 그려볼 때가 됐다. 그것은 앞에서도 언급했던 국제정치학에서의 현실주의와 자유주의라는 해협(海峽) 사이로 기능주의라는 배를 타

〈그림 6-1〉

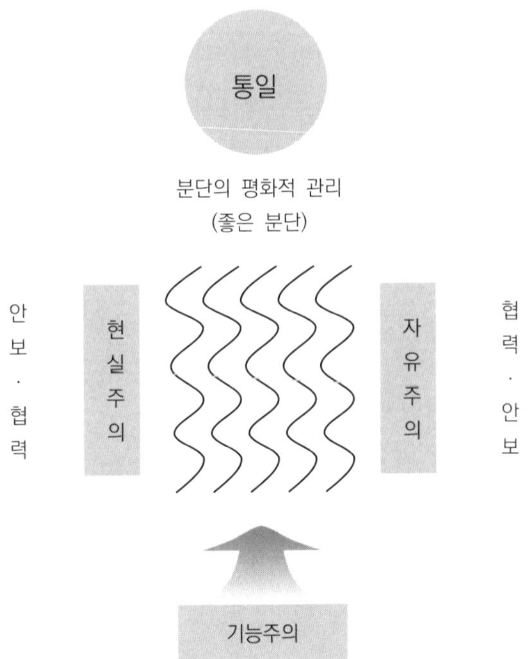

고 거슬러 올라가는 과정으로 압축할 수 있다. 현실주의의 해안에는 '상대적 이익', '대결', '안보'라는 진지들이 견고하게 구축돼 있고, 맞은편 자유주의 쪽 해안에는 '절대적 이익', '협력', '대화'라는 진지들이 늘어서 있다. 그 사이를 '기능주의'라는 배를 타고 올라가고 있다. 이 배는 그러나 해협의 정 중앙선을 지키며 항상 같은 속도로 나아가는 것은 아니다. 때로는 현실주의 쪽으로 더 가까이 접근해서 올라가기도 하고 때로는 자유주의 쪽으로 붙어서 올라가기도 한다. 하지만 노를 젓기 시작한 이래 한 번도 어느 한 쪽으로 완전히 붙거나, 어느 한 쪽에 멈춘 적도 없다. 상황에 따라서 왼쪽, 또는 오른쪽으로 가고 오기를 계속하면서 앞으로 나아가고 있을 뿐이다.

그렇다면 해협의 끝에서 우리는 뭘 만날 수 있는가. 아니, 뭘 기대할 수 있는가. 어쩌면 그것은 완전한 통일일 수도 있고, 또는 영원히 분단된 두 나라일 수도 있다. 아니면 분단된 두 나라이지만 양측 주민의 삶은 마치 한 나라에서의 그것처럼 영위되는 그런 상태일 수도 있다. 어떤 형태든 전쟁이 없어야 하고, 전체로서의 양측 주민의 삶은 그 전보다는 월등히 개선된 그런 상태여야 할 것이다. 앞에서 언급한 분단의 평화적 관리가 평화적 공존, 공영으로 귀결되는 그런 상태일 것이라고 우리는 믿고 싶고 또 믿어야 한다. 그런 믿음 위에서 우견, 좌견, 조심스럽게 노를 저어 앞으로 나아가야 한다. 그건, 무한한 인내심을 요구하는 긴 항해가 될 것이다. 상대방이 있기에 그 수고로움은 더 할 것이다. 상대방도 우리처럼 대결과 대화, 안보와 협력이라는 양안(兩岸) 사이에 갇힌 존재임을 깨닫게 하고, 우리처럼 그 사이를 조심스럽게 항해해 나오도록 인내심을 갖고 설득해야 하기 때문이다. 이것이 우리 사회에서 남북문제 연구와 대북정책 마련에 토대가 되고, 또 되어야 할 한국적 현실주의의 본모습이다.

07 햇볕과 반햇볕의 수렴 (2)

정책과 이행의 관점

앞장에서 햇볕과 반(反) 햇볕과의 수렴 가능성을 이론적 관점에서 짚어보았다. 국제정치학 이론(사조 · 思潮)의 두 줄기인 정치적 현실주의(*Realism*)와 자유주의(*Liberalism*)의 토대 위에서 대북정책의 한국적 현실주의의 구조를 모색해 보고, 그 속에서 햇볕과 반햇볕의 수렴 가능성을 찾아보려고 했다. 그 결과, 대북정책의 한국적 현실주의는 '정치적 현실주의와 자유주의를 양안(兩岸)으로 하는 해협(海峽) 속으로 기능주의(*Functionalism*)라는 배를 타고 몰아가는 것과 같은 구조'라고 규정했다. 대북정책은 어떤 입장, 어떤 정책을 표방하든, 다시 말해 햇볕이든 반햇볕이든 모두가 이 구조 속에 놓여있을 수밖에 없다고 본 것이다. 국제정치의 모든 현상이 결국 현실주의와 자유주의, 또는 그 교직(交織)에 의해서 설명되듯이, 햇볕과 반햇볕도 예외일 수는 없다는 점을 지적한 것이다.

이는 우리가 햇볕정책을 취한다고 현실주의의 덕목인 안보(安保)를 경시할 수 없듯이, 햇볕에 반대한다고 자유주의의 덕목인 협력(協力)을 외면할 수 없는 것과 같다. 안보와 협력이 함께 가고, 또 갈 수밖에 없다는 것, 그것이 우리사회의 대북정책과 담론이 딛고 서야 할 현실의 토양이라는 점을 보여주려고 한 것이다. 물론 거듭 말하지만 항해하는 배가 경우에 따라서는 현실주의의 해안에 더 붙어서 가거나, 반대로 자유주의 해안 쪽으로 더 접근해서 갈 수도 있다. 그것은 극히 자연스러운 일이다. 바람의 방향도 파도의 높이도 항상 같지는 않을 것이기 때문이다. 그렇더라도 햇볕이든 반햇볕이든 이 해협 사이를 통과하지 않으면 안 된다. 침몰하거나 암초에 부딪히지 않고서 말이다.

항해술, 곧 항해의 방법론은 물론 기능주의다. 조류(潮流)가 너무 빠르지 않고 순한 곳에서부터 배를 몰아가야 한다. 굳이 처음부터 물살이 센 곳으로 배를 몰아넣을 필요는 없는 것이다. 햇볕이든 반햇볕이든 마찬가지다. 남북 간에 '쉬운 것부터' 풀어나가야지, '어려운 것'을 붙들고 끙끙거릴 이유가 없다. 항해의 끝에는 뭐가 있는가. '남북관계의 점진적 개선에 대한 신념과 희망', 바꿔 말하면 '분단의 평화적 관리' 또는 '나쁜 통일보다는 좋은 분단', 그리고 언제가 될지는 모르지만 '통일'이라는 목표가 우리를 기다리고 있다. 남북 간에 전쟁을 일으킬 생각이 아니라면, 남한에서 공산혁명을 획책하려는 것이 아니라면 이 목표에 이의를 달 사람도, 세력도 없을 것이다. 그렇다면 이 책의 서론 부문에서 누누이 강조했듯이 햇볕과 반햇볕이 수렴을 못할 이유가 없다. 딛고 선 현실이 같고, 처한 구조가 같고, 구사하는 항해술(방법)이 같고, 목표까지 같은데 왜 햇볕과 반햇볕으로 나눠서 사생결단 하듯 싸워야 하는가. 이 장에서는 그 원인을 분석하고 대안을 모색해보겠다.

1. 햇볕론자들의 아집과 위선

햇볕을 지지하는 사람들에게서 발견되는 공통점은 "햇볕 외에 대안은 없다"는 강한 확신이다. 그들에게 햇볕은 평화이고, 반햇볕은 전쟁이다. 햇볕에 반대한다고 하면 "그럼 북한과 전쟁하자는 것이냐"고 반문한다.[1] 햇볕에 반대하거나 비판적인 사람은 수구, 극우, 냉전세력일 뿐이다. 자신들만이 진정으로 남북관계 개선과 이를 통한 한반도의 긴장완화와 평화공존, 그리고 통일을 갈구한다고 믿는다. 이들보다 조금 중도적이거나 유연한 보수주의자를 자처하는 사람들도 "햇볕정책이 문제가 있긴 해도 다른 대안이 없다"는 식의 자세를 취한다. 그들이 여기서 말하는 햇볕정책이, 김대중과 그 지지세력이 말하는 그 '햇볕정책'을 말하는 것인지, 아니면 대북 화해·협력정책으로서의 일반적인 포용정책을 말하는 것인지를 먼저 분명히 할 필요가 있다. 전자라면 그들 역시 조건부 수식어에도 불구하고 햇볕주의자들이 설정한 완고한 프레임에 갇혀 있다. 바꿔 말하면 '세련된 햇볕주의자'라고나 할까. 그렇다고 본질이 다른 것은 아니다. 어떤 대북정책도 지고지선일 수는 없다. 햇볕정책도 마찬가지다. 정책으로서의 장점과 한계가 있기 마련이다.

---

1) 2010년 6월 지방선거, 2012년 4월 총선 때 모두 이런 이분법이 횡행했다. 특히 야당 측에선 이명박 정권을 지지하면 전쟁이 일어난다는 논리로 여당 측을 공격했다. 2012년 12월 대선에서도 상황은 같았다. 한 진보인사는 '이명박 정권의 강경 일변도 대북정책이 미국과 중국의 신냉전구도를 심화시켰고…, 따라서 앞으로의 몇 년의 기간이 한반도의 평화와 안정이 유지될 것인지 사라지게 될 것인지를 가늠하게 될 중차대한 시기가 될 것'이라는 취지의 주장을 펴기도 했다. 정상모, "민족존망의 엄중한 선택-평화냐 전쟁이냐", 오마이뉴스, 2012년 12월 13일.

그런데도 왜 이런 맹신과 독선, 아집이 생겨난 것일까. 햇볕정책이 이데올로기가 되고, 종교가 된 이유는 무엇일까. 그동안 많은 사람들이 그 이유를 지적했지만 여기서 한 번 더 종합적으로 살펴보자.

1) 대화에 대한 맹신: 과잉대화

대화에 대한 맹신 때문이다. 남북관계를 풀기 위해서는 대화를 해야 하지만 대화가 절대적인 것은 아니다. 물론 보편적으로 대화는 전쟁에 비해 도덕적 우월성을 갖는다. 6·25 전쟁과 분단의 비극 속에서 살아오면서 겪어야 했던 폭력이 동반된 숱한 아픈 기억들이 대화는 좋은 것이고 또 해야 하는 것이란 신념을 우리 모두에게 심어주었다. 분단의 고통이, 폭력의 야만성이 크면 클수록 대화는 우리가 추구해야 할 이상(理想)이 되었고, 절대선이 되었다. 한 예로 과도한 국방비 부담이 그러했다. 분단 상태만 아니라면 허리띠를 졸라 매면서까지 이렇게 많은 군대와 국방력을 유지할 필요도 없었다. 대화가 필요했다. 남북 사이에 대화만 된다면 이런 폭력도 고통도 완화될 수 있었다고 생각한 것이다.

더욱이 박정희, 전두환, 노태우 정권으로 이어지는 권위주의 정치체제 하에서 분단은 민주화를 가로막는 근원적인 장벽으로 인식됐다. 남북이 대결, 대치함으로써 이른바 '적대적 의존관계'를 이루는 상황에선, 자유도 인권도 제한적일 수밖에 없으며, 따라서 완전한 민주화는 어렵다고 봤던 것이다.[2] 적대적 의존관계는 어떻게 깰 수 있는가. 대

2) '적대적 의존관계'는 남과 북이 모두 체제유지를 위해 서로 긴장과 대결 상태에 기대고(이용하고) 있다는 주장이다. 남쪽의 권위주의 정권이 북의 도발 가능성을 이유로(핑계로) 국민의 정치적 자유를 억제했듯이, 북쪽의 김일성 김정일 정권도 미제(美帝)의 위협을 이유로 폭압적 전제주의 체제를 유지해 왔다는 것이다. 대통령선거 때마다 북한이 도발행위를 하는 것도 '북풍'을

화를 통하면 가능해보였다. 서로 만나서 대화를 하다보면 적대감도 엷어지고 신뢰도 생겨, 대결과 대치를 구실로 국민에게 자유와 인권을 제한하던 정권도 태도를 누그러뜨릴 수밖에 없을 것 아닌가. 남쪽이 그러면, 정도의 차이는 있겠지만 북쪽도 그렇게 될 것이고, 그러다 보면 남북 양쪽이 훨씬 민주적이고 덜 폭력적인 체제로 가지 않겠는가, 하는 희망어린 인식과 논리가 절대명제가 되다시피 했던 것이다.

정치적 민주화만이 그런 것이 아니었다. 상대적으로 더 급진적인 사람들은 한국사회의 모든 문제의 뿌리에는 남북 대치가 있다고 봤다. 비근한 예로 극심한 빈부격차도, 노동운동에 대한 정부의 간섭과 탄압도, 가진 자들의 횡포와 기득권 세습현상도, 궁극적으로는 분단과 대결이라는 구조로부터 연유한다고 믿었다. 백낙청의 '분단체제'가 이런 인식의 소산이었다. 남과 북의 지배세력이 대립과 공모를 통해 각자의 주민을 지배하고 억압한다는 것이다.

따라서 남북 대치상황을 해소하지 않으면 한국 사회의 이런 모순은 결코 사라지지 않을 것이었다. 이런 인식과 논리는 그 타당성이나 적실성 여부에 관계없이 반독재(反獨裁) 투쟁에서 출발했던 우리 사회의 민주화운동을 1980년대 들어 본격적인 분단극복(分斷克服) 운동으로 급격히 변질시켰음은 누구나 아는 바다. 이 중 과격한 분단극복운동은 그 다양한 이름붙이기(*naming*)에도 불구하고 대개는 급진적인 반미자주화(反美自主化) 투쟁으로 흘렀고, 한국사회가 민주화된 지금도 여전히 살아있다.[3]

일으켜 남한의 보수 우익 정당을 돕기 위한 것이라는 인식도 대표적인 적대적 의존관계론이다. 2012년 12월 대선을 앞두고 북한이 장거리 로켓 '은하 3호'를 쏘아올린 것도 역설적으로 새누리당의 박근혜 후보를 돕기 위한 것이란 시각도 있다.

3) 분단극복운동의 가장 급진적 갈래가 이른바 NL주의와 PD주의이다. NL은 민족해방주의(*National Liberty*), PD는 민중민주주의(*People's Democracy*)

이런 환경 속에서 보수는 보수대로, 진보는 진보대로 남북 대화는 분단 상태는 물론 분단이 야기한 온갖 시대적 고통에서 벗어날 수 있는 유일한 탈출구로 인식됐다. 그동안 남북대화를 통해 이룬 몇 가지의 가시적 성취, 예컨대 이산가족 상봉이나, 각종 교류 협력 등이 더해지면서 남북대화는 한국사회의 구성원이라면 누구도 반대할 수 없는 대북정책의 절대적 목표이자 수단이 돼버린 것이다. 이런 현상은 한 발 더 나아가 대화에 찬성하면 평화주의자, 민족주의자이고, 대화에 반대하면 전쟁주의자, 반민족주의자라는 인식으로 바뀌어 마치 선(善)과 악(惡)을 가르듯 우리의 의식구조 속에 깊숙이 자리 잡게 됐다.

대화가 중요한 것은 맞다. 남북 간에 상황이 허락하는 한 대화를 중단해서는 안 된다는 주장도 옳다. 그렇다고 대화가 만병통치약은 아니다. 대화는 대북정책에 동원할 수 있는 많은 전략, 전술의 하나일 뿐이다. 다시 말해 대화를 해야 할 때가 있고, 하지 않아야 할 때가 있는 것이다. 경우에 따라서는 대화를 하고 있는 것 같기도 하고 아닌 것 같기도 한 상태가 계속될 수도 있다. '대화의 중지' 그 자체를 무기화(武器化)하는 전술의 운용 또한 고려할 필요도 있다.[4]

상대가 우리 측에 요구할 것은 다 요구하면서, 남북 간에 합의된 사

를 말한다. 전자는 노동자 농민이 중심이 되어 기득권세력을 타파하고 민중이 중심이 되는 사회주의 사회를 건설하자는 기치 아래 태동됐다. 반면 후자는 한국을 미국의 식민지로 규정하고, 미국을 몰아내고 통일을 이룬 다음에 김일성·김정일이 이끄는 사회를 만들자는 것이다. 이들은 2012년 4월 총선을 통해 본격적으로 제도권에 진입했으나(조갑제닷컴, 2012년 5월 26일), 지난 30년 동안 끊임없이 반목하고 경쟁했다. 주간조선, "NL-PD 30년 전쟁"(2012년 5월7~13일자, 2205호), 두 세력은 2012년 4월 총선을 앞두고 2011년 12월 통합진보당이란 이름 아래 하나로 뭉쳤으나, 4월 총선에서 NL계 후보들의 비례대표 경선과정에서의 불법행위가 문제가 돼 당권파(NL)와 탈당파(PD)로 갈라섰다.

4) 이동복, "대북정책의 새로운 접근방법", 〈신아세아〉, 제9권, 제4호(2002년, 여름), p.81.

안들은 전혀 지키지 않을 때도 우리는 북한과의 대화에만 매달릴 것인가. 앞에서도 누누이 지적했지만 국제적 환경이, 특히 미국의 대(對)한반도정책이 남북대화에 부정적이어서 한미 공조가 흔들릴 위험이 있는데도[5] 대화만 하자고 나설 것인가. 금강산 관광 중이던 남측 민간인이 북한군 초병에 의해 피살되고, 천안함 폭침과 같은 비극적 사건으로 온 국민이 분노로 들끓고 있는데도 대화만 해야 하는가.[6] 그건 아니다. 마땅히 대화를 중단하고, 북측에 그 책임을 묻고 필요하면 상응하는 제재를 해야 한다. 적어도 최소한의 냉각기는 가져야 한다. 그건 정책에 앞서 상식이다.

남북대화에 대한 국민적 갈증이 있다고 해서, 무조건 영합할 수는 없는 일이다. 이는 좌파건, 우파건, 명색이 정부라면 — 설령 정부가 아니더라도 책임 있는 정치세력(제 1야당)이라면 — 지켜야 할 국가운영(*state craft*)의 가장 기본적인 원칙이다. 그런데도 햇볕론자들은 이를 인정하려들지 않는다. 바로 이런 독선이 햇볕론자들이 통일담론과 정책

5) 미국의 대한반도 정책이 우리 정부와 조화를 이루지 못할 때 무리한 대화 추진이 어떤 부작용과 폐해를 가져왔는지에 대해서는 앞에서 3C 모델로 평가한 햇볕정책의 실효성 부분에서 누누이 지적했다. 이 책 제5장 제3절 3C의 균열과 햇볕정책의 실효성 급락 1) 한미공조의 불협화음-낮은 양립성(*compatibility*) 참조.

6) 금강산 관광에 나섰던 한국의 주부 박왕자 씨는 2008년 7월 12일 금강산 인근 장전항 해수욕장에서 북한군 초병이 쏜 총에 맞아 사망했다. 이로 인해 금강산 관광이 전면 중단됐고, 남북관계는 장기간 경색됐다. 북한은 우리 측이 사과 요구에도 불구하고 이에 응하지 않았다. 2008년 7월 12일자, 동아일보. 2010년 3월 26일 북한에 의한 천안함 기습 폭침사건으로 우리 장병 46명이 사망했다. 우리 정부는 국제 전문가들까지 동원한 면밀한 조사 끝에 북한의 소행으로 결론짓고, 북측의 사과와 책임자 처벌 등의 조치가 이뤄지지 않으면 남북 간에 정부 차원에서는 어떤 대화도 교류도 할 수 없다는 강경 입장을 견지했다. 천안함 폭침과 이명박 정권의 대응에 대해서는 이정훈, 《천안함 정치학 — 이명박 식 보수는 왜 실패했는가》(글마당, 2012) 참조.

의 영역에서 설 자리를 잃어버리게 하는 가장 큰 원인으로 작용했다. 햇볕론자들의 대화에 대한 집착이 오히려 대화를 지속할 수 있는 동력의 상실로 이어진 것은 아이러니가 아닐 수 없다. 그 결과로 인해 햇볕정책은 나름대로의 명분과 전략적 이점을 갖고 있음에도, 거의 무차별적인 비판과 공격을 당해야 했다. 햇볕론자들의 가장 큰 실책은 의미 있는 대화를 하면서도 스스로 '대화를 위한 대화'에 매몰된 듯한 모습으로 비친 것이라고 할 수 있다. 사정은 김대중, 노무현 정권이 끝난 지금도 전혀 나아지지 않았다. '대화' 자체는 선(善)일 수 있으나, 남북관계라는 복잡 미묘한 현실 속에서는 반드시 선일 수만은 없음을 간과한 탓이다.

2) 시간에 대한 무책임

햇볕론자들의 두 번째 약점은 '시간'에 대해 책임 있게 말할 수 없다는 점이다. 그들은 북한에 경제적 지원을 하면 북한은 변할 수밖에 없다고 말한다. 외부세계로부터의 자유의 바람이 결국 얼어붙은 북한체제를 봄볕이 눈을 녹이듯 녹일 것이라고 믿는다. 맞는 말이다. 경제적 지원을 하고 사회적, 문화적 교류를 계속하면 언젠가는 어떤 형태로든 자유와 민주주의의 바람이 스며들게 되고 북한도 변할 것이다. 이를 부정할 사람은 아무도 없다. 반햇볕론자들도 흔쾌히 동의한다. 흔히 "평양에 코카콜라와 맥도널드 햄버거 가게가 문을 여는 날, 북한체제도 무너지기 시작했음을 알게 되는 신호"라고 말하는데, 이 역시 누구나 공감하는 바다.

문제는 시간이다. 그렇게 될 때까지 대체 얼마나 긴 시간을 기다려야 하는가. 햇볕론자들은 이에 대한 어떤 답도 내놓지 못한다. 그저 막연히 도와주고, 북한정권의 악행에 적당히 눈감아주면 언젠가는 그들도 변할 것이라는 주장만 되풀이 한다. 도와주면 변하리라는 것은 알겠는데, 그 변할 때가 언제인가, 5년 후인가, 10년 후인가, 아니면 20년, 30년, 40년 후인가에 대해서는 답을 못하는 것이다. 이 점이 햇볕론자들의 치명적인 약점이다. 반햇볕론자들의 공격으로부터 가장 취약한 부분도 여기다. "도와줬더니 — 반햇볕론자들의 표현에 따르면 '퍼주었더니' — 달라진 게 있는가, 달라진 게 있으면 내놓아보라"는 것인데 햇볕론자 누구도 이런 비판에 자신 있게 맞서지 못한다.

김대중 정권 아래서 남북 정상회담 성사를 비롯한 일련의 교류 협력을 햇볕정책 때문에 북한이 변했다는 증거로 내세울지 모르나, 이에 대해서도 다른 해석이 많다. 햇볕정책을 편 시기에 북한이 보여준 변화는 실리를 추구하기 위한 실용주의적 변화에 지나지 않는다는 것이다. "피상적으로 보이는 북한의 변화는 체제 유지의 방편을 조정한 것에 불과하며, 남측의 긴장완화 노력에도 불구하고 북한의 대남 혁명 전략은 변하지 않았고, 군사적 위협도 여전하다"는 것이다. "북한이 실용주의적 변화를 보이게 된 것은 첫째, 금강산 관광을 통해 북한에 무시할 수 없는 수준의 돈이 들어가는 상황 이었고, 둘째, 정부가 북한의 행동에 자제심을 갖고 대응했기 때문"이며, 따라서 이와 같은 실용주의적 변화는 "햇볕정책 옹호론자들이 말하는 것처럼 '북한이 남측의 대북정책에 신뢰감을 갖고 호응하기 시작한 것'으로 볼 수는 없을 것 같다"는 것이다.[7]

그런데도 '햇볕정책이 북한을 변화시켰다'는 주장을 굽히지 않는다면

---

7) 안정식, "햇볕정책과 북한의 실용주의적 변화"(서울대 대학원 정치학과 석사학위논문, 2002) 참고. 안정식은 햇볕정책 시기 북한의 변화 여부를 살펴보기 위해 김영삼 정권과 김대중 정권 아래서, 주요 사건에 대한 북한의 반응을 비교 분석했다.

다음 공격으로 이어진다. "대북지원(퍼주기)의 대가로 정상회담을 성사시켰다고? 그럼 북한의 핵 개발은 미사일 시험발사는?"라는 거센 반박이 곧바로 튀어나온다.[8] 햇볕정책이란 미명 하에 북한에 지원한 돈과 물자가 북한의 핵과 미사일 개발에 쓰였다는 공격으로 이어지기 마련이다. 실제로 이를 뒷받침할 증거와 자료까지 제시하는 판이니 햇볕론자들로서는 달리 대꾸할 말이 없는 것이 사실이다.

반햇볕론자들은 아예 북한체제의 특수성, 예를 들어 주체사상이나 수령론, 선군(先軍)사상을 들어 변화 가능성 자체를 부정하기도 한다. 그중 수령론을 보자. 인간은 생리적 생명체를 갖고 있지만 더 중요한 것은 '사회 정치적 생명체'이며, 이것은 수령, 당, 인민대중으로 형성된다. 수령은 생리적 생명체의 두뇌, 당은 골격, 인민대중은 세포조직에 해당된다. 따라서 두뇌에 해당하는 수령은 명령은 무조건 복종해야 한다.[9] 좀더 쉽게 말하면 북한 인민들에게 두 사람의 어버이가 있는데 하나는 자신들을 낳아준 생물학적 어버이 친부모요, 다른 하나는 정치적,

---

8) 2009년 7월 17일 국회 외교통상위의 송영선 의원(새누리당) 논평을 통해 "올해 들어 북한은 17발의 미사일 발사와 제2차 핵실험을 했는데 여기에 들어간 비용이 약 7억 달러로 추정된다. 2008년 북한의 예산은 북한 돈으로 4,515억 원이다. 북한 돈 3,000원을 1달러로 환산할 때 국가예산의 40%를 미사일 핵실험에 쓸 수 있는 나라가 북한이다. 햇볕정책과 현금지원은 북한의 핵과 미사일 개발의 밑천이 되었다"고 주장했다. 2010년 9월 16일 여당인 한나라당의 김무성 대표는 "북한이 전쟁 비축미로 무료 100만을 보유하고 있다는 것을 확인했다"고 밝히기도 했다. 김 대표의 이와 같은 발표와 관련해 "김대중, 노무현 정권이(햇볕정책 아래) 북한에 지원한 쌀 240만 톤이 군량미로 전용됐을 가능성이 농후하다"는 언론보도가 뒤따랐다. 문화일보, 2010년 9월 17일자. 중앙일보는 2012년 12월 17일자에서 우리 측 당국자의 말을 인용해 "우리 측이 경수로 공사용으로 북측에 지원한 중장비로 로켓과 핵 기지를 건설했다"고 보도했다.

9) 이강석, "햇볕정책과 주체사상 간의 모순관계", 〈교수논총〉, 제27집(국방대, 2002), p.67.

사회적 어버이로 곧 김일성, 김정일, 김정은이다. 북한은 이 정신적 어버이를 수령으로 모시고, 그 아래 모든 인민이 자식이 돼 하나로 연결된 체제다. 생물학적 부모에 대한 효도보다 더 중요한 것은 수령에 대한 효도와 절대복종이다. 수령은 오류가 없는 절대적 존재이며 오늘의 나를 있게 한 존재이기 때문이다. 그런 수령에게 나의 운명을 맡길 수 있다는 것은 북조선 인민의 행운이고 행복이다. 이게 수령론의 요체다.

그런 수령론 아래서는 제아무리 지원을 하고 교류 협력을 한다고 해도, 자유세계가 바라는 그런 내용의 변화는 기대할 수 없다는 것이다. 햇볕정책이 (주체사상과 수령론으로 무장돼) 폐쇄된 북한사회에 침투해 들어가 체제를 개방으로 이끌고 북한 지도자들이 중국처럼 실용주의를 채택할 수 있도록 유도하기란 거의 불가능해 보인다[10]는 얘기다.

군(軍)을 최우선시하고, 강력한 군사력을 통치의 기반으로 삼겠다는 선군주의도 마찬가지다. 국제사회로부터 따돌림을 당하고, 온갖 제재를 받아도 핵을 개발하고 미사일을 시험 발사하는 것도 선군주의 때문이다. 북한은 한 발 더 나아가, 자신들의 선군주의 때문에 남한도 안보를 유지할 수 있기 때문에 고마워해야 한다고 주장할 정도다.[11] 선군주의는 북한체제 유지를 위한 최후의 보루와도 같은 것이어서 아무리 지원을 하고 도와줘도 — 햇볕을 쪼여도 — 외투를 벗을 리가 없다는 것이다. 오히려 대북지원과 경협을 수령주의와 선군주의의 강화에 쓰고

10) 위의 논문, p. 72.

11) 북한은 "남조선의 많은 사람들이 북의 선군정치 덕을 톡톡히 보고 있다고 믿고 있다"고 주장했다. "선군주의 때문에 전쟁이 일어나지 않고 있는데, 전쟁이 일어나면 미군 10만이 죽고, 남조선 주민 70%가 사살되며, 경제의 90% 이상이 재가루가 된다. 돈으로 따지면 1조 2,003억 달러가 된다. 오늘 남조선 경제가 숨 쉬는 건 선군정치의 덕"이라는 것이다. 이는 2010년 7월 23일 조선일보가 "북한 노동부 선전선동부(선전부) 부부장이 2006년 하반기 평양에서 고위간부들을 대상으로 한 강연" 이라며 보도한 내용이다. http://news.chosun.com입력 2010년 7월 23일(검색 2012년 12월 25일).

있는데 햇볕론자들은 북한의 이런 노림수에 말려들고 있다는 것이다.

어떤 정치체제도, 주의(主義)도 영원할 수는 없다. 독재체제는 더 말할 것도 없다. 수령주의건, 선군주의건 시간이 흐르면 언젠가는 변할 것이다. 그러나 그렇게 되기까지 앞으로 얼마나 시간이 더 걸려야 하는지에 대해서는 유감스럽게도 누구도 알지 못한다. 그 변화는 20년, 30년, 40년이 걸려도 안 올 수 있다. 그런데도 북한도 우리와 같은 선의(善意)를 가졌을 것이라고 믿고 도와주고, 설령 잘못된 행동을 하더라도 무한정 인내하고 관용을 베풀어야 한다는 주장은 설득력이 없을 수밖에 없다.

3) 상호주의에 대한 왜곡

햇볕론자들은 남북 간에는 상호주의가 적용될 수도 없고 되어서도 안 된다고 믿는다. 체제 경쟁에서 한국이 이미 승리했기 때문에 북한을 '눈에는 눈, 이에는 이' 식으로 다뤄서는 안 된다는 것이다. 북한이 설령 약속을 지키지 않더라도 인내하고 관용을 베풀어야 하며, 따라서 이 과정에서 상호주의는 무의미하다는 것이다. 형이 못사는 동생을 돕는 그런 자세로 남북관계를 풀어가야 하고, 그러다 보면 때로는 이쪽에서 손해를 볼 수도 있다는 것이다. 그들은 형과 동생 사이에 어떻게 '하나를 주면 반드시 하나를 받는' 그런 식의 관계가 있을 수 있겠느냐고 반문한다. 그래서 상호주의는 햇볕론자들이 가장 싫어하는 말이 돼버렸다. 상호주의를 입에 올리는 사람은 냉전 수구세력이며, 궁극적으로는 북한과의 전쟁도 불사하겠다는 대결론자가 되고 만다.[12)]

12) 김재한은 상호주의에 대한 인식이 김대중 정권에 와서 많이 바뀌었다고 지적했다. 그 이전에는 대북 강경과 대북 상호주의로 구분되던 입장들이 김대

김대중 정권 시절 야당이던 한나라당(현 새누리당)은 대북정책의 원칙으로 '유연한 상호주의'를 들고 나왔다. 상호주의 원칙을 지키되 경우에 따라서는 이를 완화할 수도, 버릴 수도 있어야 한다는 뜻에서 '유연한 상호주의'라고 한 것이다.[13] 김대중 정권은 이마저도 인정하지 않았다. 말장난에 불과하며 결국은 상호주의를 하겠다는 것이고, 이는 곧 대결주의의 다른 이름에 불과하다는 것이었다. 이 대목에서도 햇볕론자들의 아집과 오만이 그대로 드러난다. 속된 말로 '내가 하면 로맨스이고 남이 하면 스캔들'이라는 식이다. 그러나 엄밀히 말하면 '유연한 상호주의'가 더 적실성이 있는 대북정책이다. 합리적이고 이성적인 올바른 대북정책이다.

왜냐하면 남북 간에는 어떤 경우에도 1 대 1 식의 엄격한 상호주의는 존재하지 않기 때문이다. 우리 쪽에서 쌀 10톤을 지원하면, 북한은 10톤에 해당하는 만큼의 이산가족 상봉을 허용해야 한다고 말할 수 있겠는가. 쌀 10톤에 10가족의 상봉이 가능하다면 100톤에 100가족은 상봉이 성사되어야 한다고 요구할 수 있겠는가. 그야말로 우문이다. 쌀 10톤을 주게 되면 경우에 따라서 5가족이 상봉할 수도 있고, 20가족, 30가족, 100가족이 상봉할 수도 있는 것이다. 여기서 상호주의란 쌀 지원과 이산가족의 상봉을 교환한다는 '원칙'을 말하는 것이다. 그 원칙이

중 정권 때부터 대북 유화와 대북 상호주의로 구분되고 있는 것 같다는 것이다. 따라서 북한에 등가(等價)의 어떤 행동을 요구하고 강요하는 것은 반(反)통일적인 수구 냉전의 행동으로 인식되기도 한다는 것이다. 김재한은 북한의 의도나 감정을 바꾸려면 일방주의가 낫고, 북한의 정책이나 행동을 변화시키려면 상호주의가 낫다고 주장한다. 김재한, "김대중 정부 대북정책의 평가: 의도와 능력", 〈통일전략〉, 제2권 제2호(2002년 12월), p. 22.

13) 한나라당의 대북정책 유연한 상호주의에 대해 당시 총재이던 이회창 씨는 "(북한에) 하나를 주고 하나를 받는 엄격한 상호주의가 아니라 때로는 하나를 주고 대응 조치를 기다리는 전략적 상호주의가 바람직하다"고 말했다. 동아일보, 2010년 6월 17일자.

서면, 실제로 양자가 교환되는 방식, 곧 수량, 시간, 장소, 인도·인수 방법 등은 남북이 어떻게 합의하느냐에 따라서 달라지는 것이다. 이것이 상호주의다.

그뿐이 아니다. 같은 종류의 물자를 서로 교환할 수도 있고, 성격이 전혀 다른 물자를 주고받을 수도 있다. 등가(等價)의 물자를 교환할 수도 있지만, 형편이 넉넉한 우리 측이 좀더 비싼 물건을 주고, 북측이 더 싼 물건으로 갚을 수도 있다. 또 파종기인 봄에 비료를 주고 이산가족 상봉은 가을에 이행할 수도 있다. 쌀 주는 시기를 앞당기는 대신 물량을 더 많이 줄 수도 있고 그 반대로 할 수도 있다. 이른바 시차(時差)가 있는 상호주의다. 이 모든 것들이 상호주의다. 김대중, 노무현 정권의 대북정책도 여기에서 벗어날 수 없다. 왜냐하면, 그들 스스로가 융통성 있는 상호주의에 따랐기 때문이다. 어떤 면에서 1 대 1의 기계적인 상호주의가 아닌 '융통성 있는 상호주의'는 선택의 영역이 아니라 이미 주어진 것이다. 주어진 상호주의의 틀 안에서 어떻게 주고받느냐를 고민하고 실행할 뿐이다.

새누리당이 말하는 '유연한 상호주의'도 곧 이런 상호주의와 한 치도 어긋나지 않는다. 새누리당이 아무리 보수우파 정당이라고 해도 1 대 1의 엄격한 상호주의를 주장할 만큼 꽉 막힌 당은 아니다. 새누리당에도 대북 전문가들이 셀 수 없이 많다. 그들이 아무려면 '북에 하나를 주면 우리도 반드시 하나를 받아야 한다'고 생각하겠는가. 한때 새누리당을 담당했던 출입기자의 한 사람으로서 단언컨대 그런 새누리당 사람을 본 적이 없다. 그런데도 새누리당은 햇볕론자들에 의해서 '상호주의'나 고집하는 수구 냉전 정당으로 내몰렸다. 참으로 이상한 일이다. 어떤 용어도 김대중과 그를 지지하는 햇볕론자들의 손에 들어가면 구호가 되고, 깃발이 되고, 끝내 이데올로기가 되고 만다. 이런 현상을 어떻게 설명할 것인가. 반(反)상호주의도 햇볕정책에 버금가는 구호가 됐고 끝내는 이데올로기가 돼버렸다.

새누리당으로서는 억울하기 짝이 없을 것이다. 그래서 필자는 당시 이회창 총재에게 "당의 대북정책인 '유연한 상호주의'가 이름(용어)으로서 적절치 않으니 '햇볕정책' 같은 단순명쾌한 이름으로 바꾸는 것이 낫겠다"는 조언을 한 적도 있다.[14] 햇볕정책은 사실 무책임하고 문제가 많은 용어지만, 쉽고 명쾌해서 대중의 머릿속에 쏙쏙 들어오는데 유연한 상호주의는 그렇지 못하니 이름을 다시 붙이라는 충고였다. "상호주의도 쉬운 용어가 아닌데, 앞에 '유연한'이란 수식어까지 붙었으니 대체 이게 무슨 소리인지, 보통사람들로서는 선뜻 이해하기가 어렵다, 그러니 초등학교 학생들도 알 수 있을 만큼 쉽고 간결한 이름으로 바꾸라"는 요지였다. 이회창 총재도 필자의 지적에 공감을 표시했지만 '유연한 상호주의'를 대신할 말을 찾아내지는 못했던 것 같다. 한나라당의 후신인 새누리당의 대북정책은 지금도 유연한 상호주의다.

4) 바탕에 깔린 북한 조기붕괴론과 차용론(借用論)

햇볕정책을 다루면서 우리가 느끼는 것은 '햇볕정책'이라는 이름(문패)이 갖는 위력이다. 남북관계처럼 복잡한 문제를 이솝 우화(寓話)를 빌려서 '나그네의 외투를 벗기는 것은 바람이 아니라 햇볕이었듯이 북한의 문을 여는 것도 햇볕'이라는 식으로 몰아갔으니 실로 대단한 상징조작이었다. 이솝 우화와 햇볕정책을 같은 맥락 위에 올려놓고 비유의 대상으로 삼을 수 있는지조차 의문이었지만 이해하기 쉬운 데다가 일견 그럴 듯해 보이기까지 해 다수 국민은 쉽게 빠져들 수밖에 없었던 것

---

14) 동아일보, 2001년 6월 18일.

이다. 조금만 따져보아도 그 주장이 현실에 대한 지나친 단순화와 모순으로 가득 차 있음을 알 수 있었을 텐데도 말이다.15)

필자는 이 대목에서도 햇볕론자들의 의도의 순수성에 대해 의문을 갖는다. 다수 대중은 그렇다 치고 과연 그들조차도 햇볕정책이 현실의 지나친 단순화이자, 희화화(戱畵化)인 줄 몰랐을까. 아니라고 본다. 이솝 우화는 개인의 인성(人性)에 관한 것이다. 완력보다는 덕(德)과 관용으로 상대방을 설복시키는 게 더 쉽고 바람직하다는 교훈을 담고 있다. 아이들 동화책에나 나올 단순하기 그지없는 이 우화는 애초부터 복잡하고, 더욱이 남북처럼 적대적인 국가와 국가 사이에는 적용될 수 없는 것이었다. 그걸로 남북관계를 설명하는 준거의 틀로 삼은 것은 견강부회를 넘어 억지에 가까웠다. 우화는 우화로 끝났어야 했다.

햇볕론자들도 이를 모르지는 않았을 것이다. 그들 모두가 대북정책에 관한 한 이성적이고 냉철하게 현실 정합성 여부를 가려낼 수 있는 국내외적으로 최고의 전문가들이다. 그런 그들이 왜 햇볕정책에 대해서는 판단력도 균형감각도 잃어버리고 맹신자가 돼버린 것일까. 어떻게 해서 이솝 우화 한 토막을 대북정책의 복음서라도 되는 양 떠받들게 된 것인가.16) 실로 수수께끼 같은 일이나 그 이유를 짐작하기는 어렵지

---

15) 이솝 우화를 동원한 햇볕정책에 대해 송영선은 역시 우화적으로 그 허구성을 신랄하게 비판했다. 나그네가 자신의 외투를 벗기려고 한다는 것을 알았다면 과연 외투를 벗었겠느냐는 것이다. 외투 깃을 더 굳게 여몄을 것이라는 것. 북한이 바로 이 나그네로 햇볕만 받고 외투는 결코 벗지 않았다는 것이다. 송영선, “송영선의 국방 FOCUS 5-④ 전시작전권: 엎지른 물은 다시 담을 수 없다!-노무현 정부의 국방개혁 및 동맹정책 평가”(송영선의원실, 2007), pp. 7~8.

16) 대표적 햇볕론자인 임동원과 이종석은 햇볕정책을 사실상 폐기한 이명박 정권에서도 햇볕정책으로 돌아가라고 촉구했다. 한반도평화포럼 멤버인 이들은 백낙청 포럼 이사장과 함께 2012년 6월26일 기자간담회를 갖고 “북한의 사과가 전제가 아니라 조건 없는 대화를 해야 한다”고 주장했다. 조선일보, 2012년 6월 27일. 이에 대해 조선일보는 같은 날짜의 사설에서 “대북정책과

않다. 햇볕이 상징하는 화해의 가치에 대한 선점과 이를 통해 반햇볕론자들과의 차별화를 꾀하자는 의도가 앞섰기 때문일 것이다. 햇볕은 따뜻함, 자비, 관용을 상징하고, 거센 바람은 완력, 강제를 상징한다. 햇볕이 양지라면 바람은 음지(그늘)이기도 하다. 양자의 극명한 대비를 통해 햇볕론자는 평화주의자, 반햇볕론자는 대결주의자로 나누고 싶었던 — 애초 김대중의 목표는 그게 아니었다고 해도 — 정치적 유혹에서 끝내 벗어나지 못했던 탓이 아니겠는가.

바로 이런 대목들이 햇볕론자들의 치명적 약점이다. 대화에 대한 맹신, 시간에 대한 무책임, 상호주의에 대한 의도적 무지, 그리고 불편한 진실은 애써 외면하려 한 이중성이 대북정책으로서의 햇볕정책이 적실성을 잃게 만든 주범이었던 것이다. 그런데 더 중요한 것은 이런 맹신, 무책임, 이중성의 밑바닥에 '북한체제 조기붕괴론'이 깔려 있다는 점이다. 햇볕론자들이 입에 올리기조차 싫어하는 '북한체제 조기붕괴론'이, 그들이 지고지순한 정책인 양 자랑하는 햇볕정책의 배경이 되고 있다는 것은 아이러니다.17)

햇볕론자들이 이 말을 들으면 펄쩍 뛰겠지만 이건 사실이다. 왜냐하면 북한 조기붕괴론을 상정하지 않고서는 아무리 김대중, 노무현 정권이라고 해도 북한을 이런 식으로 다루지는 않았을 것이기 때문이다. 대

통일정책의 근본이 대한민국 국민을 보호하고 이북동포를 하루라도 빨리 고통에서 벗어나도록 하는 데 있다는 사실을 아는 공인이라면, 자신들이 이 나라의 안보와 대북정책을 좌지우지하던 시절에 벌어진 일들에 대해 먼저 사과부터 했을 것이다"며 비판했다.

17) 북한 조기붕괴론이 기승을 부렸던 것은 김영삼 정권 때이던 1995년, 96년 무렵이었다. 당시 홍수로 큰 피해를 입었던 북한은 기아로 아사자가 속출했는데 이런 조짐들이 북한 조기붕괴론으로 이어졌다. 1994년 10월 당시 클린턴 미국 행정부가 북한에 경수로 2기를 지어주는 것을 골자로 한 북미(北美) 제네바 기본합의에 서명한 것도 이런 기대성 사고에 따른 것이었다. 2006년 11월 22일자 동아일보.

북지원만 해도 그렇다. 대체 언제까지 무작정 북한에 지원만 할 것인가. 백번 양보해 조기 붕괴론까지는 아니더라도 적어도 붕괴 가능성 정도는 상정하고 있기에 조건 없이 도와주자는 것 아닌가. 그렇지 않다면 실로 어리석거나 무책임한 정책이고, 정권이다. 결과에 대한 확신도 없이 어떻게 국민에게 20년, 30년, 40년…, 끝도 없이 북한을 도와주자고 요구할 수 있겠는가. 자신들도 북한이 오래 버티지 못할 것이라는 사실을 알기에 도와주자는 것이다. 이것은 필자 개인의 주장이나 분석이 아니다. 김대중 정권에서 햇볕정책의 전도사로 불렸던 임동원 당시 통일부 장관이 공개적으로 시인한 사실이다. 그는 햇볕정책에 대해 "알고 보면 무서운 정책"이라고 속내를 털어놓았던 것이다.[18]

문제는 북한도 이런 사실을 모르지 않았다는 데 있다. 김대중 정권 초기에 햇볕정책에 대한 북한의 반발은 거셌다. "누가 누구의 외투를 벗긴다는 것이냐"며 햇볕정책이라는 반민족적 책동을 즉각 중단하라고 요구했다.[19] 북한의 반발은 김대중 정권의 계속된 대북 화해 제스처로 완화되기는 했지만 기본입장은 변하지 않았다. 북한이 태도를 누그러뜨린 것은 햇볕정책을 경계하되 그 과실은 철저히 따먹자는 전략 전술의 수정에서 비롯된 것이라고 할 수 있다.[20]

---

18) 임동원 장관은 김대중 정권 초기에 햇볕정책을 두고 '유화정책', '대북 저자세 정책'이라는 비판이 쏟아지자 "햇볕정책이 얼마나 무섭고 강한 정책인지에 대한 국민의 올바른 인식이 요구된다"고 말했다. 동아일보, 1998년 7월 10일자. 임동원과는 맥락이 다르지만 이명박 정권에서 통일부 장관을 지낸 현인택 교수도 "햇볕정책은 어떤 봉쇄정책보다도 더 적극적인 변화유도정책"이라고 말한 바 있다. 이재호, "햇볕이 죽어야 나라가 산다"(이재호 칼럼), 동아일보, 2009년 10월 7일자.

19) 햇볕정책에 대해 북한은 "우리 내부를 와해해보려는 악랄성과 교활성을 겸비한 것" "속에 칼을 품고 하는 협박타령" 등의 표현을 써가며 거세게 반발했다. 평양방송, 1998년 7월 6일, 로동신문, 1998년 11월 29일, 문태성, "햇볕정책에 대한 북한의 이중적 태도", 〈政正〉, 제 15집(2002년 12월), pp. 130~131에서 재인용.

김대중 정권도 이를 모르지 않았다고 나는 본다. 어떤 정권에서도 대북정책을 대통령 혼자 하는 것은 아니다. 국정원, 통일부, 외교부를 비롯해 정부의 모든 관련 부처와 기관이 대북정책의 결정과 집행과정에 참여한다. 나름대로 대북정책을 오랫동안 다뤄온 전문가들이다. 북한이 햇볕정책의 노림수를 꿰뚫고 있었듯이 우리 정부의 전문가들도 북한의 속내를 간파하고 있었다. 나는 심지어 김대중 대통령도 햇볕정책에 대한 북한의 이중적 태도를 잘 알고 있었을 것이라고 생각한다. 반평생을 북한문제와 씨름해온 이 분야 최고의 전문가가 북한의 속내도 모른 채 '햇볕'에만 매달렸다고는 믿기 어렵다. 그는 누구보다도 북한이 햇볕정책을 역이용하리라는 것을 정확히 알고 있었을 것이다.

바로 여기에 문제가 있는 것이다. 김대중 대통령을 비롯한 햇볕론자들은 햇볕의 한계를 알면서도 그 한계를 인정하려 들지 않았다는 것이다. 앞에서 잠깐 언급했지만 그 이유는 2가지로 보인다. 하나는 북한이 설령 햇볕정책을 이용하려든다고 해도 우리 쪽에서 일관되게 선의(善意)를 갖고 대하면, 다시 말해 선의의 지원을 계속하면 결국 변하고 말 것이라는 순진한 믿음 탓일 수 있다. 북한이 가끔 약속도 지키지 않고, 도발도 하지만 언젠가는 우리의 선의를 믿고 받아줄 것이라는 믿음이 있었기에 햇볕에 집착했다고 할 수 있다. 오류를 알면서도 수정하려들기는커녕 최초의 인식과 믿음에 더 집착하는 행태는 인간사에선 그리 드문 일은 아니다.

다른 하나는 정치적 이유 때문일 것이다. 햇볕으로 얻을 수 있는 정치적 이득이 워낙 컸기에 이를 포기할 수 없었을 것이다. 노벨평화상도 그런 이득 중 하나였음은 물론이다. 그러나 정작 중요한 것은 대북정책

20) 중국의 한반도 전문가인 장롄구이는 햇볕정책은 일종의 미인계라고 할 수 있는데, 북한은 미인만 취하고, 다른 어떤 것도 양보하거나 바꾸지 않았다고 지적했다. 문화일보, 2008년 4월 7일자.

을 통해 국내정치에서의 열세를 만회하려는 구조적 동기였다고 나는 본다. 김대중은 1997년 12월 대선에서 승리해 정권을 잡기는 했어도 끝까지 한국사회의 영원한 소수이자 비주류로 남았다. 그런 열세를 만회할 수 있는 가장 강력하고 효과적인 무기가 북한문제였다. 앞에서도 언급했지만 그가 일찍이 북한문제에 관심을 갖고 1970년대, 1980년대를 관통해 당시로서는 거의 파격적인 제안들을 내놓은 것은 이렇게 해서라도 힘의 열세를 메우지 않으면 안 될 한국사회의 구조적 한계 속에 그가 놓여 있었기 때문이다. 그렇게라도 하지 않으면 다수파와 경쟁조차 해볼 수 없었던 것이다.[21] 나는 이를 김대중의 '북한 차용론'(借用論)이라고 이름을 붙인 바 있지만, 그에게 북한이라는 변수는 남한에서의 세(勢)의 열세를 만회하기 위해 가장 효과적으로 동원할 수 있는—빌려올 수 있는—수단이었던 것이다.[22]

물론 그렇다고 남북관계 개선의 필요성에 대한 그의 소명의식이나, 냉전체제의 와해를 남보다 먼저 예감한 통찰력까지 부정하자는 것은 아니다. 김대중은 누가 뭐래도 남북관계 개선이라는 시대적, 민족사적 과제를 안고 평생을 고민한 선각자요 정치인이었다. 이 점은 누구도 부인하기 어렵다. 다만, 그 이면에는 이러한 구조적, 정치적 요인이 있었고, 햇볕정책에 대한 그의 이해할 수 없는 집착도 여기에서 비롯됐다고 보는 것이다. 그렇지 않고서는 햇볕에 대한 김대중과 그의 추종자들의 신앙과도 같은 확신을 설명하기가 쉽지 않다. 어쩌면 북한에 대한 순진하고, 낙관적인 인식과 기대가 북한 차용론이라는 구조적 요인과 맞물리면서 종교보다 더 강한 집착으로 이어졌는지도 모른다.

---

21) 이 책 제2장 대북정책의 진화: 수렴의 뿌리, 제3장 김대중의 대북 화해·협력정책(햇볕정책) 참고.

22) 이재호, "북한 차용론-DJ와 이명박"(이재호 칼럼), 동아일보, 2009년 1월 11일자 참고.

2. 반햇볕론자들의 원죄와 한계

앞에서 햇볕론자들의 아집과 위선을 가능한 한 비판적으로 짚어보았다. 대화에 대한 맹신, 시간에 대한 무책임성, 상호주의에 대한 오해, 그리고 그 바탕에 깔려 있는 북한 조기붕괴론과 북한 차용론(借用論)이 그런 아집의 뿌리였다고 나는 보았다. 그렇다면 반햇볕론자들이 햇볕론자들보다 상대적으로 이성적이고 합리적인가. 불행히도 그렇지 못하다. 그들 또한 햇볕론자 못지않게 많은 문제점들을 안고 있다. 대화에 집착하지 않겠다고 해서 대결로만 치달을 것인가, 햇볕정책이 효과를 보려면 어느 정도 시간이 필요하다는 사실조차도 인정하지 않을 것인가, '유연한 상호주의'가 대북정책의 원칙이라면 경우에 따라선 햇볕론자보다 더 북한에 많은 것을 퍼줄 수도 있는 것 아닌가, 북한 차용론 못지않게 북한과의 적대적 의존관계론도 문제가 아닌가, 등에 대해 반햇볕론자 또한 명쾌한 답을 내놓지 못하고 있다.

1) 과소대화: 대화에 대한 경시 또는 두려움

햇볕론자들에게 대화의 맹신과 과잉이 문제라면 반햇볕론자들에겐 경시와 과소가 문제다. 상대적으로 반햇볕론자들이 대화에 소극적인 것은 사실이다. 그들에게 남북대화란 하면 좋지만 안 해도 그만인 정도에 지나지 않는다. 물론 그들 사이에서도 조금씩 견해의 차이가 있겠지만 전체로 보아 햇볕론자들에 비해 대화에 소극적이거나 부정적이다. 이런 예는 멀리 갈 것도 없다. 김대중, 노무현 정권과 대척점에 서 있는 이명박 정권의 대북정책을 보면 여실히 드러난다. 2008년 2월 출범한 이래 집권 5년이 다 되도록 정부는 물론 민간 차원에서도 대화다운 대화는 전혀 없었던 것이다. 이런 교착 상태를 해소하기 위해 임태희 대통령실장이 제 3국에서 은밀히 북측 인사들과 접촉하는 등 수면 아래서의 비공식 접촉도 있긴 했다.[23] 그러나 이런 접촉이 공식적인 대화 재개로 이어지지는 않았다. 박정희 정권 이래 이처럼 남북 간에 대화가 꽉 막힌 적은 없다. 심지어는 전두환 정권 때도 이러지는 않았다. 어떤 형태로든 남북 간에 대화가 있었고, 이에 상응하는 교류 협력이 뒤따랐다.

이명박 정권에선 천안함 폭침 같은 가공할 만한 무력도발이 있었기 때문에 남북대화 자체가 어려웠다고 할 수도 있다.[24] 더욱이 2011년 12월 김정일의 사망과 이에 따른 체제 정비 과정에서 북측이 남북대화에 대화에 응하기는 어려웠을 것이라는 점도 고려될 수 있다. 북한체제가 어떻게 될지, 김정일의 아들인 김정은이 과연 사태를 잘 수습하고 3대 세습에 성공할 수 있을지 누구도 자신 있게 말할 수 없는 상황에선 북측은 물론 남측도 대화를 적극 모색하기는 어려웠을 것이다. 북한은 3대 세습을 지적하는 남한에 대해 극도로 민감한 반응을 보이기까지 했다. 특히 새로 권좌에 오른 김정은의 일거수일투족에 대한 남한 언론의 부정적 보도에 크게 반발해 보복하겠다는 식의 협박을 서슴지 않았다.[25]

---

23) 임태희 대통령실장은 청와대에서 나온 후인 2012년 6월 20일 자신이 남북정상회담 성사를 위해 싱가포르에서 김양건 북한 노동당 통일전선부장과 몇 차례 비밀회동을 갖고 이 문제를 논의했다고 털어놓았다. 동아일보, 2012년 6월 20일자.

24) 2010년 3월 천안함 폭침으로 남북 정상회담 개최를 위한 남북 양해각서 최종합의는 무산되었으며 이후 남북관계는 완전히 단절됐다.

25) 북한은 3대 세습으로 권좌에 오른 28세의 새로운 지도자 김정은에 대한 남한 언론의 보도에 거의 신경질적인 반응을 보였다. 테러 공격을 할 수도 있다는 식의 위협까지 했다. 이에 해당 언론사들은 정부에 안전조치를 요구하고 자체 경비를 강화해야 했다.

이런 상황에서 대화가 성사되기는 어려웠다. 남북대화의 활성화라는 점에서 본다면 이명박 정권으로서는 운이 없었다. 김정일이 갑작스럽게 사망하지만 않았어도 대화가 이렇게까지 막히지는 않았을 것이다. 그럼에도 불구하고 '과소대화'에 대한 책임으로부터 자유로울 수는 없다. 과거 정권들도 크고 작은 도발에 항상 직면했지만, 대화의 끈을 완전히 놓지는 않았다. 1994년 7월 8일 김일성 주석 사망 이후에도 당시 김영삼 정권은 북한과의 대화의 문을 완전히 닫지 않았다. 그해 10월 북미 간에 '제네바 기본합의'가 체결됐고 이어 한반도 평화체제를 논의하기 위한 4자회담이 열렸으며, 이 과정에서 남북대화도 끊기지 않고 이어졌다. 이명박 정권과 역대 정권과의 차이가 있다면 바로 이 부분이고, 햇볕론자와 반햇볕론자를 가르는 가장 명확한 기준도 여기에 있다.

대화가 없었던데 대해 이명박 정권은 남북관계(교류 · 협력)의 질(質)이란 개념으로 설명한다. 한 마디로 양(量)보다 질이라는 것이다. 대화가 빈번하다고 남북관계에 다 좋은 것은, 아니라는 얘기다. 남북이 겉으로는 활발한 대화를 통해 교류 협력하는 것처럼 보이지만 중요한 것은 대화의 횟수가 아니라 그 내용에 있다는 것이다. 한 번 만나더라도 진정성을 가지고 만나야 하고, 논의할 의제도 알맹이가 있어야 비로소 의미 있는 대화가 된다는 논리였다. 대북정책의 성패 여부를 과거와 같이 양적 교류만으로 판단하는 것은 옳지 않다는 것이다.[26] 과거 정권처럼 이벤트성 대화에 더는 집착하지 않겠다는 뜻이었다. '원칙'도 또 하나의 중요한 기준이었다. 원칙에 위배되는 대화는 안 하겠다는 것이었다. 실제로 이명박 정권은 2008년 7월 금강산 관광객 피살사건이 벌어지자 이에 대한 북한 측의 사과를 이유로 남북대화를 사실상 중단했

26) 통일부, "대북정책 및 남북관계 Fact Sheet"(2012년 3월).

고, 이어 2010년 3월 천안함 폭침 사건이 일어나자 더욱 굳게 대화의 문을 닫아걸었다.

'원칙'을 지키는 이와 같은 대북 정책에 대해 이명박 정권은 스스로 만족해했다. 한 예로 2010년 1월 북한이 우리 측이 제안한 옥수수 1만 톤 지원을 수용하겠다면서 당국자 간 대화를 갖자고 제의했을 이명박 대통령은 "우리가 그동안 원칙을 지키지 않았다면 북한이 이렇게 (제 발로 대화의 테이블로) 나오겠다고 하지 않았을 것"이라고 말했다. 이보다 앞서 2009년 8월 북한 아시아태평양 평화위원회가 현대그룹과 추석 이산가족 상봉 등 5개항에 합의했을 때도 이명박 대통령은 을지 국무회의를 주재하는 자리에서 "흔들리지 않는 대북정책은 결국 북한사회를 변화시키고 국제사회의 지지를 받게 될 것"이라고 말했다.[27] 원칙을 지켰기에 북한이 태도를 바꾼 것이고, 이는 남북대화에 하나의 교훈이 될 만하다고 여긴 것이다. 북한의 태도는 이렇게 바꿔나갈 수 있고 또 그래야 한다는 자신감도 엿보였다.

그러나 햇볕론자들의 생각은 달랐다. 이명박 정권이 남북대화를 외면함으로써 김대중, 노무현 정권 10년 동안 쌓아올린 남북관계 개선의 공든 탑을 하루아침에 무너뜨리고 있다고 보았다. '남북관계를 파탄 낸 정권', '평화를 버리고 대결과 전쟁을 추구하는 반민족적 정권'으로 규정하고 극렬히 비난했다. 일부 민주당 의원들은 6·15 남북 공동선언과 10·4 합의를 지키고 햇볕정책으로 돌아올 것을 촉구하기도 했다.[28]

이런 간격을 어떻게 설명할 것인가. 나는 앞에서 햇볕론자들의 아집과 독선을 강하게 — 어쩌면 지나치다 싶을 정도로 — 비판했다. 그것은

---

27) 조선닷컴 http://news.chosun.com 2009년 8월 17일 입력(검색 2012년 12월 25일).

28) 조선닷컴 http://news.chosun.com 20010년 6월13일 입력(검색 2012년 12월 25일).

대척점에 서 있는 듯하지만 사실은 동전의 양면과도 같은 반햇볕론자들의 자기모순을 보다 분명하게 드러내기 위해서였다. 앞에서 지적했지만 대화에 대한 맹신, 곧 과잉대화도 문제지만, 과소대화도 문제다. 대화가 대북정책의 전부가 아니라고 해서 그렇다고 대화를 위한 적정 수준의 노력까지도 포기해서는 안 된다는 얘기다. 예를 들어 정부 간 대화가 어렵다면, 민간 차원의 대화라도 가능토록 해야 하고, 그것도 어렵다면 국제기구나 국제NGO 안에서 다자(多者) 채널을 통한 대화라도 이뤄지도록 노력을 해야 한다. 햇볕론자들이 극단적인 대화 옹호론자가 돼서는 안 되는 것처럼 반햇볕론자도 극단적인 대화 기피론자가 되거나, 적어도 그렇게 비쳐서는 안 된다.

이유는 자명하다. 남북관계가 경색돼 긴장국면으로 치달을 우려가 있기 때문이기도 하지만, 그보다는 우리 사회 내부의 비판과 공격을 감당하기 어려워서다. 정부는 분명한 원칙, 예컨대 북한의 도발에 대한 제재 차원에서 대화를 끊었을지 몰라도 국민의 절대 다수의 눈에는 그 '원칙'이란 것보다도 대화가 중단된 상황만 눈에 들어온다. 그런 상황이 되면 국민은 어떻게 해서 그렇게 됐는지에 대해 차분하게 따져보고 이해하려 들기보다는 우선 목전의 상황에 대한 비판부터 하는 경향이 있다. 이 과정에서 평소 정부에 비판적인 세력들이 선도적 역할을 하는 것은 물론이다. 대화는 계속될 수도, 중단될 수도 있는 것이다. 그런데도 야당은 대화의 중단을 '과거 냉전시절로의 회귀'로 비판하기 일쑤다. 거기서 그치면 좋으련만 대개는 한 발 더 나간다. 일시적인 대화의 중단을 마치 남북관계 전반을 파탄으로 몰아가려는 수구 반동의 음모, 분단 고착세력의 반민족적 작태로 몰아간다. 어떤 정권도 이런 공격 앞에서 상처받지 않을 수 없다. 이명박 정권이 그러했다. 집권 5년 내내 야당으로부터 똑같은 비판과 공격에 시달렸던 것이다.[29]

이명박 정권으로서는 억울한 점도 있었을 것이다. 사실 남북관계는 실정(失政)과 비정(秕政)으로 정부와 집권당이 어려운 처지에 몰려 지지도가 곤두박질 쳤을 때, 일종의 돌파구 역할을 하기도 한다. 국내정치가 꽉 막혔을 때 국민의 관심을 그 쪽으로 돌리게 함으로써 잠시 숨을 고를 수 있는 여유를 준다. 정권이 이를 활용하기도 한다. 과거 권위주의 정권에서 민주화 시위가 격화될 때마다 등장했던 '남파 간첩 일망타진'과 같은 뉴스는 전형적인 예다. 앞에서 언급한 것처럼 김대중이 남북관계의 공동체적 성격을 남한에서의 자신의 정치적 열세(비주류·소수)를 만회하기 위한 보완재(補完財)로 썼다면, 박정희는 남북관계의 경쟁적(적대적) 성격을 자신의 정치적 열세(비민주성)를 정당화하기 위한 보완재로 썼다고 할 수 있다.

이명박 정권은 적어도 표면적으로는 이런 유혹에 빠지지 않았다. 남북대화를 한다고 대표단이 평양과 서울을 오가면서 이런 저런 합의문을 발표한 적도 없고, 북한의 개혁·개방을 유도한다며 국민이 깜짝 놀랄 파격적인 대북 제안을 한 적도 없다. 물론 대선 공약으로 제시한 비핵 개방 3000이 전제가 돼 본격적인 대화가 이뤄질 분위기가 아니긴 했다.[30] 그럼에도 남북대화가 갖는 다양한 정치적 의미와 이점(利點)을 살리려고 애쓴 흔적이 없다. 필자는 이 점이 답답했다. 그래서 2009년 봄, 이명박 정권의 핵심 실세로 알려진 인사를 만나 어떤 형태로든 남북대화에 나설 것을 권유한 적도 있다. "왜 남북대화를 안 하는가, 그러

29) 2012년 12월 대통령선거를 앞두고 야당의 주자로 나온 모든 후보들은 이명박 정권 5년을 '남북관계의 암흑기'로 규정하고, 그 원인을 이명박 정권의 남북대화 부족과 기피 탓으로 돌렸다.

30) '비핵 개방 3000'은 이명박 대통령이 2007년 12월 대선을 앞두고 내놓은 대북 공약으로 북한이 핵을 포기하고 개방으로 나온다면 북한 주민의 1인당 소득이 3,000달러까지 올라갈 수 있도록 돕겠다는 내용이다. 이 공약은 김정일 정권의 거센 반발을 불러일으켰고, 이명박 정권이 집권 5년 내내 남북대화다운 대화 한 번 못해본 한 원인으로 작용했다.

니 더욱 힘든 것 아닌가, 남북대화를 정치적으로 이용하라는 얘기가 아니라, 분단국가의 정부라면 최소한 남북대화가 갖는 순기능을 살려나갈 생각을 해야 한다. 이대로 대화를 안 하면 결국 '대화 기피 정권'으로 몰려, 온갖 불명예를 뒤집어쓰게 될 것이다"는 취지였다. 그러나 그 사람의 생각은 확고했다. "그런 식의 대화는 안 한다"는 것이었다.[31]

'원칙에 어긋나는 대화는 안 한다'는 이명박 정권의 대화관(對話觀)과 방침이 남북관계 개선에 얼마만큼 긍정적으로, 또는 부정적으로 영향을 미쳤는지를 지금 속단하기는 어렵다. 그러나 이명박 정권이 집권 5년 동안 대화다운 대화 한 번 못해본 대화불임(不姙)정권으로 내몰린 것은 사실이다. 동기와 경위가 어떻든 이는 현명하지 못했다. 야당은 비핵 개방 3000 때문에 북한과의 대화가 안됐다고 하지만 이런 비판은 다분히 표피적이다. 그보다 더 깊은 원인은 없을까. 이 대목에서 이명박 정권을 비롯한 반햇볕론자들은 조금 더 솔직해야 한다고 나는 본다. 그들은 입으로는 원칙을 되뇌었지만 속으로는 대화를 해봐도 어차피 실질적인 도움은 안 된다는 '대화 무용론'에 빠져있었거나, 대화우선 정책으로 나갈 경우 무슨 말을 해도 결국은 '김대중 따라하기', 또는 '햇볕정책의 답습', 심지어는 '김대중의 아류'로 몰릴 수밖에 없다는 부담감 때문에 자신들도 모르게 대화에 소극적이지는 않았는지 되새겨봐야 한다.

앞에서 필자는 박정희 정권의 공화당에서부터 민정당, 자민당, 한나라당을 거쳐 오늘의 새누리당에 이르기까지 한국의 이른바 보수정권이 대북정책에 관한한 김대중에게 주눅이 들었다는 주장을 편 바 있다.[32]

---

31) 당시 필자가 만난 인사의 이름을 밝히기는 어렵다. 다만 이명박 정권의 탄생에 결정적인 역할을 했고 남북관계는 물론 국내정치 전반에 걸쳐 정통했던 사람이라는 것만을 밝힌다.

32) 이 책 제3장 제1절 왜 김대중인가, 참고.

박정희 정권부터 1998년 김대중으로의 수평적 정권교체가 이뤄지기 전까지 거의 40여 년간 남북문제에선 늘 뒷북을 치다시피 했기에 — 우호적으로 말하면 집권당으로서 매사 신중할 수밖에 없었기에 — 김대중에게 늘 수세적이어야 했던 경험이 일종의 중압감(열등감)으로 바뀌었다고 봤다. 뭔가 획기적인 대북 제안으로 치고 나가고 싶어도 집권당으로서 그럴 수 없었던 신중함과 방어적 태도가 답답함을 낳았고, 이 해소되지 않은 답답함이 상대적으로 책임질 일이 없어서 자유로웠던 김대중에 대한 콤플렉스와 질시로 이어졌다고 본 것이다.

김대중을 결정적으로 남북문제의 선각자요 개척자로 만들어준 1970년대의 '4대국 부전론(보장론)'만 해도 구상 자체로는 그럴 듯해 보였지만 냉전의 벽이 아직도 높기만 했던 당시는 물론이고 지금도 실현가능성은 거의 제로에 가깝다. 설령 실현가능성이 있다고 해도 그런 방향으로 가는 것이 과연 한반도의 평화와 안정에 항구적으로 기여할 것이란 보장이 없다. 그렇게 해서라도 한반도의 긴장과 대결구도를 해소해 볼 수 있지 않을까, 하는 아이디어 차원에선 눈길을 끄는 제안이었을지 모르나 실현가능성도, 국가이익에 대한 유, 불리도 단언할 수 없는 말 그대로 구상에 불과했다. 차이가 있다면 김대중은 책임질 일 없는 야당이었기에 이런 제안을 내놓을 수 있었지만, 대한민국의 최고통치자로서 박정희는 그럴 수 없었다는 점일 것이다. 만약 당시에 김대중이 박정희의 자리에 있었다면 그런 제안을 할 수 있었을까. 못 했을 것이다. 미국의 주요 언론에 '주한미군 철수' 운운하는 보도만 한 줄 비쳐도 북한의 재침(再侵) 걱정으로 온 국민이 불안에 떨던 시절이었다.

그럼에도 불구하고 김대중은 남북문제의 개척자로 국민에게 인식되었고, 이런 인식은 결국 2000년 6월 15일 남북 정상회담 성사로 움직일 수 없는 사실이 돼버렸다. 우파 보수정권으로선 가슴을 칠 만큼 답답한 일이겠지만 어쩌겠는가, 그것이 이미 확립된 현실인 것을. 이런 현실 속에서 택할 수 있는 길은 2가지밖에 없다. 하나는 김대중의 햇볕정책을 답습하면서 이를 능가할 정도로 대담한 교류 협력정책을 취하는 것이고, 다른 하나는 교류 협력의 속도를 줄이고 상호주의를 강화하는 등 차별화로 가는 것이다. 반햇볕론자들은 이 중 어떤 길을 택했는가. 후자다. 거기까진 좋다. 선택의 문제일 수 있으니까.

문제는 후자를 택할 경우, 떠안게 될 부작용들까지도 신경을 썼어야 하는데 그렇지 못했다는 점이다. 이명박 정권이 '대화 기피 정부'로 낙인찍히면서 '지난 10년간 공들여 쌓아온 남북관계를 한순간에 파탄 낸 정권'으로 몰린 것이 그 증거다. 이 과정에서 나는 김대중에게 주눅 든 심리상태가 은연중에 반햇볕론자들의 대북정책 결정과정에 작용했다고 본다. 이런 말을 들으면 반햇볕론자들은 화부터 내겠지만 굳이 여기서 논쟁을 길게 이어가고 싶지는 않다. 다만 심리적으로 김대중을 넘어서지 않는 한 어떤 반햇볕정책도 스스로 설정한 한계 속에 머무를 수밖에 없다는 점은 지적하고 싶다. 햇볕과 반햇볕의 수렴을 위해서는 사실 정책결정자나 연구자들의 심리에 대한 본격적인 분석이 대단히 중요하다. 지역감정을 비롯한 정치적, 문화적 관점에서 대북정책의 성패를 설명하는 연구물들이[33] 적지 않지만, 이제는 본격적인 심리적 차원의

33) 햇볕정책과 국내정치와의 역학관계는 김도종, "햇볕정책과 국내정치적 역학: 대북포용정책의 정치적 함의", 〈국가전략〉, 제6권 제1호(2000년, 봄호) 참고. 김도종은 김대중에 대한 보수층의 불안감 및 반발심에도 불구하고 햇볕정책의 기조가 유지된 것은 ① 딜넹진이라는 유리한 국제환경, ② 정권 재창출의 실패로 인한 보수세력의 후퇴, ③ IMF 위기로 DJ의 정국주도권 강화, ④ 정치구도 및 정당구조가 집권세력에게 유리하게 형성된 점 등을 들었다. 따라서 김대중 정권이 대북정책의 일관성을 유지할 경우, DJ에 대한 반대가 남북문제에 대한 정책적 반대로 연결될 가능성을 차단할 수 있을 것으로 전망했다. 김도종의 예측대로 김대중의 햇볕정책을 넘어뜨린 것은 우리 내부의 반(反) DJ 정서보다는 북한을 '악의 축'으로 규정한 미국 부시 정부의 출현이었다. 이에 대해서는 이 책의 제4장 "햇볕정책의 실효성: 수렴의 시작", 제5장 "3C로 본 햇볕정책의 실효성 변화"에서 상세히 설명.

연구로까지 그 범위를 넓혀가야 할 때가 아닌가 싶다. 결론 부분에서 다시 언급하겠지만 대북정책을 둘러싼 우리 사회의 햇볕 대 반햇볕의 양극화는 정책 자체의 차이와 함께 정책 외적인 차원, 예컨대 인식, 언어, 지역, 그리고 심리상태까지도 영향을 미친다고 생각한다.[34] 그러기에 역설적으로 햇볕과 반햇볕은 얼마든지 수렴될 수 있고 또 되어야 한다.

2) 시간에 대한 인색함

햇볕론자들이 시간에 대해 무책임하다면 반햇볕론자들은 시간에 대해 대단히 인색하다. 햇볕을 쪼여 북한을 변화시키려면 시간이 필요하다는 것쯤은 자명하다. 알기 쉽게 이솝우화를 빌려서 설명해보자. 바람(완력)으로 나그네의 외투를 벗기는 게 아니라, 햇볕을 계속 쪼여 나그네가 스스로 벗게 하자는 것이라면 그만큼 시간을 줘야 한다. 적어도 나그네가 더위를 느껴서 외투를 벗어버리고 싶은 마음이 들 때까지는 기다려줘야 한다. 북한도 마찬가지다. 힘으로 변화를 강제할 수 없어서 햇볕을 쪼여 스스로 변화하도록 유도하는 것이라면 최소한 그럴 수 있는 시간은 주고, 그런 다음 성패 여부를 따져야 논리적으로 맞다.

물론 어느 정도의 시간을 줘야 하느냐에 대해서는 쉽게 말하기 어렵다. 앞에서 언급한 것처럼 '무한정 햇볕만 쪼이자는 것이냐, 그거야말로 무책임의 극치'라는 비판도 나올 수 있다. 사실 이 대목이 햇볕론자

34) 필자는 햇볕정책 연구에 관심을 갖게 되면서 흥미 있는 현상을 발견했다. 김대중 집권기(1998년 2월~2003년 2월)를 중심으로 햇볕정책을 주제로 한 논문과 칼럼, 에세이 등 500여 편의 글을 읽었는데 글의 성향—예컨대 햇볕정책에 대한 지지 또는 반대—만을 보면 그 글을 쓴 사람의 출신지역을 쉽게 맞출 수가 있었던 것이다.

들의 가장 큰 약점이다. 나는 이를 '시간에 대한 무책임의 문제'라고 앞에서 이미 지적했다. 상당한 시간을 줬다고 해서 나타난 결과가 과연 북한의 진정한 변화를 보여주는 신호인지, 아니면 '무늬만의 변화'인지, 상대를 기망하려는 분명한 의도를 가지고 내놓은 거짓 변화인지, 판단하기도 쉽지 않다. 대북정책처럼 중요한 사안에 대해 일단 시간을 주고 지켜보자는 식으로 접근하는 게 과연 옳은 방법인가 하는 반론이 제기될 수도 있다.

그렇더라도 '햇볕정책에는 시간이 필요하다'는 사실 자체를 부정하기는 어렵다. 본질적으로 햇볕정책은 '시간'이라는 요소를 빼면 성립될 수 없는 정책이다. 따지고 보면 '포용'이라는 이름을 붙일 수 있는 모든 대북정책이 그러하다. 말 그대로 포용한다는 것은 상대를 이해하고 끌어안는다는 것인데 그러려면 시간이 걸릴 수밖에 없다. 이솝우화에서도 정작 중요한 것은 시간이다. 나그네가 더위를 느낄 때까지 햇볕을 쪼일 수 있느냐가 핵심인 것이다. 햇볕을 잠깐 내리 쬐이다가 이내 거둔다면, 그래서 나그네가 전혀 더위를 느끼지 못한다면 그 햇볕은 아무런 의미가 없다. 적어도 더위를 느껴서 외투를 벗거나 벗을 마음이 들 때까지 시간을 두고 볕을 쪼일 수 있을 때 비로소 '햇볕'이 되는 것이다. 햇볕론자들에게 이때의 '시간'은 '일관성'과 동의어로 쓰이기도 한다.[35]

그런데도 반햇볕론자들은 이를 인정하려 들지 않는다. 적어도 김대중, 노무현 두 정권 때의 행태를 보면 그렇다. 햇볕정책과 시간과의 불가분의 관계를 인정하라고 해서 무한정 시간을 주거나 기다리라는 얘

---

35) 필자는 앞에서 햇볕정책과 다른 대북정책들과의 유일한 차이는 '일관성'이라고 지적한 바 있다. 일관되게 햇볕을 쪼이는 것, 곧 북한이나 외부 환경의 변화에도 불구하고 일관되게 교류 협력 정책을 지속하는 것이 다른 대북정책과의 가장 큰 차이라는 것이다. 여기서의 일관성이 '시간'과 동의이라고 할 수 있다. 일관성은 어느 정도의 '시간'이 보장되지 않는 한 존재할 수 없는 개념이기 때문이다.

기가 아니다. 적어도 햇볕정책을 하나의 정책으로 존중하고 어떤 편견이나 악의 없이 논의의 테이블에 올려놓을 수 있을 정도의 인내심과 관용을 가져야 한다는 얘기다. 그러나 반햇볕론자들은 그렇지 못했다. 조금 심하게 말한다면 '햇볕'이란 말만 나와도 경기를 일으킬 정도로 거부반응을 보였다. 이는 이 책의 맨 앞에서 이미 지적했다. 가치중립적인 연구자들이 이 정도라면 다른 집단은 거론할 필요가 없을 정도다. 생래적으로 김대중이 싫고, 따라서 그의 햇볕정책도 싫을 수 있다. 그렇더라도 비판은 엄정한 사실과 논리에 근거해서 이뤄져야 한다. 신념과 사실(*facts*)이 혼재되고, 더러는 신념을 옹호하기 위해 사실 여부가 의심스러운 사실들이 동원된 듯한 느낌을 가질 때도 많다. 반햇볕론자들이 이런 틀 안에 갇혀 있는 한 자신들의 주장도 역시 그런 대접밖에 못 받는다는 점을 알아야 한다. 이는 남북문제 담론의 영역에서 매우 불행한 일이다.

시간의 관점에서 본다면 햇볕론자들도 비판으로부터 자유롭지 못하다. 김대중 정권이 햇볕정책을 들고 나왔을 때, 햇볕정책이 실질적으로 작은 효과라도 내려면 시간이 걸린다는 점을 충분히 설명했어야 한다. '햇볕정책이 좋은 정책이고, 남북관계 개선에는 이 길밖에 없다고 우리는 생각한다. 그러나 시간이 걸린다. 그 과정에서 상당한 고통이 따를 수도 있다'는 점을 분명히 밝혔어야 한다. 유감스럽게도 그런 설명이나 전제는 없었다. 앞에서 지적한 것처럼 그렇다고 그럼 언제까지 햇볕을 쪼여야 하는가에 대한 납득할 만한 설명도 없었다. 정책의 긍정적인 면, 잘 됐을 경우 기대할 수 있는 효과들을 낙관적으로 늘어놓고 선전하는 데 급급했을 뿐이다. 남북문제 권위자인 김대중 대통령이 들고 나온 정책으로 북한을 개혁·개방으로 나오게 해 남북관계를 개선할 유일한 방안인데 감히 반대를 해?, 수구 반동에 냉전세력이구먼!, 대충 이런 분위기였다.

이런 분위기에선 반햇볕론자들의 반발도 급하고 거칠 수밖에 없었다. 햇볕정책이란 용어부터가 마음에 안 드는 판에 마구 몰아붙인다고 생각했고, 따라서 최소한의 인내도 관용도 베풀 여지가 없었던 것이다. 반햇볕론자들의 이런 대응은 햇볕론자들을 더욱 서두르게 만들었다. 어차피 기다려주지 않을 바에는 우리가 하고 싶은 대로 빨리빨리 해치우자는 식으로 나온 것이다. 설령 너무 서두른다고 공격을 받더라도 햇볕정책은 절대적으로 바른 선택이니 밀어붙이자, 나중에라도 딴 소리 못하게 못을 박자는 식이었다.

대표적인 게 노무현 정권 말기인 2007년 10월 4일에 이뤄진 남북 정상회담과 이 회담에서 이뤄진 이른바 '10 · 4 합의'다. 노무현 대통령과 당시 김정일 국방위원장 사이에 이뤄진 이 합의는 서해에 평화협력지대를 설치하고 북한에 대규모 경제지원을 약속하는 햇볕정책의 결정판이라고 할 수 있다.[36] 이 합의를 놓고, 임기를 불과 4개월 — 그해 12월 차기대통령 선거를 기준으로 하면 2개월 — 남겨둔 정권에서 이런 약속을 할 수 있는지, 해도 되는 것인지 논란이 끊이지 않았다. 그러나 당시 노무현 대통령은 바로 그 점 때문에 10 · 4 합의를 강행했다. 대선에서 누가 대통령이 되든지 북한에 대한 대규모 지원책에 손을 못 대도록 아

36) 10 · 4 합의는 2007년 당시 노무현 대통령이 평양을 방문해 김정일 국방위원장과 합의한 대규모의 대북지원안을 말한다. 이 합의는 정치 · 군사, 경제협력, 사회문화 · 인도적 지원 3개 분야 48개 항목으로 돼 있다. 주요 사업으로는 서해평화협력지대 건설 및 공동어로구역 설정, 개성공단 2단계 건설, 해주특구와 안변 · 남포 조선협력단지조성, 직항로를 통한 백두산 관광 등이 포함됐으나 노무현 정권의 임기가 끝나면서 한 건도 성사되지 못했다. 10 · 4 합의를 실행하려면 총 116조의 비용이 드는 것으로 추정됐다. 10 · 4 합의는 이명박 정권의 임기가 끝나가는 2012년 말까지도 남북 간에는 물론 국내에서도 여전히 논란의 불씨가 됐다. 백낙청(서울대 명예교수)을 비롯해 우리 사회의 진보를 자처하는 세력들은 지금이라도 합의를 이행하라고 요구한 반면, 전역 군장교들의 모임인 국민행동본부(본부장 서정갑) 같은 보수단체들은 이를 '국가반역 선언'으로 규정하고 즉각적인 폐기를 요구했다.

에 대못(쐐기)을 박은 것이다. 실로 어처구니없는 일이었지만 당시 정권 담당자들은 오히려 당당했다. 이렇게라도 해서 햇볕정책을 살려나가야 한다고 믿었던 것이다. 무모하기 짝이 없었던 10·4 합의는 예상했던 대로 차기정권에 엄청난 부담을 주었고, 결국 이행 여부를 놓고 남북 사이에 초래된 갈등으로 이명박 정권은 집권 5년 내내 북측과 대화다운 대화 한 번 못해보는 결과를 낳았던 것이다.

만약에 반햇볕론자들이 햇볕정책에는 어느 정도의 시간이 필요함을 인정하고, 최소한의 인내와 관용의 자세를 보여줬더라면 어떻게 됐을까. 그래도 노무현 정권의 햇볕론자들이 이렇게 서둘렀을까. 마찬가지로 햇볕론자들이 처음부터 햇볕정책에는 시간이 걸린다는 사실을 솔직히 시인하고 그에 맞게 대북지원의 속도를 조절했더라면 이처럼 무리한 합의가 애초 안 나왔을 수도 있지 않았을까. 실로 안타까운 일이다. 햇볕과 반햇볕이 대립하는 한 앞으로도 이런 일은 얼마든지 되풀이 될 수 있다.

멀리 갈 것도 없다. 이명박 정권의 임기 말이 되자 야당을 비롯한 일련의 진보(좌파)세력들은 햇볕정책의 부활을 들고 나오고, 보수우파는 햇볕으로의 회귀 불가를 외치며 양측이 첨예하게 맞서는 상황이 벌어지고 있다.[37] 햇볕론자들의 대북정책과 이를 실현하려는 자세에는 어

---

37) 18대 대통령선거전이 한창이던 2012년 10월 4일. 10·4 합의 5주년을 맞아 백낙청 서울대 명예교수, 김상근 6·15 공동선언 실천남측위원회 상임대표, 이해찬 민주통합당 대표, 이재정 전 통일부 장관 등은 서울 프레스센터에서 기자회견을 갖고 6·15 선언과 10·4 합의 이행을 강력히 촉구했다. 또 야당인 민주통합당의 대선 후보 문재인도 같은 날 기자회견을 갖고 햇볕정책으로의 회귀를 골자로 하는 '한반도 평화 프로세스'를 대선 공약으로 발표했다. 이에 보수우파 언론인 조선일보는 즉각 "문재인 對北 평화구상, 노무현·김대중 시대로의 회귀인가"라는 제목의 사설을 통해 "문 후보가 현 정부 대북정책에 대한 국민 상당수 비판을 김대중·노무현 정권 때의 정책으로 돌아가자는 뜻이라고 해석하고 있다면 그것은 지나친 단순화"라고 비판

떤 변화나 진화도 없어 보이고, 마찬가지로 반햇볕론자들의 대응에도 달라진 점이 안 보이니, 어느 쪽이 차기 정권을 맡게 되든지 대북정책을 둘러싼 대립과 갈등의 재연은 불가피해 보인다. 불행한 일이고, 그래서 더욱 햇볕과 반햇볕의 수렴의 당위성이 절실하게 다가온다.

3) 상호주의의 덫

남북관계에서 상호주의라는 용어 때문에 가장 큰 피해를 본 세력이 있다면 그것은 반햇볕론자들임을 앞에서 지적했다. 김대중 정권 이래 햇볕론자들은 남북관계의 발전을 위해서는 상호주의를 포기할 수도 있는, 그래서 진정으로 북녘 동포들의 고통을 이해하고 남북관계 개선의 필요성을 절감하는 세력으로 자임했다. '상호주의에 얽매이지 않겠다'는 공언 자체가 자신들의 이런 진정성을 보여주는 것으로 치부해왔다. 남과 북 사이에 체제경쟁이 이미 끝난 마당에 무슨 상호주의인가, 형편이 나은 형이 형편이 못한 동생을 돕는 것은 인도적으로나 민족적으로나 당연한 일 아닌가, 상호주의가 국제사회의 보편적 원칙이긴 해도 특수관계인[38] 남북관계에 액면 그대로 적용될 수 없는 것 아닌가, 라는 게 그들의 주장이었고 경우에 따라서는 확고한 신념처럼 보였다. 그러나 이런 입장이 반햇볕론자들이라고 해서 다를까. 다르지 않다. 햇볕론자들은 자신들만이 상호주의를 포기한 것처럼 얘기했지만 박정희 이래 역대 보수 정권 중 어느 정권도 상호주의 원칙을 엄격히 적용한 경우는 없었다. 북한 측의 끊이지 않는 도발과, 합의사항을 밥 먹 듯 뒤집는

했다. 조선일보, 2012년 10월 5일자.

38) 남북관계를 공식적으로 특수관계로 규정한 것은 노태우 대통령 때인 1991년 9월 남북이 동시에 UN에 가입한 후 12월 남북 기본합의서에서다.

행태 속에서도 참고 견디면서 대화를 지속하려고 노력했고, 필요하면 대북지원도 마다하지 않았다.[39]

이명박 정권이 들어서면서 천안함 폭침과 연평도 피격 등과 같은 북한의 중대한 도발이 있었고, 이런 도발에 맞서 대화를 중단하긴 했지만, 그렇다고 이를 상호주의의 엄격한 적용이나 회귀로 보기는 어렵다. 김대중, 노무현 정권에서도 북한의 도발 때면 대화를 중단하곤 했는데, 이를 놓고 '상호주의로의 회귀'라고 비판하지는 않았다. 노무현 정권만 해도 2006년 10월 9일 북한이 핵실험을 했을 때 정권 내부에서 "이런 상황이라면 햇볕정책을 계속 하는 것이 과연 옳은지 생각해 봐야겠다"는 얘기가 나왔다. 감내하기 어려운 북한의 도발이 있다면 대화를 중단하고 북한에 책임을 추궁하는 것은 너무도 당연하다. 그 과정에서 얼마든지 대화가 중단될 수 있다. 그런데도 왜 보수우파정권의 대화 중단만 남북관계의 특수성도 고려하지 않은—고려할 줄 모르는—상호주의로 매도당하는지 실로 이상한 일이다. 반햇볕론자들이 진지하게 고민해야 할 대목이 아닐 수 없다.

아마도 그것은 건국과 분단 과정에서 드러난 우리사회 보수우파의 현실인식과 행태가 국민의 뇌리에 깊게 박혀있기 때문일 것이다. 반공(反共) 이데올로기와 남북관계를 정치적으로 이용해온 전력 등도 영향을 미쳤음은 분명하다. 이에 대해서는 앞에서 비교적 상세히 언급했으

39) 이 책 제 2장 대북정책의 진화: 수렴의 뿌리 참조. 제 2장의 제목을 굳이 '진화'라고 붙인 것도 같은 이유에서다. 북한에 대한 적대와 대결 일변도의 태도에서 차츰 화해와 협력을 모색하는 태도로 바뀐 것을 '진화'라고 본 것인데 '진화'는 '이에는 이, 눈에는 눈' 식의 '엄격한 상호주의'에서 관용과 배려의 '유연한 상호주의'로 바뀌는 과정이라고 할 수 있다. 박정희 이래 전두환, 노태우, 김영삼에 이르기까지 어느 정권도 대북정책을 엄격한 상호주의의 원칙 아래 추구한 적이 없다. 그렇다면 남북관계의 대장전이라고 할 수 있는 1992년의 남북 기본합의서도, 북한에 2기의 경수로를 지어주기로 한 1994년 제네바 기본합의도 나올 수 없었을 것이다.

므로 여기서 되풀이 할 필요는 없을 것 같다. 중요한 것은 이제는 그런 덫에서 빠져나올 때도 됐다는 것이다. 언제까지 '상호주의자'란 이름을 달고 살 것인가. 상호주의자가 아닌데도 상호주의자로 몰리는 것이 억울하지도 않은가. 과거 한나라당 이래 대북정책의 원칙으로 내건 '유연한 상호주의'가 햇볕론자들의 '상호주의 배제'보다 훨씬 더 현실정합성이 있는데도 왜 이런 점들은 부각되지 않는가.

답의 상당부분은 용어(用語)에 있다. 이제라도 상호주의라는 말을 버리고 '호혜주의'라는 말을 쓸 것을 권한다. 김대중의 절묘한 조어(造語), 햇볕 때문에 대북정책, 특히 화해와 협력의 영역에선 늘 수세에 몰려야 했던 것처럼 상호주의라는 말에 묶여있으면 똑같은 처지에 몰릴 수밖에 없다. 유연한 상호주의가 바른 방향이고, 표현 또한 정확하지만 일단 상호주의라는 말이 들어가면 국민은 반햇볕론자들부터 지목해 남북 화해와 협력에 소극적이고 경직된 세력이라고 낙인찍어버린다. 경위야 어떻든, 누가 옳고 그르든, '상호주의'를 둘러싼 선전전(宣傳戰)에서 이미 진보 좌파인 햇볕론자들에게 졌기 때문이다.

상호주의라는 말 자체가 주는 어감부터가 극도로 불리하다. 상호주의의 영어 표현은 'mutualism'으로 이 말 속에는 상부상조라는 뜻도 들어있지만 대개는 '1 대 1', 곧 '이에는 이, 눈에는 눈'이란 뜻으로 이해된다. 우리가 북에 주는 것만큼 받아야겠다는 것, 우리가 남북 간 합의를 지키는 것만큼 북도 지켜야 한다는 것이 상호주의의 내용이다. 그렇게 받아들이는 것이 우리사회의 통념이다. 따라서 대북정책에서의 '상호주의'란 다분히 부정적일 수밖에 없다. 적어도 대다수 국민은 그렇게 생각한다. 반면 호혜주의(*reciprocity*)는 말 그대로 서로에게 득이 된다는 뜻이다. 남북이 서로에게 이익이 되는 것, 그것이 호혜주의다. 상호주의보다 훨씬 너그럽고 따뜻하다. 호혜주의라고 해서 무조건 시혜만을 베푸는 것은 아니겠지만 그래도 상호주의보다는 백배 낫다. 용어 자체에서 북한과의 진정한 교류 협력을 원하는 마음이 드러난다. 햇볕이라는 용어 때문에 남북관계에서 화해 · 협력의 영역을 선점 당했다면 '호혜'라는 말로 이를 만회할 수도 있을 것이다.

앞으로 새누리당을 비롯한 모든 반햇볕론자들은 그들의 사전에서 '상호주의'란 용어를 삭제하고 대신 '호혜주의'를 집어넣어야 한다. 남북 모두에게 득이 되는 호혜적 대북정책, 그것은 햇볕론자들의 햇볕정책보다 몇 배 호소력이 있을 뿐 아니라, 대화와 교류 · 협력에 소극적인 것처럼 비쳐온 반햇볕론자들의 이미지를 바꾸는 데 크게 기여할 것이다. 햇볕과 반햇볕의 수렴을 위해서는 더더욱 그렇다. 남북관계에서 언어(言語)와 인식(*perception*)의 중요성은 아무리 강조해도 지나치지 않는다. 반햇볕론자들이 김대중에게 그처럼 당하고서도 아직도 깨닫는 게 없다면 곤란하다.

4) '적대적 의존관계'의 덫

이른바 '적대적 의존관계'(*interdependence of hostility*)도 반햇볕론자들이 넘어야 할 산 중의 하나다. 다수 국민은 아직도 일부 반햇볕론자들이 의도적으로 북한과의 적대적 관계를 조성함으로써 국내정치를 자신들에게 유리한 방향으로 몰아가려 한다며 의혹의 눈길을 보내는 게 사실이다. 멀리 갈 것도 없다. 1997년 10월 15대 대통령선거를 앞두고 자행된 총풍(銃風)사건이 대표적인 경우다.40) 지금도 선거 때만 되면 북한 측의 태도, 특히 휴전선에 배치된 북한군의 동향에 촉각을 곤두세우는 것

40) '총풍사건'은 1997년 10월 15대 대선을 앞두고 북한군을 시켜서 휴전선 일대에서 총기난사 도발을 일으켜 대선 국면을 당시 집권당인 한나라당에 유리하게 바꿔보려 했던 사건이다.

도 그런 전례가 있어서다.41) 북한도 남한과의 관계에서 긴장을 고조시킴으로써 내부 결집을 도모하고 궁극적으로 체제유지에 활용하려 한다는 점에서 남측과 다르지 않다. 그래서 적대적 의존관계로 불린다.

전통적으로 보수·우파의 대북정책과 궤를 같이한 반햇볕론자들 중 일부는 북한을 화해와 협력의 대상으로 보기보다는 궁극적으로 제거해야 할 존재로 본다. 김일성·김정일·김정은의 3대 세습 공산왕조와는 궁극적으로 같은 하늘을 이고 살 수가 없기에 결국 정권의 소멸만이 해답이라는 것이다. 문제는 이런 사실을 의도적으로 부각시키거나 과장해 남북 간에 긴장을 재생산해냄으로써 이를 국내정치에 이용하려 한다는 의혹을 사고 있다는 점이다. 이런 의혹은 총풍사건에만 국한된 게 아니다. 1987년 11월 대선을 앞두고 일어난 KAL기 폭파사건에 대해서도 같은 의혹이 제기돼 20년이 넘는 오늘까지도 계속되고 있다.

진범(신이치, 마유미)이 체포돼 폭파사건의 전모가 드러났는데도 특정 시민단체들은 포함한 일부 좌파세력은 이를 믿지 않고 우리 정부가 사주한 '대선용 공작 테러'라고 주장하고 있는 것이다.42) 박정희 정권

41) 2012년 9월 25일 제19대 대통령선거를 불과 70여 일 앞두고 북한 선박 수척이 여섯 차례에 걸쳐 서해 북방한계선(NLL)을 넘어 우리 측 영해를 침범했을 때도 국민은 북한이 남한의 대선에 어떤 형태로든 또 영향을 미치기 위해서 그러는 것은 아닌지, 촉각을 곤두세웠다 . 일부 언론은 이를 우려하는 사설을 싣기도 했다. 조선일보, 2012년 9월 25일자.

42) 1987년 11월 북한 공작원 김승일, 김현희에 의해 자행된 대한항공(KAL) 858기 폭파사건으로 승객 115명이 사망했다. 이로 인해 남북 간에 긴장은 최고조에 달했다. 다행히 진범이 체포되고 당국의 발 빠른 수사로 사건이 북한 측의 소행임이 낱낱이 드러났다. 그럼에도 일부 시민단체들은 이를 믿으려 하지 않았다. 대선을 앞두고 긴장국면을 조성하기 위해 우리 정부가 주도한 '공작 테러'로 보았던 것이다. 25년이 지난 지금도 이들은 여전히 의문을 제기하고 있다. 그러나 국가정보원 자체 조사 결과 노무현 정권 당시 '김현희 가짜몰이'를 한 주체는 '국정원 과거사건 진실규명을 통한 발전위원회(과서사위)라고 결론 낸 바 있다. 동아일보, 2012년 7월 19일자.

이래 남북관계, 특히 단골메뉴인 남파간첩 검거를 정치적으로 활용했던 전통에 익숙한 반햇볕론자들이 그 단초를 제공한 것은 아닌지 되돌아 볼 필요가 있다. 이런 의혹과 시비에 휘말리는 것은 결과적으로 반햇볕론자들의 입지를 더욱 좁게 만든다. 진정성을 갖고 북한의 도발을 경계하고 안보를 강조해도 그 충심이 다수 국민의 마음에 액면 그대로 전달되지 않는다. 그러다보니 매번 햇볕론자들에 의해 대결세력, 전쟁세력으로 매도당하는 것이다.

적대적 의존관계는 남북관계의 현실과 이상, 두 측면에서 보더라도 시대착오적일 뿐더러 남북문제 해결에도 전혀 도움이 되지 않는다. 무엇보다 정치적 목적 아래 조성된 긴장이 통제 불능의 사태를 몰아올 가능성이 있다. 휴전선에 배치된 북한, 혹은 남한의 군인이 쏜 한 방의 총알이 전면적인 무력충돌로 치달을 수도 있다. 남북 모두 적대적 의존관계를 정치적으로 이용할 생각을 버려야 한다. 우리 측의 반햇볕론자들이 특히 그러하다. 총풍사건으로 대북정책의 신뢰성에 회복할 수 없는 상처를 입었음을 잊지 않아야 한다. 대북정책에서 반햇볕론자들이 햇볕론자들보다 수세에 처하게 된 데는 그 영향도 크다.

북한은 우리의 안보를 위협하는 존재이기도 하지만, 평화와 통일, 번영을 위해서 함께 손잡아야 할 파트너이기도 하다. 한마디로 언젠가 통일이 된다고 치면 북한은 통일의 대상이다. 우리 혼자서 통일할 수는 없는 노릇이다. 그렇다면 북한을 철저히 제거의 대상으로만 봐서도 안되고, 또 그럴 수도 없다.[43] 이런 점에서 북한에 대한 노골적인 적대감의 표출이나 언행이 꼭 바람직한 것만은 아니다. 북한을 불필요하게 자극해서 좋을 게 없다.

---

43) 헌법의 관점에서 '북한 적대론'은 헌법 3조 영토조항에 대한 강한 집착으로 나타난다. '대한민국의 영토는 한반도와 그 부속도서로 한다'로 돼 있는데 이 조항을 분단 현실에 맞게 바꾸자는 좌파의 주장에 반대한다.

그럼에도 일부 반햇볕론자들의 사고의 밑바닥에는 북한에 대한 적대감이 짙게 깔려 있다. 로널드 레이건 전 미국대통령(2004년 사망)의 표현을 빌리면 북한은 여전히 '악의 제국'에 다름 아니니다. 정제되지 않은 적대감이 북한으로 하여금 더 큰 적대감을 드러내게 하면서 남북 사이에 알게 모르게 이른바 '공포의 균형'(*balance of terror*)이 이뤄지고, 이 균형이 상호 '적대적 의존관계'에 기대고 싶은 유혹을 낳게 했다. 반햇볕론자들로서는 안보에 대한 우려의 차원을 넘어서 깊이 헤아려 봐야 할 대목이 아닐 수 없다.

3. 수렴의 길

앞에서 나는 햇볕론자와 반햇볕론자를 싸잡아서 비판했다. 아마 각각의 입장에선 더러 수긍하기 어려운 대목도 없지 않았을 것이라고 생각한다. 그러나 그렇게 함으로써 수렴의 당위성과 가능성을 보다 명료하게 보여주고 싶었다. 대비를 통한 해법 찾기라고나 할까. 햇볕과 반햇볕 모두 완벽한 정책일 수는 없으며, 따라서 상호 보완을 통해서 각자의 장점은 살려나가고 단점은 줄여나가야만 한다는 것을 일깨우고 싶었던 것이다. 실제로 햇볕과 반햇볕의 문제점과 한계만 보여줘도 어느 한 쪽만으로는 안 된다는 것이 여실히 드러난다.

햇볕에 매몰됐던 김대중, 노무현 정권이나, 반햇볕을 추구했던 이명박 정권의 대북정책이 어느 쪽도 성공적이었다고 말하기 어려운 것도 그래서다. 전자는 남북 정상회담이란 성과를 올렸다고 강변할지 모르나, 북한의 핵무기 개발을 막지 못했고, '퍼주기 논란'으로 결과적으로 우리사회를 갈라놓았다는 지적을 받았다. 후자는 남북관계의 '원칙'을 지켰다고 항변할지 모르나 전례가 없는 '불임(不姙)의 시기'를 보내야 했다. 이런 일이 더는 되풀이 돼서는 안 된다. 햇볕과 반햇볕의 수렴을 통해 불필요한 갈등과 대립, 낭비를 줄일 수 있는 사회통합형 대북정책이 나와야 한다.

1) 과잉대화, 과소대화도 피해야

앞에서 우리는 햇볕과 반햇볕의 한계를 대화에 대한 맹신과 과소의 문제, 시간의 무책임성과 인색함, 그리고 상호주의에 대한 오해 등 크게 3가지 관점에서 짚어보았다. 모든 일이 그렇지만 문제점을 정확히 아는 순간, 이를 극복하는 방안은 이미 나와 있다. 병(病)의 원인을 알면 처방도 알 수 있는 것과 같다. 우선 대화를 보자. 남북관계의 건전한 발전을 위해서는 대화에 대한 맹신도 과소대화도 피해야 한다는 것을 우리는 확인했다. 대화는 물론 해야 하지만 그렇다고 대화가 만병통치는 아니다. 대화도 여러 전략 전술 중 하나일 뿐이다. 대화는 적정 수준에서 이뤄지도록 해야 한다. 어떤 게 적정 수준인가.

앞에서 언급한 '상황의 이중성'이 준거의 틀이 되어야 한다. 북한과 대화도 해야 하지만 대결에 대비해 안보도 챙겨야 하는 이중성이 판단의 잣대가 되어야 한다. 천안함 폭침이나 연평도 포격과 같은 무력도발에도 불구하고 북한과 대화를 할 수는 없다는 얘기다. 적어도 정부 간 대화는 중단해야 옳다. 북한으로서는 대화의 중단도 제재(制裁)의 하나로 받아들인다는 점을 알아야 한다. 겉으로는 큰소리치지만 대화의 중단은 정부 차원에서의 대규모 대북지원이 끊기는 것을 의미한다. 형편이 어려운 북한으로서는 큰 부담이다.[44] 주목할 점은 이명박 정권의 이런 대응에 대해 야당인 민주당은 평소와는 달리 거세게 반발하지 않았다는 사실이다. 그런 참사에도 불구하고 대화는 계속되어야 한다고

---

44) 이명박 정권이 천안함 폭침과 연평도 피격 이후 북한과의 대화를 중단하자, 북한의 새 지도자인 김정은이 2012년 8월 우리 측에 수해물자 지원을 요구하고 나선 것은 한 예다. 김정은 생각을 바꾼 듯 며칠 후 '달라는 쌀은 안 주고 밀가루와 옥수수를 주려한다'는 이유로 수해물자 지원 요구를 철회했지만 대화 중단이 북측에 큰 부담이 되고 있음을 보여주었다. 조선일보, 2012년 9월 12일자.

주장하지도 않았다. 그렇다면 된 것이다. 반햇볕과 햇볕이 수렴이 된 것이다.

두 번째로는 '대화의 채널 유지'가 또 하나의 판단의 잣대가 되어야 한다. 감내하기 어려운 북한의 도발로 정부 간 대화가 중단됐다고 해서 대화의 모든 채널을 닫아버릴 수는 없다. 적어도 민간 차원의 대화는 계속되도록 해야 한다. 민간 측의 대화는 대부분 인도적 목적의 지원이나 교류 협력을 위한 대화이기 때문에 이 채널까지 막아버릴 필요는 없다. 이처럼 분화된 전략은 어떤 면에서 기술적 영역에 속한다. 정부와 민간 사이에 정교한 역할 분담이 사전에 마련돼 있어야 한다. 그러려면 평소 민간 차원에서의 대북 채널이 다양하게 가동될 수 있도록 정책적으로 유도하고 장려할 필요가 있다.

가정이지만 천안함 폭침과 연평도 피격 당시의 정부가 김대중 정권이나 노무현 정권이었다면 어떻게 됐을까. '무력도발 불용'을 햇볕정책의 대전제로 삼은 김대중 정권이기에 즉각 정부 차원의 '대화 중단'이 선언됐을 것이다. 그렇다고 거기서 그쳤을까. 아닐 것이다. 당국자 간의 대화가 중단되는 순간, 민간 차원에선 더 활발히 움직였을 것이다. 정부 간에 막힌 대화의 통로를 민간 차원에서 살려놓기 위해 백방으로 손을 썼을 것이다. 민간 차원의 대화 채널이 살아있다면 — 살려놓는다면 — 이 채널이 결국 정부 간 대화 통로를 다시 뚫어주는 일종의 보조열쇠 역할을 할 수도 있는 것이다.

이 점에 대해서도 햇볕론자든 반햇볕론자든 반대가 없으리라고 확신한다. 이명박 정권이 천안함 폭침에 대한 북측의 사과가 없었어도 2012년 9월 민간단체의 대북 수해물자 지원을 승인해준 것이 그런 경우다.[45] 뒤이어 국회에선 민간단체인 대북협력민간단체협의회(북민협)

45) 정부의 승인에 따라 대북지원 단체연합회인 대북민간단체협의회는 2012년 10월 5일 밀가루 500톤을 북한에 보냈으며, 이어 10월 25일에는 총 32억

와 민족화해·협력범국민협의회(민화협)가 제안하고 여당인 새누리당의 정의화 의원이 대표 발의한 '남북관계 개선 및 대북지원 촉구결의안'이 통과됐다. 이처럼 남북대화는 정부 혹은 민간이 혼자서 하는 게 아니다. 함께 같이 하는 것이다. 그렇다면 이 부분에 대해서도 햇볕과 반햇볕으로 나뉠 이유가 없다. 반대할 이유도, 다툴 이유도 없는 것이다.

2) '시간'에 대한 공감대가 필요하다

'시간'의 문제도 마찬가지다. 거듭 강조하지만 햇볕정책이 효과를 내려면 시간이 필요하다. 상대를 포용해서 행동의 변화를 이끌어내려면 그럴 시간을 주고 기다려야 한다. 문제는 언제까지 기다려야 하는가 인데, 그 전에 먼저 햇볕과 반햇볕 사이에 '시간이 걸린다'는 사실에 대해 공감대가 이뤄져야 한다. 그러려면 먼저 햇볕론자들이 좀더 솔직해져야 한다. 앞에서 지적했지만 햇볕정책이 성공하려면 시간이 걸린다는 것, 그 과정에서 상당한 고통이 따르고 인내심이 요구된다는 것을 분명하게 국민에게 설명해야 한다. 그런 절차를 거치지 않은 채 햇볕만 쬐려 들었기에 퍼주기와 저자세로 몰렸고 결국 햇볕정책의 취지도 제대로 살리지 못한 것이다. 김대중 대통령이 일찍이 햇볕정책을 정부의 대북정책으로 제시하면서 이런 점을 충분히 설명했더라면 하는 아쉬움이 남는다.

앞에서 지적했듯이 반햇볕론자들도 햇볕정책의 성패 여부를 판단하는 데 시간이 걸릴 수밖에 없다는 점을 인정하고 기다려주는 관용과 인내가 필요하다. 최소한의 여유도 주지 않고 '퍼주기'라고 몰아붙이니까

원 상당의 의약품과 아동용 내복 등을 북한에 전달했다. 연합뉴스, 2012년 10월 26일.

햇볕론자들이 10·4 합의 같은 무리수를 두어놓고도 당당해하는 것이다. 반햇볕론자들은 역지사지(易地思之)의 안목으로 햇볕정책을 봐줄 필요가 있다. 이명박 정권이 들어서면서 햇볕정책은 사실상 폐지됐다. 대신 보다 엄격한 상호주의에 기초하고, 대북지원에 핵 폐기와 같은 조건을 다는 반햇볕정책이 대북정책의 골간으로 자리를 잡았다. 원칙을 세워 북한의 버릇을 고치겠다는 이 정책도 햇볕정책만큼은 아니지만 역시 시간이 든다. 도발을 하고서도 손 내밀고, 도와줘도 고마운 줄 모르는 북측의 행태가 단시일 내에 바뀔 리는 없다. 교정 과정에서 또 한 갈등과 고통이 수반될 것이 분명하다.

그렇다면 역시 최소한의 시간은 줘야 한다. 정책이 집행돼 북한의 반응이 나오고, 이 반응에 대한 우리 측의 평가가 나와서 다시 정책에 반영(환류)될 때까지는 기다려줘야 한다. 정책이 채 확정되지도 않았는데, 반대부터 하고 나선다면 살아남을 대북정책은 없다. 반대도 그냥 반대인가. 이성적이고 객관적이며, 품격이 있는 반대가 아니라 거의 악담과 조롱에 가까운 형태를 띤다. 이래서는 대북정책의 퇴보만을 초래할 뿐이다.

다시 본론으로 돌아가서 '시간'을 줘야 한다고 했는데 그럼, 얼마나 줘야 하는가. 역시 이게 핵심 쟁점이지만 답은 없다. 대북정책의 성격과 내용, 주어진 시점에서의 남북관계의 분위기 등에 따라 달라질 수밖에 없기 때문이다.[46] 인도적 지원이나 쌀 비료와 같은 협력 차원의 지원문제는 굳이 시간과 연계할 필요는 없을 것이다. 남북관계나 한반도의 정치지형에 영향을 줄 이슈에 관한 것이라면 문제는 정말 복잡해진다. 정책을 집행하기 전 준비단계에선 신중에 신중을 기하도록 충분한

---

46) 햇볕정책의 실효성을 평가하기 위해 앞에서 제시한 필자의 3C 모델, 곧 남북간 신뢰(*confidence*), 국내적 합의(*consensus*), 국제적 양립성(*compatibility*)이 '시간'의 문제에서도 준거의 틀이 될 수 있을 것이다.

시간을 줘야 하겠지만 일단 북측에 제시된 이후에는 어떻게 할 것인가. 무조건 기다려야 하는가, 잘못된 정책임이 분명하다면 즉각 제동을 걸어야 하는 것 아닌가. 실로 지난한 문제가 아닐 수 없다. 이런 상황에선 역시 정권의 임기가 5년 단임제라는 사실이 우선 고려될 수밖에 없을 것이다. 향후 국가의 5년을 특정 정치세력에게 맡겼으면 대북정책에서도 최소한 그 정도는 기다려주는 게 논리적으로 맞지 않나 싶다. 김대중, 노무현이든, 이명박이든 각자가 특정 대북정책을 공약으로 내걸고 당선됐다면 그들에게 그만한 권한과 시간은 줘야 옳다.

물론 임기 5년이 거꾸로 족쇄가 될 수도 있다. 예를 들어 적어도 10년 이상 꾸준히 추진해야 효과가 나타날 대북정책이라면 5년은 너무 짧다. 정권이 바뀌지 않으면 몰라도 햇볕에서 반햇볕으로 넘어가듯이 정권이 바뀐다면 그 정책이 유지되기는 현실적으로 어렵다. 그러다 보면 5년 단위로 대북정책이 좌우를 오가게 되는데 이로 인해 지불해야 할 비용도 비용이지만 사회적 갈등과 혼란은 엄청날 것이다. 우리 정치와 사회의 특성으로 미루어 그럴 개연성이 실로 농후하다.[47] 이런 악순환에서 벗어나기 위해서는 기존의 통일부 체제를 남북 관계위원회(가칭) 체제로 바꾸는 것도 한 방법이 아닌가 한다. 이에 대해서는 다음 절에서 다시 설명하겠다.

---

47) 2007년 10·4 합의를 낳았던 당시 노무현 대통령과 김정일 국방위원장의 남북 정상회담에서 논의됐다는 서해 NLL(북방한계선) 문제가 정권이 바뀌고, 그 정권이 끝나가는 시점인 2012년 10월 다시 발화돼 정국을 뒤흔들고 있는 것은 단적인 예라고 할 것이다. 집권당인 새누리당은 당시 회담에서 노무현 대통령이 NLL에 대해 북한 측에 양보한 발언을 했다고 주장하면서 국정조사를 요구했고, 민주당은 이를 부인하면서 대선 정국이 급속히 냉각됐다. 중앙일보, 2012년 10월 10일자.

3) '상호주의'는 '호혜주의'라는 말로 바꿔라

끝으로 상호주의에 대해서는 필자가 반햇볕론의 중심인 새누리당에 권고한 것처럼 햇볕, 반햇볕 가리지 말고 '호혜주의'라는 표현으로 바꾸면 큰 문제는 없을 듯하다. 왜냐하면 양쪽 다 1 대 1의 엄격한 상호주의를 고집하는 것은 아니기 때문이다. 상호주의에 매달리지 않겠다고 한 김대중, 노무현 정권이나, '신축적 상호주의'를 내건 이명박 정권이나 큰 틀에서는 다를 바가 없다. 강약의 차이가 있을 뿐인데 그마저도 별 의미가 없다. 이는 앞에서 충분히 설명했을 뿐 아니라 제 2장 대북정책의 진화에서도 누누이 지적했다.

예컨대 햇볕정책을 폐기한 이명박 정권이라고 해서 꼭 이산가족 상봉을 해야만 북측에 쌀과 비료를 주겠다는 것은 아니었다.[48] 남북관계 전반에 걸쳐 균형 잡힌 발전을 위해서는 북한이 달라고 하면 그냥 내주던 과거 정권 식으로는 안하겠다는 것일 뿐이었다. 이런 대북 접근은 야당인 민주당과는 또 다른 차원에서 상호주의를 뛰어넘는 것이다. 조금 큰 틀에서 남북관계를 보고, 북한이 싫어하거나 힘들어 해도 요구할 건 요구하겠다는 태도를 상호주의라고 공격한다면 그것은 정치공세에 불과하다. 민주당이 대범하게 상호주의 원칙을 깬 것 못지않게 이명박 정권의 이런 대응도 상호주의를 깬 것으로 봐야 한다.

'상호주의'란 용어가 갖는 기계적이고 부정적인 이미지를 없애기 위해서도 '호혜주의'라는 표현을 쓰는 것이 바람직하다고 본다. 물론 상호주의라는 용어를 써야 할 경우도 있을 것이다. 이산가족 상봉을 평양에

48) 이명박 정권 아래서 이산가족 상봉은 한 건도 성사되지 못했다. 그렇다고 그것이 잘못됐다거나 엄격한 상호주의 때문이었다고 말하기는 어렵다. 쌀과 비료를 주고서라도 이산가족 상봉을 성사시켜야 했는가 하는 근본적인 질문이 뒤따르기 마련이다. 통일부, "대북정책 및 남북관계 Fact Sheet"(2012년 3월) 참고.

서 한 차례 했으면 가능한 한 다음에는 서울에서 하도록 하는 것과 같은 절차적 사안에서는 상호주의라는 용어를 써도 무방할 것이다. 금강산 관광을 위한 통행 통신 편의와 같은 기술적인 문제도 마찬가지다. 그러나 규모나 성격으로 미루어 의미가 있는 대북지원이나 교류 · 협력에는 '호혜주의'라는 용어를 쓰는 게 낫다. 자존심이 센 북한의 입장에서도 기분 나빠할 이유가 없다.[49]

뒤에 다시 언급하겠지만 남북관계, 특히 회담이나 대화는 본질보다도 곁가지가 더 크게 영향을 미치는 경우가 많다. 용어나 발표문의 문구 등을 놓고 다투다가 회담 자체가 무산되는 일이 비일비재하다. '상호주의 논쟁'도 사실은 그래서 커져버린 감이 있다. 1 대 1의 엄격한 상호주의는 남북관계처럼 다층적이고 복잡한 현실에선 적용되기 어렵고 — 실제로 곧이곧대로 적용한 정권도 없다 — 또 적용되어서도 안 되기 때문에 논쟁거리가 안 된다는 것을 햇볕론자나 반햇볕론자 모두 잘 알면서도 논쟁을 벌인다. '상호주의'라는 말 대신에 '호혜주의'를 쓰게 되면 적어도 이런 비생산적인 다툼은 사라질 것이다. 특히 반햇볕론자들로서는 대북지원과 남북대화에 소극적으로 비쳐져온 이미지를 개선하는데 크게 도움을 줄 것으로 확신한다. 그렇게 되면 이 부분 역시 수렴될 것이다.

49) 북한은 자존심이 세다. 비록 헐벗고 굶주리지만 자존심만큼은 강하다. 비근한 예가 2012년 9월 북한은 이명박 정권에 수해 복구를 위해 쌀을 지원해달라고 우리 측에 요구했다가, 우리 정부가 쌀 대신 밀가루와 옥수수를 주겠다고 하자 이를 거부했다.

4) 임동원과 이동복의 화해가 필요하다

끝으로 중요한 것은 '사람의 수렴'이다. 대북정책을 세우고 집행하는 사람들 간에도 인식과 사고(思考)의 수렴이 이뤄져야 한다. 어떤 면에서는 이 부분이 가장 중요하다. 앞에서 보았듯이 대화, 시간, 상호주의의 관점에서 수렴의 가능성이 확인된다고 해도 실제로 정책을 담당하거나, 연구하는 사람들이 서로 평행선을 고집하는 한 수렴은 불가능하다.

이를 구체적인 현실 속에서 살펴보기 위해 1990년대 이후 대북정책과 담론의 영역에서 두 기둥이라 할 만한 임동원(林東源)과 이동복(李東馥)의 관계를 재조명해보자. 임동원이 햇볕정책의 전도사였다면 이동복은 이에 맞선 반햇볕정책의 대표선수였다. 두 사람의 관계는 햇볕과 반햇볕 간에 20여 년에 걸친 갈등과 대립의 역사를 상징적으로 보여준다. 두 사람이 처음부터 서로 이해하고 협력했더라면, 그래서 햇볕과 반햇볕의 수렴을 위해 노력했더라면 대북정책의 역사는 크게 달라졌을 것이다. 나는 지금이라도 두 사람이 — 정확히 말하면 두 사람으로 대변되는 우리 사회의 두 세력이 — 머리를 맞대고 수렴에 기초한 통합형 대북정책을 함께 만들어야 한다고 믿는다.

임동원은 1934년생으로 이동복보다 세 살 위다. 평북 위원 출신으로, 평북 선천 신성고교를 졸업하고 1957년 육사에 입교, 1980년 육군 소장으로 예편한다. 군문에서는 그는 정통 보수 반공주의자였다. 그가 소령이던 1967년 써낸 《혁명전쟁과 대공전략》은 반공이 국시이던 그 시절 북한의 적화통일 전략과 우리의 대응책에 관심을 가진 사람들에겐 필독서로 꼽혔다. 군 내부에서 신망이 두터운 엘리트 장교로서 그는 자주국방의 기틀을 다지기 위해 한국군 최초의 '기본군사전략', '자주적 군사력 건설계획'(율곡계획) '1980년대 육군발전계획' 등을 마련하는 등

주로 전략기획 분야에서 탁월한 능력을 발휘한다. 그는 1979년 12·12 사태 이후 신군부에 비판적인 입장에 섰고 이게 빌미가 돼 1980년 27여 년에 걸친 군 생활을 마감한다. 자신의 표현을 빌리면 그의 군 생활은 '피스 키퍼'(*Peace Keeper*)로서 시대적 소명을 다한 시간이었다.[50)]

정통 보수 반공주의자였던 임동원은 김대중을 만나면서 햇볕정책의 전도사로 바뀌게 된다. 1995년 1월 23일 당시 아태평화재단 이사장이던 김대중을 만난 자리에서 '햇볕정책'이란 용어를 처음 듣게 됐고, 현안이던 북핵문제에 대한 김대중의 예리한 분석력과 판단력, 명쾌한 해결책, 그리고 확고한 통일철학과 원대한 비전, 논리 정연함에 감탄해 김대중과 함께 일할 것을 결심했다고 한다. 그는 이 자리에서 김대중이 제안한 아태재단 사무총장직을 수락한다. 그의 회고록에 따르면 누군가가 말했듯이 '한반도의 역사를 바꾸게 하는 사건인 김대중과 임동원의 결합이 이루어지는 순간이었다'고 한다.[51)]

네 번째 대선(1997년) 출마를 준비 중이던 김대중이 굳이 정통 보수주의자인 임동원을 자신의 햇볕정책을 맡길 실무책임자로 기용한 데 대해선 여러 가지 해석이 가능하나 여기서 논의할 성질의 것은 아닌 듯하다. 어떻든 임동원은 김대중 밑에서 햇볕정책의 성공을 위해 헌신하게 된다. 1997년 12월 대선에서 김대중이 승리하자 청와대 외교안보수석비서관, 국가안전보장회의 사무처장, 통일부 장관, 국가정보원장, 통일부 장관 등의 요직을 차례로 거치면서 햇볕정책의 가시적 성과라 할 만한 남북 정상회담을 성사시키기에 이른다.

---

50) 임동원, 《피스 메이커 — 임동원 회고록, 남북관계와 북핵문제 20년》(중앙북스, 2008), pp. 147~151.

51) 위의 책, pp. 313~316. 임동원은 당시 김대중과 함께 일하기로 결정하면서 주위에서 격려와 비난을 한꺼번에 받았다. 비난자들은 그를 변절자, 배신자로 몰았고, 그의 고향(평안북도) 출신 인사들의 모임에선 '앞으로 이 모임에 나오지 말아 달라'는 면박까지 받았다고 한다.

이동복은 강원도 원주 출생으로 경기고를 졸업하고 서울대 정치학과 재학 중 언론계에 뛰어들어 한국일보 정치부 기자를 지냈다. 1971년 남북 적십자회담 무렵에 정부로 자리를 옮겨 이후 줄곧 남북회담 분야에서 일하게 된다. 1972년 7·4 남북 공동성명 작성에 참여하고, 남북 조절위원회 서울 측 대변인을 지냈고, 중앙정보부 국가심리전총국장(1977~1979), 중앙정보부장 특별보좌관(1979)·남북대화 사무국장(1979~1980), 통일원 남북회담 사무국장(1980~1982) 등을 거쳤다. 이후 잠시 기업(삼성정밀공업, 삼성항공산업)으로 옮겼다가 국회의장 비서실장(1988~1990)을 거쳐 1991년 다시 남북회담 업무에 복귀하게 된다.

1991년 남북 고위급회담 대표 및 대변인을 지냈고, 당시 정치분과위원회 위원장으로 1992년 발효된 '남북 사이의 화해와 불가침 및 교류협력에 관한 기본합의서'(이하 남북 기본합의서) 채택을 위한 북측과의 협상에 참여한다. 임동원도 당시 남북 고위급회담 대표였고, 교류협력분과위원장을 맡고 있었기 때문에 두 사람은 함께 일했다. 남북관계사에서 한 획을 그은 '남북 기본합의서'가 채택(1991년 12월 13일), 발효(1992년 2월 19일)되기까지에는 두 사람의 노력이 지대했다. 두 사람은 또 같은 무렵에 이뤄졌던 북한 측과의 '한반도 비핵화 공동선언' 합의(1991년 12월 31일·발표는 1992년 1월 7일)에도 큰 역할을 한다.

한 사람은 군인으로, 다른 한 사람은 언론인이자 관료로서 출발했지만 두 사람은 손을 맞잡고 뜻을 모아 남북관계 개선에 결정적으로 기여한 것이다. 이때까지만 해도 두 사람의 관계는 긴밀했다. 임동원은 자신의 회고록에서 한반도 비핵화 공동선언이 북측과 불과 1주일 남짓 가진 실무회담에서 전격 합의된 것은 "이동복 대표의 역할이 컸다"고 높이 평가했다. 핵사찰 문제에 대해 이동복 대표의 절충안이 채택됨으로써 협상 타결의 계기가 마련됐다는 것이다.[52] 두 사람 관계가 좋을 수밖에 없었던 이유는 분명했다. '남북 기본합의서'나 '한반도 비핵화 공동선언'은 탈냉전의 세계사적 조류 속에서 남북관계를 새롭게 규율할 기본 틀이나 다름없었으므로 참가자들 간에 남북문제에 관한 인식의 공감대가 형성돼 있어야만 했던 것이다. 두 사람은 지금도 당시 자신들의 역할에 대단한 자부심을 갖고 있다.

임동원이 김대중과 손을 잡던 1995년 이동복은 워싱턴에 있었다. 잠시 공직을 떠난 그는 조지 워싱턴 대학교 개스턴 시거 동북아 연구소와 국제전략문제연구소(CSIS)에서 초청 연구원으로 재충전의 시간을 갖는다. 귀국한 그는 제15대 국회의원을 지낸 뒤, 명지대학교 초빙교수를 거쳐 NGO단체인 북한민주화포럼 상임대표를 맡아 활동하게 된다. 북한민주화포럼은 북한의 민주화를 돕기 위해 결성된 민간단체로 강력한 우파 성향의 단체다. 북한 정권의 타도와 주민의 인권 개선이 궁극적인 목표다. 임동원이 보수에서 진보 — 보수의 시각에선 좌파 — 로 노선을 바꿨다면 이동복은 초지일관 보수우파의 길을 간 셈이다.

이후 두 사람은 대북정책을 놓고 완전히 갈라선다. 표면적으로는 1992년 9월 15일부터 17일까지 평양에서 열린 제8차 남북 고위급회담에서 발생한 이른바 훈령 조작 사건이 결정적 계기가 된다. 훈령(訓令)이란 회담에 나가는 우리 측 대표가 상대방(북한)의 제안을 수용할지 말지, 또는 수정된 제안으로 역 제의를 해야 할지, 쉽게 결정할 수 없을 때 본부에 요구하는 지침을 말한다. 훈령을 요청하는 행위를 청훈(請訓)이라고 하는데, 훈령을 받으면 회담대표는 훈령대로 따라야 한다. 그런데도 당시 평양 고위급회담에서 우리 측 대표 중 한 사람인 이동복(당시 안기부장특별보좌관)이 훈령을 조작, 묵살했다는 것이 임동원 당시 회담 차석대표가 주장하는 이 사건의 개요다.

---

52) 위의 책, pp. 236~237.

… 노태우 정권의 임기가 막바지로 치닫던 1992년 9월 15일부터 17일까지 평양에서 제8차 남북 고위급회감이 열린다. 노 대통령은 이 회담에서 미전향 장기수인 이인모 노인을 북한에 보내주는 대신 ① 노부모 이산가족 고향 방문, ② 판문점 이산가족 면회소 설치 운영, ③ 납북된 동진호 선원 12명 송환 등 3가지 조건을 관철시키기로 했다. 그러나 현실적으로 어렵다고 보고 이 중 ①, ②만 충족돼도 북측과 합의를 볼 작정이었다. 다행히 평양회담에서 북측은 ①, ②를 받겠다고 했다. 즉시 서울에 이 사실을 알리고 협상 타결을 허락하는 훈령을 보내달라고 요청(청훈)했다. 하지만 서울에서 날아온 훈령은 ①, ②, ③이 다 충족되지 않으면 안 된다는 강경한 것이었다. 대표단은 놀라기도 하고 아쉽기도 했지만 협상을 결렬시키고 서울로 돌아올 수밖에 없었다. 와보니까, 서울에선 그런 훈령을 보낸 적이 없고, 오히려 ①, ②만 충족돼도 합의를 하라는 훈령을 보냈다는 것 아닌가. 누군가가 훈령을 조작, 묵살한 것이 분명했다. 우여곡절 끝에 1993년 11월 김영삼 정권에서 이 문제는 다시 불거졌고 감사원이 감사에 나선다. 감사 결과, 평양회담 대표단의 일원이었던 이동복이 청훈차단, 훈령조작, 훈령묵살을 저지른 것으로 드러났다. …53)

임동원은 이동복이 이런 일을 벌이게 된 이유에 대해 "8·15 이산가족방문단 교환사업을 파탄시킨 것이나, 이번에 훈령조작으로 또 다시 이산가족방문단 교환을 파탄시킨 것에 대해 모두들 정권재창출을 위한 것이라고 생각하는 것이 분명했다. 이는 '안보불안과 긴장조성으로 남북관계가 파행되는 것이 특정 대통령후보의 당선에 유리하다'는 일부 안기부 간부들의 구시대적 판단에 따른 조직적 활동의 소산일터였다" 라고 적었다. 임동원은 "훈령조작·묵살 사건은 일부 세력이 대통령의 훈령을 거역하고 남북문제를 정략적으로 이용하려고 한 것으로 민족역사에 수치스러운 오점을 남기게 되었다"고 결론지었다.

---

53) 위의 책, pp. 284~296.

이에 대해 이동복은 강하게 반발했다. 그는 임동원의 회고록 '피스메이커'가 나온 직후인 2008년 6월 23일 조갑제닷컴에 쓴 칼럼을 통해 임동원의 주장은 거짓이라고 일축했다. "임동원은 그의 회고록에서 날조된 허구적 주장을 다시 들고 나와 필자를 비방하고 있다"고 주장한 것이다. 이동복의 반박은 당시 오마이뉴스가 사건의 전말을 소개하면서 함께 보도했다.

> …(이동복의 주장에 따르면) 당시 17일 아침 7시 15분에 서울에서 평양으로 '3개의 조건이 충족되지 못하면 협의하지 말라'며 발송된 전문은 서울에서 온 게 아니라 평양의 우리 측 상황실에서 만들어졌다. 17일 새벽에 (임동원과 이동복이) 서울로 보낸 전문은 당시 안기부의 실력자 엄삼탁 기조실장의 연락 두절로 17일 오전 10시까지 처리되지 못하고 있었다. 당시 우리 측 상황실은 서울에서 암호로 오는 전문의 해독시간을 절약하기 위해 기존 협상 지침의 견지 또는 변경 양쪽으로 예상해 전문을 미리 만들어 가지고 있었다. 17일 아침에도 서울에서 답신이 오지 않자 이동복 전 특보가 '기존 협상지침 고수' 내용으로 된 예상 전문을 정원식 대표에게 전달했고 그는 "면회소와 이인모를 맞바꾸는 대북 접촉은 중지하라"고 지시했다. 또 17일 오후 4시 15분에 온 훈령에서 말하는 2개의 조건은 임동원 전 장관이 말하는 2개의 조건과 큰 차이가 있다는 것이다. 즉, ① 이산가족 고향 방문 정례화, ② 판문점 면회소 설치와 우편물 교환소 설치・운영, ③ 납북어선 동진27호 선원 12명 송환 등 3개의 조건을 관철시키되 "그것이 불가능하면 ①+②, 그리고 그것도 불가능하면 ①+③을 관철하라"는 것이었다.[54]

두 사람의 진실 공방이 필자의 주된 관심사도 아니어서 이 정도면 충분하리라고 본다. 어떻든 이동복은 안기부장 특보에서 해임됐다. 이를

---

54) 오마이뉴스, 이동복의 반박 "임동원 회고록은 거짓"-"대응 가치도 못 느낀다"(2008년 6월 24일 12시 20분 입력, 검색 2012년 11월 10일).

놓고 전통적인 대북 경계 노선의 안기부와 남북대화에 더 긍정적인 통일원 간의 힘겨루기에서 통일원이 이긴 것이라는 해석들도 나왔다. 중요한 것은 대북정책에 관한 논쟁과 담론이 본질과 직접 관련이 없는—당사자들로서는 애초 상상도 못했을— 요소에 의해 이성(理性)의 차원을 벗어나 감정의 영역으로 빠져버릴 수도 있다는 점을 상기하자는 것이다.

두 사람의 관계는 그걸로 끝나버렸다. 아쉬운 일이 아닐 수 없다. 대북정책에 남다른 식견과 열정을 가졌던 두 사람이 경쟁하면서도 서로 이해하고 존중하는 관계를 유지했더라면 햇볕과 반햇볕을 아우르는 대북정책을 내놓을 수도 있지 않았을까, 하는 생각이 드는 것이다. 남북기본합의서를 함께 만든 두 사람의 인간적 관계가 깨어진 것도 안타깝지만 그들의 대북정책 자체가 충분히 수렴될 수 있는 것이었기에 더 그러하다. 어떻게 수렴이 가능한가.

임동원의 햇볕정책에 대해서는 앞에서 상세히 설명했기 때문에 다시 언급할 필요는 없다. 여기서는 그가 회고록의 말미에 밝힌 남북문제에 대한 인식과 해법을 톺아본 후 이동복의 그것과 비교해보겠다. 임동원의 주장은 다음 7가지로 요약된다. ① 평화와 통일은 누가 가져다주는 것이 아니라 남과 북이 주변국들의 지지와 협력을 주도적으로 만들어나가야 한다. '우리민족끼리'만 가지고는 안 된다. ② 통일은 과정으로 법적 통일에 앞서 상호 교류 협력하는 '사실상의 통일 상황'부터 실현해야 한다. ③ 북핵문제와 미·북관계 정상화는 철저한 주고받기와 동시행동의 원칙, 검증을 통한 상호신뢰 조성으로 풀어야 한다. ④ 남북관계와 북핵문제는 '연계전략'이 아니라 '병행전략'으로 나가야 한다. ⑤ 통일지향적 평화체제를 확립하려면 남북 경제공동체 형성과 군비통제가 동시에 추진되어야 한다. ⑥ 평화와 통일에 이르는 과정을 공동 관리, 촉진하기 위해서는 남북연합을 제도화해야 한다. ⑦ 남과 북, 미국과 중국이 참여하는 4자회담을 개최해 군사정전협정을 평화협정으로 전환하고, 이를 미국과 중국, 그리고 유엔 안보리가 보증하는 '2+2+UN' 방식이 바람직하다.[55]

이동복의 인식과 처방은 다음 8가지로 요약된다. ① 통일정책과 남북대화를 혼동해서는 안 된다. 햇볕정책에서 망실(亡失)된 통일정책을 복원해야 한다. ② 김대중과 김정일이 합의한 6·15 남북 공동선언은 위헌이고 따라서 폐기돼야 한다. 그럼에도 통일 이전의 분단관리 단계에서는 김정일을 남북대화의 상대로 상대해야 한다. ③ 이를 통해 정전체제를 남북 간 평화체제로 전환하는 문제를 논의해야 한다. ④ 북한의 체제변화를 위해 기다리지만 말고 대북공작도 고도의 보안 속에 해야 한다. ⑤ 햇볕정책과 포용정책으로 분식돼온 대북 '퍼주기'가 지속돼선 안 된다. ⑥ 대북지원은 인도적 지원과 비인도적 지원으로 엄격하게 구분하고 비인도적 지원은 철저하게 '상호주의'에 따라야 하고, 핵문제와 연동시켜야 한다. ⑦ 북핵문제는 국제적 문제다. 따라서 국제사회와의 긴밀한 조율 아래 채찍과 당근을 배합하는 남북대화의 효율적 추진을 통해 핵 포기를 유도, 또는 강제하는 데 기여할 수 있을 뿐이다. ⑧ 북한 급변사태에 마땅히 대비해야 한다.[56]

일견 두 사람의 대북정책 사이에는 상당한 차이가 있는 것처럼 보이나 찬찬히 따져보면 그렇지 않다는 것을 쉽게 알 수 있다. 임동원의 주장부터 보자. 대북정책, 또는 한반도문제의 해법으로 내놓은 7가지 제

---

55) 임동원, 앞의 책(2008), pp. 733~742.

56) 이동복, 《이동복의 현대사 경험 — 손바닥으로 하늘을 가릴 수는 없다》(경덕출판사, 2007), pp. 388~399.

안 중 논쟁의 여지가 있는 것은 ④ 남북관계와 북핵문제는 '연계전략'이 아닌 '병행전략'으로 나가야 한다는 대목 정도다. 나머지는 모두 역대 정권에서 추진됐거나 거론됐던 것들에 불과하다. 다시 말해 햇볕정책이건 반햇볕정책이건 이견(異見)이 없는 제안들이다.

① '평화와 통일은 남북이 주변국들의 지지를 얻어 주도적으로 추진해야 한다'만 해도 너무도 당연한 얘기다. 전두환 정권 이래 모든 보수 정권들이 다 그렇게 하려고 했다. ② '통일은 과정으로 법적 통일에 앞서 상호 교류 협력하는 '사실상의 통일 상황'부터 실현해야 한다'는 더 말할 나위가 없다. 대체 그렇게 안한 정권이 있는가. ③ '북핵문제와 미·북관계 정상화는 철저한 주고받기와 동시행동의 원칙, 검증을 통한 상호신뢰 조성으로 풀어야 한다'도 그렇다. 이거야말로 보수우파 정권이 쌍수를 들어 환영할 만한 제안이다. ⑤ '통일지향적 평화체제를 확립하려면 남북 경제공동체 형성과 군비통제가 동시에 추진되어야 한다'도 당연한 얘기다. 몰라서 안 하는 게 아니다. 그렇게 안 되니까 경제공동체부터 추진하자는 것이다. 김대중, 노무현 정권도 잘 안되니까 개성공단부터 닦아주지 않았는가.

⑥ '남북연합 제도화'도 똑같다. 될 수만 있다면 얼마나 좋겠는가. 그러나 따져보라. 남북 이산가족 간에 편지 한 장 못 주고받는 상황에서 무슨 '연합'인가. 하루아침에 천지가 개벽해 남북한의 체제가 확 바뀐다면 모를까. 통일을 향해 나아가는 과정에서 그려볼 수 있는 일종의 구상이나 청사진으로서는 의미가 있을지 모르지만 현실에선 아무런 의미가 없다. 공연히 연합제니, 연방제니 해 쓸모없는 논쟁만 촉발시킬 뿐이다.[57] 통일방안이 없어서 통일을 못하고 있는 것은 아니다.

⑦ '남과 북, 미국과 중국이 참여하는 4자회담을 개최해 군사정전협

57) 이 책 제3장 김대중의 대북 화해·협력정책(햇볕정책)에서 김대중의 3단계 통일론의 맹점을 충분히 설명했다.

정을 평화협정으로 전환하고, 이를 미국과 중국, 그리고 유엔 안보리가 보증하는 2+2+UN 방식'도 다를 바가 없다. 한반도문제 해결방안으로 'O+O' 식의 방안이 유행하던 때가 1980년대 후반이었다. 탈냉전의 기류 속에서 동구권이 무너지면서 한반도에도 그 기운이 곧 밀려올 것처럼 생각되던 때여서 많은 연구자들이 저마다 이런 식으로 한반도문제 해결방안(냉전체제 해소방안)을 쏟아냈다. 2+2에서 시작해 2+4, 2+2+2 식으로 남북과 주변 4강을 엮어서 그럴 듯한 조합을 만들어내곤 했던 것이다. 이 역시 의미 없는 숫자놀음에 불과하다. 한반도문제를 O+O식으로 풀어볼 수도 있지 않을까, 하는 상상과 희망의 산물일 뿐이다. 이런 식으로 한반도문제 해결방안이 쏟아져 나오는 것은 가까운 장래에 해결될 가능성이 단 1%도 없기 때문이다. 틀릴지 맞을지가 당장 드러난다면 누구도 이런 식으로 해법을 내놓지는 않을 것이다. 누군들 틀려서 망신을 자초하고 싶겠는가. 틀릴지 맞을지, 가까운 장래에는 드러나지 않을 것이므로 이 문제에 관심이 있는 사람이라면 일단 한 번쯤 모래밭 위에 집을 그려보듯 연필칭 '방식'이란 것들을 다투어 내놓는 것이다.

끝으로 ④ "남북관계와 북핵문제는 '연계전략'이 아니라 '병행전략'으로 나가야 한다"는 주장도 보수우파를 겨냥한 공세적 성격이 강해 보인다. 이런 주장 뒤에는 이명박 정권이 북핵문제와 남북문제를 연계시키는 바람에 대화다운 대화 한 번 못했으니 이제부터라도 병행전략으로 바꾸라는 질책이 숨어있다. 대단히 위험할 뿐더러 반박을 자초하는 주장이다. 당장 반햇볕론자들은 '그래, 병행전략을 쓴 결과가 북한의 핵개발이냐?'라고 나올 게 분명하기 때문이다. 앞에서도 지적했지만 김영삼 정권이 1994년 10월 '제네바 기본합의'로 북핵문제를 일단 붙들어 매줬기 때문에 김대중 정권은 북핵으로부터 상대적으로 자유로운 상태에서 햇볕정책을 통해 남북 정상회담까지 성사시킬 수 있었다.[58] 북핵문제와 남북관계가 직접 연계되지 않고 병행으로 진행될 수 있었던 것이다. 그 사이 북한은 핵 개발에 모든 것을 쏟아 부었고, 결국 노무현 정권에 이르러서는 핵실험을 통해 사실상 핵 국가로까지 인정받게 된다. 그런데도 북핵과 남북관계의 '병행전략'으로 나가라는 것은 심하게 말하면, 북한이 핵을 개발하더라도 신경 쓰지 말고 대북지원만 열심히 하라는 뜻으로 읽힐 수도 있다.

'병행전략'은 한미관계에서도 문제가 된다. 북한이 핵 개발에 매진하고 있는데 어떤 정부가 미국은 제쳐놓고 북한과의 대화와 지원에만 열중할 수 있겠는가. 6자회담이란 틀을 만들어놓음으로써 한미관계와 북핵문제가 직접적으로 부딪히는 상황은 우회할 수 있게 됐지만 그렇다고 언제까지 미국의 공조 요구(압력)를 외면할 수 있겠는가. 김대중, 노무현 정권 때도 이런 상황이 비일비재했고, 그때마다 한미 간에 갈등이 불거지곤 했던 것 아닌가. 엄밀히 말하면 '연계'와 '병행' 사이에 뚜렷한 구분이 있는 것도 아니고, 또 있어서도 안 된다. 어떻게 '100% 연계'가 있고 '100% 병행'이 있겠는가. 전략과 정책이 집행되는 현실 속에선 이 양자가 서로 섞이기 마련이다. 북핵문제에 대해 국제사회의 제재(制裁) 조치에 동참하면서도 낮은 수준, 예를 들면 인도적 차원이나, 통상적인 교류 협력 문제를 논의하기 위한 남북대화는 할 수가 있다. 쉽게

58) 미국의 한반도문제 전문가인 빅터 차(조지타운대 교수)는 1999년 여름 월간 신동아가 미국의 전문가 30명을 상대로 한 '김대중의 햇볕정책에 대한 평가' 설문조사에서 "우리 모두가 알고 있듯이 김영삼(YS) 전 대통령의 정책에는 햇볕정책에서 볼 수 있는 일관성이 결여돼 있었다. YS 대북정책의 아이러니는, 우리 모두가 지금 그것을 최악이었다고 비판하고 있지만, 만약에 김영삼-김정일 정상회담이 열렸더라면 오늘날의 평가는 매우 달랐을지도 모른다는 사실이다. 나는 햇볕정책의 근간이 YS정권 한승주 외무장관 시절에 이미 만들어져있었다고 생각한다. 다만 당시에는 한 장관과 외교안보팀 다른 멤버들 간의 갈등 때문에 DJ시절에서처럼 실현되지 못했던 것이다"라고 주장했다. 〈월간 신동아〉, 1999년 9월호, pp. 162~175.

말하면 '느슨한 연계'에 해당된다. '병행'도 마찬가지다. 북한과의 대화는 해나가되 북핵문제에 대한 미국의 대북 제재에는 동참할 수도 있는 것이다.[59] 이처럼 연계와 병행은 섞여서 구사될 수밖에 없으며, 또 그렇게 되는 것이 바람직한 정책이다. 양자를 엄격히 구분하는 것은 의미도 실익도 없다.

이렇게 보면 임동원의 주장에는 특별히 새로운 것도, 반햇볕론자인 새누리당과 차별되는 점도 찾아보기 어렵다. 그가 제시한 남북문제 해결을 위한 7개의 '방략'은 새누리당의 그것과 거의 차이가 없다.

그렇다면 이동복의 방략을 한 번 톺아보자. 그가 제시한 8가지의 제안 중 ① 통일정책과 남북대화를 혼동해서는 안 된다, ③ 북측과 정전체제를 평화체제로 전환하는 문제를 논의해야 한다, ⑦ 북핵문제는 국제적 문제로 '당근'과 '채찍'을 배합하는 남북대화의 효율적 추진을 통해 풀어야 한다, 는 임동원의 방략과 차이가 없다. ①만 하더라도 김대중, 노무현 정권 때 남북대화를 맹신하고, 북한을 자극할 우려가 있다는 이유로 '통일'이란 용어조차 기피한 데 대한 반발 차원에서 나온 것으로 별 의미가 없다. 통일정책의 한 수단이 남북대화다. 대화를 통해 신뢰를 쌓음으로써 통일에 다가가는 것이다. 그런데도 이런 주장을 한 것은 대화만 하면 남북관계도 좋아지고 통일도 될 것처럼 대화만능주의에 빠졌던 햇볕론자들에게 보내는 일종의 경고라고 하겠다. ③과 ⑦도 임동원의 생각과 다를 바가 없다.

남은 것은 ② 6·15 공동선언 폐기해야 한다. 그럼에도 통일 이전의

---

59) 노무현 정권 때인 2005년 미국 정부는 마카오에 소재한 방코델타아시아은행에 제재조치를 내렸다. 북한이 불법마약 및 무기거래로 얻은 돈을 세탁해준다는 혐의였다. 미국은 이 은행에 대해 미국 기업들과의 거래를 중단시켰고, 북한자금 2,500만 달러를 동결시켰다. 우리 정부도 이에 동참했지만 북한과의 대화는 이어갔다.

분단 관리 단계에서는 김정일을 남북대화의 상대로 인정해야 한다, ④ 북한의 체제변화를 기다리지 말고 대북공작도 하라, ⑤'대북 퍼주기' 중단, ⑥비인도적 대북지원은 엄격하게 상호주의 지키고, 핵문제와 연동시켜라, ⑧북한 급변사태 대비하라, 등인데 이 또한 따져보면 크게 문제될 게 없다. ②'6 · 15 선언 폐기'가 임동원의 입장과 가장 대비되는데, 선언의 위헌성, 적법성 문제에 대해서는 다양한 견해가 있어서 두고두고 논란의 소지가 있기는 하나, 당장 이 문제가 남북관계에 의미 있는 걸림돌이 되리라고는 보지 않는다. 어떤 면에서는 사실 이미 사문화됐다. 더욱이 이동복도 6 · 15 선언의 폐기를 주장하면서도 김정일을 남북대화의 상대로 상대해야 한다고 밝히고 있지 않은가. ④는 굳이 제시하지 않아도 될 방략이다. 좌건, 우건 필요한 대북공작은 해야 하고, 또 하고 있다. 좌파 정권이라고 해서 아무렴 국정원이 기본 직무를 해태하겠는가. 대북공작을 굳이 밖에다 말하고 할 필요도 없을 것이다. ⑥에 대해서는 이미 임동원의 방략을 설명하면서 지적한 바 있다. '엄격한 상호주의'가 어느 정도의 상호주의를 말하는지 알 수는 없지만 1 대 1 식의 상호주의를 뜻하지는 않을 것이다. 이론적으로는 몰라도 현실에선 그렇게 될 수도 없고 되어서도 안 된다는 점을 앞에서 상호주의를 설명하면서 누누이 지적했다. 핵문제와의 연동도 마찬가지다. 우파만 연동하고 좌파는 연동 안하겠는가. 핵문제가 존재하는 한 대북지원과는 어떤 형태로든 연동될 수밖에 없는 것이 한반도와 핵문제의 본질이다. 그럼에도 자꾸 햇볕론자들을 겨냥해 '핵문제와 연동하라'고 종용하는 것은 '좌파는 핵문제도 심각하게 생각하지 않고, 북이 핵무장을 하더라도 용인하려 한다'는 인상을 부러 심어주기 위한 것처럼 보인다.

⑧도 큰 차이가 없다. 북한 급변사태에 대한 대비책은 노태우 정권 때 마련된 안이 보완을 거쳐 김영삼 정권 시절이던 1995년 대통령에게

보고됐는데 이 안이 그 골간으로 알려져 있다. 이동복은 누구보다도 북한 급변사태 대비책 마련의 중요성을 역설해온 장본인이다. 임동원도 그 필요성을 부정하지는 않았다. 그는 자신의 회고록에서 김대중 대통령 취임 직전인 1998년 2월, "대통령과 나는 (김영삼 정권 때 한미 간에 주된 분위기였던) '북한 붕괴 임박론'에 대해 그 개연성을 배제하지는 않고 그 대비책도 강구해두어야 하는 것이지만 그것은 희망사항이지 가능성이 희박한 것으로 판단했다. 따라서 국민의 정부 입장은 '점진적 변화론'이며 이에 기초하여 대북포용정책을 추진하는 것"이었다고 밝혔다.[60] 김대중 정권이 김영삼 정권에 비해 북한 급변사태 대비책에 소극적이었던 것은 맞지만, 어떻든 '개념계획(CONPLAN) 5029'계획이란 대비책을 만들었다.[61] 이 과정에서 외교안보수석비서관이자 국정원장 통일부 장관을 지낸 임동원이 주도적인 역할을 했으리라는 것은 분명하다. '5029계획'은 노무현 정권에 와서 다시 만들어지지 않았다.[62]

마지막 남은 것은 ⑤'대북 퍼주기 중단'인데 이 또한 앞에서 상세히

---

60) 임동원, 앞의 책(2008), pp. 341~342.

61) 〈월간 신동아〉는 2012년 12월호에서 "김대중 정권 초기인 1999년 2월 몇몇 부처가 북한 급변사태와 통일 대비책을 정리했다"고 보도했다. 이 대비책엔 통일이 됐을 경우 국가정보원의 평정(平定) 요원들이 북한에 들어가 통일저항세력을 제거하고, 북한지역에 경찰본부를 신설해 무기 550만정을 압수한다는 등의 내용도 담겨있다. 이 대비책이 김대중 정권이 만든 것으로 지금까지 알려진 '개념계획 5029'인지 〈월간 신동아〉는 확인하지 않았지만 어떤 형태로든 대비책이 있었음은 분명해 보인다. 〈월간 신동아〉, "DJ정부 북한 급변사태 대비 비밀문서", 2012년 12월호, pp. 82~93.

62) 〈월간 조선〉에 따르면 '5029계획' 마련을 무산시킨 것은 노무현 대통령이었다. 노무현 대통령은 2006년 8월 13일 일부 우호적인 신문사 간부들을 초청해 저녁식사를 하는 자리에서 5029계획을 비판했다고 한다. 노 대통령은 또 2007년 10월 평양에서 김정일과 남북 정상회담을 할 때도 "5029계획은 미군이 북한으로 쳐들어가려는 계획인데 내가 무산시켰다"는 요지의 말을 했다고 보도했다. 〈월간 조선〉, 조갑제, "김정일은 노무현 앞에서 이렇게 말했다", 2012년 12월호, p. 68.

설명한 바 있다. 대북지원은 해야 한다. 이 점에 있어선 햇볕론자나 반햇볕론자나 차이가 없다. 결국 어느 정도의 규모로 어떻게 지원하느냐가 관건인데 이는 다분히 상대적이다. 반햇볕론자들은 "마구 퍼준다"고 하겠지만, 햇볕론자들은 "그 정도로도 부족하다"고 생각할 것이고, 반대로 반햇볕론자들이 '상호주의' 또는 '연계' 운운만 해도 햇볕론자들은 대북지원을 할 의사가 없거나 지원에 소극적이라고 몰아붙일 것이다. 결국 이 문제는 선거를 통해 정권을 잡은 세력의 판단과 의지가 1차적으로 중요할 수밖에 없다. 그러나 그 중요성을 감안해 가능하면 반대편의 의견까지 아우르려는 노력이 뒤따라야 한다. 그러기에 평소 수렴의 가능성을 믿고 쌍방이 모두 노력해야 한다.

1980년대 이후 남북관계의 담론과 정책의 영역에서 가히 대표선수라 할 만한 임동원과 이동복의 인식과 전략을 거칠게나마 비교해보았다. 평전(評傳) 수준의 정확한 분석과 비교가 이 책의 목적은 아니어서 더 깊이 들어가지는 않았다. 원래 1992년 남북 기본합의서라는 공통의 기반에서 출발한 두 사람이 이런 식으로 갈라선 것은 불행한 일이다. 나는 1990년대 이후 남북관계를 주제로 한 토론회나 학술회의에서 두 사람이 직접 맞붙은 경우를 보지 못했다. 그러나 어떤 자리에서든 햇볕과 반햇볕의 첨예한 대립 뒤에는 그들의 인식과 신념이 깔려있었다. 그걸 보면서 이런 갈등과 상처가 비단 두 사람 사이에만 국한된 것일까 하는 생각을 갖게 됐다. 크게는 계층과 계층, 세력과 세력, 지역과 지역, 그리고 작게는 수많은 개인과 개인 사이에도 햇볕과 반햇볕을 둘러싼 갈등과 대립, 그리고 상처가 지금 이 순간도 해소되지 않고 여전히 통증을 자아내고 있는 것은 아닌지 궁금했다. 수렴의 가능성을 따져보지도 않은 채 문을 걸어 잠그고 그저 상대방을 때릴 기회만 엿보고 있는 것은 아닌가.

08 맺는 말
수렴의 제도화를 위한 제언

햇볕과 반햇볕의 차이는 과장됐다. 더 정확히 말하면 오염됐다. 정책 자체로서는 둘 사이에 건너지 못할 강 같은 것은 없다. 얼마든지 건널 수 있고, 또 건너야 한다. 나는 이를 이론과 실제(정책) 양 측면에서 드러내 보이려고 했다. 국제정치학에서의 현실주의와 자유주의, 그리고 일종의 방법론으로서의 기능주의가 대북정책의 논의구조를 형성하는 프레임워크임의 세 축(軸)임을 보여줬다. 현실주의와 이상주의 사이로 흐르는 강물을 기능주의라는 배를 타고 거슬러 올라가는 구조가 한국사회에서 남북관계의 담론구조임을 보여주려고 한 것이다. 굳이 이론적인 언사를 동원한다면 '한국적 현실주의'의 실체라고 본 것이다.

정책의 영역에선 햇볕과 반햇볕론자들의 아집과 독선을 함께 비판했다. 그 비판은 단순하고 명료하다. 1년 365일 살다보면 날씨가 맑아 햇볕이 내리쬘 때도 있고, 흐려서 구름이 잔뜩 끼거나 비가 올 때도 있다. 날씨가 맑을 때는 야외에서 운동이나 소풍을 즐기지만, 날씨가 흐리거나 비가 올 때는 집안에 머물거나 우산을 준비해야 한다. 그게 자연의 섭리다. 남북관계도 마찬가지다. 맑을 때가 있고 흐릴 때가 있기 마련이다. 선린(善隣)끼리도 그럴진대 분단과 동족상잔의 비극 속에서 여전히 총부리를 맞대고 있는 남북 사이에선 말할 나위가 없다. 관계가 좋을 때는 대화도 하고 교류도 하지만, 안 좋을 때는 경계 태세를 강화하고, 도발 불용(不容)의 단호한 태도를 보여야 한다.

그렇다면 우리는 햇볕론자들에게는 이렇게 물어야 한다. "(날씨에 관계없이) 무조건 대화하고, 지원만 하자고 할 건가?" 반대로 반햇볕론자들에게는 이렇게 물어야 한다. "햇볕정책이 싫다고 대화를 안 할 건가?" 이 물음에 햇볕론자들은 "우리가 언제 대화와 지원만 하자고 했는가, 김대중 대통령이 그랬듯이 안보도 중요하다고 강조하지 않았는가"라고 답할 것이다. 반면 반햇볕론자들은 "우리가 언제 대화를 안 한다고 했는가, 원칙을 지켜가면서 하자는 것 아닌가"라고 답할 것이다. 분단 60년이 넘도록 계속된 대북정책에 대한 수많은 연구와 논쟁, 그 화려한 수사(修辭)와 이론, 모델의 경연도 결국은 되풀이되는 이 두 개의 물음과 이 두 개의 답변으로 압축된다. 같은 질문을 하고 같은 답변을 하고, 그리고 다시 같은 질문을 하고 같은 답변을 하기를 거듭한 것이다.

어떻게 보면 실로 허망한 일이다. 이 정도를 놓고 우리가 그토록 편이 갈려 적의(敵意)와 증오의 칼을 들이댔나 싶다. 이 책의 맨 앞부분에서도 지적했지만 햇볕과 반햇볕이 싸운 게 아니라 햇볏론자들은 자신들이 자의적으로 만든 '반햇볕론'이라는 유령과 싸우고, 반햇볕론자들도 자신들이 만든 '햇볕론'이라는 유령과 싸워온 것은 아닌가 싶다. 이것은 뭘 뜻하는가. 아무것도 아니라는 얘기다. 싸울 일도, 미워할 일도 아니라는 것이다. 물론 구체적인 현실 속에선 전략과 전술의 선후(先後)와 완급(緩急) 등을 두고 견해 차이가 없지는 않을 것이다. 그러나 충분히 조정과 절충이 가능하다. 수렴될 수 있다는 얘기다. 대화만 하자는 게 아니라는데, 대화를 안 하겠다는 것이 아니라는데, 왜 안 되겠는가. 서로가 크게 다르지 않음을 인정하고, 상대방의 견해가 완벽하지 않듯이 내 견해도 완벽하지 않다고 스스로 몸을 낮춘다면 접점은 얼마든지 찾아낼 수 있다. 수렴으로 가는 길을 어렵지 않게 찾을 수가 있는 것이다.

1. 햇볕정책이 제대로 평가받으려면

인식부터 바꿔야 한다. 출발점은 햇볕정책이 김대중의 독창적 산물도 특별한 것도 아니라는 점을 인정하는 것이다. 햇볕론자들로서는 고통스러운 일이겠지만 먼저 한 계단 아래로 스스로 내려오지 않으면 안 된다. 대북정책이 햇볕과 반햇볕으로 갈려 사생결단하듯 싸우게 된 배경과 경위는 앞에서도 언급했지만 단순하지가 않다. 그럼에도 햇볕론자들에게 먼저 손을 내밀 것을 요구하는 것은 햇볕정책의 '과실'을 그들이 따먹었기 때문이다. 그것도 아주 배부르게 말이다.

김대중 대통령이 햇볕정책으로 노벨평화상을 받았다고 해서가 아니다. 햇볕정책이란 박정희, 전두환, 노태우, 김영삼 정권을 거치면서 진화한 대북 화해·협력정책의 한 줄기일 뿐이다. 이들 중 어떤 정권도 대북 화해·협력에 반대한 정권이 없다. 냉전 아래서 이들 정권이 추구했던 대북 화해·협력정책은, 탈냉전 시기에 추구된 김대중의 대북 화해·협력정책(햇볕정책)보다 어떤 면에서는 더 값진 것이었다. 김대중 시절과는 비교하기 어려운 국내외적 환경 속에서 더 치열하게 남북관계를 개선해보려고 노력했기 때문이다.

그런데도 그 과실은 결과적으로 김대중과 그 지지 세력에 돌아갔다. 극단적으로 말한다면 특별히 새로울 것도 없는 대북 화해·협력정책에 '햇볕'이란 절묘한 이름표를 달아 한 시대, 우리사회의 이념과 담론의 영역을 지배한 것이다. 물론 정치인으로서의 김대중의 통찰력과 신념의 승리라고도 할 수 있다. 김대중이 아니었다면 과연 금강산 관광길이 열리고 개성공단이 조성될 수 있었겠는가, 라고 묻는다면 대답이 군색해지는 것도 사실이다.[1] 이 부분까지 부정하자는 것은 아니다. 그럼에도 우리가 반드시 짚고 넘어가야 할 것은 3가지다. 첫째는 김대중의 햇볕정책이 그 자신의 독창적인 정책은 아니라는 것이고, 둘째는 햇볕정책이 '햇볕'이란 이름표를 달고 작동할 수 있게 만들어 준 정치적·사회적·경제적 토대(인프라)의 중요성을 외면해서는 안 된다는 것이며, 셋째는 햇볕정책의 독선과 아집이 심은 분열과 갈등의 씨앗을 직시하자는 것이다. 이 3가지는 서로 연관돼 있다. 햇볕론자들은 독창성을 고집하고, 햇볕을 가능케 한 역대 정권의 인프라 구축 노력을 인정하지 않음으로써, 결과적으로 독선과 아집의 길로 내달렸기 때문이다.

햇볕론자들이 흔히 들고 나오는 논리가 정치적인 이유 때문에 반햇볕론자들이 햇볕정책에 대해 반대한다는 것이다. "햇볕정책을 대북정책으로 평가하지 않고 특정지도자와 특정 정치세력의 정권적 부산물로 보는 정략적 입장에서의 반대가 존재한다"는 것이다. 다시 말해 "햇볕정책에 대한 호불호의 표현이라기보다는 김대중 정권에 대한 호불호의 차원에서 나타나는 반대"라는 것이다.[2] 일면 수긍할 대목이 없는 것은 아니다. 그러나 바로 이런 인식이 거꾸로 햇볕정책에 대한 객관적인 평가와 비판을 가로막아온 장애 중의 하나였음을 알아야 한다. 우리 정치

---

1) '햇볕정책이 김대중의 독창적 산물이 아니다'는 주장에 대해 햇볕론자들은 "중요한 것은 정책의 독창성 여부가 아니라 일관성(의지와 신념)과 실천(금강산 관광과 개성공단)"이라고 반박한다. 김연철, "합의만 하던 시대에서 실천하는 시대로", 〈시사저널〉, 102호, 2009년 8월 24일, www.sisainlive.com(2010년 8월 30일 출력).

2) 김근식, "김대중 정부의 햇볕정책: 회고와 전망", 〈한국과 국제정치〉, 제18권 제2호 통권 228호(2002년, 여름), pp.113~114. 김근식은 이 논문에서 2001년 조선일보 신년 여론조사에서 김대중 정권의 대북정책에 대한 긍정적 평가가 호남지역에서는 79.4%인 반면, 부산·경남지역에서는 부정적 평가가 57.1%로 가장 높았다는 점을 들었다. 김근식은 따라서 햇볕정책에 대한 반대는 '김대중 정권에 대한 반대에서 비롯된 것이기 때문에 김대중 정권의 임기가 끝나면 상당 부분 완화될 가능성이 있다'고 진단했다. 과연 그러했는가.

사에서 김대중에 대한 영원한 비토세력의 존재까지 부정하자는 얘기가 아니다. 그렇다고 '김대중이 했기 때문에 반대한다'는 주장에는 동의할 수 없다. 햇볕정책에 대한 비판은 그 정책 자체에 문제가 있기 때문이다. 햇볕을 내리쪼였지만 돌아온 것은 북한의 핵과 미사일 개발뿐이었지 않는가. 햇볕론자들은 애써 이 부분을 외면하려고 한다. 당사자인 김대중 대통령의 얘기를 직접 한번 들어보자. 그는 2008년 10월 월간조선과의 인터뷰에서 '햇볕정책에도 불구하고 북핵문제는 더 악화됐고, 수백만 명의 주민이 굶어죽는 등 북한은 조금도 변하지 않았다'는 질문에 다음과 같이 대답한다.

> 그렇게 말하는 것은 섣달 그믐날 시집온 며느리에게 정월 초하룻날 '시집온 지 2년이 됐는데 아들을 못 낳느냐'고 따지는 것과 마찬가지입니다. 우리가 햇볕정책을 추진했지만 안에서는 국회 과반 의석을 차지한 야당이 강력히 반대했습니다. 계속 견제했죠. 밖에서는 부시 정권이 북한과 대립했습니다. 그런 상황에서 개성공단, 금강산 관광의 명맥을 유지한 것만도 참 힘든 일이었습니다. 부시 대통령이 취임해서 내가 권고한 대로 북한과 주고받는 대화를 했으면 북한이 왜 핵실험을 하고 핵보유로 달려갔겠습니까. 부시가 실기(失機)한 것입니다. 북한 내부에서 굉장한 변화가 진행 중입니다. 미국과 북한이 국교 정상화하고, 미국이 북한의 안전을 보장하고 개혁·개방하도록 도와줄 때 북한은 진짜 변할 거예요.[3]

김대중의 이런 설명에 공감할 국민이 얼마나 될지 의문이다. 과연 그의 말대로 햇볕정책을 계속 폈더라면 북한이 핵 개발로 가는 것을 막을 수 있었을까. 부시가 북한과 주고받는 대화를 했더라면 북한은 핵보유국이 되려는 노력을 포기했을까. 김대중 정권이 막을 내린 지 2012년

3) 〈월간 조선〉, 2008년 10월호, 격돌 인터뷰, "북한 김정일에 대한 '속마음' 토로한 김대중 전 대통령".

기준으로 10년이 지났지만, 시간이 흐를수록 김대중의 이런 주장에 동의하는 국민은 줄었으면 줄었지 늘지 않고 있다.

이래서는 한 걸음도 나아가지 못한다. 스스로 햇볕정책의 한계를 먼저 인정하고 보완책을 찾아야 한다. 거듭 말하지만 햇볕정책은 완벽한 정책이 아니다. 무슨 장전이나 경전은 더욱더 아니다. 햇볕론자들이 햇볕정책을 이런 식으로 싸고도니까 비판과 반대도 그에 비례해서 더 격렬해지는 것이다. 이래서는 햇볕론자들만 더욱 고립될 뿐이다. 그것은 2012년 12월 제18대 대통령 선거에서 호남지역만 민주통합당의 문재인 후보에 대한 압도적 지지로 고립된 정치지형을 보인 것과 다를 바 없다.[4] 어쩌면 햇볕론자들은 이런 대선 결과를 보면서 자신들의 주장을 성찰하기보다는 더 정당화시키려들지도 모른다. 반햇볕론자들에게 냉전적 대결 의식을 버리고 햇볕의 포용정신을 받아들이라고 촉구하기에 앞서 스스로 햇볕정책의 한계를 인정하고 앞장서서 보완을 모색하는 것이 햇볕정책을 살리는 길임을 명심해야 한다.

가능하다면 반햇볕론자들과 함께 더 나은 대북정책을 찾기 위해 머리를 맞대는 게 더 효과적일 것이다. 바꿔 말하면 스스로 수렴의 길로 들어서야 한다. 수렴 없이는 햇볕정책론자들은 그들이 그렇게 원해 마지않는 국민으로부터의 긍정적 평가와 찬사를 결코 얻지 못함을 알아야 한다. 햇볕론자들은 "김대중 정권은 햇볕정책의 업적을 통해서 국민통합적인 사회구조를 만들려고 할 것이 아니라 이 정책을 효과적으로 추진하기 위한 국민통합적 사회구조를 먼저 만들어내야 했다"는 김재한의 지적을 한 번쯤 되새겨볼 필요가 있다.[5] 햇볕정책 옹호론자로 분

4) 제18대 대통령선거에서 민주통합당 문재인 후보에 대한 지지는 광주(92.0%), 전북(86.3%), 전남(89.3%) 등 호남지역에서 압도적으로 높게 나타났다. 이 선거에서 박근혜 새누리당 후보는 1,577만 3128표(득표율 51.6%)를 얻어 1,469만 2632표(48.0%)를 얻은 문재인 후보를 누르고 당선됐다.

류될 수 있는 문정인, 강원룡 등도 "과거 정권의 대북정책과 연속성을 충분히 설명하지 않아서 국민적 지지와 합의 형성에 실패했고, 야당의 동의와 협력을 확보하기 위한 노력을 충분히 하지 않았다"[6] 고 비판하지 않았는가.

---

5) 김재한, "햇볕정책의 국내정치적 제약요인 분석", 〈동북아연구〉, 제 8집 (2003년 12월), p. 137.

6) 박선원, "햇볕정책과 여론: 지속성과 변용의 관점에서 본 실증분석", 〈한국과 국제정치〉, 제 18권 제 2호 통권 제 37호(2002, 여름), p. 123에서 재인용. 박선원은 이 논문에서 지역주의와 햇볕정책과의 상관관계를 계량적으로 파악하려고 했다. 그는 햇볕정책이 김대중 집권 내내 전국 평균 60%대 이상의 비교적 높은 지지율을 유지했으나, 전체 인구의 28%를 차지하는 영남지역에서 줄기차게 거부 반응을 보이고 있다고 지적했다. 햇볕정책에 대한 지역주의의 영향을 지적한 점은 앞서 언급한 김근식과 같으나 해법은 다르다. 박선원은 영남지역의 거부 반응을 고려해 햇볕정책의 원칙과 기조는 유지하되 그 범위 안에서의 부분적인 변용이 필요하다고 지적했다. p. 143.

2. 북방정책과 북핵동결을 딛고 선 햇볕정책

앞에서도 누누이 강조했지만 대북 화해·협력을 정부 차원에서 본격적으로 추진한 게 김대중의 햇볕정책이기는 하나, 남북이 서로 적대하지 않고 상호 인정하며 제반 문제를 평화적으로 해결하기 위해선 화해·협력이 전제되어야 한다는 인식은 이미 오래전부터 형성돼 있었다. 일부 정권에서는 진보세력들의 주장 차원에 머무르기도 했고, 또 일부 정권에서는 공식 정책으로 채택되기도 했으나, '화해·협력을 통한 남북관계의 개선과 한반도 평화통일'은 우리 사회의 보편적 이상이자 목표였다.

해방기에는 여운형·김규식을 중심으로 한 좌우합작운동과 김구·김규식을 중심으로 한 남북협상론이 대두됐다. 비록 내세와 내세, 내세와 외세, 외세와 외세의 이해관계와 갈등의 틈바구니 속에서 정치지도자의 역량 부족으로 원하는 결과를 얻어내지는 못했지만, 두 운동 모두 해방 이후 좌우 정치세력 간 이념적 대립을 넘어서 남북이 하나 되기 위해 전제되어야 할 원칙이 남북 화해와 국제적 협력임을 확인해주었다. 이승만 시대에는 진보당의 평화통일론이 있었다. 이 평화통일론은 인식을 정책화시켜 나가는 방법론에서 한계를 드러냈지만, 분단된 조국의 평화통일을 위해서 필요한 건 국제적 협력과 남북한 간 화해·협력이라는 것을 강조했다. 그 연장선상에서 장면 시대에는 중립화통일론과 남북 교류협상론이 나왔다.

박정희 정권에선 남북한 간 최초의 당국자 간 통일원칙에 합의한 7·4 남북 공동성명과 김대중의 3단계 통일론이 있었다. 두 사람은 방법론의 차이에도 불구하고 남북관계 개선의 전제조건이 화해·협력임을 거듭 확인해주었다. 전두환 정권을 거쳐 노태우 정권에선 남북 화해·협력을 위한 종합적이고 체계적인 남북 기본합의서가 채택됐고, 이런 기조는 김영삼 정권에 이르러서도 유지됐다. 이는 다시 김대중 정권에 이르러 햇볕정책이란 이름 아래 보다 적극적으로 추진됐다. 북한의 도발에도 불구하고 전 정권들보다는 상대적으로 일관되게 화해·협력 노선을 추구했고, 이를 위해 민간 차원의 교류 협력을 정부가 적극 지원했으며, 이 과정에서 상호주의를 유연하게 적용했다. 대결적인 남북한 구도를 화해·협력 구도로 전환하기 위해 노력했고, 일부 성과가 있었다. 그렇다고 해서 그 성과가 햇볕정책만의 성과라고 하기는 어렵다. 역대 정권을 거치며 끊임없이 진화해온 대북 화해·협력정책이 김대중 정권에 이르러 일부 결실을 보았을 뿐이다.

나는 김대중의 햇볕정책은 ① 박정희를 필두로 한 이른바 근대화세력의 경제적 성취, ② 한반도의 냉전구도를 흔들어버린 노태우 정권의 북방정책, ③ 김대중을 여전히 '불온한 좌파'로 보았던 보수 우익의 한 축(軍-하나회)을 잘라낸 김영삼 정권의 추가적인 민주화 노력, ④ 1994년 북미 간 제네바 기본합의로 북핵문제를 붙잡아준 김영삼 정권의 비핵화 실천 노력이 있었기에 가능했다고 확신한다.[7] 어떻게 보면 김

---

7) 역대 정권의 대북정책에 대한 연구자들의 평가를 보면 김영삼 정권에 대한 평가가 가장 인색한데 이는 문제의 한 면만 본 결과라고 나는 생각한다. 김영삼 정권 때 특정 사안들을 놓고 오락가락한 것은 사실이다. 그러나 그때는 북핵문제가 눈앞의 현실로 다가와 있었다. 남북 화해·협력을 위해 뭔가를 해보려고 하면 북핵문제가 터져 원점으로 돌아가기를 반복하는 일이 벌어지곤 했다. 상대적으로 김대중 정권에선 북핵문제가 덜 이슈화됐다. 흔히 "김영삼 없이 김대중이 정권을 잡을 수 있었겠는가"라는 말하는데 이 말은 햇볕정책에도 적용된다. 김영삼 정권이 군 내부의 하나회를 척결하고, '서울을 불바다로 만들어버리겠다'는 북한 측의 협박을 받아가면서도 미국과의 공조를 통해 '북미 제네바 기본합의'로 북핵문제를 붙잡아주지 않았더라면 김대중은 햇볕정책을 펼 기회조차 갖지 못했을 것이다. 이 책 제2장 대북정책의 진화: 수렴의 뿌리 참조.

〈그림 8-1〉

대중은 전 정권들이 닦아놓은 이 4차선 고속도로를 마음 놓고 달리기만 하면 됐던 것이다(〈그림 8-1〉). 물론 반론도 있을 수 있다. 어떤 정책이든 완전한 단절 속에 이뤄지는 것은 아니기 때문에 이와 같은 주장은 김대중의 햇볕정책에 대한 일종의 딴죽걸기라고 할지도 모른다. 그러나 햇볕정책의 경우는 다르다. 김대중과 햇볕론자들은 역대 정권의 대북 화해·협력 노력을 평가하는 데 지나치게 인색했다. 전 정권들이 구축해놓은 인프라 위에서 햇볕정책을 펴 그 열매를 따먹었으면서도 정작 인프라를 구축한 사람들의 노고와 공은 인정하지 않았다.

노태우 정권 때 탄생한 역사적인 남북 기본합의서만 해도 그렇다. 김대중 대통령은 1998년 2월 취임사에서 남북 기본합의서의 정신을 이어받겠다고 한 차례 언급했을 뿐 집권 5년 동안 기본합의서를 거의 입에 올리지 않았다. 필자는 정치부 기자로서, 데스크로서 현장을 지켰지만 남북 기본합의서에 대한 어떤 의미 있는 실천 노력은커녕 언급조차 들은 적이 없다. 물론 김대중은 이를 부인했다. 자신은 남북 기본합의서를 도외시하지 않았다는 것이다. 오히려 기본합의서를 만든 노태우 대통령이 기본합의서의 약속 중 한 건이라도 실천하기 위해 노력한 적이 없고, 자신은 북한에 가서 김정일을 만나서도 기본합의서가 중요하다고 애기했다는 것이다. 김대중 대통령의 핵심 측근인 박지원(전 대통령 비서실장)도 "이명박 정권에서 남북 기본합의서를 내세우는데, 6·15 정상회담을 위한 4·8 합의서에 '남북 기본합의서 정신에 따라 한다'고 명시돼 있다. … 마치 우리가 남북 기본합의서를 버린 것으로 말하는데 그 사람들이 공부가 부족한 겁니다"[8] 라고 말했다.

그렇다면 묻겠다. 김정일을 만나 6·15 남북 공동선언을 만들었을 때 왜 남북 기본합의서에 대해서는 한 마디 언급도 하지 않았는가. 실현가능성도 없고, 뒷날 두고두고 논란의 소지만 된 통일방안(연합제와 낮은 단계의 연방제)은 집어넣었으면서 왜 남북 기본합의서는 단 한 글자도 포함시킬 생각은 안 했는가. 왜 그토록 전 정권의 대북 화해·협력 노력을 인정하는데 인색했던 것인가.

왜 그랬을까. 김대중은 아마도 자신의 대북정책이 전 정권과는 차별화될 뿐 아니라 질적으로도 앞선 정책이라고 믿었을지도 모른다. 자신은 명실 공히 최초로 여(與)에서 야(野)로 수평적 정권교체를 이뤘기 때문에 대북정책도, 기껏해야 권위주의 정권의 아류이거나 계승자인 전 정권들의 대북정책과는 달라야 한다고 생각했을 수도 있다. 더욱이 스스로가 오랫동안 이 분야에 천착해 온 자타가 공인하는 선구자요 전문가여서 전 정권의 대북정책을 자신의 햇볕정책과 같은 논의선상에 올리는 것조차 내켜하지 않았을 수도 있다.

나는 지금도 이해하지 못하는 대목이 있다. 김대중이 재야시절 그렇게 주장했던 3단계 통일론을 정작 정권을 잡았을 때는 왜 전면에 나서지 내세우지 않았느냐 하는 점이다. 김대중이 재야시절 자신의 통일론에 쏟은 정성과 열정을 생각한다면 정권을 바뀌었을 때 마땅히 3단계

8) 〈월간 조선〉, 2008년 10월호, 김대중 격돌인터뷰 참조.

통일론이 김대중 정권의 공식적인 통일론이 되어야 했다. 그러나 김대중 재임 5년 동안은 물론 이후 정권에서도 3단계 통일론에 대한 언급은 없었다. 햇볕정책에 대해 명운을 걸다시피 한 정권이 막상 김대중의 3단계 통일론에 대해선 입을 다문 것이다.[9] 김종필과의 연합정권(DJP)이란 현실 정치적 한계 속에서 추진하기가 쉽지 않았을 것이라고 짐작되지만 과연 그것 때문이었을까.

결국 자존심, 사명감, 또는 현실정치인으로서 뛰어난 어젠다 선점 능력 등이 전(前) 정권들의 대북정책에 대한 무시와 외면을 낳은 원인이겠지만 그 대가는 실로 컸다. 햇볕정책에 대한 확고한 반대세력을 스스로 키운 셈이 되고 말았던 것이다. 만약 김대중과 그의 지지세력이 예컨대 햇볕정책을 "박정희의 7·4 남북 공동성명, 전두환의 대북 화해·협력을 위한 20개 시범사업 제안, 노태우의 남북 기본합의서, 김영삼의 줄기찬 남북 정상회담 시도를 계승한 화해·협력정책"이라 규정하고, "우리는 그 정신과 비전을 햇볕정책을 통해 충실히 구현하려 한다"고 선언했더라면 상황은 완전히 달라졌을 것이다. 전 정권의 과(過)만 아니라 공(功)도 인정하는 태도를 보였다면 그토록 격렬했던 반대와 비판은 피해갈 수 있었을 것이다. 이 점은 아쉬운 대목이 아닐 수 없다.

9) 대한민국의 공식 통일방안은 김영삼 정권 때인 1994년에 나온 민족공동체통일방안이다. 김대중은 자신의 3단계 통일론을 주장만 했을 뿐 공식 막상 정권을 잡은 뒤에는 공식 통일방안으로 공인받으려는 노력을 하지 않았다.

3. 대북정책은 단절이 아닌 계승이다

김대중 이전까지는 대북정책에 관한 한 전 정권의 정책이 큰 틀에서 유지됐다. 적어도 뒤엎은 정권은 없었다. 비근한 예로 통일정책만 해도 전두환 정권의 '민족화합민주통일방안'은 노태우 정권에서 '한민족공동체통일방안'으로, 이는 다시 김영삼 정권에서 '민족공동체통일방안'으로 이어졌다. 김영삼 정권 때는 명칭만 바뀌었지 그 내용은 노태우 정권의 통일방안과 다르지 않았다. 명칭마저도 '한민족공동체통일방안'에서 맨 앞의 '한'자만 빠졌다. 햇볕정책도 궁극적으로는 대북 화해・협력정책이기 때문에 역대 정권의 화해・협력 정책을 계승하는 정책임이 분명하다. 그렇다면 이를 인정하고 전 정권의 보수 우익세력까지 아우르는 보다 폭넓은 지지를 구하는 편이 옳았다. 계승했다는데 누가 반대하고 미워하겠는가.

더욱이 김대중은 어떤 정권보다도 친미적(親美的)이었다. 민주화운동 과정에서 미국의 도움을 많이 받았기에 미국의 힘과 중요성을 가장 잘 아는 정치인이었다.[10] 미국과의 공조를 우선시한 그가 대북정책의 계승을 표방하기는 쉽고 자연스러웠을 것이다. 그런데도 햇볕이란 현실정합성도 없는 기이한 이름표를 들고 나와 과거의 정책들과는 완전

---

10) 김대중 정권은 역대 정권 중 가장 친미적이라는 비판을 받았다. 2002년 7월 18일 민주노동당 권영길 대표는 미군 장갑차에 의한 여중생(신효순, 심미선) 사망사건 국정조사를 촉구하는 기자회견에서 "역대 정권 중 가장 친미적이라는 비난을 들으며 지금까지 미국에 대해 목소리 한 번 내보지 못한 김대중 정권이 이번에도 또다시 침묵을 지킨다면 이는 영원히 씻을 수 없는 역사적 죄"라고 규탄했다. 오마이뉴스, 2002년 7월 18일 기사 입력, 출력 2012년 12월 17일.

히 다른 획기적인 정책인 양 하는 몰아가는 바람에 적대세력을 키우고, 우리 사회를 둘로 나누는 우를 범한 것이다. 그렇게 차별화했기에 노벨평화상을 받았는지는 몰라도 그 상처는 지금도 아물지 않고 있다.

김대중, 노무현 정권 10년간 공식적으로 북한에 8조 6178억 원에 달하는 지원을 했지만 북한 주민들의 인권상황은 물론 살림살이는 거의 개선되지 않았다.[11] 뿐만 아니라 북한은 핵실험을 통해 핵보유국이 됐다고 선언하기에 이르렀다. 아무리 햇볕을 쪼였지만 북한은 개혁·개방으로 나오지 않았고, 핵무기에 대한 유혹도 남한에 대한 적화통일 야욕도 포기하지 않았다. 그런데도 김대중은 퇴임 후에도 햇볕정책밖에는 길이 없다고 했다. 그는 2008년 5월 19일자 한겨레신문과의 인터뷰에서 이렇게 말했다. "햇볕정책이 북한에 심리적, 문화적 변화까지 가져와 한국에서도 큰 성공을 거두었다. 소련과 동구라파의 변화를 가져온 것도, 중국이나 베트남의 변화도 결국 말은 다르지만 유연한 햇볕정책의 성과였다. … 남북관계에서 우리가 10년을 허송세월했다는 얘기가 있고, 잃어버린 10년 이런 말도 하는데 6·15 이후로 북이 얼마나 변했나? 북이 과거에 적대시, 의심, 멸시 이런 것들에서부터 우리에게 감사하다며 신뢰감도 보이고 부럽다는 얘기를 하는 등 바뀌었다. 북쪽의 마음이 바뀌니 문화까지 변해서 남쪽 대중가요를 부르고, 드라마와 영화까지 비공식적이지만 보고 있다. 마음을 바꾸고 문화를 바꿨으면 햇볕정책이 대성공한 것이다."[12]

그러나 우리사회의 대표적인 보수논객 중의 한 사람인 이영일 전 의원은 비슷한 시기에 햇볕정책에 대해 이렇게 비판했다. "김대중, 노무

11) 조선일보, 2008년 1월 1일자.

12) 김대중 전 대통령은 이 자리에서 자신이 이 해 4월 하버드대학을 방문했을 때 강연했던 얘기를 이렇게 소개하면서 햇볕정책은 성공했다고 주장했다. 한겨레신문, 2008년 5월 19일.

현 정권의 햇볕정책은 그 시행성과를 놓고 볼 때… 북한경제를 파탄시킨 선군정치의 시효를 연장시키고 핵 개발을 지원한 정책으로 결론을 내리지 않을 수 없다. 이들의 햇볕정책은 북한 동포에 대한 햇볕이 아닌 김정일 위원장의 선군정치에 대한 햇볕이었고 노무현 정권의 평화번영정책은 북한주민들의 행복이나 번영과는 전혀 관계가 없는 북측의 핵 개발 지원, 북한 인권에 대한 모르쇠 정책임이 판명되었다."[13]

제3자의 눈에는 어떻게 비쳤을까. 물론 관점에 따라 다양한 분석과 평가가 가능할 것이다. 필자는 미국보다는 중국의 한반도문제 전문가 장롄구이(중국 공산당 중앙당교 교수)의 견해가 참고할 만하다고 생각한다. 그는 한 인터뷰에서 "햇볕정책은 일종의 미인계(美人計)다. 하지만 북한은 '미인'만 받고 '계'는 받지 않았다. (햇볕정책으로) 북한의 한반도 정책이 변했는가. 햇볕정책은 하나의 실험으로서만 가치가 있다"고 주장했다.[14] 또 다른 중국의 한반도 전문가인 중국 인민대학 국제관계학원의 스인훙 교수도 "한국과 중국의 대북정책은 수수께끼다. 북한이 따귀를 때려도 늘 참는다"면서 "햇볕정책·포용정책은 훌륭하지만 전략은 균형이 있어야 한다. 한국은 수년 동안 부드러운 측면에만 의지했다. 그러면 뭘 기대할 수 있겠나. 북한이 극단적으로 나와도 한국은 여전히 금강산 관광을 한다. 많은 돈이 북한 주민이 아닌 군에 사용된다. 중국은 우려한다"라고 했다.[15]

김대중의 햇볕정책은 노무현 정권에 이르러서 계승 발전되는 듯하다가 보수우파인 이명박 정권이 들어서면서 사실상 부정되고 만다. '비핵개방 3000'을 내걸고 북한과의 대화와 화해·협력에 소극적이었던 이명박 정권의 대북정책이 옳았다는 얘기가 아니다. 김대중과 햇볕론자들

13) 이영일, 《햇볕정책의 종언 — 선군정치의 끝이 보인다》(전예원, 2008), p. 43.
14) 문화일보, 2008년 4월 7일자.
15) 중앙일보, 2007년 6월 14일자.

이 역대 정권의 대북정책을 인정하지 않음으로써 사실상 '단절'을 선언한 마당에 반햇볕론의 전통을 이어받은 이명박 정권인들 김대중 정권의 대북정책(햇볕정책)에 대해 계승을 거론할 까닭이 없었던 것이다. 그 결과는 집권 5년 내내 대화다운 대화 한 차례 못한 극심한 대화 부족과 이에 따른 남북관계의 경색으로 나타났다.

햇볕정책이라고 해서 100% 잘못된 정책이겠는가. 그건 아니다. 햇볕정책에도 인정할 부분이 있고 본받아야 할 요소들이 있다. 어떤 정책도 전면 부정될 수는 없다. 항상 여지가 있게 마련이다. 그래서 그 꼬리를 물고 다시 계승의 맥이 이어지는 것이다. 햇볕정책에 대한 다음의 평가를 한 번 보자. 앞에서 박선원이 '지속하되 부분 변용은 불가피하다'고 한 것처럼 역시 이 평가도 그런 여지를 남겨놓고 있다. 조금 길지만 원문을 그대로 소개한다.

> 국제공조상의 난맥 속에서, 햇볕정책이 민족공조와 평화공존의 원칙을 '공표'해버리는 결과를 초래했고, 결과적으로 패를 꺼내 보이며 게임에 임하는 상태가 되어, 한국은 북한의 개혁·개방·개발이라는 소기의 목표 달성에도 효과적이지도 못했을 뿐만이 아니라, 한반도문제 해결의 당사자이고 북한에 대해서는 최대의 원조 제공자임에도 불구하고, 제한적인 영향력을 행사하는 데 머물러 왔음. 단기적으로 볼 때 비록 햇볕정책이 북한의 개혁·개방이라는 목적 달성에는 미흡했지만, 일종의 입장료로서 남북 간 교류 채널을 확립하고 북한의 (대남) 경제적 의존을 통한 이른바 북한 정책결정에 관한 제한적인 영향력을 획득함으로써, 차후 정책의 실효성 확대의 발판이 되는 간접적 효과를 불러왔다고 할 수 있음. 즉, 햇볕정책은 그 자체로서 목적 달성에는 미흡했지만, 새로운 대북정책 시행을 위한 배경을 만들어주는 부수효과를 불러왔다고 할 수 있음.[16]

---

16) 김진하, "대북경제지원 정책의 재평가 및 향후 과제", 〈주요국제문제분석〉, 2009년 겨울(외교안보연구원 편, 2010), p. 153.

위의 평가는 햇볕정책에 대한 나름대로의 균형 잡힌 인식을 보여준다. 북한의 개혁·개방이라는 목표 달성에는 미흡했지만 새로운 대북정책의 시행을 위한 배경을 만들어줬다는 것이다. 이명박 정권이 처음부터 적어도 이 정도의 인식과 여백을 가지고 대북정책을 구상하고 실천해나갔더라면 집권 5년 내내 북한 측과 대화다운 대화 한 번 못해볼 정도로 대화 빈곤에 시달리지는 않았을 것이다. 어떤 경우에도 단절보다는 계승이 바람직하다. 전 정권의 성공과 실패를 통해서 배울 수 있기 때문이다. 제 17대 대선에서의 압도적인 승리, 전 정권인 노무현 정권의 국정운영 난맥상 등이 이명박 정권에 자신감과 함께 전 정권과의 단절과 부정을 택하도록 부추겼겠지만 그럴수록 너무 나가지 말고 적정선을 지켰어야 했다.

이명박 정권의 이런 단절은 2012년 12월 대선에서 햇볕론자들이 다시 정권을 잡게 되면 또 다른 단절을 낳을 가능성이 농후하다. 이렇게 되면 과소대화가 과잉대화로 바뀌고, 억제됐던 대북지원이 다시 '퍼주기'로 이어질 것이 뻔하다. 대북정책이 이처럼 햇볕과 반햇볕 사이를 큰 진폭(振幅)으로 오가는 것은 결코 바람직스럽지 않다. 정권이 바뀔 때마다 전 정권의 대북정책이 부정된다면 북한의 불신만 키우고, 내부적으로는 남남갈등만 조장하게 된다. 만약 햇볕론자들이 차기 정권을 잡게 되면 대북정책은 단숨에 햇볕 쪽으로 쏠리게 될 것이고, 이에 대한 보수우파의 반발은 거세질 것이다. 이런 상황은 새 정부가 효과적인 대북정책을 펴는 데 큰 걸림돌로 작용할 것이다. 햇볕과 반햇볕이 수렴될 수 있다면 이런 우려는 크게 줄어든다. 수렴의 당위성은 여기서도 드러난다.

4. 대북정책에 불필요한 이름 붙이지 마라

나는 앞에서 김대중이 자신의 대북정책에 '햇볕정책'이란 이름표를 붙임으로써 정책의 효과를 반감시키고 맞지 않아도 될 매를 맞았다고 지적했다. 북한의 반발을 샀을 뿐 아니라 우리 사회 내부적으로는 퍼주기와 유화정책 시비를 자초했기 때문이다.[17] 지나가는 나그네의 외투, 바꿔 말하면 북한을 에워싸고 있는 폐쇄의 철옹성을 햇볕을 쪼여 북한 스스로가 허물고 나오도록 하겠다는 것이니 북한이 이를 곱게 볼 리가 없었다. 도와주기는 하는데 그 진정한 목적이 북한을 개혁·개방으로 끌어내는 데 — 이는 곧 북한체제의 붕괴를 의미한다 — 있다고 하니 북한이 이를 순순히 받아들일 리 없었다. 햇볕은 김대중 정권 내내 북한이 가장 싫어하는 말이 되고 말았다.[18] 문제는 햇볕이란 이름에 담긴

---

17) 반햇볕론자들은 햇볕정책을 유화정책(*appeasement policy*)이라고 공격하나 그렇게 간단하게 규정해버릴 수 있는지는 의문이다. Hans J. Morgenthau는 유화정책을 '제국주의적(현상변경, 확대) 정책의 위협에 현상유지에나 적합한 방법으로 대처하는 정책'(*a foreign policy that attempts to meet the threat of imperialism with methods appropriate to a policy of status quo*)이라고 정의했다. Hans J. Morgenthau, *Politics among Nations: The Struggle for Power and Peace*, 5th edition(New York: Knopf, 1973), p. 65. 햇볕정책과 유화정책과의 관계에 대해서는 김양규, "유화정책의 개념과 전략적 운용 — 국제정치이론, 역사, 그리고 한반도 맥락에서", 〈세계정치〉, 제 30집 1호(2000년 봄/여름) 참고. 김양규는 "유화정책 자체가 나쁜 것이 아니라, 운용을 잘했느냐, 못했느냐의 문제"라고 지적하고, "북한에게 먼저 핵을 포기하라고 요구하는 접근법은 가시적인 결과를 가져오기 힘들기 때문에 게임이론이 제기하는 Tit-for-tat의 전략처럼 먼저 유화적인 정책을 시도하여, 북한의 안보불안을 완화시킬 필요가 있다"고 주장했다.

18) 햇볕정책에 대한 북한은 "반민족적이고 침략적인 것이 본질로서 북한 내부를 와해시켜보려는 악랄성과 교활성을 겸비한 정책"(로동신문, 1999년 8월

이런 이중적(二重的) 성격 — 북한의 입장에선 위선적이고 기만적인 의도 — 이 거꾸로 북한의 기만적 대응을 정당화시켜줬다는 데 있다. 북한은 '겉으로는 햇볕 운운하면서 속으로는 북한 체제의 개혁 · 개방을 노리고 있으니 우리도 겉으로는 햇볕을 받되, 속으로는 외투를 더 단단히 챙겨 입자'는 작전으로 대응한 것이다. 거기서 그쳤다면 그나마 괜찮았겠지만 북한은 한 발 더 나갔다. 햇볕은 받을 대로 다 받으면서 외투만 단속한 게 아니라 뒤로는 몰래 핵 개발까지 한 것이다. 북한 지도부는 아마 이렇게 비웃었을지도 모른다. '너희가 햇볕정책으로 우리를 기만하려 들어, 어디 한 번 당해봐라, 햇볕에 취한 척하면서 우리는 핵 개발로 갈 테니까.' 햇볕정책은 그 의도가 드러나면 더는 통하지 않는다. 오히려 이용만 당할 뿐이다. 햇볕정책의 진정한 목적이 북한체제의 변경에 있다는 것을 아는데 어떤 정권인들 순순히 당하겠는가. 김대중 정권은 햇볕정책이란 용어에 대한 비판이 거세지자 뒤늦게 대북포용정책, 민족화해 · 협력정책 등으로 이름을 바꿨지만 소용이 없었다. 이미 햇볕정책으로 각인된 상태에서 다른 이름은 혼란만 더 키울 뿐이었다. 이런 이름들조차도 오래 사용되지 못했고, 김대중 정권의 임기가 끝난 이후에는 다시 햇볕정책이 공식적인 이름이 됐다.

취지는 좋았지만 역시 이름표를 잘못 달아 소기의 성과를 거두지 못한 정책이 이명박 정권의 '비핵 개방 3000'이다. 북한이 핵을 포기하고 개방으로 나오면 북한주민의 1인당 소득을 3,000달러까지 늘려주겠다는 이 정책은 구체성과 명료성 면에서는 주목을 받았지만 결과적으로 실패한 정책이 되고 말았다. 비핵과 개방이 전제조건이 되어버림으로

18일, 1998년 8월 7일) "햇볕정책은 화해 · 협력을 통하여 그 누구를 개혁 · 개방으로 유도하겠다는 것으로써 타방의 사상과 제도를 부정하고… 북침통일을 꾀하는… 책동"(평양방송, 1999년 3월 17일, 연합뉴스, 1999년 3월 17일)이라고 비난했다. 박재민, "김대중 정부 시기 남북한 간 상호성에 관한 연구", 〈국제정치논총〉, 제 43집 1호, 2003, p.330에서 재인용.

써 북한과 대화다운 대화, 협력다운 협력 한 번 못 하고 만 것이다. 이 정책을 입안한 사람들은 사명감과 의욕이 너무 앞섰던 것 같다. 아무리 북한이 헐벗고 굶주린다고 해도 이런 식의 굴욕적인 제안은 받아들이기 어려웠을 것이다.[19] 정말 북한을 도와줄 마음이 있었다면 조용히 뒤로 도와줄 생각을 했어야 했다. 그래야 받는 북한도 부담이 덜하고 자존심도 덜 상한다. 그런데도 온 천하에 북한을 이렇게 도와주겠다고 광고부터 한 셈이 됐으니, 북한이 응할 리가 없었다. 이명박 정권이 비핵 개방 3000을 들고 나오는 순간 남북관계는 깨지게 돼 있었던 것이다. 만약 이명박 정권이 비핵 개방 3000 대신에 어떤 수식어도 붙이지 않고 그냥 '대북정책'이라 하고, 뒤로는 비핵 개방 3000의 실현을 위해 노력했더라면 상황은 또 달라졌을 것이다.

노무현 정권의 대북정책인 '평화 번영정책'도 이와 별반 다르지 않다. 노무현은 김대중보다 대북지원에 더 적극적이었지만 햇볕정책이란 용어를 그대로 물려받기가 부담스러웠던지 평화 번영정책이라는 이름을 들고 나왔다.[20] 대북정책에 이처럼 크고 포괄적인 이름을 붙인 것도 어울리지 않았지만 대북정책이 항상 평화와 번영만을 얘기할 수 없다는 현실을 도외시한 이름이었다. 햇볕만 쪼일 수 없듯이 남북 간에도

---

19) 북한은 비핵 개방 3000에 대해서 "북핵 포기 우선론은 핵문제의 해결은 고사하고 그에 장애만을 조성하며, 북남관계도 평화도 다 부정하는 대결선언, 전쟁선언 외에 아무것도 아니나"며 핵포기 우선론을 내걸었다가 수치스런 참패를 당한 미국과 한국의 전임 정권의 교훈을 명심하라고 비난했다. 로동신문, 2008년 4월 1일. 북한은 이 비난 성명에서 '이명박 역도'라는 표현까지 썼다.

20) 김대중과 노무현 정권의 대북정책 비교에 대해서는 백학순, "김대중 정부와 노무현 정부의 대북정책 비교", 〈세종정책연구〉, 2009년 제5권 1호 참고. 백학순은 이 논문에서 두 정부의 대북정책을 구성주의적 관점에서 비교하고, 김대중의 대북정책이 노무현의 그것보다 더 남북관계 중심적이었다고 주장했다.

평화와 번영만을 구가할 수 없는 것이어서 그저 화려한 수사(修辭)로밖에는 보이지 않았다. 아마도 남북이 평화 공존하고, 함께 번영하자는 뜻에서 이런 이름표를 붙인 듯하나 노무현 정권의 이런 취지는 북한의 핵실험으로 하루아침에 공허해지고 말았다.[21] 핵실험에 성공했다며 앞으로는 핵보유국 대우를 해달라는 북한에 대해 우리의 대북정책은 '평화 번영정책'이라고 외치는 모양새가 됐으니 정상적인 모습은 아니었다.

이렇듯 대북정책에 이름표를 다는 게 반드시 좋은 것만은 아니다. 햇볕정책이라는 멋진 이름을 붙였다고 득의만면했을지 모르나 햇볕에 따라 나온 게 뭔가. 바로 '대북 퍼주기'다. 햇볕정책의 의도를 알기에 아무리 햇볕을 쪼여도 끄떡없는 북한에 대해 이름에 걸맞게 "그래도 햇볕밖에는 없다"며 계속 햇볕을 내리쪼이니까, 퍼주기로 몰릴 수밖에 없었다. 남북관계가 좋을 때는 몰라도 나쁠 때는 어떤 대북지원도 '퍼주기'로 비쳐졌고 급기야 보수우파의 눈에는 햇볕은 곧 '퍼주기'로 동일시되는 지경에까지 이른 것이다. 금강산 관광과 개성공단은 남북관계사(史)에 한 획을 그을 만한 업적이지만 그것이 햇볕정책의 결과물로 인식되는 바람에 의미가 반감됐고 제대로 평가도 받지 못했음을 알아야 한다. 만약 김대중이 햇볕정책이란 말을 애초 쓰지 않은 상태에서 금강산 관광과 개성공단을 일궈냈더라면 평가는 크게 달라졌을 것이다. '햇

---

21) 백학순은 노무현 정권의 북핵 문제 대처에 대해 "이유야 어찌됐든 북핵문제를 해결하지 못하고, 북한이 핵실험에 성공하여 핵무기 보유국이 된 것을 방지하는 데 성공하지 못하였다.… 노무현 정권의 정책은 결과적으로 북핵문제 해결에 실패한 부시 정부의 정책을 추종한 것이었다. 그런데 부시 정부의 대북정책은 불행히도 북핵문제를 해결한 정책이 아니라, 북한에 대해 대화와 협상을 피하고 압력과 제재 등 비현실적인 정책으로 일관하여 결과적으로 북한이 방어적 심리상태에서 핵능력을 키우는 데 일조한 정책이었다"고 평가했다. 백학순, 위의 논문, pp. 341~342.

별정책의 성과'가 아니라 그냥 '대북정책의 성과'라고 했더라면 좌우를 막론하고 전 국민으로부터 찬사를 받았을 것이다. 햇볕정책의 산물이라고 하니까, 금강산 관광도, 개성공단도 순식간에 햇볕에 미친 퍼주기의 대가(代價)가 되고 만 것이다.

남북관계는 매우 가변적이다. 대화를 하다가도 순식간에 팽팽한 긴장 상태로 되돌아가기 일쑤다. 최전방에선 언제 무력 충돌이 있을지 모른다. 이런 상황에서 대북정책에 특정한 이름을 붙이거나 수식어를 붙이는 것은 위험하다. 김대중이 나름대로 남북관계 개선에 크게 기여했지만 햇볕정책이란 그 용어 때문에 제대로 평가받기는커녕 지금 이 순간까지도 다수 국민으로부터 비판받는 게 사실이다. 적어도 보수우파를 자처하는 국민은 햇볕이라는 단어만 나오면 고개를 돌려버리는 현실을 직시해야 한다.

5. 3C의 창(窓)으로 대북정책을 보자

앞에서도 언급했지만 대북정책에 대한 균형 잡힌 논의와 모색을 위해서는 한국적 현실주의 구축이 시급하다. 국제정치학 연구에서 정치적 현실주의(*Political Realism*)는 여전히 유용한 도구이다. 한반도처럼 4강에 둘러싸여 자그마한 일 하나까지 외세의 직·간접적인 영향을 받으면서 동시에 내부적으로는 남북이 갈려있는 나라는 지구상에 없다. 이런 현실적 제약 속에서는 어떤 대북정책도 현실주의에 기초할 수밖에 없다. 우선 현실주의로 무장하고 그 기초 위에서 이상주의(*Idealism*) 또는 자유주의(*Liberalism*)의 가치를 추구하는 게 우리가 지향해야 할 바른 방향이고 자세다.

나는 국제정치학 연구의 두 사조(思潮)인 현실주의와 자유주의 사이로 흐르는 강을 기능주의(*Functionalism*)라는 배를 타고 거슬러 올라가는 것이 한국적 현실주의의 이론적 얼굴이자 모태(母胎)라는 주장을 앞에서 폈다. 사실 이런 주장은 지극히 초보적이고 상식적이다. 대저, 기술(記述)과 설명에 동원되는 틀치고 — 그것이 거시이론이든 미시이론이든, 또는 모델이든 방법론이든 — 현실과 이상 사이의 어느 한 접점을 지향하지 않는 게 어디 있겠는가. 하지만 햇볕정책론자들과 반(反)햇볕론자들의 그 질긴 싸움, 정확히 말하면 '오염된 싸움'을 보면서 생겨난 답답한 심정은 이렇게라도 정리하지 않으면 안 되겠다는 생각을 갖게 만들었다. 일종의 시안(試案)이어도 그걸로 충분했다.

김대중 집권기간(1998년 2월~2003년 2월)을 중심으로 10여 년에 걸쳐 발표된 햇볕과 반햇볕에 관한 거의 모든 글들을 빼놓지 않고 읽으면서 느낀 점은 아쉬움이었다. 서두에 제시된 분석의 틀(모델, 이론)이 본론으로 넘어와 남북관계의 구체적인 현실과 만나면 그만 실종되고 마는 데서 오는 공허함이었다. 언필칭 이론 또는 모델과 구체적인 사건 사고들이 정교하게 맞물리면서 서두에 제시된 설명의 틀이 끝까지 그 실체와 특성을 잃지 않고 가다가, 적실성(*relevance*)이 있는 결론으로 이어져야 하는데 그렇지 못한 글들이 의외로 많았던 것이다. 서두의 모델이 끝까지 유지되는 경우는 게임이론을 적용한 글에서 상대적으로 많았으나, 게임이론이 갖는 한계 때문에 그런 어프로치가 남북관계와 대북정책에 특별히 유용한 통찰력을 주었다고 말하기는 어려웠다. 물론 이는 전적으로 필자의 능력부족 탓일 수도 있다. 아는 만큼 보인다는데 그 이상을 볼 수 없었던 필자의 한계에 기인한 게 아닌가 싶다. 그러나 이런 역부족이 오히려 한국적 현실주의에 대한 이런 실험적, 조작적(*operational*) 시도라도 해보게 만들었음을 밝힌다.

그럼에도 불구하고 필자가 대북정책의 한국적 현실주의의 전제로 제시한 4대 원칙은 나름대로 현실정합성을 갖는다고 믿는다. 첫째, 햇볕정책이든 반햇볕정책이든, 보수든 진보든 대북정책의 목표는 일단 '분단의 평화적 관리', 이호재의 표현을 빌리면 '나쁜 통일'보다 '좋은 분단'에 둬야 하고, 둘째, 북한은 대결의 상대이면서, 동시에 대화의 상대일 수밖에 없다는 이홍구의 '상황의 이중성'을 인정해야 하며, 셋째, 자유주의, 또는 자유주의적 제도주의에 대한 배려가 있어야 하며, 끝으로 일종의 방법론으로서 기능주의에 입각해 상대적으로 수월한 문제 — 비정치, 비군사적 문제 — 부터 풀어 나가야 한다는 것이다. 이 4가지 전제는 앞에서 정리한 국제정치학 연구 일반에서의 현실주의와 자유주의(제도주의), 그리고 방법론으로서의 기능주의, 이 3자의 결합으로 구성해본 한국적 현실주의와 부합되는 것이기도 하다. 한국적 현실주의를 '현실주의와 자유주의 사이로 난 해협을 기능주의라는 배를 타고 거슬러 오르는 것'으로 규정했기 때문에 그 적용으로서의 3대 원칙이 나오는 것은 자연스런 귀결이라고 할 수 있다.

그 연장선상에서 나는 햇볕정책의 실효성을 담보할 수 있는 3C 모델을 만들어보았다. 3C 모델이란 대북정책이 실효성이 있으려면 남북 간에는 신뢰(*confidence*)가 조성되어야 하고, 우리 사회 내부적으로는 그 정책에 대한 국민적 합의(*consensus*)가 있어야 하며, 끝으로 동맹국인 미국의 정책과의 양립성(*compatibility*)이 있어야 한다는 것이 골자다. 현실에서 3C가 다 갖춰지거나, 조화롭게 균형을 이루기는 어렵다. 3C 중에 어떤 것은 높거나 낮을 수밖에 없고, 따라서 그 조합으로서의 대북정책도 이에 영향을 받을 수밖에 없다. 이런 모델을 만든 이유는 간단하다. 햇볕정책이라는 게 햇볕론자들이 생각하는 것처럼 대북정책의 유일한 대안은 아니라고 믿었기 때문이다. 햇볕정책도 다른 많은 대북정책들처럼 어떤 상황—예를 들어 3C가 어떤 조합을 이루느냐—에 따라 정책으로서의 효과가 있기도 하고, 없기도 하다는 것을 보여주자고 했다. 이를 위한 가설로 3C 간에 연계성의 조화정도가 높을수록 햇볕정책의 실효성도 증대하고, 낮을수록 효율성도 저하되는 경향이 있다는 것을 제시하고 이를 증명해보았다.[22)]

김대중 집권 5년을 3C 간 연계성의 조화 정도에 따라 전반기(1998년 2월~2000년 2월) 중반기(2000년 3월~2001년 1월) 후반기(2001년 2월~2003년 2월)로 나누었다. 전반기는 3C가 유기적으로 연계되기 시작함으로써 햇볕정책의 실효성이 서서히 증가했고, 중반기에는 3C가 본격적으로

---

22) 햇볕정책뿐만 아니라 다른 대북정책도 3C 모델을 통해서 그 실효성과 적실성 여부를 판단해 볼 수 있을 것이다. 예를 들어 이명박 정권의 대북정책을 3C의 틀 안에 넣어본다면 어떤 평가가 나올까. 한미관계가 유례없이 좋았기 때문에 양립성(*compatibility*)은 높게 나오고, 국내적 합의(*consensus*)는 상대적으로 낮게, 남북 간 신뢰(*confidence*)는 아주 낮게 나올 것이다. 그렇다면 이명박 정권의 대북정책은, 그 취지와 동기가 어떠했든 결과적으로 실효성은 거의 없었던 정책으로 판정날 것이다.

조화롭게 연계됨으로써 햇볕정책의 실효성이 극대화됐으며, 후반기에는 3C 간에 균열이 생기면서 실효성이 급락했음을 알 수 있었던 것이다. 남북 간 신뢰(*confidence*), 우리사회 내부의 국민적 합의(*consensus*), 그리고 미국 정책과의 양립성(*compatibility*)이 다 높았던 중반기에 김대중은 역사적인 남북 정상회담까지 성사시키지만, 3C 사이에 균열이 생긴 후반기에 이르러서는 햇볕정책이 더는 통하지 않게 되고 말았던 것이다. 후반기에 이렇게 된 것은 2001년 2월 출범한 미국의 조지 부시 정부가 대북 강경책을 폄으로써 햇볕정책과의 양립성이 현저히 떨어졌기 때문이다(〈그림 8-2〉).

한 발 더 나아가 3C 각각의 상대적 중요성(*relative forces*)과 이에 따른 조합에 대해 다음과 같은 몇 가지 가설을 얻을 수 있었다.

첫째, 한반도는 속해있는 국제체제(소지역적 국제체제)의 특성으로 미루어 3C 중 '국제적 양립성'이 나머지 2C, 곧 '국내적 합의'와 '남북 간 신뢰'를 추동하는 기본변수가 되는 경향이 강하다. 1980년대 말 이후 한반도에도 미약하나마 탈냉전의 기류가 흘렀고, 민족주의적 정서도 전에 없이 고양됐지만 그럼에도 김대중 정권 내내 미국의 영향력이 거의 절대적이었다. 따라서 미국의 정책과 양립할 수 없는, 다시 말해 미국의 이해와 동의를 기대할 수 없는 대북정책은 성공하기 어려웠다.[23] 이는 〈그림 8-2〉에서도 나타난다. 전반기와 중반기에는 국내적 합의(*consensus*)와 남북 간 신뢰(*confidence*)와 비슷한 궤도를 그리던 양립성(*compatibility*)은 2001년 1월 부시 정권의 등장과 함께 급속히 하락한다. 이에 따라 햇볕정책도 활력을 잃어버리고 사실상 작동을 멈추게 된다.

---

23) 김대중 정권의 햇볕정책의 경우, 미국의 영향력이 상대적으로 컸다는 점에서 국제적 양립성의 대상을 사실상 미국으로 한정했다. 그러나 앞으로 국제적 양립성의 대상은 미국에다 중국까지 포함시켜야 할 것이다. 어쩌면 멀지 않은 장래에 대북정책이 성공하기 위해서는 미국보다 중국의 대한반도, 대동북아 정책과 더 양립가능(*compatible*)해야 할지도 모른다.

〈그림 8-2〉 3C의 다차원적 연계성과 햇볕정책 효율성

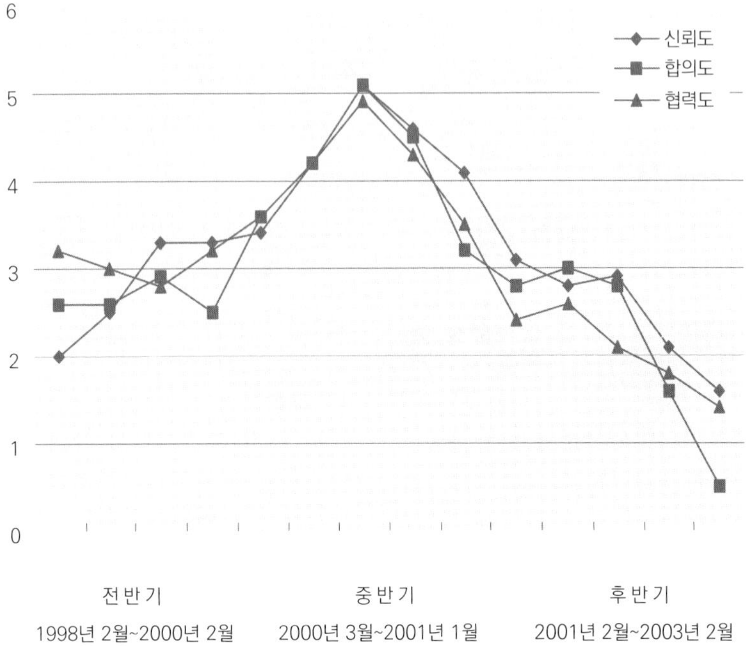

실제로 이 기간에 부시 행정부의 대북정책은 북에 대한 일방적 양보의 요구, 북한과의 직접 협상 회피, 북한의 국제적 고립 추진을 주된 내용으로 하는 이른바 '맞춤형 신(新) 봉쇄정책'이었다.[24] 따라서 미국과 북한과의 관계는 전임 클린턴 행정부와 비교할 수 없을 정도로 좋지 않았고, 그 영향은 곧바로 햇볕정책을 중단할 정도로 강했다. 물론 신봉쇄정책은 시간이 흐르면서 완화됐고, 노무현 정권으로 넘어온 후인 2003년 6월의 3차 6자회담과 2005년 9월의 4차 6자회담에선 더 누그러졌다.[25] 완화됐다는 것이 이른바 '매파 포용'(*hawk engagement*)인데 이 역

24) Larry A, Niksch, "North Korea's Nuclear Weapons Program", Updated September 28, 2004, p. 3. 박형중, 《미국과 중국의 대북 핵정책 및 한반도 구상과 한국의 정책공간》(통일연구원, 2005), pp. 15~16.

시 햇볕정책과는 뚜렷이 대별되는 정책이었다. 봉쇄에 대해서는 포용을 선호하되, 그러나 햇볕과는 각을 세우는 포용이었던 것이다. 매파 포용은 햇볕정책과의 가장 큰 차이를 북한의 의도에서 찾고 있다. 햇볕정책이 북한의 현재적, 잠재적 변화 의도에 대한 신뢰에 기반 하여 '무조건 포용'과 낙관론에 입각하는 데 비하여 매파 포용은 "한층 더 비관적이며 더 적은 신뢰를 주며, 정책이 실패할 경우 어떤 조치를 취할 것인가에 대해 실용주의적 계산을 한다"[26]는 것이다. 이처럼 햇볕정책과는 기조와 성격이 다른 부시 행정부의 대북정책 하에서 햇볕정책의 실효성은 현저히 떨어졌던 것이다.

둘째, 대북정책 이행 초기단계에서는 역시 국내적 합의(*consensus*)가 3C의 연계를 추동하는 주변수가 된다. 한국처럼 사회적 갈등이 심하고, 대북문제를 놓고 보수와 진보, 우파와 좌파가 갈리는 나라에선 국민의 합의가 없이는 어떤 정책도 제대로 추진하기 어렵다. 김대중 대통령이 1997년 12월 대통령선거에서 이회창 한나라당 후보를 39만 557표라는 근소한 차이로 누르고 당선됐으면서도 취임 후 햇볕정책 드라이브를 걸 수 있었던 것은 햇볕정책에 대한 상대적으로 높은 국민의 지지 때문이었다.[27]

셋째, 특정 대북정책이 일단 집행되기 시작한 후에는 남북 간 신뢰(*confidence*)가 3C를 주도하게 된다. 국제적 협력도 긍정적이고, 국민의 지지도 높은 상황이라면 대북정책의 성패는 남북 사이의 신뢰가 좌우

25) 위의 책, p. 12.

26) Victor D. Cha and David C. Kang, *Nuclear North Korea: A Debate on Engagement Strategies*(New York: Columbia University Press, 2003), p. 88.

27) 15대 대선에서 김대중 민주당 후보는 1,032만 6,257표(득표율 40.3%)를 얻어 993만 5,718표(38.7%)를 얻은 이회창 한나라당 후보를 불과 39만 557표 차이로 누르고 당선됐다.

하게 된다. 〈그림 8-2〉에서도 알 수 있듯이 취임 초만 해도 국제적 양립성이나 합의보다 낮은 수준이었던 신뢰는 중반기를 향해 가면서 급속히 증대하기 시작해 결국 2000년 6월 15일 남북 정상회담이라는 당시로서는 역사적인 결실로 나타나게 된다. 남북 양측이 신뢰를 통해 노린 목적이 반드시 같지는 않았을 것이고, 신뢰의 진정성을 두고도 논란이 없지는 않았지만 외양상 이 정도라도 신뢰가 있었기에 정상회담은 물론 역대 어떤 정권 때보다도 다양하고 빈번한 교류 협력이 이뤄질 수 있었다.

끝으로 3C 간의 조합을 통한 대북정책의 유형화 가능성을 살펴보자. 다음과 같은 8개의 조합과 이에 상응하는 대북정책을 상정해볼 수 있다. 대북정책의 유형화는 워낙 복잡하고 어려운 작업이어서 여기서 본격적으로 다룰 사안은 아니다. 다만 3C를 통해 햇볕정책의 실효성을 분석하는 과정에서 이런 방법론적 시도가 가능하다는 것을 보여주는데 그치고자 한다. 현실에서 이런 경우의 수가 그대로 드러나는 것도 아님은 물론이다.

① 국제적 양립성의 수준이 높은데, 국민적 합의와 남북 간 신뢰의 수준이 낮은 경우에는 남남 갈등과 남북 간 대결 분위기가 고조될 가능성이 높다. 2008년 2월 출범한 이명박 정권이 그런 딜레마에 빠졌다. 버락 오바마 미국 정부와의 관계는 매우 돈독했고, 대북정책을 놓고서도 노무현 정권 때와는 달리 특별한 마찰이나 갈등이 없었음에도 국내적으로나 대북관계 면에서 순탄치가 않았다. 이명박 정권의 대북정책인 '비핵 개방 3000'을 놓고 여야와 좌우가 맞선 것이 한 예다. 정부 여당은 비핵 개방이 남북대화의 전제조건은 아니라고 했지만, 북한이 이를 사실상 전제조건으로 간주하면서 남북 간에 대화다운 대화가 전혀 이뤄지지 않았다. 경색된 남북관계는 결국 2010년 4월 북한군에 의한 천안함 폭침과 그해 11월 연평도 포격으로 이어졌다.

② 국제적 양립성의 수준이 낮고 국민적 합의와 남북 간 신뢰가 높을 경우에는 민족주의적 경향이 강한 대북정책이 대두될 가능성이 있다. 전통적인 보수세력까지도 외세배격, 주한미군 철수와 같은 주장에 동조하면서 강한 민족주의가 표출될 수 있다. 그러나 한반도를 둘러싼 구조적 환경, 곧 미중(美中)을 중심으로 한 4강 사이에 한반도의 현상유지에 합의가 유지될 것이므로 대북정책은 추진도 안 된 채 꺾일 가능성이 높다. 감정적으로 '한반도문제의 주체적 해결'을 부르짖겠지만 실질적인 진전이나 소득은 없다.

③ 국제적 양립성과 국민적 합의의 수준은 높은데 남북 간 신뢰도가 낮은 경우에는 고립감을 느낀 북한이 모험주의나 벼랑끝 전술로 나올 가능성이 높다. 국제사회의 관심을 끌기 위한 '노이즈 마케팅' 차원에서 도발을 자행할 수도 있다.

④ 국제적 양립성과 남북 간 신뢰의 수준은 높은데 국민적 합의가 낮을 경우에는 대북정책을 놓고 정부와 국민이 대립하는 양상을 띨 수 있다.

⑤ 국제적 양립성과 국민적 합의의 수준은 낮은데 남북 간 신뢰도만 높은 경우에는 극심한 남남갈등이 우려된다.

⑥ 국제적 양립성과 남북 간 신뢰는 낮은데 국민적 합의는 높은 경우에는 제2공화국 때처럼 민간 분야의 통일운동이 활발해지거나 극성을 부릴 가능성이 높다. 제2공화국 당시 남한의 학생과 민간단체들은 "가자 북으로, 오라 남으로"를 외치며 판문점으로 향했지만 실질적인 남북관계 진전은 이뤄내지 못했다. 오히려 통일운동의 과잉으로 5·16 쿠데타의 한 빌미를 주었고, 결국 반공을 내건 군부에 집권의 길을 내주고 말았다.

⑦ 국제적 양립성과 국민적 합의, 남북 간 신뢰가 다 낮은 경우에는 유감스럽게도 어떤 대북정책도 추진하기 어렵다. 남한 내부는 물론 남

북 간에도 관계개선에 대한 욕망이나 의지가 없는 것으로 봐야 한다.

⑧ 국제적 양립성과 국민적 합의, 남북 간 신뢰도가 다 높은 경우, 대북정책의 실효성은 매우 높아진다. 앞에서 지적한 대로 김대중 정권의 중반기(2000년 6월 남북 정상회담 전후)가 그러했다. 3C가 높은 수준에서 유기적으로 연계되면서 역사적인 남북 정상회담을 성사시켰다. 따라서 어떤 정권이든 대북정책은 이런 방향에서 수립, 집행되도록 해야 한다.

물론 이와 같은 '경우의 수'들은 산술적으로 그렇다는 것이고, 대북정책을 수립하고 집행하는 현실의 세계에선 3C의 높고 낮음이 좀더 세분화돼 훨씬 복잡하고 다양한 조합의 형태로 나타날 것이다. 그럼에도 3C 모델이 대북정책의 이론화(유형화)에 주는 함의는 작지 않다고 생각한다. 이명박 정권의 대북정책을 예로 들어보자. 비핵개방 3000으로 명명된 이명박 정권의 대북정책은 '북한이 핵을 폐기하고 개방하면 북한 주민의 1인당 연간 소득을 3000달러까지 끌어올려주겠다'는 것이 골자다. 그런데 이명박 정권과 비핵 개방 3000에 대한 북한의 적대감과 반발로 남북 간 신뢰는 거의 제로 수준이었다. 그렇다고 남한 내부의 국민적 합의의 수준도 높지 않았다. 보수세력은 원칙 고수(상호주의, 선 비핵화 후 대화)를 요구했고, 진보세력은 유연한 대응(느슨한 상호주의, 선 대화 후 비핵화 논의)을 주장하며 맞섰다. 국제적 양립성은 조금 복잡했다. 미국의 부시 정부는 초기엔 북한과의 대화 불용으로 나오다가 노무현 정권의 중, 후반기부터는 북한과의 직접대화를 수용하는 쪽으로 선회했다. 그 연장선상에서 이명박 정권의 초기에는 대북정책을 놓고 한미 간에 다소 온도차가 있었다. 그러나 버락 오바마 정부의 등장과 함께 한미 양국은 곧 긴밀한 관계로 돌아섰다. 두 정상 간의 개인적 관계도 돈독했을 뿐 아니라, 정부 간 공조도 튼튼했다. 국제적 양립성(*compatibility*)이 남북 간 신뢰(*confidence*)나 국민적 합의(*consensus*)보다도 상대적으로 높은 수준을 유지하는 국면으로 바뀐 것이다.[28] 이명박 정권의 대북정책 비행개방 3000은 이런 3C의 조합 속에서 추진됐고, 그 선의(善意)에도 불구하고 작동되지 않았다.[29] 그 결과는 과소대화와 북한의 무력도발로 인한 남북관계의 경색으로 나타났던 것이다.

3C에 대해 덧붙이고 싶은 게 있다. 이 간단한 모델을 통해서도 우리는 대북정책의 실효성(적실성)을 확보하기가 매우 어려운 작업임을 알 수가 있다. 3C에 모두 부합되는 대북정책이란 어쩌면 분단 현실에서 거의 이상에 가까울지도 모른다. 하나가 충족되면 다른 하나, 또는 다른 둘이 충족되지 않아 더 이상 앞으로 나가지 못하는 일이 되풀이된다. 그럼에도 우리는 끊임없이 3C가 높은 수준에서 조화롭게 연계되도록 대북정책을 수립하고 집행하는 데 최선을 다해야 한다. 그러기 위해선 햇볕정책과 반햇볕정책이 수렴되도록 부단히 노력할 수밖에 없다. 햇볕과 반햇볕으로 갈라선 상태에선 3C의 이상적인 조합을 기대할 수 없기 때문이다. 국민적 합의의 기반이 갖춰지지 않으면 균형 잡힌 대북정책을 내놓을 수 없고, 한쪽으로 쏠린 대북정책은 미국과의 '양립성'과 남북 간 신뢰에도 좋지 않은 영향을 미쳐 그나마도 제대로 추진할 수 없게 만들어버린다. 그 반대의 경우도 성립함은 물론이다. 정책과 환경의 현

---

28) 이명박 대통령은 취임 2개월도 안 된 2008년 4월 미국을 방문해 조지 W. 부시 미국 대통령과 정상회담(4월 19일)을 갖고 한미관계를 '전통적 우호관계'에서 '21세기 전략동맹'으로 격상시키기로 합의하였다.

29) '비핵개방 3000'을 위시한 이명박 정권의 대북정책이 비판받는 가장 중요한 대목은 "구체적인 방법론이 없다"는 것과 "그럼, 북한이 핵을 폐기하지 않으면 아무것도 안 하겠다는 것이냐"로 집약된다. 그러나 이명박 대통령의 대북정책 입안을 주도한 일련의 학자들은 "단계별로 이행계획이 다 마련돼 있을 뿐 아니라, 북한이 핵을 폐기할 때까지 손 놓고 논다는 것이 아니라, 할 수 있는 것(예를 들면 인도적 지원이나 단순한 교류협력)은 하면서 북의 핵 폐기를 유도하겠다는 것"이라고 주장한다. '핵 폐기 때까지 아무것도 안 한다'는 것이야말로 사안을 왜곡 오도하는 것이라는 얘기다. 내일신문, 2007년 10월 2일; Kyunghyang.com 2007년 11월 7일; chosun.com 2007년 9월 11일.

실이 이런데도 햇볕만이 완전한 대북정책인 양, 또는 반햇볕만이 구국의 길인 양 고집하는 것은 어리석거나 아집의 소치일 뿐이다.

6. 통일부 대신 '남북 관계위원회'를 설치하자

햇볕과 반햇볕의 수렴을 위해서는 어떤 형태든 제도적인 틀이 필요하다. 인식과 용어를 바꾸고 사안별로 수렴의 노력을 한다고 해도 큰 틀에서 수렴을 유도하고 강제할 제도나 기구가 있어야 더 효과적으로 추진할 수 있다. 이를 위해 남북 관계위원회를 구성할 것을 제안한다. 기존 통일부를 폐지하거나, 아니면 위상을 낮춰 그 위에 여야와 좌우를 아우르는 대북정책 전담 위원회를 두라는 얘기다. 지금과 같은 통일부 체제 아래에서는 어떤 정권이 들어서느냐에 따라 대북정책이 요동을 치게 된다. 그 폐해를 우리는 질리도록 경험했다. 김대중, 노무현 정권의 대북정책이 이명박 정권에서 철저히 무시된 게 대표적인 예다. 만약 2012년 12월 대선에서 야당이 승리했다면 '원칙이 있는 남북대화'와 '비핵 개방 3000'을 골자로 하는 이명박 정권의 대북정책은 또 완전히 폐기됐을 것이다. 그 과정에서 극심한 대립과 갈등은 불을 보듯 뻔하다.

앞에서 누누이 지적했지만 햇볕과 반햇볕 간에 큰 차이도 없는데도 전 정권의 대북정책은 철저히 짓밟아버리고 자신들의 대북정책은 지고지선의 정책인 양 내놓는다. 기껏해야 포장만 바꾼 정책임에도 마치 남북관계를 단칼에 정리할 묘책이나 되는 양 내놓는다. 내용이 없으니까 포장에 더 신경을 쓰게 되고, 그러다보니 그럴듯한 수식어를 대북정책 앞에 붙인다. 수식어를 붙였으니까 흉내라도 내야 한다. 내용은 그대로인데 — 정확히 말하면 내용이 달라질 것도 없다 — 갖다 붙이는 수식어의 길이, 순서만 바꾸는 경우도 있다.

이렇게 포장을 하고 문패를 달아놓으니 우파는 언필칭 원칙에서 조금이라도 벗어나면 북한과의 대화를 영원히 안 할 것처럼 호들갑을 떨고, 좌파는 보수우파 보란 듯이 각종 대북지원책들을 쏟아놓는다. 노무현 정권의 표현을 빌리면 대못이라도 박겠다는 식이다. 정권 교체과정에서 한바탕 소동으로 끝나면 그러려니 하겠지만 어디 그런가. 5년 내내 정권을 잡은 측과 뺏긴 측이 대북정책을 놓고 사생결단 하듯이 싸우니, 이로 인한 혼란과 갈등 비용은 또 얼마인가. 언제까지 이런 짓을 되풀이할 것인가.

국내적으로는 그럴 수 있다고 치자. 문제는 정권이 바뀌면서 전 정권이 북한과 했던 약속이나 합의, 또는 남북관계 개선을 위해 나름대로 시도했던 긍정적 행위들까지도 완전히 무시되고 만다는 데 있다. 당연히 북한은 "약속 위반"이라며 반발하게 되고, 대화는 끊기고, 남북관계는 경색된다. 이런 상황에서 북한은 무력도발의 충동을 강하게 느끼게 된다. 북한의 이런 반발은 남한 내부의 보수우파를 자극하게 되면서 양측 간에 적대감과 긴장이 고조된다. 적대감이 고조되면 북한을 더 자극하게 되고, 자극받은 북한은 더 도발적으로 나오게 되고…. 언제까지 이런 악순환을 되풀이할 것인가.[30] 노무현 정권 막바지에 대못을 박듯이 수십 조 원의 대북지원 및 경협사업을 북측에 약속했지만 이명박 정권은 이를 지키지 않았고, 이로 인해 집권 5년 내내 남북관계는 경색을 면치 못했다.[31] 정권이 바뀔 때마다 되풀이되는 이런 혼란과 갈등을

---

30) 2007년 당시 노무현 대통령은 김정일 국방위원장과의 남북 정상회담에서 수십 조 원에 달하는 대북지원 및 경협사업을 약속했다. 이른바 10·4 선언이 그것이다. 그러나 이 선언은 이명박 정권이 들어서면서 지켜지지 않았다. 이에 북한은 크게 반발했고, 반발은 남북관계의 경색에 이어 천안함 폭침과 연평도 포격으로 이어지면서 남북관계를 위기 속에 몰아넣었다.

31) 노무현 대통령은 10·4 선언에 합의하면서 김정일 국방위원장이 "(남한에서) 두 달 후면 대선이 치러지고 내년이면 정권이 바뀌는데 이렇게 해도 되겠는가"라고 김 위원장이 묻자, "이럴 때 일수록 대못질을 해야 한다"면서 밀어붙였다고 한다. 문화일보, 2012년 10월 9일자. 이 역시 '정권이 바뀌면 다 수포로 돌아간다'는 중압감이 무리한 약속을 낳은 사례다.

가장 반기고, 어떻게든 이를 이용하려는 것은 북한이다.[32] 이제는 그 고리를 끊을 때도 됐다.

정권이 바뀔 때마다 대북정책이 좌에서 우로, 우에서 좌로 요동을 치는 것을 막거나, 최소한 그 진폭(振幅)을 줄이려면 기존 통일부로는 안 된다. 대통령책임제 아래서 통일부가 소신을 갖고 균형 잡힌 대북정책을 추진하기란 현실적으로 불가능하다. 우파 보수가 정권을 잡게 되면 통일부의 대북정책은 보수적인 반햇볕 쪽으로 기울게 되고, 반대로 좌파 진보가 정권을 잡게 되면 햇볕 쪽으로 기울 수밖에 없게 돼 있다. 더욱이 정권에 따라 다소 차이가 있긴 했어도 대북(對北) 정보의 취득과 분석, 이에 따른 정책의 수립에서도 통일부가 전권을 행사해 적이 거의 없다. 대개는 국가정보원과 청와대가 주도하고 통일부는 이를 실무적으로 지원해주는 데 그치는 경우가 많았다. 이런 한계를 넘어서려면 남북 관계위원회를 신설해야 한다. 통일부는 폐지하거나, 남북 관계위원회 지원사무국쯤으로 개편하는 것이 옳다.

구체적인 구성과 권한은 법으로 정하기 나름일 것이다. 남북 관계위원회를 15인 내외로 할 경우 대통령과 여야, 그리고 학계를 포함한 사회세력 등이 권한과 의석수 등에 기초해서 위원을 추천토록 하면 된다. 예컨대 15명 중에 9명은 대통령과 여당, 그리고 제 1야당이 3명씩 추천토록 하고 나머지 6명은 보수(우파)와 진보(좌파) 성향의 시민사회단체에서 2명씩을 추천하고, 나머지 2명은 학계에서 추천하는 식으로 할 수

---

32) 대통령선거가 있을 때마다 북한은 갖은 선전선동으로 대선 결과에 영향을 미치려고 노력해왔다. 2012년 12월 대선을 앞두고도 북한은 상대적으로 자신들에게 우호적인 세력이 이길 수 있도록 선거에 영향을 미치려 했다. 탈북자 출신인 새누리당 조명철 의원은 대선을 한 달여 앞둔 2012년 11월 23일 국회에서 기자회견을 갖고 "북한이 대선에 개입하기 위해 400여 명의 국가안전보위부 요원을 중국 선양에 파견해 광범위한 공작활동을 전개하고 있다"고 주장했다. 조선닷컴, 2012년 11월 23일 입력, 검색 2012년 12월 17일.

도 있을 것이다. 또는 국정원장, 국방장관, 외교부장관 3인이 당연직 위원을 맡고, 나머지 12명은 여당과 야당, 그리고 시민사회단체, 학계에서 추천된 인사로 채울 수도 있을 것이다. 여야, 좌우 어느 쪽도 쉽게 과반수에 도달하지 못하도록 구성하는 게 중요하다. 의결 방식은 사안의 중요도에 따라 전원 합의제, 3분의 2의 찬성, 단순 과반수 등을 채택할 수도 있다. 방송통신위원회 구성방식도 참고가 될 듯싶다.[33]

물론 남북 관계위원회 제도가 갖는 취약점도 있다. 긴급한 상황에서 과연 신속하고 효과적인 결정이 내려질 수 있겠는가, 위원회 내부적으로 편이 갈려 오히려 분열과 갈등을 더 조장하게 되는 것은 아닌가, 사안마다 갑론을박만 하다가 대응시기를 놓치지는 않겠는가 등의 문제점들이 적지 않을 것이다. 그러나 우리도 이제는 남북문제를 국내정치와 어느 정도 떼어놓고 봐야 할 때가 됐다고 생각한다. 정권이 바뀌더라도 대북정책만큼은 크게 흔들리지 않고 유지되어야 한다. 현행 제도는 대통령이 대북정책에 관한 모든 결정권을 갖고 이에 따른 책임도 지도록 돼 있지만 과연 그렇게 되고 있는가. 대통령이 어떤 결정을 내려도 그를 지지하지 않는 세력은 기를 쓰고 반대하는 것이 우리에게 가장 익숙한 풍경 중 하나가 되어버렸다. 심하게 말하면 대통령이 나서면 될 일도 안 되는 그런 강고한 좌우 대치가 고착화돼버렸다. 그렇다면 대통령은 최후의 중재자로 한 발 뒤로 빠지고 남북 관계위원회가 주요 대북정책에 대해서 결정을 내릴 수 있도록 하는 게 효과적일 것이다.

물론 지금도 대북정책을 논의하거나 대통령에게 자문하는 기구나 제도가 없지 않다. 민주평화통일자문회의(평통)도 그중 하나일 듯싶다.

---

33) 방송통신위원회는 위원장 1명을 포함해 5명의 상임위원으로 구성된다. 대통령이 2인을 임명하고 그중 1명을 위원장으로 한다. 위원 3명은 국회에서 추천하며 대통령이 소속되거나 소속됐던 정당의 교섭단체가 1명을, 그 외 교섭단체들이 2명을 추천한다.

평통은 헌법 기구로서 대통령에게 평화통일정책의 수립에 관해 자문하는 기구(헌법 제 92조)지만 유명무실해진 지 오래다. 정부의 통일정책을 박수로 추인해주거나, 국가의 주요 시책에 대한 지지를 동원하는 일이 주된 기능 중의 하나가 된 지 오래다. 더욱이 과거 대통령 간선제 시절에 대통령 선거인단으로서의 거수기 역할을 했던 좋지 않은 기억도 있다. 현실적으로 평통이 어떤 역할을 하기는 어렵다.[34)]

같은 헌법기구로서 국가안전보장회의(NSC)도 있긴 하다. 헌법 제 91조에 의거해 국가안보와 관련한 사안에 대해 대통령을 자문하게 돼 있으나 역대 정권은 이를 적극적으로 활용하지 않았다. 김대중, 노무현 정권에 와서 그 위상과 기능이 대폭 강화됐으나 제도보다는 사람이라고 했듯이 대통령이 신임하는 특정인들이 사실상 이 기구를 좌지우지했다. NSC는 이명박 정권에 들어와서 상임회의체제가 폐지됐다. 긴급한 사안이 발생하면 대통령이 소집하는 체제로 바뀐 것이다. 이런 수준의 NSC 체제로는 균형 잡힌 대북정책, 정권이 바뀌어도 좌우 진폭이 적은 대북정책을 수립하고 집행하는 데 도움이 되는 역할을 전혀 기대할 수 없는 게 사실이다. 이 밖에 통일관계장관회의가 있으나 이 역시 대북정책에 대해 어떤 적극적인 기능, 특히 선제적 대응에는 거의 기여하지 못하고 있다. 대통령과 핵심 측근들의 결정을 추인하고 보조하는 기능이 거의 전부다.[35)]

---

34) 대북정책 자문기구의 역할과 한계에 대해선 이동복, "이명박 정부의 대북정책"(2008년 2월 14일, 신아세아연구소 주최 2008년도 춘계세미나 발표 논문), 〈신아세아〉, 제 15권 제 1호 통권 54호 참고. 이동복은 이 글에서 통일정책과 남북대화 업무를 나눠서 통일정책은 통일부에, 남북대화는 '무임소특임장관실' 같은 곳에 각각 맡기는 것이 더 효율적이라고 주장했다. 남북대화는 과거 동서독 시절에 서독 정부가 대(對) 동독협상을 내각수상실에 전담시켰듯이 '무임소특임장관실' 같은 곳에 맡기라는 것이다. 통일정책과 남북대화는 성격이 다르기 때문에 분리하는 것이 효과적이라는 주장이다.

35) 국가안전보장회의와 통일관계장관회의 등에 관해서는 라미경 · 길병옥, "참

필자가 생각하는 남북 관계위원회는 이런 자문기구들과는 성격이 다르다. 대통령을 자문하는 데 그치는 것이 아니라 정파와 정권에 구애받지 않을 대북정책을 수립하고 그 집행을 지휘, 감독하는 기구다. 그것도 여야가 거의 같은 힘을 갖는 사실상 중립적인 결정기구를 말한다. 다시 말해 햇볕과 반햇볕을 수렴시킬 수 있는 역량과 의지, 그리고 권위를 갖는 기구여야 한다는 얘기다. 이런 기구만이 대북정책을 둘러싼 우리 사회의 혼란과 갈등, 분열을 최소화할 수 있을 것이라고 믿는다.

보수는 보수대로, 진보는 진보대로 자신들의 진영에 똬리를 틀고 앉아서 서로 불신하고, 적대하기보다는 열린 공간으로 나와 서로 의견을 개진하다 보면 절충점을 찾기가 그만큼 쉬워질 것이다. 그동안 햇볕과 반햇볕 사이의 벽이 높고 두터웠던 것은 서로가 진영 속에 숨어서, 진영을 방패로 비합리적이고 비이성적인 주의 주장들을 마구 쏟아냈기 때문이다. 비근한 예로 천안함 폭침의 원인만 하더라도 남북 관계위원회가 있어서 처음부터 조사를 여기에 맡겼더라면 그토록 첨예하게 신뢰의 문제가 불거지지는 않았을 것이다.[36] 어떤 주제든 그것이 열린 공간(위원회)에서 논의되면 극단적인 주장이나, 근거 없는 정치적 발언은 설 자리를 잃게 된다. 국민이 지켜보고 있는데 과연 누가 드러내놓고 김일성-김정일-김정은 3대 세습과 북한 주민의 인권 참상, 무모한 대북 퍼주기를 외면하거나 동조하는 발언을 할 수 있겠는가. 햇볕과 반

여정부 대북정책의 효율적 결정체제 구축방안에 대한 논고", 〈통일정책연구〉, 제14권 제1호(2005년 통일연구원) 참고.

36) 천안함 폭침 원인에 대해서는 북한군의 소행이라는 정부의 공식 발표가 있었음에도 진보 좌파세력은 이를 완전히 믿지 않았다. 대표 단체 중의 하나인 한반도평화포럼은 사건 발발 2년도 더 지난 2012년 11월 23일 모임을 갖고 "부실한 조사 결과를 발표해 국민 불신을 자초했고 정부 발표에 대한 합리적 의심에 기초한 문제 제기를 '친북' '종북'으로 매도함으로써 민주주의와 법치주의의 근간을 흔들었다"면서 재조사를 촉구했다.

햇볕이 수렴될 수 있는 제도로서 남북 관계위원회의 구성이 절실하다. 수많은 이동복과 임동원이 진영의 방패 뒤에 숨지 말고 열린 공간으로 나와 서로의 논거에 기초해 국민의 이해와 지지를 호소할 수 있도록 제도적 기반을 마련해야 한다. 분단의 현실에 비춰 아직은 시기상조라고 하는 사람도 있겠지만 대한민국의 국제적 위상이나, 정치적, 사회적, 문화적, 경제적 수준 등으로 미루어 이제는 진지하게 고려해볼 때가 되지 않았나 싶다.

참고문헌

1. 1차 자료

1) 국문 자료

공보실, 《대통령 이승만 박사 담화집》, 제 2집(공보실, 1956).

______, 《대통령 이승만 박사 담화집》, 제 3집(공보실, 1959).

공보처, 《대통령 이승만 박사 담화집》(공보처, 1953).

______, 《제 6공화국실록: 노태우 대통령 정부 5년, 외교 · 통일 · 국방》, 제 2권(공보처, 1992).

국 회, 《국회속기록》, 제 1회 폐회식, 1948년 12월 18일.

______, 《국회속기록》, 제 8회 폐회식, 1950년 11월 26일.

______, 《국회통상법률집》, 제 29집 제 148회~제 150회(국회사무처, 1990).

______, 《민의원 회의록》, 제 36회 제 12호, 1960년 8월 27일.

______, 《국회통상법률집》, 제 29집 제 148회~제 150회(국회사무처, 1990).

______, 《대한민국 의정총람》(국회의사총람발간위원회, 1994).

김대중, 《후광 김대중 대전집: 국회발언집》, 제 3권, 제 12권(중심서원 1993).

김대중, 《김대중 연설문집-평화를 위하여》(학민사, 1989),

노태우, "민족자존과 통일번영을 위한 특별선언"(1988. 7. 7 전문), 《노태우 대통령 통일대화분야 연설집》(청와대, 1998).

대외경제정책연구원 편, 《2003/2004 북한경제 백서》(Kiep, 2004).

대통령 비서실, 《박정희 대통령 연설문집》, 제 2집(대통령 비서실, 1966).

______, 《박정희 대통령 연설문집》, 제 10집(대통령 비서실, 1974).
______, 《전두환 대통령 연설문집》, 제 2집(대통령 비서실, 1982).
______, 《노태우 대통령 연설문집》, 제 1권(대통령 비서실, 1990).
______, 《노태우 대통령 연설문집》, 제 2권(대통령 비서실, 1990).
______, 《김영삼 대통령 연설문집》, 제 2권(대통령 비서실, 1994).
______, 《국난 극복의 길: 김대중 대통령 취임 6개월 연설문》(대통령 비서실, 1998).
대한민국선거사 제1집 1973년.
대한적십자사, 《이산가족찾기 60년》(대한적십자사, 2005).
민의원 회의록, 제 36회 제 12호.
민주평통, 《민주평화통일자문위원회 자료집》(민주평통, 2002).
______, 《국민의 정부 '햇볕정책': 추진방향, 성과 및 과제》(민주평통, 2002).
외교통상부, 《1998~2002 외교백서》(외교통상부, 1999~2003).
외무부, 〈대한민국 외교연표 1948~1961〉(외무부, 1962).
______, 《한반도문제 주요현안 자료집》(외무부, 1998).
조선중앙통신사, 《조선중앙년감》, 1949.
중앙선거관리위원회, 《대한민국선거사》, 제 1집(중앙선관위, 1973).
통일부, 《2004 통일문제의 이해》(통일부 통일교육원, 2004).
______, 《1998~2003 통일백서》(통일부, 1998~2003).
______, 《국민의 정부 5년: 평화협력의 실천》(통일부, 2003).
______, 《2000 통일백서》(통일부, 2000).
______, 《2003 통일백서》(통일부, 2003).
______, 〈대북정책 해설 자료-햇볕정책 의미와 추진 방향〉(통일부, 1998)
______, 《국민의 정부 5년간 대북정책 추진 성과》(통일부, 2002)
______, 《최근 남북관계와 대북정책 추진 방향》(통일부, 2001).
______, 《남북경협활성화조치 주요내용》(통일부, 1999)
통일원, 《남북합의서》(통일원 남북대화사무국, 1992).
______, 《남북대화백서》, 1982년.
______, 《남북한 통일·대화 제의 비교(1)》(통일원 남북대화사무국, 1990).
______, 《남북한 통일제의 자료총람》, 제 3권(국토통일원, 1985).
통일연구원, 《통일환경과 남북한 관계: 1999~2000》(통일연구원, 2000).
통일교육원, 《통일문제이해》(2000).

한국사사전편찬회, 《한국근현대사》(가람기획, 1990)

2) 영문 자료

Department of State, Korea's Independence (Far Eastern Series 18, October 1947).

Document 31, Department of State, U.S., United State Policy Regarding Korea 1834~1950 (Institute of Asian Culture Studies Hallym University).

Report, History of the Coalition Committee (Hps, USAMGIK, G-2, 23 Nov. 1946, G-2 files).

The State Department, Spokesman Richard Boucher, Noon Briefing (March 9, 2001).

The White House, Office of the Press Secretary, Statement by the President (June 6, 2001).

UN Document, A/AC 19/W 43/Add. 4.

UN, Official Record of the Second Session of the General Assembly, 16 September~29 November 1947, Plenary Meeting.

U.S., Foreign Policy for the 1970's: Building for Peace, A Report to the Congress, by Richard Nixon, President of the United States, Feb 25, 1991.

Washington National Record Center Record Group 332. Box Number. 27, 28, 77, 78, 84, 85.

2. 2차 자료

1) 국문 자료

(1) 단행본

경향신문 편집국, 《김대중 정치방황 30년》(경향신문사, 1986).
강만길 외, 《통일지향 우리민족해방운동사》(역사비평사, 2004).
구본학 외, 《세계외교정책론》(을유문화사, 1995).
구영록, 《한국과 햇볕정책: 기능주의와 남북한관계》(법문사, 2000).
______ · 임용순 공편, 《한국의 통일정책》(나남, 1993).
국회통일외교통상위원회 수석전문위원실, 《북한의 대남전략과 우리의 대응 방안》(국회 통일외교통상위원회, 2006).
국회통일외교통상위원회 편, 《햇볕정책에 대한 평가 및 대안에 관한 연구》, (국회통일외교통상위원회, 2002).
김계동, 《남북한 체제통합론》(명인문화사, 2006).
김근식 · 김연철 · 김갑식 · 정영철, 《통일 · 남북관계 사전》(통일교육원, 2004).
김근식 외, 《남북 정상회담: 이해의 길잡이》(아태평화재단, 2000).
김대중, 《행동하는 양심으로》(금문당, 1985).
______, 《나의 길 나의 사상》(한길사, 2000)
______, 《김대중 자서전 1, 2권》(삼인, 2010).
김대중 평화센터 편, 《통일 지향의 평화를 향하여 : 김대중 전 대통령 주요 연설 · 대담 2005-2007》(한겨레출판사, 2007).
김영명, 《고쳐 쓴 한국현대정치사》(을유문화사, 1999).
김영윤, 《북한 경제개혁의 실태와 전망에 관한 연구: 개혁의 부작용을 통해 본 북한 체제전환의 성공과제》(통일 연구원, 2006).
김영호 외, 《대북정책의 이해: 상호주의 실현을 위한 성찰과 과제》(명인문화사, 2010).
김옥두, 《다시 김대중을 위하여》(살림터, 1995).
김윤곤, 《햇볕정책 햇빛 보려면: 남북관계와 주변 4각관계》(중앙M&B, 1999).
김점곤 · 이항열 공저, 평화연구원 편, 《남북한의 접근과 국제관계의 전망》(평화연구원, 2001).
김종찬, 《DJ 햇볕, 경제냉전에 갇히다》(하나로, 1999).

김주홍, 《남북한 관계와 한반도 안보》(UUP, 2006).
김창순, 《북한 십오년사》(지문각, 1961).
김하영, 《국제주의 시각에서 본 한반도》(책벌레, 2002).
김홍균·한기홍, 《김대중, 희망을 위한 여정》(고즈윈, 2006).
남찬순, 《북미 핵협상과 동북아질서: 1990년대의 교훈》(나남, 2007).
노중선 엮음, 《연표: 남북한 통일정책과 통일운동 50년》(사계절, 1996).
도널드 커크, 정명진 옮김, 《김대중 신화: 30년 경력의 한국특파원이 쓴 DJ의 삶과 햇볕정책》(부글북스, 2010).
동북아평화연구회 편, 《문답으로 풀어 본 대북포용정책》(밀레니엄북스, 1999).
동아일보특별취재팀, 《잃어버린 5년: 칼국수에서 IMF까지》(동아일보사, 1999).
매일경제신문사, 《한미 외교비사의 현장들, 대사관 순간의 기록》(2009).
민병천, 《평화통일론》(대왕사, 2001).
박종철, 《페리프로세스와 한·미·일 협력방안》(통일연구원, 2000).
______, 《미국과 남북한》(오름, 2002)
______ 외, 《동북아 경제·안보협력의 연계: 4대 분야 협력체 형성 중심》(통일연구원, 2006).
박준영, 《평화의 길: 6·15 남북 정상회담과 그 앞뒤 이야기》(에쎈에스, 2003).
백학순, 《남북한 통일외교의 구조와 전략》(성남: 세종연구소, 1997).
서중석, 《남북협상: 김규식의 길, 김구의 길》(한울, 2000).
______, 《조봉암과 1950년대: 조봉암의 사회민주주의와 평화통일론(上)》(역사비평사, 1999).
서진영, 《21세기 중국외교정책: 부강한 중국과 한반도》(폴리테이아, 2006).
손호철, 《해방 50년의 한국정치》(새길, 1995).
송남헌, 《한국현대정치사: 제1권 건국전야》(성문각, 1980).
송영선, 《엎지른 물은 다시 담을 수 없다!: 노무현 정부의 국방개혁 및 동맹정책의 평가》(송영선의원실, 2007).
심양섭, 《미국은 남북화해를 방해했나? 남북 정상회담, 남북한 관계, 그리고 미국》(오름, 2006).
아태평화재단 편, 《김대중의 3단계 통일론: 남북연합을 중심으로》(한울, 2000).

양영식, 《통일정책론》(박영사, 1997).
여영무, 《좌파 대통령의 언론과의 전쟁》(뉴스앤피플, 2007).
여인곤 외, 《대북포용정책의 효율적 추진을 위한 주변 안보·외교환경 조성방안》(통일연구원, 2000).
연하청, 《북한경제학습》(한국학술정보, 2002).
우암평화연구원, 《정치적 현실주의의 역사와 이론》(화평사, 2003년).
이교관, 《김대중 정부의 위험한 거래》(한송, 2002).
이교덕 외, 《북한체제의 분야별 실태평가와 변화 전망》 (통일연구원, 2005).
이대우, 《남북 정상회담 이후 한미관계 변화》(세종연구소, 2002).
이동복, 《손바닥으로 하늘을 가릴 수는 없다: 이동복의 현대사 경험 — 이 시대 새로운 희망을 향해 던지는 통쾌한 메시지》(경덕출판사, 2007).
이상우, 《국제관계이론》(박영사, 2006).
이수혁, 《전환적 사건(*Transforming Events*)》(중앙 books, 2008).
이영일, 《햇볕정책의 종언: 선군정치의 끝이 보인다》(전예원, 2008).
이우영 외, 《화해협력과 평화번영 그리고 통일》(한울, 2005).
이원섭, 《햇볕정책을 위한 변론》(필맥, 2003).
이정복 외, 《북핵문제의 해법과 전망》(중앙 M&B, 2003).
______, 《21세기 민족통일에 대한 사회과학적 접근》(서울대 출판부, 2000).
이정훈, 《천안함 정치학-이명박 식 보수는 왜 실패했는가》(글마당, 2012).
이종석, 《분단시대의 통일학》(한울, 1998).
이진곤, 《한국정치 리더십의 특징》(한울, 2003).
임동원, 《피스메이커: 임동원 회고록, 남북관계와 핵문제 20년》(중앙 books 2008).
이호재 외, 《냉전시대의 극복》(동아일보사, 1982).
______, 《통일한국과 동북아 5개국 체제》(화평사, 1997).
______, 《한국외교정책의 이상과 현실》(법문사, 제 6판, 2000).
______, 《한국적 국제정치이론의 모색》 (화평사, 2005).
일본 NHK 취재반(김용운 편역), 《김대중 자서전 1-역사와 함께 시대와 함께》(인동, 1999년).
외교안보연구원 편, 《주요국제문제분석》(외교안보연구원, 2010).
전득주 외, 《대외정책론》(박영사, 2003).
정문헌, 《탈냉전기 남북한과 미국》(매봉, 2004).
정상돈, 《브란트·슈미트 정부의 대동독 화해정책과 김대중 정부의 햇볕정책 비교연구》(世宗硏究所, 1999).
정용석, 《햇볕정책 : 기대와 좌절》(자유사, 1999).
정웅교 편저, 《김대중 정치의 선택과 한계》(일신사, 1987).
정일형, 《오직 한길로: 항일·반독재 투쟁사》(을지서적, 1991).
정의순 편, 《김대중 체미 755일》(사초, 1987).
정진위 · 김용호, 《북한 남북한 관계, 그리고 통일》(연세대 출판부, 2002).
정태영, 《조봉암과 진보당: 한 민주사회주의자의 삶과 투쟁》(후마니타스, 2006).
______, 《한국 사회민주주의 정당사》(세명서관, 1995).
정흥모, 《한국과 독일의 통일 그리고 정치》(한국학술정보, 2009).
조경근 외, 《새로운 북한정치의 이해》(경성대 출판부, 2007).
최상용, 《미군정과 한국민족주의》(나남, 1988).
최장집, 《한국민주주의의 이론》(한길사, 1993).
최재천, 《한국외교의 새로운 도전과 희망》(향연, 2006).
통일연구원, 《이명박정부의 대북정책 비전 및 추진방향》(통일연구원, 2008).
한국개발연구원, 〈KDI 북한경제리뷰〉, 1월호(한국개발연구원, 2003).
한종기, 《햇볕정책의 정치동학: 남북관계의 국내정치화와 정책연계》(성남: 세종연구소, 2001).
함석헌, 《뜻으로 본 한국역사》(한길사, 2006).
현인택, "탈냉전의 현실주의, 비관론, 그리고 동아시아", 《정치적 현실주의의 역사와 이론》(화평사, 2003).
홍석률, 《통일문제와 정치 · 사회적 갈등: 1953~1961》(서울대 출판부, 2001).
홍을표, 《김대중의 생각: 공자인가 존 로크인가》(들녘, 1999년).
홍익표, 《서해교전과 NLL에 관한 두 가지 진실》(국정홍보처, 2007).
황상엽, 《북한민주화와 민주주의적 전략》(시대정신, 2008).

(2) 논문

고유환, "햇볕정책 이후 한반도평화의 향방과 2007년의 전환", 〈노동사회〉, 통권 제108호(한국노동사회연구소, 2006년 3월).
______, "6 · 15 남북공동선언의 이행과 과제", 〈통일연구〉, 제8권 제2호(연세대학교 통일연구원, 2004).
______, "노무현 정부의 대북정책 과제와 전망", 〈국제문제연구〉, 제3권 제1

호 통권 9호(국제문제조사연구소, 2003년 봄).
권만학, "정상회담과 남북협력 추진"(대통령자문 정책기획위원회 2000년도 정책과제: 국정과제 실현을 위한 정책제언).
강성윤, "김대중 정부의 대북정책의 평가와 전망", 〈민족발전연구 3집〉(2002년 2월).
강인덕, "좌담회 : 현 단계 남북정세와 통일논의", 〈통일시론〉(청명문화재단, 1998).
구본학, "햇볕정책 10년의 성과와 상생공영의 대북정책"(한국국제정치학회 연례학술회의 발표 논문, 2008).
김강녕, "김영삼 정부의 통일정책 분석", 〈한국정치학회보-세계질서의 변화와 한반도 통일〉, 제4권(한국정치학회, 1994).
______, "대북 화해협력정책의 일관성 유지를 위한 과제와 방안", 〈동아시아 안보질서와 남북관계 발전방안〉(동아시아국제정치학회, 2002).
______, "노무현 정부—외교정책의 방향과 과제", 〈통일전략〉, 제3권 제1호(한국통일전략학회, 2003년 7월).
김갑식, "대북정책 추진현황과 평가", 〈政策硏究〉, 통권 155호(국가안보전략연구소, 2007년 겨울).
______, "햇볕정책과 지식인: 신문 기고문 내용분석", 〈통일문제연구〉, 제14권 제2호 통권38호(평화문제연구소, 2002년 11월).
김건중, "김대중 정부의 대북정책 효율성 분석"(국방대학교 안전보장대학원 석사학위 논문, 2003).
김경호, "한반도 평화체제 구축 방안", 〈통일로〉, 통권 374호(안보문제연구원, 2003년 5월).
김근식, "김대중 정부의 햇볕정책: 회고와 전망", 〈한국과 국제정치〉, 제18권 2호(경남대학교 극동문제연구소, 2002).
______, "대북 퍼주기 논란과 남남갈등: 현황과 과제", 〈통일문제연구〉, 제14권 제1호 통권37호(평화문제연구소, 2002년 5월).
______, "한국의 대북정책 주도성 강화됐다 : '햇볕정책' 5년을 평가한다", 〈통일한국〉, 제20권 12호 통권 228호(평화문제연구소, 2002년 12월).
김기정, "대북포용정책과 남북 정상회담의 의미", 〈사회과학논집〉, Vol.31(연세대 사회과학연구소, 2000).
김도종, "햇볕정책과 국내정치적 역학 : 대북포용정책의 정치적 함의", 〈국가

전략〉, 제 6권 제 1호(2000년 봄호).
김동한·윤명석, “햇볕정책과 북한의 인권”, 〈漢陽法學〉, 제 21집(한양법학회, 2007년 8월).
김명배, “남·북한 관계의 현황과 전망”, 〈외교〉, 제 68호(한국외교협회, 2004년 1월).
김미덕, “김대중 정부의 햇볕정책에 관한 연구”(한국교원대 교육대학원 석사학위논문, 2007).
김병문, “한·미의 대북정책의 전개와 변화: 김대중 정부시기 클린턴 행정부와 부시 행정부의 대북정책을 중심으로”, 〈世界地域硏究論叢〉, 제 23집 2호(韓國世界地域學會, 2005년 12월).
김상진, “독일의 동방정책과 한국의 햇볕정책 비교연구”(고려대 정책대학원 석사학위논문, 2002).
김성은, “한국의 북한 이미지와 대북정책: 김영삼 정부와 김대중 정부시기를 중심으로”(고려대 대학원 석사학위논문, 2007).
김연철, “김대중 정부의 대북정책 평가와 남북관계의 전망”, 〈동북아연구〉, Vol. 16(동아시아 역사연구회, 2003).
김양규, “유화정책의 개념과 전략적 운용: 국제정치이론, 역사, 그리고 한반도 맥락에서”, 〈세계정치〉, 제 30집 1호(서울대 국제문제연구소, 2000년 봄/여름).
김영수, “‘남북문제’의 평가와 실천과제”, 〈동아연구〉, 특별호(서강대 동아연구소, 2004년 9월).
______, “남북문제의 전망과 대응”, 〈경기논단〉, 제 5권 제 1호 통권14호(경기개발연구원, 2003년 4월).
______, “한국의 햇볕정책, 시와 비”, 〈외교〉, 제 64호(한국외교협회, 2003년 1월).
______, “국민의 정부, 대북 정책 평기와 과제”, 〈통일경제〉, 통권 제 80호(현대경제연구원, 2002년 3·4월).
김영재, “분단체제의 극복 과정과 새로운 평화체제의 모색”, 〈한국정치논총〉, 제 43집 4호(한국국제정치학회, 2003년 12월).
김영호, “김대중 정부의 대북정책에 대한 비판적 고찰”, 〈성공한 브란트의 동방정책과 실패한 김대중의 햇볕정책〉(고려대 북한학연구소 주최 학술대회, 2007).
______, “대북포용정책 연구: 성과와 한계”, 〈국제정치연구〉, Vol. 6 No. 1

(동아시아국제정치학회, 2003).
김용욱, "민족통일의 과제와 정책: 북한 핵문제와 한국의 안보·통일정책의 방향", 〈민족사상연구〉, 제 11호(민족사상연구소, 2003).
김용현, "노태우 정권 시기의 통일론", 〈통일시론〉, 통권5호(청명문화재단, 2000).
김용호, "대북정책과 국제관계이론: 4자회담과 햇볕정책을 중심으로 한 비판적 고찰", 〈한국정치학회보〉, 제 36집 3호(한국정치학회, 2002년 가을).
김일수, "탈냉전기 한반도 주변 4강의 안보전략 변화와 한국의 대응"(충북대 대학원 박사학위논문, 2008).
김재경, "한반도 평화공존을 위한 대북정책에 관한 연구: 김대중 정부의 햇볕정책을 중심으로"(중앙대 행정대학원 석사학위논문, 2003).
김재한, "김대중 정부 대북정책의 평가: 의도와 능력", 〈통일전략〉, 제 2권 제 2호(한국통일전략학회, 2002년 12월).
______, "남남갈등과 대북 강온정책", 〈국제정치연구〉, 제 9집 2호(2006년 12월).
김정란, "대북포용정책의 변화와 지속성: 김대중 정부와 노무현 정부의 대북정책 비교연구"(숙명여대 대학원 석사학위논문, 2008).
김종갑, "햇볕정책의 정치적 의미와 남남갈등의 극복방안", 〈통일정책연구〉, 제 12권 제 2호(통일연구원, 2003년 겨울).
김종하, "햇볕정책, 슐츠 사령관의 경고를 어떻게 보고 있는가", 〈국회보〉, 통권 435호(국회사무처, 2003년 1월).
김진선, "남북관계의 虛像", 〈고우경제〉, 제 21권 제 3호 통권 제 70호(고려대학교경제인회, 2002년 가을).
김진하, "대북경제지원 정책의 재평가 및 향후 과제", 〈주요국제문제분석〉, 2009 겨울(외교안보연구원 편, 2010).
김진환, "북한의 체제위기와 대응전략: 개혁과 선군의 병행"(동국대 대학원 박사학위논문, 2008).
김창수 외, "김영삼 정부 통일정책과 민간 통일운동 평가", 〈동향과 전망〉, 통권 제 34호(한국사회과학연구소, 1997).
김창희, "김대중 정부의 햇볕정책에 관한 연구"(전남대 교육대학원 석사학위논문, 2005).
______, "김대중 정부 대축정책의 현황과 과제", 〈통일한국〉, 제 30권 12호 통권 228호(안보문제연구원, 2002년 6월).

김태원, “남·북한 통일정책 형성과정에 관한 연구”(숭실대 통일 · 사회복지대학원 석사학위논문, 2006).

김태효, “햇볕정책기 대북교류협력사업의 회고와 향후 서울-평양간 협력방안의 모색: 정치성의 최소화 문제를 중심으로”, 〈한국정치외교사논총〉, 제 28집 제 1호(2006년 8월).

김학준, “2공화국 시대의 통일논의”, 〈국제정치논총〉, 제 15집(국제정치학회, 1975).

______, “1993년 이후 정치학 분야에 있어서 한국학의 흐름들과 특징들”, 〈韓國政治硏究〉, 제 17집 제 1호(2008년 4월).

김학노, “유럽연합의 대북한 정책과 남북한 평화구축 과정”, 〈대한정치학회보〉, 제 14집 제 2호(대한정치학회, 2006년 10월).

______, “평화통합전략으로서의 햇볕정책”, 〈한국정치학회보〉, 제 39집 5호(한국정치학회, 2005년 겨울).

김현수, “남북한 경제교류·협력 활성화 방안에 대한 연구”(한남대 행정정책대학원 석사학위논문, 2004).

김홍수, “참여정부의 전반기 대북정책 평가와 과제: 햇볕정책의 계승과 발전을 중심으로”, 〈국제정치연구〉, 제 8집 2호(동아시아국제정치학회, 2005년 12월).

김희상, “북한 핵 문제에 관한 인식과 대비”, 〈한국군사〉, 제 23호(한국군사문제연구원, 2006년 12월).

남궁곤, “햇볕정책의 일관성과 여론 분열에 관한 실증적 연구”, 〈한국과국제정치〉, 제 19권 제 4호 통권 제 43호(경남대학교 극동문제연구소, 2003년 겨울).

남궁영, “김대중 정부의 대북정책에 대한 비판적 해석: 남남갈등의 쟁점을 중심으로”, 〈국제정치연구〉, 제 7집 2호(동아시아국제정치학회, 2004).

남만권, “대북정책의 기본 가정에 대한 논증적 고찰”, 〈국방정책연구〉(국방연구원, 1999).

남주홍, “북한의 대남정책과 우리의 햇볕정책”, 〈한국북방학회논집〉, Vol. 5(한국북방학회, 1999).

노정호 · 김용호, “대북 화해 · 협력정책과 북한의 변화에 대한 실증적 분석”, 〈한국과국제정치〉, 제 18권 제 3호 통권 제 38호(경남대학교 극동문제연구소, 2002 가을).

동아시아전략연구센터, “참여정부, 대북정책의 근본은 무엇인가”, 〈동북아포럼〉, 통권 2호(동아시아전략연구센터, 2004년 8월).
라미경·길병옥, "참여정부 대북정책의 효율적 결정체제 구축방안에 대한 논고", 〈통일정책연구〉, 제 14권 제 1호(통일연구원, 2005년 6월).
문정인, "김대중 정부의 햇볕정책 2년: 이상과 현실", 〈평화논총〉, 제 4권 2호(아태평화재단, 2000).
문태성, "햇볕정책에 대한 북한의 이중적 태도", 〈政正〉, 제 15집(2002년 12월).
민준기, "김대중 정부의 개혁 평가", 〈亞太硏究〉, 제 14권 제 1호(경희대 아태지역연구원, 2007년 5월).
박건영 외, "제3공화국시기 국제정치와 남북관계: 7.4 공동성명과 미국의 역할을 중심으로", 〈국가전략〉, 제 9권 4호(세종연구소, 2003).
박관용, "효율적인 대북정책 수행을 위한 제언", 〈국회보〉, 통권 423호(국회사무처, 2002년 1월).
박광득, "참여정부의 대북정책과 북핵 문제: 햇볕정책과의 비교를 중심으로", 〈영남정치학회보〉, 통권 제14호(영남정치학회, 2003년 8월).
박삼석, "한국의 통일외교정책에 관한 연구"(고려대 정책대학원 석사학위논문, 1999).
박상현, "초기 대북포용정책의 전망이론(*Prospect Theory*)적 함의", 〈북한연구〉, 제 8권(명지대 북한연구소, 2005).
박선원, "남남갈등과 언론: 대북정책 보도에서 언론의 역할", 〈대북인식과 대북정책 재론: 남북화해와 남남화해를 위하여〉(경남대북한대학원·경실련통일협회·한국NGO학회 공동 주최 학술대회, 2002년 11월 6일).
______, "햇볕정책과 여론: 지속성과 변용의 관점에서 본 실증분석", 〈한국과 국제정치〉, 제 18권 제 2호 통권 제 37호(경남대 극동문제연구소, 2002 여름).
박승환, "북한의 핵에 대한 단상", 〈國會報〉, 통권 464호(국회사무처, 2005년 7월).
박영만, "미 클린턴 행정부의 대북 '포용정책' 연구: 2005년 시점에서의 분석과 평가"(건국대 대학원 박사학위논문, 2005).
박재민, "김대중 정부 시기 남북한 간 상호성에 관한 연구", 〈국제정치논총〉, 제 43집 1호(한국국제정치학회, 2003).
박태균, "1950년대 무력통일론과 평화통일론", 〈민족 21〉, 통권 49호(2005년 4월).

박형식, “우리나라 통일정책의 변천에 관한 연구: 햇볕정책에 대한 경찰관의 의식조사를 중심으로”(경희대 행정대학원 석사학위논문, 2001).
박휘락, “남북관계의 제로섬적 본질 회귀와 한국의 정책방향 분석: 게임이론과 합리적 모형의 적용”, 〈국제관계연구: IRI review〉, 제 14권 제 1호 통권 제 26호(고려대 一民 국제관계연구원, 2009 봄).
방선주, “미군정기의 정보자료: 유형 및 의미”, 〈한국현대사와 미군정〉(한림대 아시아 문화연구소, 1991).
______, “미국 제24군 G-2 군사실 자료해제”, 〈아시아문화〉, 제 3호(한림대 아시아 문화연구소, 1983).
백학순, “김대중 정부와 노무현 정부의 대북정책 비교”, 〈세종정책연구〉, 2009년 제 5권 1호.
______, “햇볕정책 4년 평가와 과제”, 〈통일로〉, 통권 164호(민주평통 통일연구회 제 12차 정책포럼 발표 논문, 안보문제연구원, 2002년 2월 19일).
______, “햇볕정책의 성과, 장애요인, 그리고 전망”, 〈평화논총〉, 제 4권 1호(아태평화재단, 2000).
사카모토 요시카즈〔坂本義和〕, 예종영 역, “한반도의 평화전망: 일본은 이것을 할 수 있는가?”, 〈아세아연구〉, 제 45권 제 1호 통권107호(고려대 아세아문제연구소, 2002년 3월).
서동만, “대북 화해협력정책의 성과와 방향”, 〈지방자치연구〉, Vol. 8(한국지방자치학회, 2000).
서중석, “한국전쟁 후 통일 사상과 민족 공동체의 모색”, 〈분단 50년과 통일시대의 과제〉(역사비평사, 1995).
서현준, “빌리 브란트(Billy Brandt)의 동방정책과 김대중의 햇볕정책 비교에 대한 연구”(연세대 행정대학원 석사학위논문, 2001).
손무정, “햇볕정책 무엇이 문제인가”, 〈국제정치연구〉, Vol. 4 No. 2(동아시아국제정치학회, 2001).
손성기, “독일의 동방정책과 한국의 햇볕정책 비교연구”(북한대학원대학교 석사학위논문, 2007).
신석호, “북한과 쿠바의 경제위기”(경남대 북한대학원대학교 박사학위 논문, 2008).
신동훈, “김대중 정부의 대북 포용정책에 관한 연구”(고려대 정책대학원 석사학위논문, 2006).
심연수, “‘7 · 4 남북 공동성명’과 ‘남북 기본합의서’의 배경에 관한 체계론적 분석", 〈윤리연구〉, 제 52호(한국윤리학회, 2003).

______, "7·4 남북 공동성명의 배경과 협상론적 의미", 〈한국정치외교사논총〉, Vol. 19(한국정치외교사학회, 1998).

신지호, "북한체제변화 3단계론: 대북정책에의 시사", 〈한국정치학회보〉, 제 36집 4호(한국정치학회, 2002년 겨울).

신 진, "김대중 정부의 햇볕정책의 구조적 한계", 〈국제정치논총〉, 제 43집 1호(한국국제정치학회, 2003).

신현배, "국제 안보환경의 변화와 자주국방의 방향에 관한 연구"(경희대 행정대학원 석사학위논문, 2002).

신형육, "남북통일정책 비교·분석과 통일민주국가의 전망"(경기대 통일안보전문대학원 석사학위논문, 2002).

안경모, "탈 냉전기 북한의 한반도 평화전략: 대미정책과 대남정책을 중심으로(1988~2002)"(서울대 대학원 석사학위논문, 2007).

안드레이 란코프, "북한은 왜 시끄러운가: 그들의 대미·대남 전략과 전술", 〈自由知性〉, 통권 48호(自由知性 300人 會, 2008년 하계).

안병호, "김대중 정부의 '햇볕정책'에 관한 연구"(경남대 북한대학원 박사학위논문, 2002).

안정식, "햇볕정책과 북한의 실용주의적 변화"(서울대 대학원 정치학과 석사학위논문, 2002).

양성철, "남북통일과업의 10대 모순", 〈양성철 논집 III 통일: 우리도 분단을 극복할 수 있다〉(서울프레스, 1999).

양호민, "북한은 변하고 있는가", 〈自由知性〉, 통권 38호(自由知性300人會, 2006년 하계)

엄상윤, "이명박 정부의 대북정책 구상과 남북한 관계 전망", 〈평화학연구〉, 제 9권 제 1호(세계평화통일학회, 2008).

______, "제 2공화국시대의 중립화통일론과 21세기 한반도 통일", 〈국제정치논총〉, 제 43집 2호(국제정치학회, 2003).

______, "제 2공화국 시대의 통일논쟁"(고려대 대학원 정치외교학과 박사학위논문, 2001).

______, "한반도 통일의 이론적 모색: 지역적 양극체제와 약소국의 분단/통일", 〈국제관계연구〉, 제 10권 제 2호(일민국제관계연구원).

엄태윤, "한미 양국의 대북정책 변화와 남북경협 발전방안 연구"(한국외국어대 대학원 박사학위논문, 2007).

오태섭, “김대중 정부의 대북 정책과 남북 정상회담”(전주대 국제경영대학원 석사학위논문, 2003).
오일환, “남북 정상회담 이후 북한의 대남 전술의 특징과 대응책”, 〈국제정치논총〉, 제 43집 3호(한국국제정치학회, 2003년 9월).
우철구 · 박건영 편, “국제관계이론의 역사와 계보”, 〈현대 국제관계이론과 한국〉(사회평론, 2004).
유명환, “국제질서의 재편과 한미관계: 부시 대통령의 ‘악의 축’ 발언과 한반도 문제”, 〈외교〉, 제 61호(한국외교협회, 2004).
유지훈, “통일 상황을 유도한 동서독 관계의 재조명”, 〈사회과학연구〉, 제 19집 제 2호 통권34호(충북대학교 사회과학연구소, 2002년 12월).
윤덕민, “최근의 한반도 주변정세와 남북관계”, 〈화해와 협력의 신전개〉(현대경제연구원, 2007).
윤민재, “한국의 현대 국가형성과정에서 중도파의 위상에 관한 연구: 1945~1950”(서울대 대학원 사회학과, 1999).
이강석, “햇볕정책과 주체사상 간의 모순관계”, 〈교수논총〉, 제 27집(국방대, 2002).
이계환, “‘남북관계’가 북미 · 한미 관계 제쳐야”, 〈노동사회〉, 통권 제 83호(한국노동사회연구소, 2004년 1월).
이 구, “한반도 평화와 동북아 안보공동체 모델, 〈한국동북아논총〉, 제 11권 제 3호 통권 40집(한국동북아학회, 2006년 9월).
이동복, “대북정책의 새로운 접근방법”, 〈신아세아〉, 제 9권 제 4호(2002년 여름).
______, “이명박 정부의 대북정책”, 〈신아세아〉, 제 15권 제 1호 통권 54호(신아시아연구소 주최 2008년도 춘계세미나 발표 논문, 2008년 2월14일).
이미경, “김대중 정부의 대북정책에 관한 연구”(고려대 정책대학원 석사학위논문, 2001).
이상균, “김영삼 정부와 김대중 정부의 통일정책과 노동정책 연구”(연세대 행정대학원 석사학위논문, 2006).
이상수, “한반도 평화체제구축의 이론과 실제”(고려대 정책대학원 석사학위논문, 2005).
이성구, “김대중 정부의 햇볕정책에 관한 연구”, 〈人文科學〉, 제 12집(홍익대 인문과학연구소, 2004).
이성호, “남북한경제통합 환경과 모형에 관한 연구”(동국대 대학원 석사학위

논문, 1999).
이시형, “김대중 정부 대북정책에서의 여당의 위상과 역할”, 〈21세기 정치학회보〉, 제 14권 제 2호(21세기정치학회, 2004년 9월).
이여옥, “남북경협의 발전방안에 관한 연구: 남북경협의 주요 3대사업을 중심으로”(고려대 정책대학원 석사학위논문, 2007).
이재호, “대북정책의 다차원적 연계성과 햇볕정책의 효율성”(고려대 대학원 박사학위논문, 2008).
______, “6·29 서해교전은 김정일의 ‘6·15 격침작전’이었다”, 〈신동아〉, 45권 8호 통권 515호(동아일보사, 2002년 8월).
이정화, “남북한 통일정책 비교 연구: 양립성과 동의를 중심으로”(고려대 대학원 정치외교학과 석사학위 논문, 1977년 11월).
이종석, “남북한 정치통합 연구의 현황과 과제”, 〈대외정책과 국민통합: 한국 중국 러시아〉(세종연구소, 1998).
이종석, “대북포용정책 평가와 전망”, 〈사회과학논집〉, Vol. 30(연세대 사회과학연구소, 1999).
이준엽, “주변4국의 대한반도정책과 한국의 통일정책방향”(경희대 행정대학원 석사학위논문, 2003).
이준희, “북한의 대남 인식변화와 남북한 관계: 〈신년사〉 분석을 중심으로”(경희대 대학원 박사학위논문, 2004).
이춘근, “햇볕정책 완전 실패했으니 새로운 대북정책 수립하라”, 〈한국논단〉, Vol. 203(한국논단, 2006).
이현주, “조봉암 평화통일노선에 관한 검토: 1948~1956”, 〈한국근현대사연구〉, 제 18집(한울, 2001).
이호재, “대북 ‘햇볕정책’의 평가와 상호주의 제고방안”, 〈3士논문집〉, 제 50집(2000년 5월).
임동원, “한반도 냉전 종식의 길”, 〈월간 조선〉, 1999년 6월호.
______, 〈경실련 특강〉(1999년 2월 11일).
정한구, “햇볕정책을 회고한다: 피스메이커. 남북관계와 북핵문제 20년”(임동원 저), 〈국가전략〉, 제 15권 제 1호 통권 제 47호(세종연구소, 2009 봄).
장노순, “약소국의 갈등적 편승외교: 북한의 통미봉남 정책”, 〈한국정치학회보〉, 제 33권 1호(한국정치학회, 1999).
장달중, “한·미 정상회담과 북미 관계의 전망”, 〈통일로〉, 통권 164호(안보

문제연구원, 2002년 4월).
장덕현, "정권교체에 따른 역대 각 정부별 통일정책변화의 비교분석연구: 박정희 정부에서 김대중 정부까지의 통일정책변화를 중심으로"(중앙대 대학원 석사학위논문, 2005).
전현준, "햇볕정책의 당위성과 그 성과", 〈민주평화통일자문위원회 자료집〉(2002년 4월 11일)
______, "전두환·노태우 정부의 대북정책", 〈북한〉, 통권 제335호(북한연구소, 1999).
정경환, "통일문제의 기본 인식과 대북정책 방향", 〈통일전략〉, 제14집(동의대학교 법학연구소, 2001년 12월).
정규섭, "대북정책 재정립 방향과 정치·군사 분야의 과제", 〈통일정책연구〉, 제11권 제2호(통일연구원, 2002년 12월).
정병준, "김용중의 생애와 통일·독립운동: 김용중과 한국 중립화통일론", 〈역사문제연구〉, 통권12호(역사문제연구소, 2004).
______, "1946~1947년 좌우합작운동의 전개과정과 성격변화", 〈한국사론〉, Vol. 29(서울대 국사학과, 1993).
정영태, "진보정당운동의 성과와 한계: 1956년의 진보당에서 1990년의 민중당까지", 〈진단과 모색〉(노동사회연구소, 1999).
정우곤, "햇볕정책의 성찰적 접근", 〈시민정치학회보〉, 제5권(시민정치학회, 2002년 12월).
정천구, "한반도 통일의 이론과 현실-무력통일론에서 햇볕정책까지", 〈통일전략〉, 창간호(한국통일전략학회, 2001년 12월).
정현각, "북한의 딜레마와 원인에 관한 연구"(고려대 대학원 석사학위논문, 2000).
정해구, "김대중 정부의 대북정책과 남북 경제협력: '현대' 사례를 중심으로", 〈北韓硏究學會報〉, 제9권 세2호(북한연구학회, 2005년 겨울).
정홍포, "대북포용정책의 실효적 방안 연구: 레이건·브란트 정부의 성공한 탈냉전 정책과 관련하여"(한양대 행정대학원 석사학위논문, 2000).
조광희, "한국 정부의 대북정책과 언론의 의제설정에 관한 연구"(중앙대 대학원 박사학위논문, 2001).
조봉암, "평화통일에의 길", 〈중앙정치〉(1957년 1월).
조영갑, "자주국방 발전기의 국방정책과 제도", 〈軍史〉, 제68호(국방부 군사편찬연구소, 2008년 8월).

조성달, “김대중 정부의 대북포용정책 분석”(고려대 정책대학원 석사학위논문, 2000).
조성요, “한국의 통일정책과 안보정책의 상관성에 관한 연구”(충남대 행정대학원 석사학위논문, 1999).
조장현, “기능주의적 접근 방식과 통일과정에 관한 연구: 독일과 한국 사례비교”(고려대 대학원 석사학위논문, 2007).
진장철, “냉전과 신현실주의: 왈츠의 구조이론을 중심으로”, 〈정치적 현실주의의 역사와 이론〉(우암평화연구원, 화평사, 2003).
채경석, “대북포용정책의 평가와 과제”, 〈민족사상연구〉, 제 11호(민족사상연구소, 2003).
최규일, “서독의 동방정책과 남한의 햇볕정책 비교연구”(경희대 행정대학원 석사학위논문, 2003).
최동혁, “대북포용정책의 성과와 한계 분석”(국방대 안정보장대학원 석사학위논문, 2004).
최완규, “아카루스의 비운: 김영삼정부 대북정책 실패요인 분석”, 〈한국정치특별학술회의2 논문집〉(한국정치학회, 1998).
______, “햇볕정책의 국내정치적 제약요인 분석”, 〈동북아연구〉, 제 8집(경남대 극동문제연구소, 2003년 12월).
최용식, “통일한국의 군사통합과 군사력건설에 관한 연구”(조선대 정책대학원 석사학위논문, 2002).
최장집, “한반도 통일의 내외적 조건과 전망: 남한으로부터의 한 역사적 시각에서”, 김재한 외, 〈한국 정치외교의 이념과 논제〉(한림과학원총서 32, 소화, 1995년).
최진욱, “이명박 정부의 대축정책과 북한의 반응: 새로운 대북정책을 위한 제언”, 〈統一政策硏究〉, 제 17권 제 1호(統一硏究院, 2008년 6월).
최형식, “남북한 지방정부 차원의 교류협력에 관한 연구”(조선대 대학원 석사학위논문, 1999).
통일교육원, 〈통일문제의 이해〉(2004).
통일부, “대북정책 및 남북관계 Fact Sheet”(2012년 3월).
한용섭, “한반도 군사적 신뢰구축 : 이론, 선례, 정책 대안”, 〈국가전략〉, 제 8권 제 4호 통권 제 22호(세종연구소, 2002년 12월).
한정일, “햇볕정책이 남북 간에 미친 영향”, 〈사회과학논총〉, 제 28집(건국대 사회과학연구소, 2004년 12월).

허태희, “국민의 정부 대북포용정책 4년의 평가와 과제”, 〈동계학술대회 발표논문집〉(한국정책학회, 2001).

홍석률, “민간 통일운동의 전개와 쟁점”, 〈내일을 여는 역사〉, 제 21호(2005년 9월).

홍성이, “통일정책의 결정과 추진과정에 관한 연구: 북방정책과 햇볕정책 분석을 중심으로”(경기대 정치전문대학원 박사학위논문, 2007).

홍순영, “북한 핵개발 위기와 나라의 가치관”, 〈외교〉, 제 79호(한국외교협회, 2006년 10월).

홍용표, “국내정치, 국제환경, 그리고 대북협상: 1995년 대북 쌀지원 협상을 중심으로”, 〈통일문제연구〉, 통권39호(평화문제연구소, 2003).

______, “북한의 남북 당국간 대화 전략: 김대중 정부 시기를 중심으로”, 〈북한연구학회보〉, 제 9권 제 1호(북한연구학회, 2005년 여름).

황규필, “〈대북포용〉의 이론과 실제: 김대중·노무현 정부 대북정책 비교”(고려대 정책대학원 석사학위논문, 2007).

황병덕, “남북한의 정치이념과 통일이념의 모색”, 〈통일경제〉, 1995년 3월호(현대경제사회연구원, 1995).

황성준, “21세기 통일한국의 안보전략과 통일문제 해결방안 연구”(동국대 사회과학대학원 석사학위논문, 2004).

황의서, “해방정국에서 좌우합작세력의 정치노선: 좌우파와의 비교를 중심으로”, 〈윤리연구〉, 제 46권(한국윤리학회, 2001).

Rashidov Bahtiyor, “김대중 대통령의 햇볕정책 연구”(한국학중앙연구원 한국학대학원 석사학위논문, 2009).

2) 영문 자료

(1) 단행본

Art, Robert J. & Jervis, Robert, *International Politics - Enduring Concepts and Contemporary Issues*, 10th edition(U. S. : Pearson, 2011).

Axelrod, Robert, *The Evolution of Cooperation*(New York: Basic Books 1984).

Beres Louis Rene & Targ Harry, *Reordering the Planet: Constructing Alternative World Futures*(Boston: Allyn & Bacon, 1974).

Brown, Chris & Ainley, Kirsten, *Understanding International Relation* (London: Palgrave Macmillan, 2009).

Burchill, Scott, Linklater, Andrew, Devetak, Richard, Donnelly, Jack, Nardin, Terry, Paterson, Matthew, Jacqui, Christian Reus-Smit, *Theories of International Relations*, 4th edition (London: Palgrave Macmillan, 2009).

Butterfield, Herbert, *Christianity and History* (London: Allen & Unwin 1949).

Carleton, William G., *The Revolution in American Foreign Policy* (New York: Random House, 1963).

Cha, Victor D. & Kang, David C., *Nuclear North Korea: A Debate on Engagement Strategies* (New York: Columbia University Press, 2003).

Cohen, William S., Annual Report to the President and Congress, April 1997.

D'Anieri, Paul, *International Politics: Power and Purpose in Global Affairs*, Int'l Edition (Boston: Wadsworth, 2012)

Deutch, Karl W., *The Nerves of Government* (New York: The Free Press, 1964).

Dougherty, James E. & Pfaltzgraff, Jr. Robert L., *Contending Theories of International Relations-A Comprehensive Survey*, 2nd edition (New York: Harper & Row, Publishers, Inc., 1981).

Dunne, Tim, Kurki, Milja & Steve, Smith, *International Relations Theories-Discipline and Diversity*, 2nd edition (NY: Oxford Univ. Press, 2010).

Eberstadt, Nicholas, *The End of North Korea* (Washington, D. C.: The AEI Press, 1999).

Etzioni,, Amitai, *Political Unification* (New York: Holt, Rinehart, and Winston, 1965).

Fox, Annette B., *The Power of Small States: Diplomacy in World War II* (Chicago: University of Chicago Press, 1950).

Griffiths,, Martin, O'Callaghan, Terry & Roach, Steven C., *International Relations: The Key Concepts*, 2nd ed. (NY: Routledge, 2008).

Handel, Michael, *Weak States in the International System* (London: Frank Cass, 1981).

Ho-jhe, Lhee, *The Idealism and Realism of the Korean Foreign Policy: Diplomacy of Syngman Rhee and the American policy of Korea* (1945~1953), 6th edition (Hwapyong Sa, 2009).

Holsti, Kalevi J., *International Politics* (New Jersey: Prentice-Hall, Inc., 1977).

In K. Hwang, *One Korea via Permanent Neutrality* (Cambridge, MA: Schenkman Books, Inc., 1987).

In-Taek Hyun, Kyudok Hong & Sung-han Kim (ed.), *Asia-Pacific Alliances in the 21st Century: Waxing or Wanning?* (Seoul: Oruem, 2007).

Jackson, Patrick Thaddeus, *The Conduct of Inquiry in International Relations* (London and New York: Routledge, 2011).

Kaplan, Morton A., *System and Process in International Politics* (New York: John Wiley & Sons Co., 1957).

Keohane, Robert O., *After Hegemony: Cooperation and Discord in the World Political Economy* (Princeton: Princeton University, 1984).

Legg, Keith R. & Morrison, James F., "The formulation of Foreign Policy Objective", Richard Little & Michael Smith (ed.), *Perspectives on World Politics* (New York: Routledge, 1991)

Levin Norman D. & Young-Sup Han, *The South Korean Debate over Policies toward North Korea: Issues and Implication, National Security Research Division* (Rand, 2001).

Lieber, Robert J., *Theory and World Politics* (London: George Allen & Unwin Ltd., 1973).

Mearsheimer, John J., *The Tragedy of Great Power Politics* (New York: W. W. Norton & Company, 2001).

Mitrany, David, *A Working Peace System: An Argument for the Functional Development of International Organization* (London: Oxford University Press, for the Royal Institute of International Affairs, 1943).

Modelski, George, *A Theory of Foreign Policy* (New York: Praeger, 1962).

Oberdofer, *Don The Two Koreas* (Basics Books, Washington D.C., 1997).

Ragin, Charles C., *The Comparative Method* (Berkeley: University of California Press, 1987).

Rochester, J. Martin, *Fundamental Principles of International Relations* (Philadelphia: Westview Press, 2010).

Rosenau, James N. (ed.), *Comparing Foreign Policies: Findings and Methods* (New York: John Wiley and Sons, 1974).

______, *Linkage Politics: Essays on the Convergence of National and International System* (New York: The Free Press, 1969).

Se-Jin Kim, ed., *Korean Unification: Source Materials with an Introduction* (Seoul: Research Center for Peace and Unification, 1976).

Singer, Marshall R., *Weak States in a World of Powers: the Dynamics of International Relations* (New York: The Free Press, 1972).

Skimore, David & Hudson, Valarie M. ed., *Limits of Autonomy: Social Groups and Foreign Policy Formulation* (Boulder: Westview press, 1993).

Smith, Steve Hadfield, Amelia Dunne, Tim (ed), *Foreign Policy-Theories · Actors · Cases* (New York, Oxford university press, 2008).

Snyder, Glenn H., *Alliance Politics* (Ithaca, NY: Cornell University Press 1997).

Viotti, Paul R. & Kauppi, Mark V., *International Relations Theory*, 5th edition (U. S.: Pearson, 2011)

Waltz, Kenneth, *Man, the State and War* (New York: Columbia University Press, 1959).

______, *Theories of International Politics* (Long Grove, Illinois: Waveland Press INC, 2010).

White, Brian, Little, Richard & Smith, Michael (ed.), *Issues in World Politics*, 3rd edition (New York: Palgrave Macmillan, 2005).

Wilkenfeld, Jonathan (ed.), *Conflict Behavior & Linkage Politics* (New York: David Mckay, 1973).

(2) 논문

Armitage, Richard L., "A Comprehensive Approach to North Korea", *Strategic Forum*, No. 159 (INSS, March, 1999).

Chung-in Moon, "Understanding the DJ Doctrine: The Sunshine Policy and Korean Peninsula", in Chung-in Moon & David I. Steinderg, *Kim Dae-Jung Government and Sunshine Policy: Promises and Challenges* (Seoul: Yonsei University Press, 1999).

Doyle, Michael, "Kant, Liberal Legacies, and Foreign Affairs", *Philosophy and Public Affairs*, Vol. 12, No. 3 and No. 4 (Summer and Fall 1983).

Gilman, Benjamin A., "US Policy Toward North Korea, and the Pending Perry Review", Hearing before Committee on International Relations House of Representatives, March 24, 1999 Serial No. 106-45 (U.S. Gov. Printing Office, 1999).

Haas, Ernst B. & Schmitter, Philippe, "Economics and Differential Patterns of Political Integration: Projections about Unity in Latin America", *International Organization*, XVIII (Autumn 1964), 707 Reprinted in *International Political Communities* (New York: Doubleday, 1966)

Hanrieder, Wolfram F., "Compatability and Consensus: A Proposal for the Conceptual Linkage of External and Internal Dimensions of Foreign Policy", *The American Political Science Review*, Vol. 61, No. 4 (Dec., 1967).

Hoare, Jim, "Does the sun still shine?", *Asian Affaires*, Vol. XXXIX No. 1, March 2008.

Hong N. Kim, "U.S. Archival Materials in Washington, D.C. for The Study of Korea", *KOREA OBSERVER*, Vol. VIII No. 2, Summer 1987.

Howard W. French, "South Korean President Wins Nobel Peace Prize for Effects to Heal Rift", *The New York Times*, October 13, 2000.

Jungsuk, Youn, "Japanese Attitude to the Question of Korean Unification", *East Asian Review*, Vol. 4 No. 1, Spring 1992.

Laney, James T., "North and South Korea: Beyond Deterrence", addressed at Asian Society Corporate Conference, Seoul, May 11,

1996.

Mayor, Frederic W., "Managing domestic differences in international negotiations: the stragic use of internal side-payments", *International Organization*, Vol. 46, No. 4, Autumn 1992.

Niksch, Larry A. Foreign Affairs, Defense, and Trade Division, "North Korea's Nuclear Weapons Program", CRS Issue Brief(The Library of Congress, Updated January 7, 2000).

Perry, William J., Review of United States Policy toward North Korea: Finding and Recommandations, October 12, 1999.

Powell, Robert., "Absolute and Relative Gains in International Relations Theory", *The American Political Science Review*, Vol. 85, Issue 4 (December 1991),

Putnam, Robert D., "Diplomacy and Domestic Politics: The Logic of Two-Level Games", Peter B. Evans, Harold K. Jacobson, Robert D. Putnam(ed.), *Double-Edged Diplomacy*(Berkeley: University of California Press, 1993).

______, "Diplomacy and Domestic Politics: the logic of two-level games", *International Organization*, Vol. 42, No. 3, Summer 1988, p. 437.

Rosenau, James N., "Comparing Foreign Policies: Why, what, How", in James N. Rosenau(ed.), *Comparing Foreign Policies: Theories, Findings and Methods*(New York: John Wiley and Sons, 1974).

______, "Foreign Policy as Adaptive Behavior", *Comparative Politics*, Vol. 2, No. 3 (April, 1970).

______, "Pre-theories and Theories of Foreign Policy", *Approach to Comparative and International Politics*, ed. by R. B. Farrell(North Western University Press, 1976).

Snyder, Scott, "North Korean Crises and American Choice: Managing U.S. Policy Toward the Korean Peninsula", presented at the 1997 International Studies Association Convention(Toronto, March 19, 1997).

Stein,, Arther A., "Coordination and Collaboration: Regimes in an Anarchic World", in Stephen D. Krasner, ed., *International Regimes*(Ithaca: Cornell University Press, 1983)

Steve Smith, Amelia Hadfield &Tim Dunne(ed.), *Foreign Policy-Theories · Actors · Cases*(Oxford University Press, 2008).

Struck, Doug, "S. Korea's Kim Wins Peace Prize", *The Washington Post*, October 14, 2000.

Wohlforth, William, "Realism and Foreign Policy", *Foreign Policy- Theories · Actors · Cases*(Oxford University, 2008) edited by Steve Smith, Amelia Hadfield & Tim Dunne.

3) 신문 및 인터넷 자료

(1) 신문 및 잡지

〈경향신문〉
〈동아일보〉
〈민족일보〉
〈서울신문〉
〈신동아〉
〈연합뉴스〉
〈월간조선〉
〈제주신문 〉
〈조선일보〉
〈주간동아〉
〈중앙일보〉
〈한겨레신문〉
〈한겨레 21〉
〈통일뉴스〉
〈로동신문〉
〈조선중앙통신〉
New York Times
Washington Post
〈문화일보〉
〈통일경제〉

(2) 인터넷 자료

경남신문 인터넷뉴스, www. knnews. cd. kr
고려대학교 홈페이지, www. korea. ac. kr
박근혜 의원 홈페이지, www. parkgeunhye. or. kr
국회 홈페이지, www. assembly. go. kr
동아일보 홈페이지, www. donga. com
연합뉴스 홈페이지, www. yonhapnews. co. kr
외교통상부 홈페이지, www. mofat. go. kr
조선일보 홈페이지, www. chosun. com
중앙일보 홈페이지, www. joins. com
통일부 홈페이지, www. mofat. go. kr
한겨레신문 홈페이지, www. hani. co. kr
한국언론재단 홈페이지, www. kinds. or. kr

찾아보기(용어)

ㅂ

ㅊ · ㅌ

ㅍ

ㅎ

기타

찾아보기(인명)

ㅅ·ㅇ

ㅈ~ㅌ

ㅍ · ㅎ